# 台湾 2016

## Taiwan 2016

全国台湾研究会 编

主 编 周志怀

副主编 杨幽燕 严 峻

台湾对外关系

民进党情况　　　　台湾经济

国民党情况　　　　台湾军事情况

台湾对外贸易与投资　　　　台湾政局

两岸关系　　两岸经贸关系　　　　台湾金融形势

台湾社会情况

台湾当局大陆政策

台湾教育

台湾文学艺术　　台湾大事记

统计资料

祖国大陆对台重要文献

九 州 出 版 社 | 全国百佳图书出版单位
JIUZHOUPRESS

图书在版编目(CIP)数据

台湾.2016/全国台湾研究会编.--北京:九州出版社,2017.12

ISBN 978-7-5108-6468-1

Ⅰ.①台… Ⅱ.①全… Ⅲ.①台湾-概况-2016 Ⅳ.①K925.8

中国版本图书馆 CIP 数据核字(2017)第 331197 号

**台湾 2016**

| 作　　者 | 全国台湾研究会　编 |
| --- | --- |
| 出版发行 | 九州出版社 |
| 地　　址 | 北京市西城区阜外大街甲 35 号(100037) |
| 发行电话 | (010)68992190/3/5/6 |
| 网　　址 | www.jiuzhoupress.com |
| 电子信箱 | jiuzhou@jiuzhoupress.com |
| 印　　刷 | 三河市九洲财鑫印刷有限公司 |
| 开　　本 | 850 毫米×1168 毫米　32 开 |
| 印　　张 | 14 |
| 字　　数 | 325 千字 |
| 版　　次 | 2018 年 1 月第 1 版 |
| 印　　次 | 2018 年 1 月第 1 次印刷 |
| 书　　号 | ISBN 978-7-5108-6468-1 |
| 定　　价 | 72.00 元 |

# 目　录

## 综　述

# 台湾大事记

# 祖国大陆对台重要文献

# 统计资料

# 综　　述

# 2016 年两岸关系综述

李　鹏

摘　要：2016 年台湾岛内政局发生重大变化，两岸关系形势趋于复杂严峻，两岸关系和平发展面临新的挑战。在习近平对台工作重要思想的指引下，大陆牢牢把握两岸关系主导权，引领着两岸关系发展方向。民进党当局拒不承认"九二共识"的核心意涵，在岛内进行弱化和切断两岸联结的"去中国化"活动和敌视大陆的民粹煽动，并企图联合美日抗衡大陆，给两岸关系发展带来了挑战、变数和不确定性。大陆始终坚持"九二共识"的政治基础，推进两岸经济社会融合发展，加强两岸基层和青年往来，巩固国际社会"一个中国"框架，积极维护和努力推动两岸关系和平发展进程，确保了台海地区的和平稳定。

2016 年是台湾岛内政局发生重大变化、两岸关系形势趋于复杂严峻的一年。由于再次上台的民进党当局拒不承认"九二共识"，不认同两岸同属一个中国，在两岸关系性质问题上保持模糊立场，不断采取措施企图在政治、经济、社会、文化上切断和弱化台湾与大陆的联结，使两岸关系和平发展的势头受到严重冲击,和平发展的成果也面临得而复失的危险。面对岛内变局和新的复杂形势,大陆在习近平总书记对台工作重要思想的引领下,充分展现了战略定力和自信,坚持体现一个中国原则的"九二共识"不动摇,积极推动两岸民间交流合作,促进两岸经济社会融合发展,同时反对和遏制一切形式的"台独"分裂行径,有力地维护了两岸关系和平发展的成果和台海地区的和平稳定。

# 一、习近平对台工作重要思想指引两岸关系发展方向

面对 2016 年台湾岛内的变局和两岸关系面临的复杂形势,以习近平同志为核心的党中央精准研判形势,科学决策,从容应对,牢牢掌握两岸关系的主导权和发展大方向。习近平总书记明确指出,"我们对台大政方针是明确的、一贯的,不会因台湾政局变化而改变"。习近平总书记还多次发表对台重要讲话,阐述了对台工作重要思想,并就当前和今后一段时间如何推动两岸关系发展提出重要主张,并及时回答两岸同胞普遍关心的问题。

第一,强调实现国家统一的历史必然性,展现了反对和遏制"台独"分裂的坚定意志和决心。

习总书记在纪念中国共产党成立 95 周年大会上指出,推进祖国和平统一进程、完成祖国统一大业,是实现中华民族伟大复兴的必然要求。11 月 1 日在会见国民党主席洪秀柱时表示:"确保国家主权和领土完整是国家核心利益,是一条不可逾越

的红线。捍卫国家主权和领土完整,绝不容忍国家分裂的历史悲剧重演,是全体中华儿女的坚定意志,是我们对历史和人民的庄严承诺。'台独'损害国家主权和领土完整,煽动两岸同胞敌意和对立,是台海和平稳定的最大威胁,只会给台湾同胞带来深重祸害。任何政党、任何人、任何时候、以任何形式进行分裂国家活动,都将遭到全体中国人民坚决反对。我们有坚定的意志、充分的信心、足够的能力遏制'台独'。"在纪念孙中山诞辰150周年大会上,习近平再次宣示:"维护国家主权和领土完整,绝不容忍国家分裂的历史悲剧重演,是我们对历史和人民的庄严承诺。一切分裂国家的活动都必将遭到全体中国人民坚决反对。我们绝不允许任何人、任何组织、任何政党、在任何时候、以任何形式、把任何一块中国领土从中国分裂出去。"

第二,强调一个中国原则和"九二共识"核心意涵对两岸关系发展的重要性。

习总书记在3月5日人大上海代表团的讲话中指出,我们将坚持"九二共识"政治基础,继续推进两岸关系和平发展。"九二共识"明确界定了两岸关系的性质,是确保两岸关系和平发展行稳致远的关键。承认"九二共识"的历史事实,认同其核心意涵,两岸双方就有了共同政治基础,就可以保持良性互动。11月1日在会见国民党主席洪秀柱时指出,"九二共识"的核心是一个中国原则,认同两岸同属一中。台湾政局变化改变不了"九二共识"的历史事实和核心意涵。承认不承认体现一个中国原则的"九二共识",关系认定两岸是一个国家还是"两个国家"的根本问题。在这个大是大非问题上,我们的立场不可能有丝毫模糊和松动。

第三,表达了推进两岸经济社会融合发展,增进两岸同胞福祉的诚意和善意。

"两岸一家亲"和"两岸命运共同体"是习近平对台工作重要思想的核心内容之一。他在3月5日人大上海代表团的讲话中指出,我们将持续推进两岸各领域交流合作,深化两岸经济社会融合发展,增进同胞亲情和福祉,拉近同胞心灵距离,增强对命运共同体的认知。在会见洪秀柱时也强调,要"为民谋利,准确把握两岸社情民意脉动,开好解决两岸同胞尤其是基层民众需求的方子,创新方式,深入基层,带动更多民众参与到两岸交流中来。我们将一如既往为广大台湾同胞办实事、做好事。只要是有利于增进两岸同胞亲情和福祉的事,只要是有利于推动两岸关系和平发展的事,只要是有利于维护中华民族整体利益的事,都应该尽最大努力去做,并把好事办好"。他还提出要"推动扩大两岸经贸往来,加强两岸产业合作,支持两岸企业合作创新、共创品牌、共拓市场,扩大两岸中小企业和农渔业合作,扩大基层民众参与面和获益面"。他还就两岸青少年、学校、教育工作者的交流提出具体意见。

习近平总书记对台工作重要思想不仅为大陆开展对台工作提供了理论和实践指导,对新形势下两岸关系发展也起到重要的引领作用,是2016年大陆对台工作取得成绩和推动两岸关系发展的重要思想保证。国台办主任张志军在2016年10月的《求是》杂志撰文指出,习近平总书记高瞻远瞩,统揽全局,站在国家发展全局和中华民族伟大复兴的战略高度,根据国内外形势和台海形势的发展变化,就对台工作提出一系列新理念新思想新战略,丰富和发展了对台工作的理论和实践,指导对台工作

迈上新台阶,引领两岸关系不断取得新进展。<sup>①</sup>

## 二、两岸关系和平发展出现新的变化和挑战

2016 年,两岸关系历经波折,和平发展前景面临严峻挑战。但维护和推进两岸关系和平发展是两岸同胞的共同愿望,大陆着眼大局,放眼长远,牢牢把握两岸关系和平发展正确方向,不惧挑战,克难前行,团结两岸同胞,引领两岸关系继续朝着和平稳定的方向发展,付出了艰辛的努力。

第一,两岸关系和平发展的政治基础遭到破坏,两岸联系沟通和协商谈判机制中断,台湾民众切身利益受到一定影响。

在台湾新执政当局上台之前,大陆就多次强调体现"海峡两岸均坚持一个中国原则"的"九二共识"在两岸关系发展中的基础性地位。蔡英文当局上台以后,并没有在"九二共识"问题上做出明确清晰的表态,对九二共识的核心意涵和两岸关系性质的核心问题刻意采取模糊态度,企图蒙混过关。虽然蔡英文在就职演说中提到,"1992 年两岸两会秉持相互谅解、求同存异的政治思维,进行沟通协商,达成若干的共同认知与谅解,我尊重这个历史事实","会依据'中华民国宪法'、'两岸人民关系条例'及其他相关法律,处理两岸事务"。但是,对于两会之间达成的"共同认知"到底是什么,台湾方面的相关规定对两岸关系的定位到底是什么,两岸是一个国家还是"两个国家"的这个根本问题上,蔡英文都故意避而不谈,留下模糊空间。对此,国台办发言人明确表示:"在两岸关系的政治基础和两岸关系性质这个根本性问题上没有任何模糊的空间,也是一道不管如何花

言巧语还是拖延塞责都躲不开的必答题。"

由于蔡英文当局拒绝接受"九二共识"的核心意涵,2008年后恢复的海协会和海基会的联系和协商机制被迫中断,2015年建立的国台办和陆委会的热线和2014年建立的两部门常态化联系沟通机制也被迫停摆。受此影响,两岸经济合作委员会等在"两会"机制下的系列沟通机制也都难以为继。国台办和陆委会、海协会和海基会的沟通联系机制,过去几年对两岸双方及时沟通情况,避免误判、管控分歧,维护两岸同胞权益,发挥了重要作用。随着上述机制的停摆,不仅两岸过去协商的成果无法落实,两岸处理紧急事件的实效性受到影响,台湾民众的部分切身利益也受到一定的损害。民进党当局理应承担此责任。

第二,民进党当局在各方面弱化和切断与大陆联结的"去中国化"和"台独"分裂行径严重威胁台海和平稳定。

蔡英文当局上台后,采取了"对大陆和对党内不一样"、"说的和做的不一样"的两面手法。蔡英文当局一方面为了因应执政的需要,摆出务实的姿态,在政策表述进行策略调整,提出"中华民国现行宪政体制""九二会谈的历史事实""既有政治基础"等,声称民共两党要"放下历史包袱、展开良性对话",宣称"承诺不变、善意不变、不会在压力下屈服、不会走回对抗老路",同时"修宪"、修改"公投法"等敏感议题上踩刹车、冷处理,避免被大陆抓到把柄。另一方面,民进党依然坚持"台湾前途决议文"作为基本主张,搁置要求冻结"台独党纲"的提案,也无意处理"台独"色彩明显的"正常国家决议文"。从表面上看,蔡英文声称是来自党内"台独基本教义派"的压力,为了是给党内一个交代,但实际上也反映出民进党内迄今没有从根本上改变

"台独"分裂的基本立场,没有放弃改变"台独"分裂的图谋。

除了在政策立场和主张上的"台独"色彩依然存在以外,民进党当局上台后,在政治、经济、社会、文化等领域迫不及待地重新启动"去中国化"进程。但是,蔡英文当局吸取了陈水扁时期搞"激进台独""法理台独"的教训,转而将重点放在推进"柔性台独""渐进台独"上。蔡英文毫不避讳地任用"深绿"色彩浓厚的潘文忠、郑丽君为"教育部长""文化部长",并撤销马英九当局时期的"课纲微调",以"转型正义"之名放任绿营支持者大搞"去孙中山""倒蒋介石"活动。同时,蔡英文当局大肆宣扬"台独史观",无论是在就职仪式的表演中,还是向少数民族道歉时,都公开否认两岸的历史联结,试图从历史上割裂两岸的血脉关系。对此,国台办主任张志军指出,"人们从台湾新当局的政策宣示和行动中更注意到,其从政治上、经济上、文化上等各方面弱化和切断台湾同大陆历史联结的战略取向"。大陆早就公开明确表态反对"任何形式的台独分裂行径",如果蔡英文当局不改弦易辙,台海和平稳定将会受到严重影响。

第三,民进党当局重回民粹主义政治炒作的老路,企图离间和破坏两岸民众之间的感情,制造两岸民意对立,对两岸关系带来负面影响。

利用某些事件进行政治操作和炒作,挑拨两岸的对立,激起台湾民众对大陆的不满,是民进党的惯用伎俩。在台湾地区领导人选举期间,民进党就借势炒作"周子瑜事件",蔡英文在选举结束发表感言时还借题发挥地表示"会努力让我的'国民'没有一个人会为他们的认同而道歉"。此后,针对台湾电信诈骗犯遣返大陆的事件、中国与冈比亚复交的事件,民进党也是不遗余力地进行炒作,一面攻击当时还在任的马英九当局,一面指责大陆不尊重台湾。民进党上台以后,两岸协商沟通机制中断,赴台大陆游客数量减少,赴台农渔产品的采购也大幅减少,民进党当局不仅不自我检讨,反而将矛头指向大陆,将责任归咎到大陆身上,企图激起台湾民众对大陆的怨恨。

　　民进党当局不仅在岛内煽动对大陆的民意对立,在处理"大陆赴台游客火烧车遇难"、"电信诈骗犯遭返台湾被释放"、"雄三"导弹误射等一系列事件上,严重伤害大陆民众的情感。特别是"火烧车事件"中台湾当局对大陆家属冷漠以对、不闻不问的态度、敷衍了事的调查,都严重伤害了大陆民众的感情。加上电信诈骗犯在台湾被释放被轻判,也导致大陆民众认为台湾当局根本漠视大陆人民的权益。《人民日报》2016 年 12 月月底专门刊登《2016 年两岸关系:多少好感随风而逝》的文章,奉劝台湾方面"亡羊补牢"。[②]在新媒体和自媒体的时代,台湾当局的政治操弄和民粹主义的炒作被迅速传播,使得两岸民众的情绪出现空前反弹,严重影响到两岸民众间的互信,对两岸关系发展产生深远的负面影响。

　　第四,民进党当局错估形势,认为国际和地区形势发生有利于台湾方面的新变化,推行"媚日亲美抗陆"的战略,为台海和平稳定埋下严重隐患。

　　蔡英文上台后,主动向美日靠拢,意图利用美日来抗衡大陆的压力,削弱大陆对台湾的影响力。民进党当局认为,中美在亚太地区的战略竞争会愈演愈烈,这对台湾来说的一个机会。只要台湾配合美国遏制和围堵中国大陆的战略,就能够拉近台美的关系,获得美国的好感并得到美国实质支持。因此,蔡英文甘

做美国的"棋子",采取"全面亲美"的路线。在南海仲裁问题
上,蔡英文当局明明对太平岛认定不满,也只能保持克制;在明
知进口美国猪肉会招致岛内强烈反对的情况下,也不得不尝试
提出这个议题。蔡英文7月2日过境美国时声称,"台美关系"
持续发展、逐渐成熟,"双方的关系是我们在21世纪最重要的
友谊"。在美国的大选中,蔡英文公开支持主张"亚太再平衡"
和"降低台湾对大陆经济依赖度"的希拉里。特朗普当选后,蔡
英文倍感失落的同时,想方设法与特朗普通电话,但最终结果
是,不仅没有实现"台美关系"的"实质突破",反而寄予厚望的
TPP完全落空,而且奥巴马政府和学界都公开力挺一个中国政
策,特朗普政府也不得不重申不挑战一个中国政策,这都是蔡英
文当局误判形势的结果。

　　在发展台日关系上,蔡英文更是不遗余力,就任第三天就放
弃了民进党当局在冲之鸟礁问题上的一贯立场,声称对冲之鸟
礁(日本称"冲之鸟岛")是"礁"还是"岛"的问题上"不采取法
律上的特定立场",撤回派遣往日本冲之鸟礁附近海域的巡逻
船。她还派出邱义仁和谢长廷担任重要职务,加强与日本方面
的沟通和协调。蔡当局还不顾台湾民众的反对和对健康的担
心,坚持要进口日本福岛核辐射食品,以讨好日本。蔡英文和民
进党某些政治人物公开在台湾岛内美化日本的殖民统治,将其
称之为"日本统治时期全面而深入的理番政策"。蔡英文还首
次参加纪念台湾籍日本兵的活动,宣称要为台湾籍日本兵寻找
历史正义。蔡英文当局的上述种种作为,从本质上讲都是为了
拉拢日本,依靠美国,来抗衡大陆。大陆向来主张外国势力不能
介入台湾问题,蔡英文当局这种"挟洋自重"的思维和做法不仅

不能减轻压力,反而会给台海地区和平稳定带来严重隐患。

# 三、大陆致力于维护和推进两岸关系和平发展

虽然两岸关系和平发展出现了新情况、新问题、新挑战,但大陆依然致力于维护和推进两岸关系和平发展的进程。2016年,大陆从政治、经济、社会、文化等各个领域继续推动两岸关系朝着和平稳定的方向发展,同时维护国家主权和领土完整和国际社会"一个中国"的框架。

第一,大陆与台湾岛内认同"九二共识"及其核心意涵的政治力量一起,共同维护两岸关系和平发展的政治基础。

体现两岸同属一个中国核心意涵的"九二共识"是两岸关系和平发展的政治基础,也是两岸接触和交往的前提所在。蔡英文当局拒不承认"九二共识",并不意味着"九二共识"在两岸关系中基础性地位的改变和消失,也并不意味着两岸就此无所作为。2016年,无论是在习近平总书记、李克强总理和俞正声主席的讲话中,还是在国台办领导的讲话和新闻发布会上,都坚定地重申"九二共识"的重要性。国台办主任张志军在7月17日和平论坛的讲话中重申:"无论台湾哪个政党、团体,无论其过去主张过什么,只要承认'九二共识'的历史事实,认同其核心意涵,我们都愿意同其交往,共同推进两岸关系和平发展。"在此原则下,5月20日民进党上台之前,大陆依然与马英九当局保持机制化的联系和沟通,并妥善处理了台湾方面参与2016年世界卫生大会的事宜。民进党上台后,大陆依然与岛内认同"九二共识"的政党、团体和有识之士保持联系和沟通,支持和

鼓励他们继续维护两岸关系和平发展的政治基础。2016年两岸的很多交流参访活动,如习近平总书记与国民党主席洪秀柱在北京会面,泛蓝执政县市长登陆访问,俞正声会见台湾青年参访团、旺旺中时媒体集团访问团、台湾民意代表交流访问团等,都是建立在"九二共识"基础上的。特别是由国共两党以及两岸20个民间团体共同支持举办的"两岸和平发展论坛"和国共两党对话交流活动的举行,强化了"九二共识"的基础性地位,有助于两岸关系和平稳定和民间交流合作的继续推进。

　　第二,两岸经贸关系依然密切,经济交流合作整体稳定,经济社会融合发展的进程加快。

　　虽然受到两岸政治氛围紧张和两岸机制化沟通和协商机制停摆的影响,但两岸近30年来形成的经贸关系格局并没有受到很大冲击,两岸经济交流合作依然热络,整体上呈现稳定增长的态势。国台办发言人马晓光在介绍2016年两岸经贸关系时总结出三个特点:一是台商对大陆投资稳步增长。据商务部统计,2016年1至11月,大陆批准台商投资项目3072个,同比上升19.58%;实际使用台资金额16.87亿美元,同比上升16.97%;台商投资项目、实际使用台资金额增长幅度高于同期大陆外商投资项目和使用外资金额增长。一批两岸合作的台资重点项目落户大陆,进展顺利。二是两岸贸易略有下降,但基本保持稳定。2016年1至11月,两岸贸易额为1613.8亿美元,同比下降4.9%,但幅度小于同期大陆整体对外贸易水平降幅。大陆仍是台湾最大贸易伙伴、最大出口市场和最大贸易顺差来源地。三是台湾青年来大陆就业、创业的环境不断优化,实习、就业岗位增加。台商积极参与"一带一路"建设,踊跃布局,拓展市场。③

2016 年两岸经贸交流呈现出一个新的特点,就是从合作发展向融合发展转型的进程加快。社科院台湾所张冠华指出,两岸间的融合发展,目的就是通过加强增长,化解分配的不平衡。一可以促进两岸经济整合,为两岸经济注入新动能;二可以避免不必要竞争,充分实现两岸优势互补;三是通过经济交流与合作,扩大交流、扩大参与,让更多的台湾人群收益。大陆的各项产业发展,台湾可以参与进来,通过嵌入式合作,实现两岸融合性发展。④2016 年,国台办、商务部、海协会和各级台办等多次到台资企业进行调研,推动和加深台商对"一带一路"战略规划的了解,帮助台资企业实现转型升级,更好地参与到大陆整体经济发展中来,进一步推进经济社会融合发展的进程。

第三,两岸民间性、基层性、草根性的交流交往向纵深发展,两岸青少年体验式交流不断探索新模式。

民间交流向来是两岸关系的动力所在,虽然两岸官方关系因为民进党拒绝接受"九二共识"陷入僵局,但两岸民间交流和人员往来依然呈现强大的生命力,构成了两岸关系和平发展的强大民意基础。根据国台办不完全统计数据显示,2016 年,台湾居民来大陆 573 万人次,比 2015 年增加 30 万人次,同比增长4.2% 。大陆居民赴台湾 361 万人次,比 2015 年减少近 80 万人次。大陆居民赴台旅游同比减少 14.4% ,为 8 年来首次出现下降。⑤从这些数据中可以看出,两岸民间交流已经从过去八年的"走进去"变成"请进来",台湾居民到大陆交流的越来越多,并没有因为民进党的阻扰而不来大陆。而大陆居民由于受到民进党上台不友善氛围的影响,到台湾旅游的意愿有所下降。2016年,两岸交流呈现出的一个典型特征就是基层交流越来越多,青年交流越来越多、交流的形式也越来越多样。两岸过去举行的各种论坛和交流活动并未减少,如"海峡论坛""海峡两岸文博会""两岸媒体人峰会""两岸发展论坛"等都照常举行,但论坛的参与者中来自基层的台湾民众越来越多,年轻的面孔越来越多。这与近年来大陆大力倡导两岸基层交流,各部门都积极出台有助于两岸青少年加强交流、增进了解的政策,为台湾青年赴大陆学习、实习、就业、创业、生活创造条件和机会有着密切的关系。两岸基层和青年的交流形式一改过去走马观花形式,各种体验式交流、互动式交流、参与式交流、融合式交流的模式层出不穷。无论是新设海峡两岸青年创业基地、青年就业创业示范点,还是采认台湾的职业资格证、提供就业培训,还是给予创业补贴和贷款,都让台湾青年充有更多机会分享受大陆发展和两岸关系和平稳定带来的机会与红利。

第四,大陆在国际上坚定维护"一个中国"的框架,反对台湾当局以扩大"国际空间"为借口制造"一中一台"的图谋。

民进党当局上台后,两岸在涉外领域的互动出现新的变化。蔡英文当局改变了马英九时期"外交休兵"和"活路外交"的政策,改为所谓的"踏实外交",声称台湾的对外关系将"稳健地朝正确的方向往前迈进",以脚踏实的、一步一脚印的精神,克服台湾的各项"外交挑战",开拓"国际空间",并且与理念一致的国家及地区在互惠互利的基础上密切合作,对国际社会做出实际的贡献,以坚固台湾的"国际地位"。由于民进党当局不承认"九二共识",也不接受"一个中国"框架,其"踏实外交"的根本目的是要凸显台湾的"国际地位",提升台湾的"国际能见度",企图在国际上制造"一中一台",并视大陆为台湾实现上述目的的最大挑战。台湾外事部门负责人李大维就公开表示,"无可讳言,大陆因素系我'外交工作'中最大挑战。在双方交往上,陆方以其经济及国防等硬实力作为外交工具,或谋图我'邦交国',或向我'非邦交国'强行推销其'一中政策';在多边场域方面,平等参与国际会议及活动是'我国'应有的权利,惟多年来,台湾国际参与空间一直遭到大陆的压缩,近来更是加强'打压'力道。大陆对我活动空间的'打压'范围更广、更频密且手段更灵活,使台湾争取参与国际活动面临更严峻挑战"。为了突破国际社会"一个中国"的框架,台湾当局不断寻求美国、日本及欧盟的支持,希望深化与他们的双边"实质关系"。无论是蔡英文当局与日本安倍政府密切关系,还是蔡英文与特朗普通电话挑战"一个中国政策",大陆都与日本和美国方面进行了有理有利有节的斗争,促使其不得不重申坚持"一个中国"政策。为了阻止台湾当局在国际上制造"一中一台"的图谋,在台湾参与世界卫生大会、联合国粮农组织渔委会会议、国际民航组织大会、国际刑警组织大会等问题上,大陆始终坚守一个中国原则,挫败了台湾当局在外部势力支持下寻求国际空间突破的企图。随着中国大陆实力的增长和国际影响力的不断扩大,国际社会"一个中国"框架只会越来越稳固,蔡英文当局的所做所为不仅无助于拓展台湾的"国际空间",反而会影响到两岸关系的发展,也会损害亚太地区的和平稳定。

**注释:**

① 张志军:《维护和推进两岸关系和平发展 共圆中华民族伟大复兴中国》,《求是》,2016年第20期,第5页。

② 《2016年两岸关系:多少好感随风飘逝》,《人民日报》,2016年12月29日。

③ 《国台办新闻发布会辑录》(2017-01-11),国务院台湾事务办公室网站,http://www.gwytb.gov.cn/xwfbh/201701/t20170111_11676225.htm。

④ 张冠华《推进两岸"南南合作"促进经济社会融合发展》,中国台湾网,http://www.taiwan.cn/xwzx/la/201701/t20170112_11677163.htm,2017年1月16日。

⑤ 《国台办新闻发布会辑录》(2017-01-11),国务院台湾事务办公室网站,http://www.gwytb.gov.cn/xwfbh/201701/t20170111_11676225.htm。


　　　　　　　　　　(作者单位:厦门大学台湾研究院)

# 2016 年两岸经贸关系综述

单玉丽

**摘　要：**2016 年两岸经贸关系在波折中前行，总体平稳，但受两岸关系负面因素影响，尽管大陆着力改善营商法治环境，两岸民间交流持续开展，但两岸相互间的投资贸易及人员往来出现严重不均衡态势。未来在大陆经济发展基本面向好态势下，两岸经贸合作仍有良好机遇，但依然面临民进党当局政策绑架的困扰。与此同时，随着特朗普内外部政策调整，美国因素对两岸关系的影响更加深刻复杂，两岸经贸关系前景不容乐观。

2016 年，由于台湾岛内政局变化，以"台独"为党纲的民进党上台执政后，始终不承认"九二共识"，"台独"动作不断，两岸关系和平发展的一系列重大成果被蚕食，使得两岸关系的不确定性、不稳定性日益增加。大陆在坚持"九二共识"政治基础，坚决反对"台独"分裂活动，维护一个中国原则的基础上，持续扩大两岸民间交流合作，推动两岸关系向正向方向发展。展望未来一年，两岸关系仍将受多重因素影响，经贸合作有机遇，更有挑战。

# 一、两岸经贸交流合作在波折中前行,总体上稳定

## (一)两岸贸易额波动下滑,但大陆仍是台湾最重要贸易伙伴

两岸贸易是两岸关系的重要晴雨表。2016 年,两岸贸易一度数月呈现剧烈波动,但在两岸工商界和两岸同胞的共同努力下,全年仍然呈现较好业绩。据大陆海关统计,2016 年两岸进出口贸易额为 1796 亿美元,同比下降 4.5% 。其中,大陆对台出口 403.7 亿美元,同比下降 10.1% ;大陆自台进口 1392.3 亿美元,同比下降 2.8% 。大陆仍是台湾最大贸易伙伴、最大出口市场和最大贸易顺差来源地。两岸贸易额下滑,除全球经济疲软、两岸贸易结构转型等原因外,台湾政局变化带来的两岸关系不确定性也是重要因素。

## (二)台商投资大陆稳步增长,但陆资赴台步履艰难

据商务部统计,2016 年大陆共批准台商投资项目 3517 个,同比上升 18.7% ,实际使用台资金额 19.6 亿美元,同比上升 27.7% 。台商投资项目、实际使用台资金额增长幅度高于同期大陆外商投资项目和使用外资金额增长。大陆仍是台商投资最重要的地区,其中江苏、河南、上海和广东等为台商投资重点区域。截至 2016 年 12 月底,大陆累计批准台资项目 98815 个,实际使用台资 646.5 亿美元。按实际使用外资统计,台资占大陆累计实际吸收境外投资总额的 3.7% 。① 与此同时,大陆企业赴台投资波动较大,据台湾"投审会"统计,2016 年 1 至 5 月,"投

审会"核准陆资赴台投资 67 件,比上年同期增加 15.52% ;投(增)资金额为 1.53 亿美元,比上年同期增加 233.26%。蔡英文上台后,采取种种行政手段对陆资进行限制,6 至 12 月,陆资赴台项目 91 件,较上年同期下降 18.75%,投资金额仅 0.945 亿美元,大幅跳水,较上年同期下降 52.27 个百分点。全年陆资赴台项目 158 件,较上年减少 7.06%,赴台投资金额 2.48 亿美元,微幅成长 1.46%,这还是得益于蔡英文上台之前的成果。

**(三)两岸人员往来继续保持较大规模,但赴台人员急剧下挫**

据不完全统计,2016 年台湾居民来大陆 573 万人次,比上年增加 30 万人次,同比增长 4.2%。但大陆居民赴台湾仅 361 万人次,比上年减少近 71 万人次,其中赴台旅游同比减少 14.4%,为 8 年来首次下降。②主要原因是民进党当局在岛内不断形塑"反中仇陆""去中国化"的政治氛围,导致大陆旅客赴台意愿下降。据台湾"中央社"报道,2016 年上半年赴台观光旅客 543 万人次,其中大陆游客为 211 万人次,占 38.9%,为台湾最大客源。但 5、6 月民进党执政伊始大陆游客赴台人数连续负成长,分别减少 12.2% 和 11.9%。③7 月份陆客赴台人数较上年同期衰退 15%。特别是 7 月陆客团在台湾遭遇严重车祸的"7.19"事件后,蔡英文的冷漠和台当局在调查及善后的不当处理,引发大陆游客赴台意愿急剧下降,赴台旅行人数一减再减。台湾"主计处"数据显示,2016 年大陆赴台旅客为 351 万人次,较 2015 年减少 16.1%。④

**(四)大陆大力改善投资环境,为新形势下开展两岸经贸合作创造条件**

一年来,大陆致力于完善投资环境,保障台商正当权益,并为台商融入"一带一路"建设寻找商机。一是完善《台湾同胞投资保护法》。2016年9月3日,十二届全国人大常委会审议通过《台湾同胞投资保护法》修正案,进一步完善了对台商投资大陆的权益保护。根据修正案规定,未来大陆对台资企业将实行准入前国民待遇加负面清单管理模式,即凡不涉及负面清单的台商投资,无须审批,只需经过备案即可完成企业设立变更手续,显示台商投资准入领域将更加广泛,使台商投资有了更广阔的空间。同时备案流程大幅精简,办理时限也大大缩短,这将为大陆台商创造更加公平、稳定、透明的投资环境。二是健全台商投资的法治环境。9月8日国台办和贸促会联合印发了《关于进一步推动台资企业利用仲裁方式解决经贸争议的通知》,要求各级台办和贸促会充分发挥仲裁在台胞权益保护中的作用,主动引导台资企业增强合同意识和仲裁意识,帮助台资企业运用仲裁方式保护自身合法权益,依法维护两岸经贸关系的稳定发展。这是大陆全面推进依法治国精神、运用法治方式推进两岸交流合作、依法保护台湾同胞权益的重要举措。三是推动两岸金融交流合作。2月5日国台办和国家开发银行在北京签署了《促进两岸经济融合发展合作协议》。这是国台办与国开行的第三次合作,也是在新形势下助力两岸经贸合作的又一个有力举措。这一举措将大大促进两岸金融交流合作,为推动两岸经济融合发展提供资金保障。四是为台商参与"一带一路"建设创造机遇。2016年本着"愿意首先与台湾同胞分享发展机遇"的理念,积极鼓励台商参与大陆"一带一路"建设,继2015年下半年海协会领导率领台商考察团赴"一带一路"沿线的陕甘宁、云贵等地进行考察之后,2016年又再次率台商考察团赴四川、重庆、广西和新疆等地考察,使台商了解"一带一路"建设的规划和重要建设项目,帮助台商参与"一带一路"建设寻找商机。

## 二、两岸命运共同体认知进一步增强,民间 交流成为两岸经贸合作主旋律

2016年3月5日,习近平总书记在全国人大、政协两会上明确指出,我们对台大政方针是明确的、一贯的,不会因台湾政局变化而改变。我们将坚持"九二共识"的政治基础,持续推进两岸各领域的交流合作,深化两岸经济社会融合发展,增进同胞亲情和福祉,拉近同胞心灵距离,增强对两岸命运共同体的认知。遵循习总书记的指示精神,一年来,在大陆和台湾有识之士的共同努力下,两岸民间经贸交流开展了一系列活动,并取得良好成效。

**(一)成功举办一系列合作论坛,两岸经贸交流合作持续深化**

一是举办了"两岸和平发展论坛"。11月2日来自两岸20家民间团体在北京共同主办了"两岸和平发展论坛",这是在已举办的10届"两岸经贸文化论坛"成果的基础上,因应台湾政局变化而做的调整。中央台办张志军主任在致辞中提出,"论坛"要维护"九二共识"政治基础凝心聚力,要为深化两岸经济融合发展提供动力,要为推动两岸同胞交流献计献策,要为加强两岸文教合作多做贡献,要为促进两岸青年共同成长发挥作用。"论坛"就新形势下,如何维护和推进两岸关系和平发展,从政

治、经济、文化、社会、青年等方面展开了交流。在经济层面，与会人员就两岸关系面临新挑战及全球经济景气低迷环境下，如何抓住"一带一路"建设机遇，在深化产业对接、基础设施互联互通、港口和产业园区合作等方面，展开了深入研讨，并呼吁台湾当局减少对陆资的限制和疑虑，采取务实措施，促进陆资在台湾经济中发挥积极作用。

二是第八届"海峡论坛"如期而至。6月12日，第八届"海峡论坛"在厦门举办。论坛的主题是"扩大民间交流、促进融合发展"。论坛突出青年和基层交流，安排了论坛大会、青年交流、基层交流、经贸交流四大板块19项活动。青年交流聚焦于青年就业创业议题，设计了两岸青年创业创新大赛、新媒体文创论坛、"益启跑"等活动；基层交流围绕两岸共同关注的民生议题，安排了职工论坛、妇女论坛、特色庙会等活动，内容涉及社区治理、公益活动、民生气象、中医药、职业教育、妈祖文化等。在经贸交流方面，突出了金融、创业创投、智慧农业、农田水利等领域。全国政协主席俞正声在论坛大会上指出，维护两岸关系和平发展与台海和平稳定，需要持续扩大深化两岸民众的交流合作。两岸民众交流合作将是维护两岸关系和平发展的"锚头"，是两岸同胞共同驶向美好未来之大船的"风帆"。此次论坛，不仅进一步增进了两岸基层同胞的相互了解和信任，而且对深化两岸经贸合作也起了重要的稳定和推动作用。

三是两岸企业家峰会成效显著。两岸企业家峰会是最具规模的两岸产业交流合作平台。2016年峰会年会于11月6—7日在台湾金门县和福建省厦门市两地举办。吸引了两岸900多位企业界人士与会。峰会以"企业创新合作，产业融合发展"为

主题,就宏观经济、能源石化装备、金融、信息、家电、成长型和中
小企业、文化创意、生物科技与健康照护等方面进行了广泛交流
和深入探讨,并达成多项共识,签署了 16 项合作协议和合作备
忘录。

四是"双城论坛"成功举办。8 月 23 日"2016 台北上海城
市论坛"在台北举行。此次论坛以"展现城市活力"为主题,
就青年交流、医疗卫生、智慧城市、文化、交通等领域的交流与
合作展开了讨论,并签订 3 项合作备忘录,即《上海马拉松与
台北马拉松交流合作备忘录》《上海国际电影节与台北电影节
交流合作备忘录》《上海市松江区与台北市文山区交流合作备
忘录》。

此外,大陆各地举办的对台交流合作论坛也此起彼伏。如
10 月 23 日在杭州举办的"2016 海峡科技论坛"、12 月 16 日在
威海开幕的"第二届两岸养老文化及产业发展论坛"、11 月 29
日在南宁举行的"第十二届桂台经贸文化合作论坛"、11 月 9 日
在武汉举行的"第三届海峡两岸创意创新高峰论坛"、11 月 5 日
在福建泉州开幕"第七届和谐海峡论坛"、11 月 6 日在福建三明
开幕的第十二届海峡两岸林业博览会暨投资贸易洽谈会;11 月
6 日在陕西杨凌举行的第二届海峡两岸现代农业研讨会;10 月
18 至 20 日在淮安举行的有 700 余两岸精英参加的"第十一届
台商论坛"。还有津台会、鲁台会、浙江台湾周、赣台会、重庆台
湾周、皖台投资合作对接会、湖北武汉台湾周、第九届海峡两岸
(厦门)文化产业博览交易会、江苏淮安台商论坛等活动也相继
召开。这些活动充分说明两岸民间交流合作具有巨大的发展
潜力。

## （二）扩大建立两岸交流基地，两岸历史与现实的连接更加紧密

一是增设"海峡两岸交流基地"。2016 年国台办在已有的 43 家"海峡两岸交流基地"基础上，又增设安徽省黄山、福建省晋江五店市传统街区、三明尤溪朱熹诞生地、南平武夷山朱子故里以及辽宁省张氏帅府博物馆、天津市天后宫等 6 家海峡两岸交流基地，为两岸同胞提供了更多回顾历史、品味文化、畅叙亲情和融合发展的机会。二是增设"两岸青年创业基地"。为促进两岸青年创业、就业，2015 年国台办在北京、上海、江苏、福建等地设立了 21 家"海峡两岸青年创业基地"和 1 家海峡两岸就业创业示范点。2016 年 8 月，国台办又增设海峡两岸青年创业基地、示范点 30 多个。至此，国台办已在江苏、福建、北京、广东等 11 个省市批准设立 53 个海峡两岸青年创业基地、示范点。⑤习近平总书记曾经指出，"青年是民族的未来，也是两岸的未来"，要"为两岸青年创业就业提供更多机会，……要更多关注两岸青年成长，为他们提供更多机会和舞台，让他们多交流多交心，成为共同打拼的好朋友好伙伴"。为贯彻落实习近平总书记的指示，促进两岸青年创业、就业，2016 年，大陆各省市结合"大众创业，万众创新"，纷纷出台鼓励台湾青年到大陆创业、就业的优惠政策。相关部门也积极行动，为两岸青年交流合作搭建平台。如 2016 年 6 月，由中国台湾网等联合主办的"2016 年两岸青创论坛暨首届全球华人创新创业大赛台湾项目总决赛"在北京举行，论坛为两岸青创团队提供与业界精英、青创基地面对面交流的机会，协助各方进行务实对接，推动项目落地发挥了重要作用。

### （三）推动与台湾 8 县市交流合作，获得两岸民众的认可

为促进民间交流，大陆在坚持"九二共识"政治基础上，对正确认知两岸关系性质及两岸县市交流性质的台湾 8 个县市开展了交流合作。9 月 18 日国台办主任张志军在北京与新北市、新竹县、苗栗县、南投县、花莲县、台东县、金门县、连江县等 8 个县市组成的台湾县市长参访团举行座谈，8 位台湾县市长表示将继续坚持"九二共识"，努力维护两岸关系和平发展成果，推动包括两岸县市交流在内的各领域交流合作，并提出具体建议。为此，大陆方面给予积极回应，提出了 8 项措施促进两岸交流合作，并积极落实。8 项措施为：（1）欢迎并支持台湾 8 县市到大陆举办农特产品展销推介活动；（2）推动大陆相关企业赴台湾 8 县市考察、洽商农特产品采购事宜；（3）支持台湾 8 县市组成旅游促进联盟，联合设计旅游产品，与大陆各地旅游主管部门建立联系窗口，来大陆举办旅游推介活动；（4）积极推动大陆有关部门和城市与台湾 8 县市加强绿色产业、高科技产业、智慧城市等领域交流合作；（5）鼓励和支持大陆有关部门和城市与台湾 8 县市积极加强文化、人文等交流，并推动两岸文化创意产业合作；（6）促进和扩大大陆有关部门和城市与台湾 8 县市青年的交流沟通，为台湾青年来大陆实习、就业、创业提供便利，创造有利条件；（7）进一步扩大福建沿海地区与金门、马祖的经贸和人员往来规模；（8）支持大陆有关部门和地方与台湾 8 县市加强联系，扩大交流，提升合作水平，解决民众关心的实际问题。12 月 24 日至 26 日，台湾 8 县市农特产品展销暨旅游推介洽谈会在京举行。来自 8 县市的 130 余家业者携特色农特产品参展，且均获得满意的销售业绩。此后，蓝营的 8 县市再次共同组团

来到大陆,推出了20条蓝色旅游线路。[6]

# 三、未来两岸经贸关系发展机遇与挑战

展望2017年,受宏观环境影响,两岸经贸合作有机遇也有挑战,但总体上看,将是挑战大于机遇。

## (一)大陆经济发展基本面向好,为两岸经贸合作提供良好机遇

当前,大陆经济发展处于新常态,经济结构、经济发展方式、经济发展动力都在发生重大变化,经济增速面临一定的下行压力,但大陆经济长期向好的基本面没有改变。2016年,在世界经济疲弱的背景下,中国经济增长6.7%,对世界经济增长的贡献率达到33.2%,仍居首位,依然是世界经济增长的第一引擎。[7]与此同时,大陆的影响力不断提升,如"一带一路"战略取得明显成效,已经有100多个国家和国际组织积极响应支持,40多个国家和国际组织与中国签署合作协议。大陆企业对沿线国家投资达到500多亿美元,一系列重大项目落地开花,带动了各国的经济发展,为沿线各国创造了大量就业机会。[8]大陆"一带一路"战略部署和实际成效得到世界广泛的认可和支持。

未来,大陆在以习近平为核心的党中央领导下,将在创新、协调、绿色、开放、共享的发展理念指引下,不断适应、把握、引领经济发展新常态,统筹抓好稳增长、促改革、调结构、惠民生、防风险等各项工作。着力围绕供给侧结构性改革,以提升经济增长质量和效益;加大重要领域和关键环节改革力度来激发增长动力和市场活力;进一步放宽外商投资准入,建设高标准自由贸

易试验区,营造宽松有序的投资环境,从而推动经济保持中高速增长、迈向中高端水平。这些努力将为世界各国和地区提供更广阔市场、更充足资本、更丰富产品、更宝贵合作契机。预计未来5年,大陆将进口8万亿美元的商品、吸收6000亿美元的外来投资,对外投资总额将达到7500亿美元,出境旅游将达到7亿人次。⑨这些对世界各国和地区的工商界,都是巨大的发展机遇。

大陆仍将本着"两岸一家亲"的理念,愿意首先与台湾同胞分享大陆发展的历史性机遇。尽管蔡英文当局千方百计阻挠两岸经贸往来,但资本属性决定了台商的选择,广大台商仍将会顺势而为,找机遇、抓机遇、求生存、求发展。而大陆也将会在坚持"九二共识"、反对"台独"的政治基础上,推动两岸关系和平发展,持续促进两岸经济社会融合。随着大陆对外开放程度的加大,在市场经济推动下,两岸经贸合作仍将进一步向前迈进。市场规律难以阻挡,两岸经贸不断融合是大势所趋。

2017年大陆还将出台便利台湾同胞在大陆学习、就业、创业、生活的政策措施,这些政策措施涉及台湾居民在大陆的就业执业、社会保障、生活便利等诸多方面,也将有利于两岸经贸关系的进一步融合发展。

**(二)民进党当局以政治绑架经济,两岸经贸往来难以避免再度失衡**

两岸经贸关系的不断发展,得益于坚持"九二共识"和两岸关系的和平发展,但自2016年5月20日蔡英文上台执政以来,一直顽固拒绝承认"九二共识",不断加紧推行"柔性台湾"路线,从政治、经济、社会、文化和对外关系等各个方面弱化和切断两岸的历史连接和现实的经贸往来。一是试图通过调整经济政策疏离与大陆的经济关系。如提出"新经济发展模式",拟通过绿能科技、亚洲硅谷、生技医疗、智慧机械、"国防"航天等五大创新研发计划,点燃"创新"之火苗来带动岛内产业结构转型、升级,以因应全球经济不景气和所谓"红色供应链"的冲击。二是意欲拓展对外经济活动空间,"以降低对单一市场的依赖"。提出要加强与美日欧的经济联系,尤其是竭力主张和推动加入美国主导的 TPP,推行"新南向政策",拓展东南亚乃至南亚地区的活动空间,减少对大陆的依赖,"确保台湾政治上的自主性"。三是阻挠两岸经贸协议的签订和实施。2016 年 4 月 1 日在民进党操弄下,台湾通过三阶段论的"两岸监督条例",规定两岸协议"前、中、后"三个不同阶段的监督机制,实际上堵死了两岸签订协议的路径,严重制约了两岸的经贸合作。四是直接遏制两岸经贸往来。对大陆资本进入台湾,设置严苛的条件和政策管制。2016 年 8 月"行政院农委会"发函规定,今后各渔业团体与大陆洽谈两岸渔业合作的协议或意向,要"依法"事前申请,未经各主管机构许可,不得为之。甚至对两岸民间已签订的合作协议课以处罚。如 2014 年 6 月 10 日台湾花莲凤林镇与浙江江山凤林镇签署"经济文化备忘纪要",台湾"内政部"以此举违反"两岸人民关系条例"为由,对花莲凤林镇处以 10 万元新台币的裁罚。

可以预料,未来一年,尽管蔡英文无法全面抵制两岸经济合作,但在两岸关系上将延续其"政治上反中""经济上排中"的逻辑思维,其阻挠两岸经济交流合作的行径不可能改变,这将是影响两岸经贸关系发展的最直接和最大的负面因素。

**（三）特朗普上台，美国政策调整将影响世界政经格局，也将给两岸关系发展带来严峻挑战**

2017 年的世界将是不平静的一年。不仅业已存在的结构性矛盾难以纾解，而且新上任的美国总统特朗普将使世界政经格局更加变化莫测。目前，特朗普已开始大刀阔斧改变美国的内外政策，无疑将使中美关系走向面临更多不确定性。从经贸层面看，特朗普已签署命令退出 TPP（跨太平洋伙伴关系协定），意味着美国贸易政策进入新的时期。未来以美国为首的贸易保守主义抬头和其对区域经济整合的影响，势必将给全球经济体系带来不小的冲击，而外向度较高的两岸经济都难以独善其身，尤其是对于台湾而言，美国退出 TPP，打乱了蔡英文参与区域经济整合的意图与步骤。之前，蔡英文全心全意要加入 TPP，以"摆脱"对大陆的"过度依赖"，如今情势全变，押错宝的蔡英文会否在两岸经贸政策上有所转向？亦或继续"与美国、日本等理念相近的民主国家"强化伙伴关系，值得关注。

**注释：**

① 郑巧：《至去年底大陆累计批准台商投资近 9.9 万项》，http://news. xinhuanet. com/tw/2017－02/04/c＿129466740. htm。

② 《国台办新闻发布会辑录》，2017 年 1 月 11 日。

③ 李宁：《大陆赴台游客上半年总体增长 3.1% 五六月负增长逾10%》，http://finance. ifeng. com/a/20160804/14679033＿0. shtml。

④ 《2016 年内地赴台旅客年减 16% 仍是台旅游最大客源》，http://news. 163. com/17/0204/07/CCDPIO5K00014AEE. html。

⑤ 《宓盈婷：福建新增 4 个海峡两岸青年创业基地》，http://money. 163. com/16/0803/14/BTI5QDU600254TI5. html。

⑥ 《国台办新闻发布会辑录》,2016 年 12 月 28 日。

⑦ 冯彪:《末季"翘尾"2016 中国经济增速重回世界之巅》,《每日经济新闻》2017 - 01 - 23 http://www. cs. com. cn/xwzx/hg/201701/t20170123 _ 5162606. html。

⑧ 《习近平主席在世界经济论坛 2017 年年会开幕式上的主旨演讲》,http://finance. people. com. cn/n1/2017/0118/c1004 - 29031074. html。

⑨ 《习近平主席在世界经济论坛 2017 年年会开幕式上的主旨演讲》,http://finance. people. com. cn/n1/2017/0118/c1004 - 29031074. html。

（作者单位:福建省社会科学院台湾研究所）

# 2016 年台湾当局大陆政策综述

倪永杰

**摘　要:** 2016 年台湾发生政党轮替,台湾当局大陆政策出现了从和平发展向"反中对抗"的逆转。5 月 20 日之前马英九当局延续和平发展的主轴,捍卫"九二共识",力图将两岸关系推升到历史的最高境界。蔡英文当局则顽固坚持"台独"立场,不承认"九二共识",不认同"两岸一中",高挂"维持现状""遵宪合例"的招牌,但采取"反中对抗""柔性台独"、紧缩两岸、管控交流的政策,揭开两岸"冷对抗"的帷幕,损害两岸民众利益,影响亚太及国际稳定。

2016 年台湾当局的大陆政策以 5 月 20 日民进党重返执政为分界点,前后大陆政策的内涵、性质等截然不同,历经和平发展到"反中对抗"的逆转,导致两岸关系从暖和平螺旋下沉为"冷对抗",损害两岸同胞福祉。

## 一、马英九大陆政策内涵:捍卫 "九二共识"、维护和平发展

1. 捍卫"九二共识",质疑"维持现状"。面对蔡英文"维持

现状”的政策主张与选举攻势，即将下台的马英九不得不站出来捍卫“九二共识”，强调重要价值，揭露蔡英文“维持现状”的欺骗性与虚伪性。马英九明确两岸关系定位，强调“‘一中各表’不会乱表，不会表到‘两个中国’、‘一中一台’跟‘台湾独立’，这是‘中华民国宪法’所不允许的”。蔡英文如果真心“维持现状”，就应该接受而不是否定、回避“九二共识”。同时，马英九不断突出“九二共识”已是两岸共识，成为两岸现状的一部分。①马英九在 2016 年元旦讲话中质问蔡英文“一面说要‘维持现状’，遵守‘宪法’，一面却又不肯接受符合“中华民国宪法”的“九二共识”。这种矛盾的态度，不但罔顾现实，而且构成对现状的挑战，更有可能被外界认为是挑衅。②马英九的质问对蔡英文造成一定压力。

2. 架设两岸热线，深化政治互信。2015 年 11 月两岸领导人会面时，马英九向习近平建议设立“两岸热线”，同年 12 月 30 日“两岸热线”顺利架设，国台办主任张志军与台陆委会主委夏立言首度透过两岸事务首长电话热线通话 30 分钟，互致新年问候，从而使两岸事务主管部门之间的常态化沟通机制进一步升级。2016 年 2 月 5 日春节前夕，张志军与夏立言再次通话，互致节日问候，强调坚持“九二共识”，应对不确定因素，做好风险管控。③4 月 12 日下午，张志军应约与夏立言通话，介绍了台湾电信诈骗犯罪嫌疑人对大陆民众实施诈骗活动情况，希望两岸共同珍惜维护两岸关系和平发展的局面及成果。④民进党上台之前，两岸透过“两岸热线”妥善处理了一些复杂敏感问题，有利于两岸双方及时沟通情况、避免误判、管控分歧。

3. 扩大交流，实现陆客中转、陆生“专升本”。马英九在年初就表达了积极推动两岸服贸协议生效、互设办事处、陆客中转、陆生"专升本"等政策事项。2016 年 2 月 1 日,首批来自南昌的陆客经台湾桃园机场中转飞往欧美等地,首批试点城市包括重庆、南昌、昆明,预估每年经台湾中转的陆客为 25000 人左右。⑤陆生"专升本"也得到顺利实施,名额增加到 1500 人。

4. 登上太平岛,维护海洋权益。马英九致力维护南海太平岛、东海钓鱼岛主权,其南海政策坚持"主权在我、搁置争议、和平互惠、共同开发"。2015 年 5 月 26 日马英九提出《南海和平倡议》,并在太平岛立碑"和平南海,国疆永固"。同年台湾与菲律宾签署"台菲渔业事务执法合作协定",减少台菲渔业纠纷。2016 年 1 月 28 日,马英九率领大批官员、学者登上太平岛,强调是岛屿而不是岩礁的事实,发布"南海和平倡议路径图",提出"三要三不要"的架构:"要合作,不要冲突""要共享,不要独占""要务实,不要僵持"。并提出"一条途径,两项说明,三个进程"的路径图。要求将台湾纳入南海协商机制,呼应美方的航行及"飞越自由"与安全主张,协商制定南海地区海、空意外相遇规则及相互设立热线等安全机制。呼吁各方"整体规划、分区开发",及早进行"生物资源的养护与管理""非生物资源的探勘与开发""海洋环境保护与科学研究""海上犯罪的防制""人道援助与灾害救援"等议题合作。⑥马英九登岛举动引起美方不悦,美国务院发言人对此表达失望。此后台湾"国际法学会"向国际仲裁法庭递交《法院之友意见书》,提供相关资料,证明太平岛是岛非礁,该资料转送给所有仲裁员参考。⑦

4 月 9 日,马英九再次登上彭佳屿,遥望钓鱼岛,立下"和平东海、国疆永固"纪念碑。这是马英九卸任前又一次大动作。4

月底,屏东琉球籍渔船"东圣吉16"号渔船在冲之鸟礁公海海域遭遇日本公务船扣押,马英九当局立即向日本政府抗议,要求放人,质疑冲之鸟礁不具有岛屿权利,还派军舰护渔。

面对民进党、"台独"势力的反扑,即将下台的马英九极力捍卫"九二共识"的政治基础,巩固和平发展成果,防止民进党上台后改变和平发展的现状。但即将卸任的马英九已经回天乏术,和平发展路线遭遇重大挑战。

## 二、蔡英文大陆政策内涵:
## "反中对抗""柔性台独"

民进党是在攻击马英九两岸路线、不放弃不调整"台独"立场、不承认不接受"九二共识",透过操纵社会运动、挑拨青年群体"反中民粹"的情况下上台执政,蔡英文当局的大陆政策就是出于对前任的反对,背离两岸和平发展的政治基础,实施"反中对抗""柔性台独"的政策。蔡英文当局大陆政策具有五项内涵:

1. "维持现状",拒绝"九二共识"。蔡英文在2015年4月9日接受民进党提名时首次提出"维持两岸现状"的两岸主张,取代2012年时空洞的"台湾共识"。在"维持现状"政治包裹中,蔡英文赋予四点内涵。一是"宪法论"。选举期间蔡声称遵循"中华民国现行宪政体制",后在"520"讲话中抛出"宪法论",声称她"依照'中华民国宪法'当选","有责任捍卫'中华民国'的主权和领土",承诺"依据'中华民国宪法'、'两岸人民关系条例'及其他相关法律,处理两岸事务"。⑧可以简称为"合宪遵例"，蔡似乎有把两岸关系定位回归"宪法"原本所规定的"一中宪法""一国两区"的倾向。二是"既有政治基础论"。蔡拒绝"九二共识"作为两岸共同政治基础，抛出所谓"既有政治基础"，内含"九二会谈""共同认知"等元素：两岸之间存有"九二会谈的历史事实"，达成若干"求同存异的共同认知"。⑨蔡只承认 1992 年两岸两会之间确有会谈的历史过程，但没有形成会谈结论——"九二共识"的结果，意图以过程模糊结果、以"过程论"取代"结果论"。蔡所言当年两岸达成的"共同认知"的具体内涵究竟是什么，迄今为止她都没有说清楚、讲明白。三是维持"现有机制论"、提议与大陆对话。蔡英文表示将"努力维持两岸现有机制"，进行协商谈判、沟通联络，包括两岸两会协商谈判机制、国台办与陆委会常态化沟通联络机制等。蔡还倡议共、民对话，主张两岸两个执政党应"放下历史包袱，展开良性对话。"两岸还应在东南亚等地开展区域合作，似乎将其"新南向"与大陆的"一带一路"特别是海上丝绸之路进行包容连接，等等。⑩四是"民主、民意论"与"未来选择权"。蔡英文当选后提出了两岸政策"三前提"："依循普遍民意，遵循民主原则，确保台湾人民对于未来的选择权"，意图以台湾的"民主"、小"民意"要挟大陆大让步，保留并扩大未来台湾"可统可独"的自由选择空间。如今，蔡持续贩售所谓台湾"民主机制"当作"台湾共识"，要求大陆予以"正视"。

在 2008 年出任党主席到 2015 年 4 月之间再次参选之间，蔡英文多次攻击"九二共识"，彻底否认"九二共识"的存在，声称如果有，也只是国、共之间共识，没有经过台湾人民同意，民进党绝不能接受。但在 2016 选举期间，蔡英文转而避谈"九二共识",改提"维持两岸现状",以"九二会谈""共同认知""既有政治基础"等模糊焦点、搪塞选民,谋求选票最大化。蔡英文"维持现状"的要害就是不承认"九二共识",拒绝"两岸同属一中"、两岸关系是一个国家内部关系的性质定位,保留两岸关系最多是特殊关系、甚至是"准国际关系""一中一台""两国论"的选择空间。苏贞昌任党主席期间曾进行"对中政策检讨",2014年蔡英文再次出任党主席以来,民进党内始终没有就"台独党纲""台湾前途决议文""正常国家决议文"进行讨论,也没有就蔡英文"520"讲话中的"宪法论"进行内部或公开辩论,予以认可。未调整"台独"立场的民进党对蔡英文的大陆政策构成了制约。"520"以来民进党打破了2008至2016年上半年两岸和平发展的现状,滑向两岸"冷对抗",甚至强对抗、高风险的情境中。

2. 翻新"台独",扩大"台独"基础。在大陆强大、持续的压力之下,蔡英文当局放弃陈水扁时期激进"台独"、硬对抗的手法,转而采取柔性"台独"、软对抗的策略,实行一条看似没有"台独"之名却有"台独"之实的实质"台独"路线。打着"转型正义"的旗号,设置"不当党产委员会",残酷清算政治对手。全面推动"文化台独",在文化、教育、学术、文学等各个领域内全面开展"去中国化""去中华化""去蒋化""去孙中山""去大陆化",扭曲"二二八"历史真相,抹除一切中国元素。废除马英九后期的"微调课纲",恢复李扁时期的"台独"史纲,美化日本殖民统治,在台中、桃园大肆兴建日本"神社"鸟居,毒害年轻一代。提名多名"台独"分子出任"司法院大法官",铺设透过"大法官会议解释"途径谋求"法理台独"的"释宪台独"轨道。"公投"是民进党惯用伎俩,民进党急于"公投法"修改,试图降低投票年龄、降低连署、成案及过通门槛,突破不涉及"主权""领土""国号、国旗、国歌、国徽"等敏感政治性议题的限制,时刻准备上演疯狂的"公投"游戏。利用政权优势及"反中民粹",民进党还会朝着"内政台独""生活台独"的方向进行软土深挖,实现民众的"心灵台独"。⑪

3."新南向"远离大陆,管控两岸交流。为降低、摆脱对大陆的经济依赖,降低两岸社会联结、减少两岸人员往来,远离大陆,蔡英文全面改变两岸经贸策略,强力推动"新经济""新南向"。"总统府"成立"新南向政策办公室","行政院"设置"经贸谈判办公室",发布"新南向政策纲领",全方位、综合性、多面向实施(面向东南亚 10 国、南亚 6 国及澳大利亚、新西兰共 18 国),以经贸合作、人才交流、资源共享、区域链结为四大主轴,编列 42 亿台币经费协助台商拓展商机,重点加强与印尼、泰国、缅甸、印度等经贸、教育及战略安全的交流合作,在当地设立窗口,培养"南向种子"。在参与美国主导的 TPP 落空后,积极谋求与美、日、印度等国签署经贸协议。不惜损害食品安全,开放美国猪肉、日本核灾食品进口,降低、取消农产品关税,得罪台湾消费者。

蔡英文上台后,放弃两岸服贸协议审议,"两岸协议监督条例"也无进展,却抓紧"公投法"的修改。蔡英文紧缩陆配权益,维持 6 年入籍时限,还要考试。为了吸引陆生来台就学,民进党同意陆生纳入健保,但陆生不同于台湾本地生,却与外籍生一样,须全额自付医保费用,这种徒有其名、本质歧视的政策再次伤害了陆生的心。⑫台"国史馆"限制大陆、港澳学者查阅资料档案,"蒋经国基金会"停止奖励港澳学者。严格管制赴台交流的大陆官员、学者,禁止抨击民进党的大陆学者赴台访问,抹黑、分化、打击大陆学术圈,搞学术"绿色恐怖"。

"520"以后发生"雄三误射"、陆客"火烧车"等多起重大意外事件,蔡英文当局对大陆方面、罹难陆客没有半句负责任的说法,也没有任何道歉,却任凭台湾网络上的非理性谩骂蔓延,其早年经营的网站转发歧视陆客的言论。新年、春节不向两岸同胞拜年,却用外文向美日恭喜。蔡英文当局"冷血""冷漠"伤害了所有中国人的心。

4. 拥抱美日,损害海洋权益。"亲美日、远大陆"是蔡英文当局出自骨子里的对外战略。蔡英文一上台便搞"踏实外交""过境外交",向美、日政府吐露唯美、亲日心扉,甘作美、日棋子制衡围堵中国。先押宝希拉里,配合"再平衡",谋求 TPP,后搞"川菜通话",挑战一中格局,拉拢特朗普身边的右翼政客、幕僚,期待美国售台先进武器、协助台湾制造潜艇、战机。谋求日台关系升温,全面配合日本安倍政权,日本驻台机构更名"日本台湾交流协会"。民进党当局对"冲之鸟礁"不持立场,不为台湾渔民护渔,反而启动"台日海洋事务合作对话机制",签署"台日语言教育交流合作备忘录""台日强化产品安全领域之交流与合作备忘录",对日本一再退让妥协,甚至"甘冒天下之大不韪",决意开放日本核辐射食品进口。"南海仲裁"期间唯美国马首是瞻,阻挠并处罚台湾渔民、泛蓝团体登太平岛,刻意忽视南海"U形线"历史性权利,一味附和美国的"航行自由权",试图挤进南海对话机制。遭"国际仲裁""打脸"后,被迫发表"强硬"声明,"不接受"仲裁结果。如今依然附和美国,欲建太平岛为"人道救援基地",根本目的在于为美国未来控制、利用太平岛预作战略准备。

　　5. 以所谓"承诺""善意"谋求稳定执政。慑于大陆强大压力,擅长谈判的蔡英文每逢关键节点,都会释放口是心非"善意"、做出虚假"承诺",制造民进党向中间转型、理性负责任的假象,既想赢得岛内不明真相民众、国际社会的同情支持,又试图把压力转嫁到大陆身上,使大陆失去出重手反制的正当理由、合适时机。选举期间不断承诺"不挑衅、不会有意外",建立"具有一致性、可预测、且可持续"的两岸关系,"维持台海和平现状",而且她将"说到做到"。"520"讲话再次加码,承诺"捍卫'中华民国'的主权和领土",并"依据宪法、两岸关系条例"等处理两岸事务。此后"双十"讲话蔡又承诺了新"四不":即"承诺不变、善意不变、不屈服、不对抗",甚至释放两个"有利于",侈谈什么"只要有利于两岸和平发展,有利于两岸人民福祉,什么都可以谈","推动两岸建设性的交流与对话,建构可长可久的两岸和平稳定关系"。⑬2017 年元旦、春节之际,蔡当局转守为攻,力图摆脱大陆出题、蔡英文答题的魔咒,抛出新议题、做出新"承诺":鼓吹两岸互动"新模式"、两岸"新共识",释放出所谓2017 年下半年将调整大陆政策的信息,并指令海基会董事长田弘茂邀请大陆海协会长进行"金门会谈"的信息,等等。⑭蔡英文的周旋、悬疑手法,存在极大的欺骗性,让不少人信以为真,将压力转到大陆方面。

　　但虚假的"善意""承诺"掩盖不了蔡英文"反中对抗""柔性台独"的政策面目。在 9 月 28 日给民进党员的一封信中,蔡英文叫嚣:"要力抗中国的压力,发展与其他国家的关系。摆脱对于中国的过度依赖,形塑一个健康、正常的经济关系。"⑮服从于"反中对抗"的总需求，蔡的"善意""承诺"往往只说不做、口是心非、"说一套、做一套"，甚至做的与说的完全相反，根本不兑现她的承诺。蔡英文曾经劝阻高志鹏不要"去孙中山头像"，劝导深绿现阶段不必搞"公投入联"，要求民进党"立院党团"把两岸政治议题从"公投法"移至"两岸监督条例"中"立法"，等等。如果这些就是蔡对大陆的善意，根本掩盖不了她对大陆的挑衅与发自内心的恶意。

# 三、台湾当局大陆政策的特点

1. 大陆政策大逆转。台湾当局大陆政策在"520"前后发生逆转，由承认"九二共识"到拒绝，直接冲击了两岸共同政治基础。由和平发展路线转变为和平对抗，和平发展的路灯熄灭了，和平发展成果随即消失，"和平红利"化为泡影，台湾民众从"无感"到有感甚至刺骨痛感。由马英九的"亲美友日和陆"演变为蔡英文的"亲美心媚日远中""反中民粹"至上，导致两岸关系急转直下，形成暖和平向"冷对抗"的螺旋式下沉。

2. 蔡英文大陆政策的功利性。蔡英文当局大陆政策完全服从于选举与执政需要。民进党人选举至上，上台执政后当务之急就是全力巩固政权，谋求稳定执政、长期执政。一方面要满足绿营、特别是深绿对于"台独""公投""反核"的需要，因此蔡当局不能不搞"去中国化""文化台独""释宪台独""内政台独"；另一方面面临执政压力，不得不面对两岸关系的现实，调整并放软"台独"立场，争取中间选民支持，巩固执政基础。所以蔡英文试图在深绿与中间、强硬与柔软之间找到平衡点，其大陆政策功利色彩浓厚,时常引起"独派"、深绿的不满,李登辉、许世楷、辜宽敏等人8、9月间先后跳出来公开"炮轰"蔡英文。

3. 蔡英文大陆政策的欺骗性。一是不放弃"台独"立场,但极力淡化、回避"台独"立场,不提、少提"台独党纲"、"台湾前途决议文",始终不处理党内"冻结台独党纲""维持两岸现状"的提案。二是"维持现状"只是选举骗术,上台后就改变两岸和平发展现状。借口大陆"打压"将责任推卸给大陆,蔡英文谎称:"两岸都有责任尽最大努力,寻求一个对等尊严、彼此都能够接受的互动之道"。而台湾的"民主制度、国家认同与国际空间,必须被充分尊重,任何的打压,都会破坏两岸关系的稳定。"⑩三是对两岸关系只求稳定,不求发展,避免"地动山摇"。四是口头"善意"、虚假"承诺"欺骗世人,蔡还与民进党、深绿"唱双簧",她说她的,民进党照样搞"台独"。

4. 蔡英文大陆政策的两面性。一是有调整,但没有达标。与其原有立场相比,蔡自参选后便不再攻击"九二共识",甚至提出"九二会谈""共同认知",口头接受"中华民国宪法""两岸人民关系条例"等,但调整远没有到位,没有明确接受"九二共识",否认两岸同属一中,担心承认"九二共识"失去选票。执政之后的表现不及格。二是软硬两手策略。推动"转型正义""文化台独""去中国化"那一套"柔性台独",不搞硬冲撞。但强硬宣示"力抗中国",全力推动"新南向",东海、南海议题全面配合美、日,显示"亲美媚日"嘴脸。三是由"作答"到"拒答"。面对大陆"九二共识"的试卷,蔡英文从选上那一天起就开始作答卷,经过"520""双十",开展转守为攻,抢两岸主导权。"双十"抛出两个"正视"、两个"有利于",年末抛出两岸互动的"新模式""新共识",抢夺两岸关系的话语权、主导权,进行激烈反扑。

## 四、台湾当局大陆政策的趋势

未来蔡英文当局的大陆政策将沿袭其"反中对抗""柔性台独"的政策内涵,对两岸关系实施强力降温,极力摆脱对大陆依赖。

1. 鼓吹"新共识",拒绝"九二共识"。为了转移压力、焦点,蔡英文未来将卖力鼓吹两岸互动新模式、以"新共识"替代他们眼中的"旧共识",回避两岸关系的性质定位,消除"九二共识"在两岸关系中的影响。

2. 和平稳定替代和平发展。蔡英文谋求两岸关系和平稳定,但不求发展,只求稳定,为其执政营造稳定的两岸环境,避免大陆出手反击。但希望增加陆资、陆客、陆生等,改善台湾经济环境,提高就业率。甚至愿意尝试"新南向"与大陆"一带一路"特别是海上丝绸之路的交流合作。

3. 远离大陆,强化"南向、东连、北上"。摆脱对大陆依赖,是蔡英文大陆政策的战略目标,其另外选择方向就是"南向、东连(美国)及北上(日本)"。全力推动"新南向",扩大台湾与东南亚、南亚的经贸、教育、文化、科技甚至战略安全合作。谋求与美日等国发展更加密切的政治、经济、战略安全关系,与美国加快 TIFA 谈判,增加军购力度,加快美台军事合作步伐,提升双方的准官方关系。与日本进行 EPA 谈判,在东海、南海议题上听从美、日的安排甚至勒索。

4. 降温两岸,升级"文化台独"。面对两岸往来规模居高不下的局面,蔡英文当局将采取措施、出台相关法规,加强对于两岸交流的管控,限制两岸交流,涉及学术、教育、文化等从多领域,将对两岸交流产生负面影响。在岛内进行绵密的"文化台独"实践,从根本上切除两岸文化基因联结,催生"台独"的社会、文化基础。民进党还将加强与"港独""藏独""疆独""法轮功""海外民运"等势力的勾结,危及主权与领土完整、危害大陆政治与社会安全。在可预见的将来,两岸关系将进入螺旋下沉、风险多发的高危期。

**注释:**

①　陈家伦:《马英九展望两岸,吁新政府巩固和平》,台湾"中央社"2016 年 3 月 9 日台北电。

②　马英九:《九二共识就是两岸共识》,台湾《联合报》2016 年 1 月 2 日 A1 版。

③　陈键兴:《张志军与台陆委会主委夏立言通过两岸热线通话》,新华社 2016 年 2 月 5 日北京电,引自新华网:http://news. xinhuanet. com/tw/2016 – 02/05/c _ 1118003360. htm,最后检索日期:2017 年 2 月 5 日。

④　《张志军与台陆委会主委通过两岸热线通话》,新华社 2016 年 4 月 12 日北京电,引自新华网 http://news. xinhuanet. com/tw/2016 – 04/12/c _ 1118601943. htm,最后检索日期 2017 年 2 月 5 日。

⑤　陈柏廷:《商机:年约 2. 6 万人次》,台湾《中国时报》2016 年 2 月 1 日 A11 版。

⑥　王正宁:《马:有什么好紧张的?》,台湾《中国时报》2016 年 1 月 29 日 A 版。

⑦　林人芳:《登彭佳屿,马英九:宣告主权,追求和平决心》,台湾今日新闻网 NowNews 2016 年 4 月 10 日。

⑧　《蔡英文:人民期待的四个字:解决问题》台湾《联合报》2016 年 5 月 21 日 A13 版。

⑨　台湾《自由时报》2016 年 1 月 21 日。

⑩　《蔡英文:人民期待的四个字:解决问题》台湾《联合报》2016 年 5 月 21 日 A13 版。

⑪　参见杨开煌:《别把台湾全放美国篮子里》,引自台湾《中国时报》 2016 年 6 月 28 日 A11 版本。

⑫　蔚科:《蔡英文当局拍板陆生健保政策的真正目的》,引自中国台湾网,http://www. taiwan. cn/plzhx/hxshp/zhzh/201610/t20161028 _ 11607416. htm,最后检索日期:2017 年 2 月 25 日。

⑬　蔡英文:《坚定向前,让“国家”因改革而伟大》,引自台湾“总统府”网站,http://www. president. gov. tw/Default. aspx? tabid = 131&itemid = 38134&rmid =514。最后检索日期 2016 年 10 月 11 日。

⑭　陈柏廷:《两岸破冰? 下半年提新政策》,台湾《中国时报》2017 年 2 月 6 日 A1 版。

⑮　曾意芋、崔慈悌:《蔡英文:摆脱对陆过度依赖》,台湾《中国时报》 2016 年 9 月 30 日 A4 版。

⑯　《蔡:任何打压都会破坏两岸稳定》,台湾《自由时报》2016 年 1 月 1 日 A3 版。

　　　　　　　　　　　　　　（作者单位:上海台湾研究所）

# 2016 年台湾政局综述

冷 波

**摘 要:**2016 年初,民进党在"总统""立委"选举中取得压倒性胜利,岛内形成民进党占据行政、立法和地方执政全面优势、"绿强蓝弱"的新权力格局。蔡英文上台后,施政绩效不彰、争议不断,民调快速大幅下滑,执政压力持续加大。国民党面临极为艰困形势,政治实力空前衰弱,在洪秀柱弱势领导下难以整合,迟迟走不出欲振乏力、谷底徘徊的困境。展望 2017 年,蔡英文当局施政难有起色,国民党主席选举结果将对该党未来发展产生重大影响。

2016 年初,民进党在"总统""立委"选举中取得压倒性胜利,岛内形成民进党占据行政、"立法"和地方执政全面优势、"绿强蓝弱"的新权力格局。蔡英文上台后,施政绩效不彰、争议不断,民调快速大幅下滑,执政压力持续加大。国民党政治实力空前衰弱,在洪秀柱弱势领导下难以整合,迟迟走不出欲振乏力、谷底徘徊的困境。

# 一、民进党"大选"大胜，岛内形成 "绿强蓝弱"新政治格局

1 月 16 日，台 2016 年"总统""立委"选举结果揭晓，民进党在两项选举中均以压倒性优势获胜，蔡英文成为第 14 任台湾地区领导人。国民党继 2014 年"九合一"选举大败之后，再度遭遇重大选举挫败。

"大选"部分：本次投票率创下 66.3% 的新低，民进党候选人蔡英文、陈建仁获 689 万票，得票率 56.12%，国民党候选人朱立伦、王如玄获 381 万票，得票率 31.04%，亲民党候选人宋楚瑜、徐欣莹获 157 万票，得票率 12.83%。蔡英文大赢朱立伦 308 万票胜选。①

"立委"部分：全部 113 席中，民进党一党过半，拿下 68 席，较 4 年前成长 28 席；国民党则从 4 年前的 64 席掉到只剩 35 席；"时代力量"和亲民党分别取得 5 席、3 席。②

两项选举重划了岛内政党版图和权力格局。国民党"大选"得票仅在金门、连江及花莲、台东 4 县领先，"立委"选举部分"从台湾头输到台湾尾"，颠覆了岛内"蓝大绿小、北蓝南绿"的政治版图，形成"绿大于蓝""全面绿化"的新政治格局。民进党既拿下行政权，又成为"立法院"第一大党，首次具有行政、立法双优势，想强行通过的法案，国民党因席次不足三分之一都难以阻挡。加之民进党 2014 年"九合一"选举确定的地方执政全面优势，该党几乎达到可以为所欲为的地步。

此次"大选"，民进党候选人蔡英文民调始终大幅领先，国

民党候选人不管是"立法院副院长"洪秀柱,还是"柱下朱上"后的国民党主席朱立伦,都未对蔡构成真正威胁。最后的开票结果更是国民党大输300余万票。造成此结果最大原因是国民党执政未得到民众认可,油电双涨、食品安全、"十二年国教"等争议引发社会不满,沸腾民怨在岛内持续发酵,形成"反马反国民党""国民党不倒、台湾不会好"的"政治台风"。国民党败选的其他原因还包括:国民党在胜选无望的情况下,党内一盘散沙、离心离德,朱立伦作为党主席无力统合党内,深蓝支持者"铁票生锈";③宋楚瑜再度参选分裂泛蓝选票;民进党整合顺利,"主攻内政、回避两岸"的选举策略得当等。

## 二、蔡英文当局施政广受质疑,民调急跌

蔡英文掌握行政、立法和地方执政多重优势上台,对手国民党空前孱弱、制衡无力,民进党成为岛内政局发展的绝对主导者。但面对内外不利经济形势、岛内长期形成的复杂社会矛盾,蔡当局执政乏力,提出的"新经济、新社会、新政治"愿景迅速沦为口号,施政"开高走低",引起普遍质疑与民怨。

### (一)经济状况持续低迷

台湾经济已错过转型时机,核心竞争力大幅减弱,加之当前国际经济复苏乏力、台经济持续边缘化,年内台湾制造业继续衰退、外销订单负成长,全年 GDP 增速为 1.4%。④其重点推动的"五大创新产业"(即新能源、精密机械、生物科技、物联网、"国防")、"新南向政策"等仅有政策口号、几无实质进展,旅游业更受两岸关系僵局严重影响。

## （二）内政改革加剧社会纷扰对立

台湾社会长期形成的族群、南北、世代、阶层、劳资等矛盾错综复杂，在经济停滞情况下的改革往往动辄得咎。蔡当局提出长照制度、"年金改革"、社会住宅、食品安全、治安等"五大安定计划"，推行结果却是引发社会不安。"年金改革"引发军公教强烈不满。9月3日，军公教团体号召岛内退休军人、教师、劳工等各行业团体代表超过10万人到"总统府"前广场抗议。劳资矛盾激化导致各行业工会罢工抗议频发。"华航空服员罢工"、"国道"收费员抗议等事件不断。蔡当局强行推动"劳基法修法"，12月6日正式在"立法院"通过修正案，砍掉劳工七天假，确定"一例一休"，引起较大社会反弹，劳工团体宣布与民进党决裂。10月底起，台当局推动同性婚姻合法化修法，12月26日"立法院"初审通过"婚姻平权民法修正草案"，"反同"与"挺同"的社会团体严重对立，纷纷走上街头表达诉求。

## （三）执政团队备受质疑、争议不断

党政关系运行不畅，行政与立法部门各吹各的号。重要政策缺乏章法、推动不力，桃园机场淹水、雄风导弹"误射"等事件接连发生。高层人事安排争议频发，"政务委员"张景森、"国防部长"冯世宽、拟任"驻新加坡代表"江春男等官员不当言行一再发生。政策反复多变，缺乏政治诚信，核能、开放美国猪肉进口、电价政策等"发夹弯"不断，屡屡冲击蔡当局形象和公信力。台当局有意解禁日本福岛核灾食品进口，引起超过七成的台湾民众反感，12月起岛内"反核食公投连署"及"反核食游行"愈演愈烈。

### （四）"政治改革"沦为政治斗争

蔡当局宣示推动"世代正义"、"转型正义"、"国会改革"、"政府效能"、终结政治恶斗等"五大政治改革"，但实际搞的却是政治斗争，引起蓝营反弹及中间选民不满。3月28日，民进党"立院党团"公布"促进转型正义条例草案"，"就国民党威权统治时期违反自由民主宪政秩序之不法行为与结果，进行调查、矫正与赔偿"，开始推动相关立法。7月25日，民进党强行在"立法院"通过"政党及附随组织不当取得财产处理条例"⑤。8月31日，蔡当局据此法源挂牌成立"行政院不当党产处理委员会"，"立委"顾立雄出任"主委"，全力清算国民党党产。"党产会"认定"中央投资公司"为国民党附随组织，推定国民党现有财产为不当党产，冻结国民党银行账户，使该党陷入财务危机。8月1日蔡代表台当局对于"过去四百年来原住民承受的不公平待遇"首次公开道歉，被舆论抨击为"道歉是虚、'去中打蓝'是实"。此外，"国会改革"有名无实，"立法院"成为绿色恐怖机器；"司法院长"职位成为拉拢"基本教义派"的工具。

### （五）两岸关系陷入僵局拖累施政

蔡当局拒不承认"九二共识"及其核心意涵，两岸关系和平发展的政治基础遭到破坏，两岸官方联系沟通机制停摆，两岸经贸、民间交流受到影响，马执政时期两岸和平经贸红利大受冲击，台"外交"空间连带被限缩，与两岸密切相关的岛内旅游观光、农渔民等群体利益直接受损。

### （六）民调满意度急速下滑

蔡英文刚上台时施政满意度超过半数、不满意度仅一成。但随着执政争议不断出现，蔡的施政满意度迅速跌至四成以下，执政半年后出现满意度低于不满意度的"死亡交叉",有的民调满意度更低于三成,不满意度则飙升至四成左右,有的达到五成以上。如 TVBS 民调中心 12 月底的数据显现,蔡当局施政满意度为 27% ,不满意度达 48% 。林全"内阁"的满意度更是大幅低于不满意度。泛蓝支持者对蔡的满意度在 10% 以下,中间选民的满意度已低于不满意度。

# 三、蔡英文全面主导党内,民进党两岸 政策"略作调整、立场不变"

## (一)蔡英文"绿营共主"地位总体稳固

蔡带领民进党走出泥淖,并以较大优势当选台湾地区首任女领导人,在民进党及绿营内部具有无人能及的威望。蔡支持亲信苏嘉全于 2 月 1 日当选"立法院长",3 月 15 日宣布任命嫡系林全出任"行政院长",5 月 25 日宣誓续任党主席,并主导布局行政及党务主管、安插亲信,实现党政大权独揽,实质掌控党的权力运作与路线走向。

不过,蔡重用"老蓝男"、亲信已引发党内派系不满,"独派"更是对蔡的人事安排和两岸政策不断发难。未来随着蔡支持度的快速流失,党内反弹、借机索要资源的行为可能增多,蔡"绿营共主"地位虽暂难撼动,但党内权威、党政协调关系都可能继续受到不同程度影响。

## (二)民进党权力结构重组、世代交替加速

随着民进党再执政及世代新老交替,党内权力结构出现新的变化。该党 7 月 17 日召开第 17 届第一次"全代会",选举出

的 10 席中常委中,新系 3 席,英系、"正国会"(原游系)各 2 席,苏系、"绿色友谊连线"、"海派"各 1 席,谢系被挤出权力核心;选出的 30 席中执委中,新系 9 席,英系、"正国会"各 6 席,"绿色友谊连线"3 席,苏系、谢系、"海派"各 2 席。⑥民进党维持"派系共治"格局,新系继续成为最大赢家,英系地位巩固,谢系明显弱化。党内世代交替步伐加快,中生代及青壮世代挤入权力中枢全面掌权,谢长廷、苏贞昌、游锡堃等"律师世代"淡出权力核心,影响力加速衰落。

**(三)两岸政策"策略有变、立场不变"**

蔡英文、民进党上台后,其两岸政策选择是影响两岸关系走向的主要变量。蔡胜选后感言及接受《自由时报》专访、"5.20"就职演讲、"双十讲话"及其他就两岸议题的多次发言,体现了两岸政策的基本框架。

一是拒不承认"九二共识"及其"一中"内涵。蔡上台后面对大陆及外界的压力,却始终不承认"九二共识";虽提出依据"中华民国宪法""两岸人民关系条例"及其他相关法律处理两岸事务,但只将其限定在事务层面,不愿触及两岸政治定位与政治基础,更不点明隐含的"宪法一中""一国两区"的意涵。

二是在两岸核心问题上维持"略作调整、模糊敷衍"的做法,避免两岸直接摊牌。其一,不正面否定大陆说法。蔡不像以往明确说"九二共识"不存在,也不对大陆领导人口出恶言。其二,尽量隐藏"台独"立场。尽管蔡未改"两岸两国、追求台独"的立场,但持续刻意回避。即使 9 月 29 日给民进党员的一封公开信、针对"深绿"的讲话,蔡也只敢隐晦地提"有些价值,我们一定会坚守"。蔡在 10 月 6 日接受《读卖新闻》专访时,也完全不接记者"特殊国与国关系""一边一国"的话题。其三,提出以"中华民国宪法"为核心的模糊论述。蔡"5.20"就职演说称,"会依据中华民国宪法、两岸人民关系条例及其他相关法律,处理两岸事务",重申尊重1992年会谈、达成若干共同认知与谅解的历史事实等。⑦尽管9月29日"给民进党员公开信"提出"力抗中国的压力",但很快就通过安排美日媒体专访等,对外辩称公开信是为了"安抚深绿"。包括在"双十讲话"中一再重申"5.20"讲话的两岸论述,强调"每一句话都未曾改变",提出所谓"新四不",即"维持现状的承诺不会改变,善意不会改变,不会在压力下屈服,不会走对抗的老路"。其四,宣示"推动两岸建设性的交流与对话"。蔡在明知不承认一中、两岸毫无互动基础的情况下,还一再鼓吹"两岸要尽快坐下来谈"。蔡"双十讲话"重复了国民党的说法,即"呼吁大陆当局正视中华民国存在的事实";重复了大陆的话,即"只要有利于两岸关系和平发展,有利于两岸人民福祉,什么都可以谈",以此展现所谓"善意"。

　　三是推动"去中国化"、为"台独"奠基铺路。蔡不愿改变"两岸两国、追求台独"的立场,不愿对"台独党纲"做出实质调整。蔡的想法是,目前虽然没有推动"法理台独"的空间,但可以"以拖待变""以时间换空间",利用执政权为"台独"打基础。蔡的讲话虽完全不提"台独",但也不像陈水扁"四不一没有"那样,明确表示不做什么,并高度强调"以新南向政策告别过于依赖的单一市场"⑧,以"原住民史观"取代"大中国史观"。蔡上台后的表现显示,其在两岸上明显"说一套做一套"。蔡以深绿人士执掌教育文化部门、迅速废除"微调课纲"、出访巴拿马签名"台湾总统"、企图在"促进转型正义"名义下以"台湾图腾"取代"中国图腾"(包括去蒋化、去孙中山化)、提名认同"两国论"的"司法院长"和"大法官"、初审通过"公投法修正案"以及摆脱大陆依赖、联合美日、外交对抗蠢蠢欲动等,显示其在"去中国化"的大胆超出外界的想象,展现了从政治、经济、文化等各方面弱化和切断台湾同大陆历史联结的战略取向。

## 四、国民党处境艰困、难以整合,<br>大陆政策内部分歧严重

### (一)国民党面临空前艰困形势

一是掌握的政经资源大幅缩水。国民党连遭 2014 年、2016 年两次选举"崩盘式惨败"后,失去"中央"执政权,"立委"仅剩 35 席,地方县市长席次仅余 6 席,政治实力严重削弱。二是群众支持基础弱化。"大选"得票数、得票率较上届"几乎腰斩",民众政党支持度创新低,显示国民党的支持者流失、基本盘松动、"铁票生锈",地方派系、基层桩脚亦大受影响。三是面对民进党"抄家灭族"无力反制,也未能抓住民进党执政纰漏展开反击,引导舆论的能力严重不足,在野制衡柔弱无力。四是难觅兴党干才。国民党 8 年执政人才耗损严重,朱立伦、郝龙斌、吴志扬等蓝营"中生代"悉数被"打趴",面临"世代断裂"危机,缺乏整合党内的"实力派"和带给民众新希望的"形象派"。五是政党形象不易改变。该党历史包袱仍在,"老派、陈旧、不民主、脱离基层"等形象难以摆脱,与青年有较大距离。六是岛内社会强调"台湾主体性""去中拒统"倾向愈益浓厚,国民党传统两岸

立场受到的质疑增加,其两岸议题优势不增反降。

## (二)洪秀柱弱势领导难止内斗

1月16日败选当晚,朱立伦引咎辞去党主席职务。3月26日,代理党主席黄敏惠、前"立法院副院长"洪秀柱、台北市议员李新、"立委"陈学圣四人参与党主席补选,洪秀柱以56.16%的得票率赢得选举,成为国民党创党百年来首位女性党主席。<sup>⑨</sup>洪上任以来尽管展现了重振国民党的热情与使命,"全代会"通过"地方党部主委直选"、培育地方新人参选的"武林计划"等举措,但洪政治实力不足、缺乏班底、本届任期没有公职人员选举提名权,一直难以统合党内,未能改变分裂内耗、组织涣散的局面。一是洪处于孤军奋战尴尬境地。很多有政治实力的人袖手旁观看热闹,不愿施以援手。二是洪对"立法院党团"控制力弱,"令不出党中央"。党籍"立委"分属不同派系,不愿受党中央与洪指挥,配合度较差,党产、"反核食公投"等重大议题的态度与党中央分歧,"党团总召"改由党籍"立委"直选,实质架空党主席人事权。三是党内围绕下届党主席选举暗潮汹涌。洪秀柱、吴敦义、郝龙斌等各有盘算、角力不断。年底党中央强行通过黄复兴党部并入地方党部的决议,遭到本土派强烈反弹,中常委甚至状告党主席,要求不执行改选决议。国民党未能有效整合、凝聚人心,导致该党迟迟不能收拾好败选后的乱局、提振士气,即使对手"刀架脖子",也不能形成一致对外的合力。

## (三)党中央大陆政策更趋积极,但党内质疑不断

洪秀柱作为深蓝代表执掌国民党后,对两岸一中的立场更加鲜明,且愿意碰触两岸政治议题。9月4日国民党第19届"全代会"通过和平政纲,提出将以"促进两岸交流,追求台海和

平"为目标,在"中华民国宪法"基础上,深化"九二共识",积极探讨以和平协议结束两岸敌对状态的可能性,扮演推动两岸和平制度化的角色;宣示"要大力弘扬中华文化的道统及'中华民国'史观,强化两岸在文化、历史、教育和影视音等各领域的交流,拉近两岸心理的距离,如此才能避免'文化台独'造成两岸彼此的隔阂、误解与仇视"。[⑩]不过,党内对国民党政纲首次只提"九二共识"、未提"一中各表"的质疑声不小。吴敦义、朱立伦等均表示"九二共识就是一中各表",八个字不能拆开。党内围绕"本土蓝"与"外省蓝"、两岸论述保守还是积极的分歧矛盾始终存在。

## 五、"时代力量"发展迅速,<br>亲民党趋绿倾向明显

2016 年首次参选,"时代力量"推出的黄国昌、林昶佐、洪慈庸拿下 3 席区域"立委",以 6.11% 的政党票拿下 2 席"不分区立委",成为岛内第三大政党,并成立了"立院党团",每年可获3721 万新台币的政党补助款,取代泡沫化的"台联党"成为深绿代表。"时代力量"人员与组织快速成长,地方党部纷纷成立,积极根据社会热点提出议案,展现了引导岛内政治议题走向的能力。该党与民进党理念相近,经常就重大政策、法案议题分进合击。但另一方面,该党与民进党选票重叠,有意借民进党当局执政不佳、民调下滑之机蚕食其票源,双方围绕"立法院委员会"调配、材料调阅、重大议题态度等一再出现冲突。

亲民党在国民党实力持续下降的情况下,党主席宋楚瑜出

于延续政治生命、壮大亲民党、在岛内政坛扮演"关键少数"角色等考虑，"反马"、反国民党不遗余力，在重大法案审议中拒绝国民党的合作请求，拒不配合国民党就"不当党产条例"展开的"释宪"连署。宋不断为蔡两岸政策论述尤其是拒不承认"九二共识"辩护，并接受蔡指派出任 APEC 领袖会议特使。

无党籍台北市市长柯文哲施政继续争议不断，民调持续下降，幕僚纷纷出走。民进党与柯的关系愈发微妙，2018 年台北市长选举是继续支持柯，还是自己推出候选人，陷入两难境地。

# 六、民众政党认同度"绿高蓝低"，
## 两岸认同"深度绿化"

国民党近年来受执政不利的冲击，民众认同度持续走低，民进党则不断走高。台湾政治大学选举研究中心 2016 年 6 月民调显示，国民党的民众认同度以 19.6% 创下 13 年来新低，民进党支持度以 33.9% 创历史新高，"时代力量"为 3.8%，亲民党为 2.4%。不过，随着蔡当局上台后施政状况不断，指标民调显示政党好感度呈现"蓝涨绿消"态势，民众对民进党的好感度从 6 月的 46.5% 一路下滑至 10 月的 37.9%，对国民党的好感度同期则由 21.1% 升高至 27.1%。

年内，岛内民众的身份认同、统"独"认同均呈深度"绿化"状态。台政治大学选举研究中心 6 月民调显示：认同自己是台湾人的比例达 59.3%，认同自己是台湾人也是中国人的比例为 33.6%，认同自己是中国人的比例则以 3% 再创新低。就统"独"立场而言，倾向"台独"、尽快"台独"比例总共达 23.4%，偏向统一、尽快统一仅 9.5% ,主张维持现状后再决定、永远维持现状比例之和为 59.6% 。不过,岛内"求和平求发展"的民意、希望借大陆提升台湾经济和改善个人生活的需求没有改变,随着两岸关系持续陷入僵局,民众"求和怕变"的心态有所凸显。

## 七、2017 年蔡当局施政难有起色,国民党主席选举结果影响重大

2017 年,蔡当局执政表现是影响岛内政党竞争态势最主要的因素。民进党施政重点仍是"内政"问题,社会住宅、长照制度、"年金改革"、产业转型、加强基础建设,以及如何争取年轻人支持,仍是蔡当局考虑的主要问题。蔡将继续加大力度,利用掌控的政治、司法资源对国民党政治围剿。包括加快清理国民党党产,争取早日通过"促进转型正义条例"并予以实施。但台经济增长缓慢、贫富差距扩大等难题很难改观,国民党为求生存将紧抓民进党施政疏失展开反击,"朝野"恶斗可能升级,蔡当局执政满意度不易回升。

国民党 5 月 20 日的党主席选举结果对该党未来发展走向影响重大。新的党主席拥有 2018 年地方选举提名权,如果能选出一个能够统合整个党、收拾混乱残局的实力派人物,则国民党可能走上整合与上升通道,反之党内乱局则可能延续。

**注释:**

① 《蔡英文,台湾首位女"总统","国会"第一次政党轮替》,《自由

时报》2016 年 1 月 17 日。

　　②　《中选会宣布蔡英文当选"总统"》,台"中央社"2016 年 1 月 16 日电。

　　③　《国民党败选,学者:政绩不好加上内斗》,台《中央日报网络报》2016 年 1 月 17 日。

　　④　《第 4 季出口成长,去年 GDP 成长 1.4%》,民视新闻网 2017 年 1 月 25 日。

　　⑤　《党产条例三读通过》,《台湾新生报》2016 年 7 月 26 日。

　　⑥　《民进党权力改组,新系仍是大赢家》,台《自由时报》2016 年 7 月 18 日。

　　⑦　《蔡英文:带领台湾一起完成新时代》,台《苹果日报》2016 年 5 月 21 日。

　　⑧　《蔡英文:带领台湾一起完成新时代》,台《苹果日报》2016 年 5 月 21 日。

　　⑨　《国民党首位女主席出炉,洪秀柱这样说》,《苹果日报》2016 年 3 月 27 日。

　　⑩　中国国民党网站 2016 年 9 月 4 日。


　　　　　　　　（作者单位:中国社会科学院台湾研究所）

# 2016 年国民党情况综述

王鹤亭

摘　要：2016 年的中国国民党在年初的台湾地区领导人选举以及"民意代表"选举中遭遇空前挫败，政治版图大幅溃缩。国民党信心动摇，党主席支持度低，党中央缺乏领导力和掌控力。党内分歧严重，虽坚持"九二共识"，仍是两岸关系中的积极力量，但内部也存在着"一中各表"的相关争议，内部派系缺乏整合，党中央与党团缺乏协调，地方党部自主倾向明显。外部社会氛围对国民党不利，面临"不当党产案"的政治清算，国民党应对失据，重整之路艰难。

2016 年的中国国民党在年初的台湾地区领导人选举以及"民意代表"选举中遭遇了空前挫败，不仅丢失执政权，"立法院"的席次优势崩塌，而且其民意基础也大幅溃缩。虽然台湾内部的政党体制以及两岸关系格局决定了国民党仍有充分的生存空间与发展前景，但"百年老店"元气大伤、权势尽失、资源流失、信心动摇，处于谷底的国民党挑战重重，内忧外患，重整、爬升与再起之路曲折多舛。

# 一、"大选"惨败,政治版图大幅溃缩

1. 国民党声望下降,内部问题重重。执政八年的马英九当局执政不力,执政优势尽失。民众对经济发展和"和平红利"无感,"油电双涨"、年金改革、军公教福利删减等政策不得民心,台湾民众近 6 成认为"国民党太烂",期待"政党轮替",要通过选举"教训马英九、惩罚国民党"。[①]同时"九合一"选后的国民党高层离心离德,各派明争暗斗、相互牵制,而基层的支持者在北部的"军公教"群体以及中南部的地方派系之间也出现裂痕。时任党主席的朱立伦未能有效整合国民党力量,导致党内人选初选一波三折,但又在选前 100 天强行撤换洪秀柱,使国民党内部的路线权力之争尽人皆知,严重影响士气和形象。不少国民党"立委"候选人采取催生"分裂投票"的战术,避免受到国民党形象和候选人的拖累,未能形成竞选中的合力。而竞选中又遭遇"大选"候选人副手王如玄"军宅买卖风波"、不分区"立委"候选人名单"史上最烂"差评等,都让国民党选情"雪上加霜"。

2. 传统支持者不满,青年世代不认同。从传统投票行为分析来看,有相当比例的国民党支持者并未出来投票,国民党自身的原因降低了传统国民党支持者的投票意愿;20—39 岁的年轻世代,成为对国民党执政反弹的最大群体,也是对国民党最不满的选民群体,据称 20—29 岁的选民有 300 万人,30—39 岁将近 392 万人,两者合计约 692 万人,占所有选民比例约 36.9% ,[②]对两岸和平红利无感,对国民党的支持率较低;高达 129 万的首投族,政治参与度与投票率都较高,但大多对国民党投下反对票。国民党在 2016 年 2 月 3 日中常会上提出的"辅选工作检讨报告"中自我总结了败选检讨原因包括执政未获认同、两岸论述无法凸显两党品牌差异、党内矛盾不团结导致支持者失望、网络经营不够深化和多元,议题论述未能有效争取支持、缺乏长期培育人才、理念与愿景无法赢得多数青年认同等。③

3. 惨败前所未有,政治版图大幅溃缩。"朱王配"在"总统"选举中获得 381 万票,得票率 31.04%,创下史上第二低得票率的纪录,输对手蔡英文 300 余万票,也比 2012 年马英九少 300 万票。而在 113 席"立委"席次中,国民党仅剩 35 席,政党得票率仅为 26.91%,许多老将如丁守中、林郁方、杨琼璎、杨丽环等纷纷落马,国民党迎来自 2001 年以来最低的"立法委员"席次比例。以国民党为主体的基本盘首次被绿营超过,蓝绿得票比例自 2000 年的 60∶40 逆转为 44∶56,基本盘与选民结构发生如"地壳变动"似的版图变化,国民党阵营变成了"绿大蓝小"中的少数派,而且蓝营内部也呈现分化,国民党在整体选区中实力对比变成"54∶39∶7"④。传统上的"北蓝南绿、决战中台湾"的政治势力版图被打破,以往被认为是激战区的地方变成了民进党优势区,而当初被认为是国民党较为安全的选区却变成了激战区,国民党在 22 个县市中的支持度落后,在北部优势地区的选举票流失严重,在新北市、台北市和桃园市的区域"立委"选举也遭遇惨败,仅在金门、连江等边缘县市保持领先。在"立法权"上,国民党"立委"席次几乎被"腰斩",已经无法实质性地阻挡绿营在"立法院"的多数优势。总体上,国民党的基本盘与政治版图大幅溃缩,成为岛内"一大一中二小"政党格局中的中型政党。

## 二、士气低迷，党主席补选延续"防洪"

1 月 18 日，朱立伦为败选负责而请辞党主席，被视为本土派的黄敏惠在党主席补选前担任代理党主席，而此后由党员票选产生的新主席任期将只到 2017 年全党代表大会为止。国民党亟需党主席来担当起党内整合的任务，但一直陷入士气低迷、派系众多、离心离德的局面。

1. 党内大佬缺乏担当，路线之争延续。国民党中常会 1 月 20 日决议党主席补选工作启动，1 月 27 日为补选领表截止日，2 月 22 日为补选登记日，3 月 26 日为党员投票日。国民党内部呈现出本土与非本土的分裂与斗争。2015 年"抛砖"参选地区领导人却中途遭撤换的洪秀柱支持度一直居上风，有深蓝党员力挺，声势领先也被一路看好，但党内人士一如既往地对于洪秀柱所主张的"一中同表"等有所质疑，认为其路线"亲中偏统"，尤其是本土派担心洪秀柱当选后可能把国民党"新党化"，认为黄复兴党部独大形成"党内有党"，质疑黄复兴党部的组织定位与党员结构，使得党内"防洪"势力集结反制，在劝进被视为"最大公约数"的前副领导人吴敦义未果后，也担心前台北市市长郝龙斌的新党出身，因此最终集中力量支持副主席黄敏惠参选"防洪"。黄敏惠称国民党的"本土化"是指认同"以台湾为主的中华民国"，"中华民国就是台澎金马"，认为她在两岸路线上与洪秀柱的"一中同表"有很大的差别，她主张国民党基本路线，国民党一直在维持和平稳定发展中努力，最终要争取台湾最大的利益,以台湾人民的福祉为优先,两岸人民共享和平稳定发展的红利。黄敏惠参选则被党内人士视为"防洪延长赛",而原本完成国民党主席补选领表的前新北市议员陈明义在 1 月 28 日宣布退出选举,并批评这场选举只剩下"本土、非本土""挺柱、挡柱"争执。最终形成黄敏惠、洪秀柱、"立委"陈学圣、台北市议员李新 4 人角逐的局面。2 月 22 日,4 人完成党主席补选程序,也都超过了 9600 份党员联署的门槛,成为正式的党主席候选人。在竞选过程中,黄敏惠呼吁,这次选举不是本土与非本土的对决,而是主流与非主流的抉择,呼吁所有"主流民意"一起站出来,捍卫"中华民国",让国民党成为民主、公义、创新的全民政党,坚持"九二共识、一中各表",让两岸和平稳定发展。而洪秀柱则尽力避免被定性为"非本土"或"新党化"。这次党主席补选被称为"两个女人的战争",但也被不少党内人士认为在本质上是"新党化"与"本土化"的对决。

2. 国民党士气低落,党主席支持度欠佳。3 月 26 日投票结果显示,黄敏惠获 46341 票,李新 7604 票,陈学圣 6784 票,废票 800 票,最终则以洪秀柱 78829 票,56.16% 的得票率当选。这次选举结果,也创下国民党党主席选举投票率新低,国民党共有 33.7 万余名合格党员可投票,但投票党员仅占 41.61%。⑤从得票分布来看,黄敏惠虽然只拿下 33% 的总得票率,但在被外界视为"本土指标区"的云林、嘉义地区,本土派的黄敏惠都拿下超过 60% 甚至 70% 的得票率,而洪秀柱仅拿下 20% 到 30% 的选票。党内人士认为,洪秀柱深受党内深蓝党员支持,高票当选在意料之中,但国民党在 16 年内历经三度政党轮替,党员结构仍没有跟上时代的转变,与"主流社会民意"也渐行渐远,洪秀柱必须正视这一点,带领国民党持续在稳定、中道之路上前进,也必须展现出领袖魅力,把国民党剩余的35席"立委"以及各地方势力整合起来,迎接三项挑战,即处理党产、调整党工状况并吸引年轻人加入国民党。

## 三、缺乏共主,国民党中央领导乏力

1. 国民党中央人事布局缓慢。当选为党主席的洪秀柱肩负凝聚内部团结、重塑精神路线、改变政党形象的重任,但她未能成为真正的党内共主,国民党中央甚至花了相当长的时间来完成人事布局。4月5日,洪秀柱任命包括7位副秘书长在内的9名党务主管;4月20日,任命蔡正元为政策会执行长;4月底,在"用壮育青"的用人原则下,洪秀柱大量晋用党内青年次团"五六七大联盟"成员担任一级主管,包括文传会主委周志伟、副主委胡文琦、行管会副主委李福轩等;4月27日公布第一波台北、台中、台南、高雄、新竹县市、嘉义县市、苗栗、花莲、金门、连江县等12位县市党部主委。5月10日公布第二阶段派任基隆、宜兰、彰化、云林、南投、台东、澎湖等7县市党部主委。5月4日,延揽时任"移民署署长"莫天虎出任国民党秘书长;5月25日,任命胡志强、郝龙斌与林政则为副主席;6月14日,国民党中常会通过第四位党副主席任命案,由国光生技董事长詹启贤出任首席、专任党副主席,以弥补洪秀柱本身所欠缺的"南部、本土"元素,以加强对南部的经营。而党团也在相当长时间内适应在野状态,几次"立法院"动员表决人数都未能到齐,议事攻防能力较弱,党中央与党团两者之间的关系也缺乏协调,国民党缺乏清晰的发展方向和路线。基于此,6 月 29 日,国民党举行中常会,正式决定召开 19 届全会第 4 次会议。

2. 产生初步共识,但执行乏力。9 月 4 日,中国国民党第 19 届全党代表大会第 4 次会议在台北市阳明山中山楼举行,国民党主席洪秀柱全力邀请的前党主席连战、吴伯雄、马英九、朱立伦、前当局副手吴敦义及前立法机构负责人王金平悉数到场,1227 名党代表出席,国民党中央与各县市党部主管及"国策研究基金会"重要干部共 473 人列席会议,会议保持了上午 9 成、下午 7 成的较高出席率⑥。洪秀柱发表题为《逆境求生、奋发向上》的开幕致辞,国民党"立法院"党团总召廖国栋专案报告"立法院"党团运作情况。大会通过了詹启贤、胡志强、郝龙斌、林政则 4 名该党副主席人事人命案,上午通过了由洪秀柱任党主席以来首次提出的题为《真诚反省,勇于改革》的政策纲领,下午通过了"党务报告""立法院党团运作报告""执政县市长报告"等决议文,5 日上午举行了 19 届全会第 4 次中评会,下午举行了第四次中委会。

会议通过的新政纲确立了以深化"九二共识"为核心的大陆政策路线,首度将"探讨以和平协议结束两岸敌对状态可能性"写入;强调以"和平党纲"对抗民进党的"台独党纲",坚守"中华民国宪法架构下的国家定位",并压制党内的"本土路线",新政纲也不再提"一中各表";主张国民党要扮演推进两岸交流合作的角色,强化大陆事务及台商服务中心,拉近两岸心理距离,替人民争取权益。会议还明确提出要"坚守宪法"、捍卫"固有疆域"与主权,坚持维护在钓鱼岛及南海 U 型线内各群岛和水域的主权。洪秀柱还提出国民党要重新找回价值信仰,要坚持创党思想和核心价值,以蒋经国的路线引领该党重拾民心、重返执政。此外,姚江临等677位党代表还联署了"直辖市及县(市)党部主任委员直选"提案,要求地方党部主委由中央党部遴任改为由党员直选产生,建议修正"国民党党章"第26条,以推进党内民主,强化党部主委实权,改善募款状况,减少党意与地方民意的落差,国民党首席副主席詹启贤承诺,将在1个月内成立研修小组,研拟配套办法与时程,再送交中常会讨论,提案最后鼓掌通过。同时,国民党还拟定在县市首长层级推行"预选制",鼓励新人参加预选,县市议员层级推行培育规模50位有实力的新人投入艰困选区参选,有意参选2018选举的党内人士均应提前登记,以利于提前布局2018年选举。

这次会议是国民党唤回士气、重整待发的好机会,国民党初步展现出了"反省革新、团结新生"的新气象,具有凝聚人心、扭转士气的正面效应,在两岸路线、党务革新等问题上取得了一定程度的共识。当然,国民党在内部改革、政策路线以及派系整合方面仍存在着深层次的挑战和困境,并非通过此次"全代会"的政策建议就能得到根本性解决,本次会议所形成的共识性意见及改革方案都需要进一步的落实,事实上两项党务革新方案都迟迟未能启动或执行。

## 四、坚持"九二共识",仍是两岸
## 关系中的积极力量

1. 不放弃在两岸关系中的使命。执政后的蔡英文拒不接受"九二共识",两岸官方互动陷入僵局,两岸关系恐将重回动荡不安的老路,而国民党仍可以在两岸交往中发挥积极的功能。与此同时,在国民党的两岸政策路线上,虽然洪秀柱先前所主张的"一中同表"以及后续的"一中不表"与党内"一中各表"主张之间的争议仍然在延续,但党内对"九二共识"的坚持没有改变。洪秀柱认为,为了两岸人民的福祉,国共两党应持续推进经贸往来、社会互动与文化的传承与创新、青年的前途开创等等的交流,以及台商、台生等权利保护等;目前两岸官方沟通管道阻绝,因此国民党责无旁贷,应协助民间,透过国共两党的沟通机制,解决相关问题,为争取人民权利竭尽心力;而国民党的责任是引领民意,不是随波逐流。国民党仍是两岸关系中的积极力量,举办"国共论坛"等十分必要,不只为国民党,也是为台湾人民找出路。

2. 强调坚持与深化"九二共识"。10 月 30 日洪秀柱率领国民党访问团于 10 月 31 日在南京拜谒中山陵,11 月 1 日在北京与中共中央总书记习近平会面,双方强调了坚持与深化"九二共识"、反对"台独"的共同立场。习近平对两岸关系发展提出六点意见,强调大陆对"九二共识"不可能有丝毫模糊和松动,"台独"则是一条不可逾越的红线;国共两党可以探讨"在一个中国原则的基础上,协商正式结束两岸敌对状态,达成和平协议"。洪秀柱向习近平提到,两岸和平是人民安身立命之所系,国民党虽然成为在野党,但没有忘记在两岸关系中的使命,力求维持台海稳定,坚定维护两岸政治和平、经济发展与人民福祉的立场也绝不改变;国民党通过新的政纲,坚决以造福人民的"和平政纲"对抗"台独党纲";积极扮演推动两岸和平制度化的角色,探讨以和平协议结束两岸敌对状态的可能性;强调在深化

"九二共识"的基础上,消除因"台独"分离主义引发的危险动荡;并希望以"求一中原则之同、存一中涵义之异",维持两岸互信的政治基础以共谋发展。洪秀柱还表示,能够理解也感受到习近平对目前两岸关系情势的忧虑,相信两岸人民有智慧解决两岸的难题,并共同弘扬中华文化,必须两岸携手合作、共同完成,期盼国共两党一起承担"利在当代、功在千秋"的神圣使命。

3. 持续推动两岸民间交流。11 月 2 日和 3 日,由国民党积极参与、推动的"两岸和平发展论坛"在北京举行,此次论坛由以往的"两岸经贸文化论坛"更名而来,由两岸各 10 个民间团体主办,论坛共分五小组讨论,主题包含"政治组"的政治互信与良性互动、"经济组"的新经济发展与两岸合作、"社会组"的深化两岸民众交流、"文化组"的文化传承与创新,以及"青年组"的探索新愿景与开创新前途,其中政治和青年组别为首次设立,相比于以往更加重视两岸政治互信与和平稳定关系的探讨,以应对两岸关系发展的新变化、新需要。总体而言,"洪习会"与"两岸和平发展论坛"具有标志性意义,体现了国共两党继续坚持"九二共识"、推动两岸关系和平发展的决心,既向台湾民众展示了国民党在两岸关系中不可替代的重要角色,也有助于弥合国民党内部的路线分歧。

## 五、党内分歧严重,重整之路艰难

选后的国民党行政资源与立法优势尽失,内部派系纷争剧烈,路线之争激化,世代交替危机严重,外部面临民进党的政治清算,处境艰难,深陷低谷。国民党本应尽快消弭路线纷争,革新内部结构,团结力量共同抵御政治围剿,积极参政问政,争取民意支持,但事实上其重整之路艰难。

1. 派系缺乏整合,疏离态势明显。国民党内部在派系上存在着"本土"与"非本土"的分歧,在两岸路线上有着"一中同表"与"一中各表"的交锋。这些分裂与斗争在 2015 年的"换柱"风波中已经公开化,在 2016 年党主席补选中又再次出现"本土派"集结反制洪秀柱参选。"本土派"自视为代表"民意主流",认为国民党"本土化"是党内最大公约数,而洪秀柱的"深蓝"路线会让国民党"新党化",国民党应更加务实,顺应"主流民意"。而洪秀柱则认为国民党需要找回"党魂","党魂才是党产",应当引领民意,同时也尽力争取"本土派"的支持。国民党虽然没有出现"退党潮",但内部疏离态势明显,"天王"之间也心结重重,缺乏整合协调。洪秀柱撤换了郝龙斌的智库副董事长职务;吴敦义则另起炉灶,成立"新愿景论坛协会",大力延揽卸任官员;6 月成立的第 12、13 届"国策顾问"联谊会则尊马英九为共主;王金平在海外党代表提出的开除其党籍案被挡下后低调应对。与此同时,国民党中央通过的"和平政纲"也屡遭国民党党团和大佬的质疑,认为"九二共识、一中各表"是党内和民意最大共识,"一中各表"是"中华民国"赖以存在的重要基础,删除"一中各表"将导致国民党在台湾难以生存,洪秀柱所提的"一中同表"与"和平协议"缺乏共识,容易被民进党"抹红",而且与民意有距离,希望洪秀柱不要再讲"一中同表",不能只提"深化九二共识"而不提"一中各表"⑦,而洪秀柱则强调在"中华民国宪法"架构下,"深化九二共识"正是"一中各表"

的真正深化。这种冲突在洪秀柱出访大陆前激化,党团及吴敦义、马英九、郝龙斌等坚持"九二共识、一中各表"不可分离,都要求洪秀柱在"洪习会"时强调国民党"一中各表"的立场,甚至引发双方公开对呛。⑧但最终在党内压力之下,洪秀柱对"九二共识"的处理与表述不得不从最初的"一中同表"到"一中不表",再过渡为"求一中原则之同,存一中涵义之异",一方面强调"九二共识",另一方面也尽力化解国民党内的争议和压力。

2. 国民党中央与党团缺乏协调,各自为政。败选以来,国民党中央与"立法院"党团之间仍然缺乏有效的沟通协调,并没有形成"以党领政"或"以党辅政"的局面,两者在谁应当发挥主导作用、如何协调彼此关系等问题上存在较大分歧。国民党党团认为民意高于党的意志,而党团更代表民意,国民党应朝向内造政党方向改革,国民党政治中心在"立法院",党主席和中央应与党团取得共识,至少党主席的想法应与党团契合,不能与民意脱节,认为党中央在反击民进党时未能与党团在"立法院"的活动配合,对党中央丧失信心,要求"党团自主"。而洪秀柱在诸多问题上也未能充分回应党团的诉求和要求,党中央认为政纲和党令应当为每一个党员所遵守,但客观上却面临"令不出党中央"的困境。让分歧台面化的焦点事件之一是国民党政策会执行长(即传统意义上的"大党鞭")应由党主席任命还是由党团直选,党团认为虽然按党务规章由洪秀柱任命政策会执行长并不为过,但大党鞭直选是国民党在野后很重要的政治改革工程,应修改党务规章,政策会执行长改为任期制,由党团直接选举产生而更具有代表性,并能居中协调党团与党中央的关系,而党中央指派则难以服众。洪秀柱打破传统,指派非"立委"的蔡正元担任政策会执行长,但蔡正元无法进入"立法院"坐镇协调,并不被党团视为"大党鞭",而 35 席"立委"中只有副秘书长林德福兼任党职,使得党中央与党团之间难以分进合击。此外,党团对于洪秀柱的两岸主张也公开表示不同调,要求洪秀柱到党团大会做说明,并视双方讨论情况来决定是否在会后由党团单独发表声明重申立场。在 10 月 18 日的讨论中,洪秀柱检讨沟通不足,表示考虑将党籍民意代表列入"中常委",但又认为党籍民意代表"不要随便"放话,"立委"则认为洪秀柱及党中央脱离民意,双方仍是各说各话、难有交集。⑨

3. 国民党中央与地方党部权责不对等,关系面临重组。国民党内部还需要面对和处理党中央与地方党部的权责分工与关系重组问题。除了受党内"本土派"对洪秀柱和党中央的牵制外,国民党的组织体系僵化、党意与民意脱节、黄复兴党部与地方党部的差异以及传统选战模式失灵等问题都要求国民党内"民主化",尤其是党产等资源的流失也将导致国民党中央对于地方党部掌控力下降,引发国民党在经费、组织与人事上的"地方化"与"本土化"。9 月 4 日的"全代会"通过了 677 位党代表联署的"直辖市及县(市)党部主任委员直选"提案,规定县市党部"主委"由中央党部遴任改为党员直选产生,党部主委负责筹措财源与提名,强化党部主委实权,将国民党中央与地方党部的关系从"授权"模式改变为"分权"模式,党中央的影响力将会下降。虽然国民党中央决议由副主席詹启贤负责召集研修小组,尽早规划完成直选案,但又认为这是组织制度的重大变革,应力求完善规范与配套周全,未能及时制定具体条例与实施细则,被外界认为国民党中央是在有意拖延直选案,也引发部分党籍人士的批评。除此之外,此次只规定直辖市、县市党部主委由党员直选,而黄复兴党部并不在这波直选方案的研修范围,未来黄复兴党部主委是否直选则另作讨论。

# 六、外部危机四伏,"不当党产案"应对失据

就外部环境而言,台湾社会的民粹氛围并不利于国民党的重整与再起,全面执政的民进党则以"转型正义"为旗号开启对国民党的政治清算,并选择国民党的"党产"作为重点对象,既可以釜底抽薪式地打击国民党,又可以将党产充公作为民进党的政绩。国民党庞大"党产"的来源与演变有其复杂的历史背景,一直以来也遭到外界质疑,国民党迫于外界压力也不断处理党产,国民党低估了民进党上台后斗争形势的严峻性以及后果的严重性,对于是否以及如何"守党产"、如何解决财务困境等问题进退失据、缺乏总体规划,处于十分被动的境地。

国民党党团在3月通过支持"党产归零"决议,当时仍在竞选主席的洪秀柱也同意支持,但其担任主席后则要求党籍"立委""全力固守"党产,多数"立委"认为"守党产"社会观感不好,反对推翻既有决策,仍支持"党产归零"。在民进党的清算方案出台后,国民党的危机感爆发,亟欲阻挡"不当党产处理条例"通过,但党内仍有不同看法,如副主席詹启贤认为"党产是一场必输的战役",国民党不要在"立法院"进行无谓抵抗,应尽早脱离这个战场,基层党员也希望国民党不要一直被党产扯后腿。2016年7月25日,民进党以人数优势在"立法院"临时会

强行通过了"政党及其附属组织不当取得财产处理条例"。条例基本涵盖了民进党的所有主张:首先,适用政党对象是中国国民党及其附随组织,附随组织包括"妇联会""救国团"等。其次,以"有罪推定"的方式认定"不当",即政党、附随组织现有财产除党费、政治献金、竞选经费之捐赠、竞选费用补助金及其孳息外,均推定为不当取得之财产,无法证明来源合法的党产都是不当党产。再次,清算"溯及过往",规定该条例的起算时间为1945 年 8 月 15 日。最后,设立"不当党产处理委员会",由"行政院长"派任,委员会权力广泛,包括"调查、返还、追缴、权利回复",相当于同时具有司法调查权、裁判权与执行权。"条例"规定,除该委员会同意的"党产"外,一律冻结。8 月 31 日,"不当党产处理委员会"成立,主委及委员均为绿营人士,正式宣告民进党对国民党党产的全面清算。国民党账户随即被冻结,党务资金重要来源的中投、欣裕台等公司也恐遭收走,立即陷入积欠员工薪资与退休金的财务困境。虽然 10 月 18 日"不当党产处理委员会"修正"党产条例",规定若政党须以被推定的"不当党产"发薪资、资遣费、退休金,须先向"党产会"申请许可,经委员会同意后便可动用,有望为国民党员工薪资困境解套⑩,但也意味着国民党的资金流、薪资发放乃至于人事关系都将受到"党产会"的控制。

国民党虽然未能拿出整套解决方案,但也从三个方面来应对困境。首先,国民党中央主要以法律途径来维护权益,包括 9 月 30 日、12 月 8 日分别向台北"高等行政法院"提起行政诉讼声请停止执行"不当党产处理委员会"冻结国民党银行账户、将中投与欣裕台充公的行政处分,但国民党胜诉后短期内仍无法直接动用相关资金。其次,在政治上批判"不当党产条例"违法、"党产会"黑箱独裁以及民进党的政治迫害,党员及党工发起对"党产会"的持续抗议活动,同时由国民党副主席詹启贤与"党产会"主委顾立雄进行协商。此外,国民党还通过"救亡图存特别党费劝缴活动"、小额募捐、个人借贷等方式筹集资金,但收效甚微。总体来看,国民党将受"党产案"拖累,不得不受制于"党产会"的规划和节奏而被动因应,而且缺乏组织发展、人才建设和竞选辅选的经费,党主席与党中央的影响力将进一步弱化,也使得国民党的重整之路更加艰难。

**注释:**

①　彭维学:《2016 年台湾选举后的岛内政局和两岸关系观察》,《领导文萃》,2016 年 2 月下,第 10 页。

②　《国民党是如何被新 689 雪崩式掩埋?》,《联合报》,2016 年 1 月 17 日。

③　《蓝败给自己　周子瑜是最后稻草》,《旺报》,2016 年 2 月 4 日。

④　小笠原欣幸:《2016 年台湾大选分析》,《台湾研究》,2016 年第 3 期,第 17 页。

⑤　《得票率 56.16%　洪秀柱当选党主席》,《联合报》,2016 年 3 月 26 日。

⑥　《国民党全代会今阳明山中山楼登场》,《中国时报》,2016 年 9 月 4 日。

⑦　《洪习会前　党内两岸路线战开打》,《旺报》,2016 年 10 月 15 日。

⑧　《一中各表　蔡正元:政纲不是马英九一个人说了算》,《联合报》,2016 年 10 月 25 日。

⑨　《洪秀柱与党团座谈　蓝委:各说各话、毫无共识》,《联合报》,

2016 年 10 月 18 日。

　　⑩ 《国民党党产解冻 发党工薪水》,《中国时报》,2016 年 10 月 19 日。


　　　　　　　　　　　　　　　　　　　（作者单位:河南师范大学）

# 2016 年民进党情况综述

林　劲

**摘　要:**2016 年是民进党发展重要的一年,党的政治生态发生很大变化,全面完成第二次世代交替,派系出现部分重组及消长;民进党首次实现从地方到全台、行政到立法的全面执政,但施政问题丛生,政绩乏善可陈;蔡英文及民进党对以往的两岸政策主张做了一定程度的调整,但未明确回答两岸关系的根本性质,同时继续强化"台湾主体意识",推行"去中国化"政策。

2016 年是民进党发展的重要一年,年初赢得"二合一"选举,再次上台且实现全面执政,民进党的政治生态、执政态势、两岸政策等都发生程度不同的变化。

## 一、民进党政治生态的变化

在经历 2014 年"九合一"选举和 2016 年"二合一"选举两场前所未有的胜利之后,民进党的政治生态发生很大的变化,呈现以下基本态势：

## （一）建党以来的第二次世代交替全面完成

相当一个时期以来，"世代交替"已经成为民进党内的主流意向，即希望和要求由新世代接替、取代律师团世代，主导民进党。在 2010 年"五都"选举中，民进党大批新世代人士登场，紧接着蔡英文在 2012 年候选人党内初选中获胜，被视为"世代交替"的重要标志。由于 2012 年大选遭遇失败，蔡英文引咎辞职，先前在党内提名竞争中败北的苏贞昌当选党主席，使世代交替的步伐明显受阻。2014 年 5 月，在新一届党主席选举之前，原本准备参选的苏贞昌和谢长廷先后宣布退出竞选，从而使蔡英文再次当选党主席，在交接仪式上，蔡英文提出的三大任务之一就是"让党内青壮世代在决策与执行面上负起更大责任，借此培养执政人才，世代接班将从现在开始，让改变台湾，从改变民进党开始"。①

民进党在 2014 年"九合一"选举中大举获胜，一批新世代人物走上县市长岗位，成为党内实力派；蔡英文仍然担任党主席并毫无悬念地成为 2016 年选举候选人，第二次世代交替的格局几已成型。在 2016 年"二合一"选举中，民进党取得前所未有的胜利，实现"双过半"和一党"完全执政"的目标，大批新世代人士进入"立法院"、走上"新内阁部会"的重要岗位；蔡英文继续兼任党主席，任命一批新世代人士担任中央机构的重要职务，至此标志第二次世代交替全面完成。从世代结构的角度看，所有的"天王""大佬"都被排斥于执政的决策核心之外；在第 17 届全代会的权力核心重组中，所有的"天王""大佬"全数退出党内权力核心。

**（二）民进党派系基本格局没有改变，实力出现部分重组及消长**

2006 年民进党宣布解散派系，之后随着 2008 年地区领导人选举候选人党内提名竞争的展开，除了"新潮流系"之外，派系运作转变为以陈水扁以及有意竞逐 2008 年"大选"的游锡堃、谢长廷、苏贞昌等重要人物为核心的政治圈子，外界称之为"扁系""游系""苏系"和"谢系"，派系运作不再是以特定派系标志、名称来进行组织动员，运作有各自的方式，延续至今，一般都为掌握丰富行政资源的地方首长所主导。

在 2014 年"九合一"选举之后，民进党内派系发生"严重失衡"的状态，原本实力最大的"新潮流系"获得 6 席县市长，其中包括 3 席直辖市长，资源和实力进一步扩增，成为蔡英文争取 2016 年大选候选人乃至"问鼎大位"必须依靠的重要力量。

蔡英文自 2008 年以来已经三次担任民进党主席，对于党内派系互动态势了如指掌，处理派系关系较为娴熟。虽然她并未刻意培植及经营自身的派系，但是自然而然聚集及形成一支嫡系人马，即外界称之为"英系"。除了部分长期得到信任和重用的人士以外，同时也利用派系之间的矛盾，与"新潮流系"和谢长廷系等合作，使之互相制衡，为其所用。2016 年选后行政部门和党务主管的人事安排以英系和新系为主，充分考虑及兼顾其他派系的平衡。[②] 在 7 月 18 日召开第 17 届"全代会"上，选举产生新一届中执委和中常委，"新潮流系"仍然是最大的赢家，英系和以游系为主的"正常国家促进会"各有斩获、平分秋色，谢系、苏系则呈现式微的态势。

现阶段民进党的派系格局新潮流系实力最大；所谓英系紧

随其后；原本不成气候、实力弱小的游系异军突起，由林佳龙领军以"正常国家促进会"出现；扁系已溃不成军，以所谓"一边一国连线"的跨政党派系出现，影响力式微；虽然目前民进党内派系实力发展不均衡，但是这种派系格局相对较为有利于党内的稳定和关系的协调。由于民进党进入"全面执政"状态，政治资源较为充沛，不至于出现尖锐的利益冲突和资源争夺，尚可维持较为和谐的党内气氛。

应当看到，自 2008 年蔡英文担任党主席以来，民进党的政治生态逐步得到改善，是现阶段台湾政坛主要政党中相对较为规范且平顺发展的。

## 二、"5. 20"之后民进党执政的基本态势

在 2016 年"二合一"选举中，蔡英文以得票率 56% 绝对多数赢得大选，民进党囊括"立法院"六成席次，加上 2014 年县市长选举大胜，民进党首次实现从地方到全台、行政到立法的全面执政，呈现"一党独大"的局面。然而，民进党未能把握机会，开局不顺，上台半年多，施政问题丛生，政绩乏善可陈，发展势头受到抑制。

### （一）民进党主导新一届"立法院"的运作

民进党在本届"立法院"席次过半，亟待推动的法案、政策，以该党之力就能稳定过关，且无须受制于其他势力。

"立法院"于 7 月 25 日三读通过"政党及其附随组织不当取得财产处理条例"，明定自 1945 年后取得之财产扣除党费、政治献金等后，推定为不当取得，应该转为"国有"；执政当局在"行政院"下设"不当党产处理委员会"，设置委员 11 至 13 人，

由"行政院长"派聘,进行不当党产之调查、返还、追征、权利回复等事项。国民党抨击该条例名称设定为"不当党产"、年限设定自 1945 年起,具有明显的针对性,"违法违宪";"不当党产处理委员会"设置在"行政院"之下有失公允,应设于"监察院"或"司法院"之下才具公信力。对此民进党不予理会,依然强行通过,对国民党打击极大。民进党借此将国民党所有银行账户全部冻结,甚至法院判决解除冻结,也拒不执行,使得国民党发不出党工工资,难以维持正常的运作。民进党企图彻底切断国民党的经济来源,阻止其东山再起,以消除执政的最大威胁,这无疑严重冲击台湾政治格局与生态。

民进党当局强推"一例一休"修订"劳动法",硬砍 7 天法定假,国民党、亲民党、"时代力量"全力杯葛,仍然无法阻挡,未能有效制衡,反映现阶段在野势力对民进党执政的制衡能力及对政局的影响力明显不足。民进党当局进而推动年金改革,被外界视为着手清算长期支持国民党的军公教群体。由于国民党长期执政,受雇于政府的军公教群体与国民党渊源甚深,适逢年金改革的压力迫在眉睫,相关公共基金甚至可能在蔡英文任内遭遇破产危机,民进党直接将年金改革与转型正义挂钩,攻讦军公教群体,将他们归为需要"被转型正义"的既得利益者,以争取社会对当局推动年金改革的支持。

当前台湾面临着多重挑战,结构性问题不断浮上台面,改革的推动势在必行,一系列改革都是艰巨的任务,需要全社会齐心协力才能成功。蔡英文对此心知肚明,呼吁"团结"成为她当选后的"主旋律"。然而,蔡英文所言与执政当局所行似乎是南辕北辙,说一套、做一套。执政当局借"不当党产处理"和"年金改革",清算国民党及长期支持国民党的军公教群体,急剧升高台湾政坛和社会的对立,"团结"只能沦为口号。民进党自以为只要瓦解竞争对手国民党,即使改革无功、政绩不佳乃至内外交困,也无法动摇执政地位。

民进党上台执政之后,继强势主导"不当党产条例"初尝甜头后,打破以往"立法院"预算会期以审议预算案为主的惯例,而将"一例一休""同婚法案""公投法""电业法""开放日本核食""军公教退休制度检讨"等相关"法案"都列入"立法院"议程,全面出击,对整体执政态势造成不良的影响:

1. 冲击"立法院"的正常运作。这些存在争议的"法案"处理极为费时,排挤预算案审查及通过的时程。以至农历年关总预算仍未通过,占多数席次的民进党团被迫提案召开临时会,力争年前解除迫切的压力。

2. 执政当局的支持度迅速滑落。随着争议"法案"与"发夹弯"政策不断出现,蔡英文与林全团队支持度迅速滑落,而为挽回低迷的声势,只能加码释出政策利多与作为。然而只为自身解套,却不管"立法院"的处理能力,以致增加"立法院"的负担。

3. 行政与立法部门之间的矛盾凸显。执政绩效不佳,行政团队推卸责任,指称"法案"已提交"立法院"且被卡关,所以无能为力。"立法院"党团则抱怨行政团队只顾提案,未能积极沟通而引发民怨。

4. 立法品质的明显下降。民进党的完全执政,行政、立法运作较国民党执政时顺畅,但代价却是"立法院"既成为"橡皮图章",又成为"挡箭牌",同时造成"立法"质量的粗糙及"以多凌少"的丛林法则重现"立法院"。③

### （二）蔡英文的执政团队及其政策

上台主政半年多，蔡英文当局的重心是内政事务，完成党政权力机构重组，力争妥善处理党政关系、行政与立法的关系，以稳定权力架构；执政团队"新手上路"，如何有效整合及协调，以尽量避免出错，共同达成预定的施政目标；当前尤为迫切的是着力提振经济、尽快解决诸多当前面临的重大民生及社会问题，包括一些亟待改革的问题，兑现竞选的承诺，逐步巩固执政的基础。然而，民进党意识形态作祟，重政治轻民生，搁置诸多攸关经济民生的重大法案，却以"转型正义"的名义，强势通过"不当党产处理条例"，不遗余力地清算选举惨败后的国民党；同时"去中国化"的动作不断，而经济形势仍然持续低迷，高达六成的企业不满当局的作为。

民进党上台执政后置政治诚信于不顾，被讥讽为"发夹弯"当局：选前坚定的"反核"立场，选后态度松动，被批"违背党的核心价值"；选前承诺的"电价 10 年不涨"，选后声称"不会大涨"；原本力主的"实质周休二日"，上台后转变为"一例一休"，并强砍 7 天法定假日；原本强烈反对的"美猪"进口，上台后为讨好美国转而有意开放；上台后为了拉近与日本的关系，将民众的食品安全抛之脑后，拟开放进口日本核灾地区的食品。民进党推动"一例一休"政策的过程过于急躁与粗糙，造成劳方、资方、消费方三输的局面。④有人领钱还休假，有人不休假多领钱，都将增加生产过程的成本负担，在"预期"心理之下，各行各业蠢蠢欲动，调涨价格势所难免。国民党发布的"一例一休"政策民调显示，59% 的受访者认为"一例一休"造成劳工薪水减少、雇主成本增加和消费者物价上涨"三输"，76.8% 认为该政策根本是仓促上路。⑤民进党力推的年金改革攸关军公教退休金,据称所得替代率可能从目前最高近百分百降到六七成,冲击甚大,领月退年龄也将上修,引起军公教恐慌。蔡英文年底则强调,改革迫在眉睫,希望在就职周年前年金改革法案能够通过。"年金改革委员会"先后在北中南召开分区座谈会,场场都发生冲突,台湾社会普遍不看好"年金改革"推动的结果。

行政与立法部门各行其是,诸多重大政策或者推动不力,或者推动无章法,年金改革、司法改革、能源转型等未见起色,还加剧社会纷扰和对立,引发巨大民怨;加之桃园机场淹水、雄风三型导弹"误射"等突发事件发生,一再重创当局的形象。由于对执政当局作为的强烈不满,各界人士多次走上街头游行抗议,9月3日军公教劳大游行、9月12日台湾百万观光产业者自救大游行、10月25日全台多个工会联合举行的反"一例一休"大游行等事件,对台湾政局造成一定影响与冲击。蔡英文的满意度一降再降,不满意度持续攀升,似乎显示其上台仅半年即已开始走下坡路。

由于两岸关系呈现僵持停滞的状态,台湾当局在"国际活动空间"受到强力压缩,再次陷入"外交"困境,因此竭力维持及拓展"外交"空间,尤其在美国政府更迭之际,蔡英文及民进党当局有着美台关系发生变化的危机感和焦虑感,千方百计地拉近与美国、日本的关系,特朗普与蔡英文通话就是在此背景下发生的。

**（三）"5.20"之后民进党执政的总体评估**

蔡英文就任以来声望高开低走,年底有关民调显示,对蔡英文的满意度只有三成多,不满意度接近六成,主要原因是当局的决策品质不佳。

蔡英文刚上台时实行"一条鞭"的决策机制,人事上延揽一批蓝营人士,呈现出被称之为"老蓝男"的过渡色彩。10月初开始扩大决策机制,成立"执政决策协调会议"。由于受到民进党派系、地方县市长和包括李登辉等"台独"大佬制约等因素影响,似乎打乱蔡英文的政经部署。

虽然当局在清算国民党党产议题有所斩获,但执政绩效乏善可陈。司法改革、"新南向政策"等仍然停留于纸上谈兵的阶段,而一例一休、年金改革、同性婚姻、开放美猪、开放日本核灾区食品进口等议题,则引发很大争议,得罪了劳工、军公教、消费者、反核人士、同性团体、中产阶级等群体,各种抗争频繁出现,危机不断爆发。

民进党半年多的执政被媒体形容是"烽火内政",执政团队欠缺周延评估、好高骛远酿成乱局,在短期内同时发动多项改革,搞得遍地烽火,士农工商都得罪,蔡英文为了要兑现所谓的选举支票付出沉重的代价。上台之后,蔡英文把改善台湾经济的希望寄托于"新南向政策""加入 TPP""五大创新研发计划"等经济及产业政策,但是这些政策措施不仅前途未卜,而且缓不济急,更重要的是缺乏良好的两岸关系发展环境,这些政策难有成功的可能性。

## 三、民进党的两岸政策及对两岸关系的影响

### (一)民进党及蔡英文在"大选"竞选和胜选后的两岸政策主张

蔡英文在竞选过程及就职之前对以往的两岸政策主张做了

一定程度的调整。其两岸政策主张的核心概念就是"维持两岸现状"。此后她在竞选期间的演说和辩论以及选前的最后宣示,都是围绕"维持两岸现状"进行诠释和阐述。但是外界普遍质疑其"维持两岸现状"的内涵含混模糊,相关各方都可以不同的立场、用不同的方式进行解读;而且忽视既有的基础,又如何"维持两岸现状"?

胜选之后,蔡英文在2016年1月21日接受台湾《自由时报》专访时表示,将以"九二会谈"所形成的"既有政治基础"推动两岸关系,包含四个关键元素:一是1992年两岸"两会"会谈的历史事实以及双方求同存异的共同认知;二是"中华民国"现行"宪政体制";三是两岸过去20多年来协商和交流互动的成果;四是台湾的"民主原则"以及"普遍民意"⑥。这一讲话对于两岸"既有政治基础"的说法,似乎有明晰化的趋向,但在涉及关键性的两岸关系根本性质问题,仍然未能体现应有的历史态度。

**(二)"5.20"就职演说及"双十讲话"的两岸政策**

"5.20"就职演说是历届台湾当局指导一个时期施政的重要文件,其中的两岸政策相当程度影响其后四年两岸关系的发展。由于蔡英文政治立场和从政历史的特殊性,她的"5.20"演说更是受到关注,其演说有以下几个方面体现其两岸政策的调整与坚持:

1. 与以往两岸政策主张最大不同的是,提出"新政府会依据'中华民国宪法'、'两岸人民关系条例'及其他相关法律,处理两岸事务"。提出"有责任捍卫'中华民国'的'主权'和'领土';对于东海及南海问题,我们主张应搁置争议,共同开发"。

她不仅提到一直回避的"中华民国宪法",而且提到"两岸人民关系条例",也涉及东海及南海的主权问题⑦。

一直以来,海内外许多人士质疑,蔡英文既然"接受中华民国宪政体制",进而按照"中华民国宪法"参选并且当选,而她却企图以"现行宪政体制"或者"现行宪政秩序"绕过"现行宪法",令人感觉困惑。那么外界不能不关注她是如何定义"中华民国"及对待"中华民国宪法"? 蔡英文之前谈"现行宪政体制"不谈"宪法",关键是"中华民国宪法"第四条规定:"中华民国领土,依其固有之疆域,非经国民大会之决议,不得变更之。"该条文被民进党认为隐含"一个中国原则";而"现行宪政体制"所包含的内容一定程度局限了"宪法"的部分意涵。"中华民国宪法"有着"两岸同属一中"意涵,这正是"九二共识"的核心意涵,为了不接受"九二共识"、不认同"两岸同属一中",蔡英文以"中华民国现行宪政体制"绕过"中华民国宪法",借以认定和表明"中华民国现行宪政体制"并未实践"两岸同属一中"。这次演说不仅提到"中华民国宪法",而且提到"两岸人民关系条例",众所周知,"两岸人民关系条例"给予两岸"一国两区"的定位,不同于"两国论""一边一国论"。此外,两部文件都有涉及"国家统一"的相关表述。"中华民国宪法"相关内容包含"九二共识"的核心意涵,马英九关于两岸政策的表述并未逾越"中华民国宪法",而是明确地将二者连接起来。既然蔡英文不认可"九二共识"这一名称,那么她能以何种形式从"中华民国宪法"入手,与"九二共识"连接,认同"两岸同属一中"的核心意涵,并且阐明对两岸关系性质的看法,这次演说并未就此做明确的阐述。

2. 不提"九二共识"、不提"两岸同属一中",而是提出"1992 年两岸两会秉持相互谅解、求同存异的政治思维,进行沟通协商,达成若干的共同认知与谅解",表示"尊重这个历史事实"⑧。其中提及的"共同认知",是否等同于"九二共识"的内涵? 则让外界各方自行解读。在两岸政策的结尾部分对"既有的政治基础"做了解释,一共包含四个关键元素,与她在 1 月 21 日接受台湾《自由时报》专访中的相关表述,几乎一字不差。可以看出,她企图以包含四个"关键元素"的"既有政治基础",取代包含"两岸同属一中"核心意涵的"九二共识",作为"维持两岸现状"的政治基础。

3. 提出"两岸之间的对话与沟通,我们也将努力维持现有的机制"。"两岸的两个执政党应该要放下历史包袱,展开良性对话,造福两岸人民"⑨。不仅对未来两岸关系表明正面的期许,而且表达民进党与中共对话的愿望。

综上所述,演说对以往的两岸政策主张做了一定程度的调整,不再称呼大陆为"中国"或是"中华人民共和国",而是以"对岸""两岸"等字眼描述两岸关系。正如美国学者包道格指出的"蔡英文已经在她讲话中动了一步,给了北京想要的一些东西,但又不是全部的东西","她留下了足够多的条条块块,让大陆去组合她几乎接受了北京要求的解读"⑩。

在 2016 年"双十"庆典上,蔡英文发表致辞重申,建立具一致性、可预测、且可持续的两岸关系,并且提出"四不"立场,即"我们的承诺不会改变,我们的善意不会改变,我们也不会在压力下屈服,更不会走回对抗的老路"⑪。然而,蔡英文未能就涉及两岸关系互动的政治基础这一根本性问题做出明确的回答,仍然未能完成两岸政策的答卷,而且在之前的民进党建党 30 周年的致党员公开信中提出要"力抗中国压力"[⑫],外界不能不对她一个时期以来的两岸政策调整表示质疑。

**(三)民进党继续强化"台湾主体意识",推行"去中国化"政策。**

由于民进党既有的政治立场和敌视心态,在文化、教育及社会等领域"去中国化"政策将惯性式地持续推行,其执政后在相当程度上强化了所谓"台湾主体意识"。选后某些民进党"立法委员"公然提出一些包含有"两国论"或者"一边一国论"的成分和"去中国化"的内容的议案。诸如,提出修改"中华民国国徽国旗法""宣誓条例""总统副总统宣誓条例"等,要求删除悬挂孙中山遗像的规定;民进党党团提出的"促进转型正义条例草案"也包含有"去中国化"的内容。民进党利用席次优势在"立法院"通过"要求'教育部'撤销微调课纲"提案,教育部门负责人潘文忠就任第二天即宣布废止 2014 年通过的社会、语文科微调"课纲";由蔡英文提名及"立法院"通过许宗力等 7 名"台独"意识形态色彩浓厚的人士为"司法院大法官"。尽管选后蔡英文在涉及两岸关系的言论较为谨慎,包括在民进党党团推出的"两岸协议监督条例"议案中排除"两国论"的因素,但是当局能否控制部分党籍"立委"与"时代力量党"在"立法院"的兴风作浪及其恶劣影响?如何应对"台独""基本教义派"诉求"正名、制宪、建国"的压力?类似"反服贸协议""反课纲微调"的运动将可能频繁地发生,倘若处理不当,将严重冲击两岸关系,甚至可能引发相关的危机。

**注释：**

① 《蔡英文：启动世代接班》，http://www.CRNTT.com，2014 – 05 – 29。

② 《蔡就任党主席 党内人士：布局 2018 选战》，http://www.CRNTT.com，2016 – 05 – 26 08：26：20。

③ 台湾《联合报》，2017/1/5。

④ 《孙文学校云嘉南分院成立 论坛讨论劳工政策》，http://www.CRNTT.com，2017 – 01 – 08 00：21：53。

⑤ 《国民党民调 近 6 成认为一例一休三输》，http://www.CRN-TT.com，2017 – 01 – 17 11：30：21。

⑥ 《蔡英文接受专访：九二历史事实推动两岸关系》，http://www.CRNTT.com，2016 – 01 – 21。

⑦ 蔡英文 520 就职演说，http://www.CRNTT.com，2016 – 05 – 20 11：55：51。

⑧ 同 6

⑨ 同 6

⑩ 《包道格语中评：蔡英文没有回答北京要求》，http://www.CRN-TT.com，2016 – 05 – 21 00：29：23。

⑪ 《蔡英文双十演说 仍未提到九二共识》，http://www.CRNTT.com，2016 – 10 – 09 21：59：33。

⑫ 《30 党庆蔡致党员公开信》，http://www.CRNTT.com，2016 – 09 – 30 00：41：48。


（作者单位：厦门大学台湾研究院）

# 2016年台湾对外关系综述

严安林

摘　要:2016年台湾对外关系在蔡英文上台执政后面临严峻挑战。无论是与美日、东南亚国家的实质关系,还是"邦交国"的维系或是参与国际组织的活动,都因为海峡两岸关系由"热交往"转向"冷对立"局面的原因,导致台湾地区对外关系虽有所进展,但难度增加,两岸双方在国际场域开始由"有限度合作"步入"非良性竞争"。2017年台湾对外关系形势将更加严峻。

2016年5月20日民进党再次上台执政后,一方面,始终拒绝认同"九二共识",推行"去中国化"政策,破坏两岸间政治互信,严重损坏两岸关系和平发展的共同政治基础,致使两岸关系和平发展面临重重困难,甚至由过去8年的"热交往"转向"冷对立";另一方面,在对外关系推行"靠美""亲日"与"新南向"的政治路线,根本颠覆马英九执政时期"活路外交"的政策方针,导致两岸在国际场域再起斗争的波澜。一年来,台湾地区对外关系虽有所进展,但面临的困难增加,且呈现动荡和曲折的特色,两岸双方在国际场域也开始由"有限度合作"步入"非良性竞争"。这是蔡英文当局拒绝认同"九二共识"的必然结果,也证明蔡英文当局奉行的所谓"踏实外交""从世界走向中国"的对外政治路线根本行不通。2017 年台湾对外关系形势将更加困难。

## 一、台美关系:"小突破"中存在多重挑战

民进党再次执政后,优先加强了与美、日实质关系,台美关系由此出现了若干"突破和升级"。主要表现在:一是政治关系因美方强化"六项保证"而有所上升。美国参、众两院分别通过支持台湾的共同决议案(H. CON. RES. 88)(以下简称"决议案"),[①]内容除了强化《台湾关系法》外,还正式列入美政府从未以正式文件表述的对台"六项保证"。尽管实际通过的是经众议院外交委员会修订后版本,但被媒体广而告之的、在美国会网站上公布的却是夏伯特提出原始版本,即有提到美不会"正式承认中国对台湾的主权"字眼。[②]尽管该决议案不具有法律约束力,但一直被台当局操作为"美国对台政策两大支柱"之一和"重要基石",且系首次列入美国会决议,象征意义不小。蔡英文多次"感谢美方长期以来信守《台湾关系法》以及六项保证"。[③]二是军事交流有所升级。奥巴马于 12 月签署"2017 财政年度国防授权法"生效,该法突破过去美国高级国防官员和现役军人不得访问台湾的限制。[④]从而有"台独"分子叫嚣:台"国防部长"应争取访问五角大楼,并参与跨太平洋联合军演。[⑤]此外,作为美新当选总统特朗普眼里"购买数十亿军火的老客户",民进党当局不仅酝酿和争取更大规模对美军购,也积极争

取美方对其"潜艇国造"计划技术等各方面支持。三是"特蔡通话"提升高层互动层次。12月2日,候任总统特朗普接受蔡英文电话祝贺,历时10多分钟,被媒体称之为"台美断交37年来首度热线"⑥。特朗普交接团队不但主动公布相关资讯,公开称呼蔡为"台湾总统",特朗普本人则在推特上发表对"一中政策"的挑衅言论。美国安会前亚洲事务主任麦艾文认为,中国领导人将视之为"高度挑衅"。《纽约时报》称之为"羞辱中国"。《华盛顿邮报》称此举偏离美几十年来亚洲政策,将影响美国总统与中国大陆关系。外交部发言人耿爽表示:"我们注意到有关报道,已就此向美国有关方面提出严正交涉。""一个中国原则是中美关系的政治基础。我们敦促美国有关方面信守奉行一个中国政策、遵守中美三个联合公报原则的承诺。谨慎、妥善处理涉台问题,以免中美关系大局受到不必要的干扰。"⑦12月12日耿爽再度表示:"台湾问题事关中国主权和领土完整,涉及中方核心利益。坚持一个中国原则是发展中美关系的政治基础。如果这一基础受到干扰和破坏,中美关系健康稳定发展和两国重要领域合作就无从谈起。"⑧外交部长王毅12日强调:"不管是蔡英文当局,还是世界上什么人、什么势力,如果试图破坏一个中国原则,损害中国核心利益,最终只能是搬起石头砸自己的脚。"⑨

尽管蔡英文当局利用美政府换届之际动作频频,图谋双方关系新的突破,但难以脱离中国大陆与美国关系的框架制约,台美关系发展困难重重:一是美国坚持历届政府所确立的一个中国政策。白宫发言人欧内斯特则重申美国政府坚定奉行一个中国政策。在奥巴马政府领导下,美仍坚定信守"一中"政策,这也是美国历届政府都实行的政策,不只是美国从中受益。即使特朗普上台,应该也难以脱离这一基本框架。二是美新总统特朗普对台政策的不确定性,让蔡英文当局对台美关系发展既期待,又怕受伤害。即使有了"特蔡通话",民进党依然担心特朗普将台湾视为可以拿去与中国大陆"做交易"的筹码,亲绿的《自由时报》指出"必须冷静、务实地分析后续的效应"。⑩因为民进党当局明白:中国大陆与美国关系不只是一个台湾问题那么简单,台湾不是"玩家",美国如将台湾定位为"筹码",那么它最终被"牺牲"的可能性很大。三是经贸关系进展困难。10月,第10届"台美贸易暨投资架构协议"(TIFA)会议在华盛顿召开,会议没有达成实质性成果,民进党当局试图在关键的"美猪"议题上松动立场,但终因民意压力不敢肆意妄为,美方则对此明确表达失望。⑪而特朗普宣布退出 TPP(跨太平洋经济伙伴协定),让民进党当局企图通过参与 TPP 谈判以达成参与亚太区域经济合作的战略失去了着力点,特别是特朗普政府所持的贸易保护主义倾向必将对台湾对美贸易形成巨大压力和挑战。

## 二、台日关系:大期待中的小进展

日本高度支持蔡英文当局执政,民进党也对台日关系抱有高度期待,但双方关系"热闹有余,进展不大"。一是政治人物互访频繁、交流层级有所突破。从蔡英文"就职典礼"日本派出以"日华关系议员恳谈会"干事长古屋圭司为首、由 252 名团员组成的庞大代表团,到台中市市长林佳龙、彰化县县长魏明谷、南投县县长林明溱、台北市市长柯文哲、高雄市市长陈菊、台南市市长赖清德及各地议员团等络绎不绝的访日,显示了台日交流"从基层到中央"的全方位交流。二是日方力挺民进党的"小动作"不断。12月，日本"公益财团法人交流协会"宣布更名为"公益财团法人日本台湾交流协会"，"改名"虽未明显破坏"一中原则"，但正式加上"日本台湾"四个字却有着加强这一机构政治功能、力挺台湾"正名"活动意味。日方还不时在政府公开出版物及官方网站上将"台湾"与"中国"并列，积极为台参加国际组织活动发声，相关人物甚至谋划出台日本版"与台湾关系法"。三是军事交流水准有所提高。日方继续有限度地向台军提供军事情报信息，台方"潜艇自造"计划，也将目标瞄准日本的"苍龙"级潜艇生产技术，不排除日本企业在日政府授意下用迂回方式向台转移相关技术。四是寻求加强经贸关系。民进党当局致力于"共同促进台日双方产业升级发展"，试图以"新南向政策"为依托，寻求台湾企业与日本企业在海外分享资源，共同开拓东南亚和南亚的潜力市场等。

蔡英文当局企图以"情感牌"与"利益牌"为核心推进台日关系，但最终是"落花有意，流水无情"。民进党对日方的"情感联结"与"利益交换"，却是换不来日方的感情回报，对日"让利"也只是日本单方面的"利益优先"。11月，蔡英文高调参加"追思纪念台籍老兵秋祭活动"[12]，这是台湾地区领导人首次参加对"台籍老兵"的追思纪念活动。民进党声称这些"台籍老兵"包括"台籍日本兵、台籍国军、台籍解放军"，但实际上纪念"台籍日本兵"（即加入日本军队为日本而战的台湾人）才是其主要动机，意在深化"台独史观"，彰显"台日亲善"。当然，"情感"的背后是民进党当局对台湾人民利益的出卖，日本利用民进党当局提升台日关系的需求，变本加厉地向台方"要价"。如经贸领域内,日方要求台方必须解禁"核灾食品"⑬,且日方视之为双方关系能否改善重要指标,将"开放市场"和"台日亲善"挂钩。在日方强大压力下,民进党当局发动"闪电战",力拼"核灾区食品解禁"。台"农委会"3 天内在台北、高雄等地举办 10 场公听会,即使被批"没骨气"也在所不惜。⑭再如在钓鱼岛问题和冲之鸟礁问题上,民进党当局一味对日妥协,不仅减少海巡署船舰赴钓鱼岛巡航,而且淡化双方在冲之鸟礁的争议,刻意不言明冲之鸟是"岛"或"礁",更在蔡英文旨意下,撤回向冲之鸟礁海域派遣的巡逻船。在历史与文化问题上,民进党当局通过不断美化日本殖民统治,正面评价日本新安保法案,在日本否认侵略战争与慰安妇等重大问题上态度暧昧,从不公开反对与批驳,甚至给予某种程度的认可。⑮民进党当局这种全面开放、让步的低姿态表面上得到日本认可,日方称在一些双方可能的争议和冲突问题上,日本至少相信民进党和蔡英文没有"盲目反日"的特质,更不会为反对而反对。⑯但是,在攸关实际利益问题上,包括相关海域渔事对话中,日方寸步不让,吃相难看。海洋事务对话也没有实质进展。

## 三、"新南向"政策:"雷声大、雨点小"

"新南向政策"是蔡英文上台以来极力推动的对外工作重点之一,属于蔡英文当局"亲美、友日、离陆"整体对外战略的重要环节,核心目标是通过发展与东南亚、南亚国家的实质关系,来平衡两岸关系。5 月 20 日蔡英文在"就职演说"中再次提及"新南向政策",并将其置于"区域的和平稳定发展及两岸关系"

论述段落中。[17]6 月 15 日,蔡英文批准"'总统府'新南向政策办公室设置要点"。8 月 16 日,蔡英文当局召开"外交经贸战略会谈"通过"新南向政策"纲领,提出了短、中、长期目标、行动准则及推动架构。[18]9 月 5 日,台"行政院"宣布"新南向政策推动计划"正式启动。几个月内蔡英文当局各部门相继提出针对该政策的倡议、计划与主张,其中以"行政院"的动作最为积极,"经济部"执行对外投资、产业合作与双方贸易等,规划与新南向各国的投资保障及相关经贸协议,"教育部"也推出"新南向专案","外交部""移民署""劳动部""交通部"等也分别出台了系列政策。

尽管一年来蔡英文当局推动"新南向政策"的力度很大,但"新南向政策"并未产生任何实质性的成果。这是因为:一方面,"新南向政策"有其内在缺陷,政治引导的经济政策不符合经济规律,对相关国家缺乏足够吸引力,其中蕴含的政治动机可能与"一中原则"相违背,这让东南亚与南亚国家产生顾虑;另一方面,台塑集团在越南被裁罚 5 亿美元的案例[19]也让"新南向政策"增加了风险预期,而一些国家如新加坡等,担心受到"新南向政策"影响而与蔡英文当局发生分歧。[20]类似案例表明,尽管蔡英文当局对"新南向"一腔热情,但除印尼、菲律宾等少数政府官员象征性地给予附和外,多数国家对"新南向政策"是在观望、沉默甚至回避。

## 四、台湾与欧洲国家关系:"积极和平外交"

民进党再次执政后,对欧盟和欧洲国家提出了"强化与广化"双方关系的政策目标。㉑主要包括：一是以经贸合作优化升级为支点。蔡英文将"经济结构转型"作为五大改革重点之一，强调与欧盟和欧洲各国开展"创新驱动"合作。7月5日，欧洲议会通过决议，呼吁欧盟委员会立即与台湾启动投资谈判㉒，台湾欧盟投资协议（BIA）成为民进党当局对欧工作的"重头戏"。二是以双方协议为主线凸显"实质关系"。民进党当局将签署、落实和执行各项协议视为推动台欧多元领域实质合作的基础，强化"非官方实质关系"。粗略估算，民进党再次执政后与欧方新增协议或声明近10个。在民进党当局2017年"外交"目标与重点规划中，"推动与他国签订'双边'协议（含经贸合作相关协议）"的目标值设定为59件㉓，其中对欧协议占很大比例。三是推展"积极和平外交"，将全球性议题的国际合作作为通往与欧洲国家"价值同盟"的敲门砖，将人道救援、医疗救助、经济援助、反恐合作等，都作为"积极和平外交"内容与途径。例如蔡英文出席欧洲难民营妇幼中继站捐赠仪式时表示："台湾虽然不是联合国的一员，但为世界贡献的心意，不亚于任一会员国。"㉔类似"实质的国际救援行动"都被民进党当局作为提升其"国际能见度"、发展双方"实质关系"的重要途径。

## 五、台湾与"邦交国"关系：危机四伏

民进党再度执政以来，不断传出"邦交国"与其"断交"预警，"外交"事故、"乌龙外交"层出不穷，显示了蔡英文当局维系"邦交"的困境。蔡英文当局"固邦"重点主要在三个方面：一是重点应对和防范梵蒂冈与之"断交"。梵蒂冈作为台湾当局在

欧洲唯一的"邦交国",是其在欧洲拓展国际活动的着力点。蔡英文当局采取针对性措施之一,即是通过陈建仁和台湾天主教界来强化对梵蒂冈各界的游说。陈建仁是天主教徒,曾获得过"耶路撒冷圣墓骑士团骑士"封号。他与梵蒂冈若干神职人员有私交,拥有一定人脉。3月6日,陈建仁专程参加了"教宗任职3周年感恩弥撒"。9月初,陈建仁作为地区副领导人访问梵蒂冈,表面上是参加9月4日由教宗方济各为素有"平民圣人"之称的特里萨修女的封圣仪式,实际上是为了"固邦"。即便如此,梵蒂冈和中国大陆可能建交消息一直不断。媒体还报道中梵签订"建交前期协议",8月27日,梵蒂冈国务卿帕罗林(Pietro Parolin)公开表示,希望与中国大陆建立正式的外交关系,并对于中梵关系有望改善感到乐观。10月5日,教皇方济各公开接见了中国大陆主教被视为"又一个'破冰'迹象出现"。㉕未来,如果中梵在主教任命(主教祝圣)等问题上达成共识,那么梵蒂冈与台湾当局"断交"、与大陆建交则是指日可待之事。二是通过出访巩固与"邦交国"关系。6月24日至7月2日,蔡英文展开上任后"外交"首秀——"英翔专案",访问巴拿马和巴拉圭(以下简称"双巴")。蔡英文在其"外交首秀"中,处处不忘营造与"邦交国"深情厚谊。她在脸书上发言称:"我们不远千里而来,人家诚心诚意对待,这就是好朋友,这就是踏实'外交'"。㉖蔡英文与7位"邦交国"首脑或副首脑进行双边会谈,行程也多以经济、文化议题为主,如与巴拿马签订"有关移民事务与防制人口贩运合作协议",参观巴拉圭饲料生产计划工厂,会见台湾奖学金学生代表,在巴拉圭国会发表演说等,强调通过增加投资改善和提升与"邦交国"关系。"外长"李大维表示,尽管

"其他'邦交国'有些状况",但对于巴拿马和巴拉圭,"有信心不会改变"。㉗然而"双巴"也绝非民进党当局所声称那样"稳固"。2009 年就传出巴拿马方面提出与中国大陆建交的消息。巴拿马安排中远公司货轮首先通过运河,蔡英文虽"淡定面对",但内心恐怕没有那么平静。至于巴拉圭,就在 6 月 27 日,当地民众自发集会游行,打出了"世界上只有一个中国""反对台独"等标语,要求政府与中国大陆建交,更是对蔡英文访问极大讽刺。蔡标榜要改变之前为人诟病的"凯子外交",摆脱外界对民进党"烽火外交"印象,但端出的"蛋糕"和"牛肉"依然是金钱所堆积,如在巴拉圭推出"家园计划"援助,5 年内投入 7100 万美元盖 4500 户平民住宅,还有白鲳养殖、兰花培植、饲料厂、卫生部资讯化等计划。蔡在演讲中当场承诺,将提供奖学金申请从 14 位增加到 28 位,持续增加巴拉圭牛肉出口到台湾地区配额。由此不难看出,蔡此行也是带着"支票簿"一路下来"买单"。三是舆论预警和理由推脱,淡化"断交"事件影响。目的在,一方面建立民众对"邦交"减少心理预期,减轻对社会民众的冲击和震荡。12 月 20 日,圣多美 – 普林西比宣布与台当局"断交",21日台"总统府"发表声明称:"对于圣多美 – 普林西比决定终止与我国关系,我们表达遗憾","中华民国有能力在各方面协助友邦,也愿意尽最大努力协助友邦,但我们不会以金钱来从事外交上的竞逐"。批评大陆借圣国国家财政困难之际,"趁机操作一中原则",认为"这样的做法不仅伤害台湾人民感情,破坏两岸稳定,对于两岸关系的长远发展更是毫无助益。"同日,蔡英文表示:不论冈比亚还是 11 月马英九在马来西亚遭到"打压","显示对岸打压跟党派无关,和跟谁执政无关,'外交打压'不是针对任何党派,而是针对全'体国人'"。[28]12 月 26 日,圣普与中国政府发表联合公报,宣布恢复大使级外交关系。圣普政府承诺不同台湾发生任何官方关系,不进行任何官方往来。[29]对此,民进党采取"小国邦交无用论""民进党无责任论""国民党原罪论""大陆打压论""个案论"等方式竭力淡化与弱化"断交"影响的做法。

## 六、台湾参与国际组织活动:难以维系

5 月 6 日,蔡英文正式就任前,世界卫生组织秘书处秉持对坚持"九二共识"的马英九当局的一贯做法,邀请"中华台北"参加年度世界卫生大会,但言明是按照"一中原则"进行,台湾当局也再度顺利与会。但蔡英文上台后,虽提出了"踏实外交,互惠互利""新思维",以"务实参与政府间国际组织,提升参与国际组织之质与量"作为"持续扩大国际组织参与的原则",但因为蔡英文当局顽固拒绝认同"九二共识",在两岸无法进行协商情况下,9 月国际民航大会与 10 月国际刑警组织大会,台方均无法与会。对此,蔡英文当局则是采取有别于以往手法来参与:一是强行与会、博取同情。如在没有收到 ICAO 大会邀请函情况下,仍派出由"民航局""外交部"和华航、长荣等代表赴加拿大会场,开展场外"外交",透过"友好国家","传达台湾的诉求"。二是寄望"国际朋友圈"撑腰。在蔡英文当局运作下,美国、欧盟等均以不同形式发表声明支持台湾"有意义参与国际组织",民进党当局言必称其"国际参与"有美国、欧盟等法案支持。"友台"国际组织和非政府组织(如"记者无国界组织")也

站出来"发声",指责中国大陆将非政治问题政治化。7月,美国
总统奥巴马签署支持台湾参与 ICAO 法案,蔡英文当局"信以为
真",因此在最后一刻仍抱有幻想,认为有参加 ICAO 机会,到最
后美国却没有也无法将这种"承诺"化为实际行动,蔡英文当局
被 ICAO 拒之门外。三是强化"有意义地参与"说辞及舆论造
势。在重大国际活动开始前,蔡英文当局密集造势。如 ICAO
大会前,由"驻日代表"、"驻美代表"、驻欧洲国家"代表"等投
书所在国媒体,为寻求支持营造舆论。参会未果后,蔡英文当局
轮番进行"政治表演",李大维称"极度不爽",张小月表达"最强
烈不满"等,蔡英文还向来访的欧洲议会团抱怨,将台湾未受邀
出席 ICAO,归责于大陆"不民主的框架"、剥夺其参与权利,说
台湾是选择了民主而受到"不公平的待遇"。ICAO 案例清楚地
昭示着:一是国际组织章程和原则的不可破坏性。美国即使想
帮助蔡英文当局,也不能做出违反国际组织章程和原则的事,国
际组织并不是美国一方就有决定权;二是台美关系的从属性。
蔡英文当局以为美国会全力地支持台湾参加 ICAO,这显然是误
判。民进党若认为美国会为了台湾向大陆"开火",显然是在做
白日梦。三是"一中原则"的普遍共识性。国际民航组织是联
合国专门机构,必须执行联合国第 2758 号决议,即必须遵守"一
中原则"。

　　蔡英文当局借助既有参与 APEC 的机制,指派不具有财经
背景的宋楚瑜出席 APEC 领导人非正式会议,并刻意将宋楚瑜
与习近平短暂握手、不到 1 分钟的简短寒暄,扩大解释为会晤或
会面,时间也夸大为"至少 10 分钟"㉚,政治企图依然难以实现。

# 七、2017 年台湾对外关系：
# "钥匙"在蔡英文手中

　　2017 年 1 月，蔡英文以"英捷专案"——出访拉美四国并"过境"美国拉开 2017 年对外交往活动序幕。然而，缺少了"九二共识"为基础的台湾对外关系，将很难避免动荡和各种挑战的命运。完全可以预料，2017 年台湾对外关系，将在 2016 年不断走下坡路的基础上再度持续走低。蔡英文当局只有回到"九二共识""两岸一中"的正确道路上，才有越走越宽的对外交往的前景。特别是在美国特朗普政府对外政策具有更加不确定性的情况下，蔡英文当局的两岸政策与对外政策唯有改弦更张，才是唯一正确的选择。正如苏起所指出：未来如果美中对抗，"台湾将首当其冲，也可能先冲撞、后妥协，台湾将成为交易筹码"，苏起建议蔡英文当局采取"和陆、友日、亲美"政治路线，而不是"亲美、日"，远大陆。㉛因此，台湾对外关系发展的"钥匙"就在蔡英文手上。

**注释：**

　　①　该决议案由共和党众议员夏伯特（Steve Chabot）2015 年 10 月提出、2016 年 4 月 20 日在众议院外交委员会通过后，再由众议院通过。

　　②　两个版本的表述和顺序均有很大不同。夏伯特版为：美国不会：1. 设定结束对台军售的日期；2. 改变台湾关系法案的条文；3. 在对台军售决定前征询大陆的意见；4. 在台湾与大陆之间居中调停；5. 改变美国有关台湾"主权"的立场，那就是，这个问题必须由中国人自己和平解决，美国不会迫使台湾与大陆谈判；6. 正式承认中国对台湾的主权。外交委

员会修正版为:美国:1. 未曾同意设定定结束对台湾军售的日期;2. 未曾同意在对台湾军售前征询中华人民共和国的意见;3. 不会在大陆与台湾之间扮演调停角色;4. 不会修改"台湾关系法";5. 不会更改美国有关台湾"主权"的立场;6. 不会迫使台湾与大陆进行谈判。

③　《陈建瑜:"首见 AIT 主席莫健蔡英文:台美友谊无可取代"》,台湾《中国时报》,2016 年 10 月 25 日。

④　在其中 1284 节提到应推动美、台间高阶资深"国防"官员间(指任职的"助理部长"及更高阶的官员)的交流,以改进台美间的军事关系与防务合作。

⑤　《涂巨旻:"美台军事交流入法 蔡明宪:争取国防部长访五角大厦"》,台湾《自由时报》,http://news. ltn. com. tw/news/politics/paper/1058314,2016 年 12 月 4 日。

⑥　陈建瑜:《蔡、川通话》,台湾《旺报》,2016 年 12 月 4 日,A2 版。

⑦　《搞小动作改变不了一个中国格局》,新华社 2016 年 12 月 3 日北京电,《解放日报》,2016 年 12 月 4 日,第 3 版。

⑧　孙辰茜:《中方敦促美新一届政府慎重处理涉台问题》,新华社 2016 年 12 月 12 日北京电。

⑨　柳丝、吴黎明:《一个中国红线不容逾越》,新华社 2016 年 12 月 13 日北京电。

⑩　社论:《台湾应务实面对川普》,台湾《自由时报》,2016 年 12 月 12 日,A2 版。

⑪　《TIFA 落幕美方对美猪没进展表达失望》,台湾"中央社",2016 年 10 月 5 日台北电。

⑫　周昭平:《等了 70 多年,蔡英文出席台籍老兵追思会》,台湾《苹果日报》,2016 年 11 月 5 日,A4 版。

⑬　指日本福岛及周边五县地区出产的食品。

⑭　叶臻、冯惠宜、王扬杰、杨腾凯:《日核灾食品公听会烽火四起》,

台湾《中国时报》,2016 年 11 月 14 日,A2 版。

　　⑮　周毓翔、姚志平:《林全:慰安妇有自愿有被迫都有可能》,台湾
《中国时报》,2016 年 6 月 3 日,A2 版。

　　⑯　张茂森:《日本对蔡英文的期待》,台湾《自由时报》,2016 年 5 月
23 日,A3 版。

　　⑰　刘丽荣:"蔡英文就职演说全文",台湾"中央通讯社"即时新闻,
http://www. cna. com. tw/news/firstnews/201605205012 - 1. aspx,2016 年 5
月 20 日。

　　⑱　《"对外经贸战略会谈"通过"新南向政策"纲领》,台湾"总统府"
网站,http://www. president. gov. tw/Default. aspx? tabid = 131&rmid = 514&
itemid = 37862 2016 年 8 月 16 日。

　　⑲　6 月 30 日越南政府公布调查报告,直指越钢厂为 4 月海域鱼群
死亡的污染源,并开罚 5 亿美元。

　　⑳　"驻新加坡代表"江春男在八月初宣誓后,同一天因为醉酒驾驶
被捕。在外界压力下,江春男主动辞职。蔡英文本打算委派"新南向政
策"办公室主任黄志芳担任"驻新加坡代表",但据报道新加坡拒绝接受黄
志芳担任"驻新代表"。直到 11 月,台方才宣布,台湾"驻新加坡代表"由
梁国新出任。

　　㉑　2016 年 5 月 25 日台"外交部长"李大维向"立法院外交及国防委
员会"报告全文。来源:"中华民国外交部"网站,http://www. mofa. gov.
tw/Upload/RelFile/671/156933/c38490f0 - 48ca - 4731 - 8425 - d1b2ee3
eb2b4. pdf。

　　㉒　相关论述见欧盟执委会文件 *Trade for all - Towards a more responsible trade and investment policy*, http://trade. ec. europa. eu/doclib/docs/
2015/october/tradoc _ 153846. pdf ,欧洲议会决议案 *European Parliament
resolution of 5 July 2016 on a new forward - looking and innovative future strategy for trade and investment* (2015/2105(INI)),http://www. europarl. euro-

pa. eu/sides/getDoc. do? pubRef = –//EP//NONSGML + TA + P8 – TA –
2016 – 0299 + 0 + DOC + PDF + V0//EN。

㉓　《台湾"外交部 2017 年度施政目标与重点"》,"中华民国外交
部"网站,http://www. mofa. gov. tw/default. html? t = E82038E6EAF51A511
DF01B37D8BBB1255A2E8BA00466A17DB27E4F3B7621C1A5。

㉔　林修卉:《面对难民议题,蔡英文:台湾不该自外于"其他国家"》,
苹果即时新闻,http://www. appledaily. com. tw/realtimenews/article/new/
20160607/880581/。

㉕　隆洋:《教皇方济各首次公开接见中国大陆主教惹猜测》,观察者
网,http://www. guancha. cn/europe/2016 _ 10 _ 15 _ 377272. shtml,2016 年
10 月 15 日。

㉖　《钟丽华:"会晤巴拿马总统,千里而来诚意对待 蔡:这就是踏实
外交"》,台湾《自由时报》,http://news. ltn. com. tw/news/focus/paper/
1005401,2016 年 6 月 29 日。

㉗　张嘉文:《李大维:双巴有信心不变 其他"邦交国"有状况》,中国
评论新闻网,http://hk. crntt. com/doc/1042/9/4/2/104294208. html? coluid
=7&kindid = 0&docid = 104294208&mdate = 0704111642,2016 年 7 月 4 日。

㉘　徐维远:《蔡:陆外交打压,深感遗憾》,台湾《旺报》,2016 年 12
月 22 日,A3 版。

㉙　杨依军、侯丽军:《中国与圣普宣布复交》,新华社 2016 年 12 月
26 日北京电。

㉚　陈建瑜:《宋习会晤 10 分钟,未谈九二共识》,台湾《旺报》,2016
年 11 月 21 日,A2 版。

㉛　陈君硕:《苏起:台圣断交,大陆报复第一枪》,台湾《旺报》,2016
年 12 月 24 日,A9 版。

（作者单位:上海国际问题研究院）

# 2016 年台日关系综述

林　红

**摘　要:**2016 年对于台日关系来说是纷乱跌宕、前后翻转的一年。马英九在其最后数月的任期内维系着谨慎而疏远的台日关系,随着蔡英文的当选与上任,台日关系迅速升温,"冲之鸟礁"事件与解禁日本核灾食品成为年度重大议题。安倍政权与蔡英文当局在提升台日关系方面均有强烈意愿,安倍高调祝贺,蔡英文频频示好,双方高层互动频繁,人事安排与机构更名彰显重视,社会与文化联系不断热络。在蔡英文任内,台日关系或将全面改善,两岸关系、中日关系面临新的障碍。

2016 年台湾政权蓝绿更迭,台日关系由疏至密。马英九在其最后五个月任期中,继续主张东海和平,维护钓鱼岛主权并在冲之鸟礁争端上对日态度强硬,维系着谨慎而疏远的台日关系。蔡英文持迥然不同的对日态度,就职后实行"联美、亲日、远中"的对外战略,台日关系迅速升温,安倍政权与蔡英文当局在冲之鸟礁争端、日本核灾食品输台等重大议题上暗通款曲,以多渠道多形式修复关系。从双方刻意亲近的态度判断,未来台日关系将可能全面提升,中日关系、两岸关系不得不面临新挑战。

## 一、台日渔权争端烽烟再起,冲之鸟礁事件考验两任执政者

　　台湾与日本以海洋相连,双边交涉常常与海洋有关。在距台湾政权交接不到一个月之际,台日在冲之鸟礁附近海域发生了一起激烈的渔权冲突,4 月 25 日,台湾渔船"东圣吉 16 号"在冲之鸟礁(日本称为"冲之鸟岛")周边海域捕鱼时遭日本海上保安厅扣留,船长遭脱衣检查、拘留,并交纳 600 万日元保证金才被释放。[①]冲突的焦点不在于冲之鸟的主权归属,而在于它到底是礁还是岛,这决定了它是否拥有《联合国海洋公约》第 121 条第 3 款规定的领海基线以外可享有的 200 海里专属经济区(Exclusive Economic Zone,EEZ)。日本在 1996 年在所谓"冲之鸟岛"设定了周边 200 海里的专属经济区,但中国大陆、韩国都认为"冲之鸟不是岛屿而是岩礁",因此不能设定 EEZ,对日本设定 EEZ 持续表达异议。台湾当局也认为"冲之鸟在国际法上的地位有争议",台湾渔民有在附近公海从事渔业活动的权利。

　　事件发生后,日方继续坚持冲之鸟的岛屿地位,强调有 122 位议员设户籍在冲之鸟礁,所以是"有人居住的岛",台方渔船不能到 200 海里专属经济区内作业。台湾当局明确表示冲之鸟礁是礁不是岛,台湾渔民在该海域享有公约第 87 条所赋予之公海捕鱼自由。[②]台湾"外交部"发表声明,要求日方在争议海域应该尽速释放被扣渔船和人员,并表示船长缴保证金获释,不代表默认冲之鸟经济海域;[③]马英九对"冲之鸟"的岩礁地位态度明

确,表示冲之鸟争议不能解决就交国际仲裁。④4 月 29 日,"外交部长"林永乐召见"日本交流协会"台北事务所代表沼田干夫,表示强烈抗议;马英九为此接连召开两次"国安高层会议",决定派出海巡船到冲之鸟礁护渔三个月。

此次事件正逢台湾政权正式更迭前夕,日方此时挑起事端,颇有测试新当局的政治意图。但是,即将卸任的马英九却态度强硬,表示要坚决维护台湾权益,为重视对日关系的蔡英文定下了主权纠纷不容后退的基调,据台湾"国发会"发布的民调,78% 的民众支持马英九当局的对日立场。在这种背景下,即将就任的蔡英文在回应冲之鸟礁冲突时也态度坚决,表示一定全力捍卫台湾权益。⑤蔡英文宣誓就职后即启动对日交涉,5 月下旬,"外交部"宣布将与日本在 7 月谈判处理冲之鸟渔权问题,表示决不让步,坚决维护渔民权益。但是,对于关键性的"冲之鸟"是礁还是岛的问题,"内政部"与"外交部"却出现说法不一的情况,前者说是"礁",后者说"目前无定论"。"行政院"发言人童振源认为冲之鸟经济海域的国际争议仍存在,要尊重联合国大陆礁层界限委员会(CLCS)的决定,决定未出炉前,当局在法律上没有特定的立场。自 6 月起,蔡英文当局的态度进一步软化,对日方主张采取模糊不挑战的立场。原定 7 月召开、以处理冲之鸟冲突为主要目标的"台日海洋事务合作对话",被延期至 10 月 31 日才在东京召开,对话主题扩展为渔业合作、环境保护、海上急难救助及海洋科学研究等四大项目,⑥台湾渔民在冲之鸟礁捕鱼的议题,变成了"也将会提到"。⑦由于立场差异过大和内部舆论的牵制,台日并未达成共识,但台方并未强硬坚持己方利益,只是提出希望台湾渔民可以自由地在周边海域进行渔业行为。⑧11 月,蔡英文当局撤回"海巡署"巡逻船,实际上对日方立场表示了默认。这起冲之鸟礁冲突既体现台日间固有的海洋权益冲突,也反映了台湾前后两任领导人的不同立场,马英九的强硬立场和蔡英文的选择性审慎形成了对比。

## 二、解禁日本核灾食品议题令蔡英文 当局面临公共政策危机

2011 年 3 月,日本福岛核电站发生核泄漏后,世界各国都对受到核污染的日本福岛等相关地区的农产品实施进口限制。日本在马英九执政时期多次提出解除核灾五县的食品进口禁令,当时民进党极力反对,进口禁令维持至今,成为台日经贸谈判的主要障碍。蔡英文甫一上台,日本就重提解除进口禁令议题。据日本共同通讯社(Kyodo News)5 月 21 日报导,相较于马当局反日态度,民进党为躲避中国的统一压力,倾向重视对日关系,因此最快在 7 月日本参议院选举前,台湾会放宽对福岛等五核灾县市的食品进口禁令。消息传出,虽然台"行政院"第一时间否认,但月底"日台食文化交流"在东京登场和"食药署长"拒绝说明解禁政策的可能转变,已说明当局在酝酿抛出该议题。10 月初又有媒体传出台日已达成默契,决定明年初解禁,虽然"行政院长"林全表示没有松绑规划,"卫福部"也表示"现在还没看到时间点",但"外交部长"李大维在"立法院"接受质询时,却承认日本施压台当局开放福岛核灾食品,⑨主管官员也未否认正在评估"开放"的可能性和签署"台日食品安全及进出口合作备忘录"的条件。11 月 12 日—14 日,台当局"行政院"宣布

举办 10 场公听会,该议题正式向公众开放。

　　解禁日本核灾食品进口议题的突然提出和公听会的举行在时间上恰好是宋楚瑜可能在 APEC 会晤日本首相安倍晋三的消息传出后不久,媒体、公众和在野的国民党纷纷质疑民进党拿食品安全议题作为台日增进关系的交换条件。《联合报》15 日发表评论,认为宋楚瑜前进 APEC,众所周知的伴手礼之一是以日本核灾食品进口解禁换取"宋安会"。"国家安全会议"秘书长吴钊燮辩解道,台湾是朝着世界开放的经济体,如果要与其他国家有经济合作的机制,必须思考在食品安全可以百分之百掌握之下,与其他国家进行贸易。⑩"行政院长"林全在电视专访中也表示要"从开放的态度去思考",因为全世界只剩大陆和台湾禁止,⑪指出会在安全无虞前提下开放。但是,开放日本核灾食品进口事涉食品安全问题,"朝"野对立,无法形成共识。不仅民众高度关注,强烈反对,以致各地爆发严重冲突,台北、花莲等地的公听会甚至出现流血打架场面,而且在野的国民党更是严厉批评蔡当局仓促举办密集的公听会,只想赶快开放,根本没有实质意义,质疑蔡当局的真正动机。据"立法院"国民党团公布的"民生议题调查",党团书记长江启臣表示,有 74.6% 民众不赞成当局开放日本核灾地区食品进口;有 38% 民众认为,民进党上台后,在食安把关标准上变得宽松;仅有 17.7% 民众赞同解禁。⑫国民党"立法院"党团还发动"反核食,救孩子"连署,得到了民众的强力支持,⑬嘉义市议员则不分蓝绿,全员联署提案要在自治条例增订"福岛核灾食品不得输入嘉义市贩卖条文"。

　　在一片反抗声浪中,11 月 29 日第 41 届台日经济贸易会议在台北举行,台湾"亚东关系协会会长"邱义仁与日本"交流协会会长"大桥光夫分别担任台日双方团长,率团协商各项议题,台湾"驻日代表"谢长廷也出席会议。由于日本核灾食品进口解禁议题在台湾社会引发激烈反应,当局面临公共政策危机,会议之前"外交部长"李大维在"立法院"多次表示"有争议的议题没有放在议程中",并保证当局绝不会牺牲台湾人健康换取利益,蔡英文与大桥光夫会面的"总统府"新闻稿中也未提及日本核灾食品议题。但是,日本希望借会议让台湾承诺解禁核灾食品的意愿十分急切,大桥光夫在开幕致辞中首度表态,希望台湾方面能够放宽对日本食品的限制,表示感受到了台湾当局的努力,同时放出重话,认为台湾部分"无依据的发言",大大伤害包含福岛居民在内的日本国民。⑭由于双方在关键的核灾食品解禁问题上歧见颇深,当局对民意顾忌颇多而不敢轻举妄动,会议只达成了"台日产品安全领域交流合作备忘录"及"台日语言教育交流合作备忘录"两项协议,台湾提出的五项农产品输入日本和启动"台日经贸伙伴协议"谈判等诉求,在解禁核灾食品之前,日本坚持不让。

## 三、蔡英文推动台日关系日趋亲密

马英九时期曾提出"和中、友日、亲美"的口号,将台日关系定位为"特别伙伴关系",取得了"台海渔业协议"这样的重大进展,⑮但台日关系总体冷淡,在"主权"、渔权等问题上争执颇多。蔡英文上台后,决定将台日打造成"生命共同体",而日本方面也乐见民进党重新上台,积极行动,力促台日关系迅速好转。2016 年台湾继续维持巨大的对日贸易赤字,对日出口 179 亿美元,输入日本产品高达 371 亿美元,仅从 2016 年台湾从日本进口产品的同比增长来看,马英九在任的 1—4 月全部是负增长,而蔡英文上台后的 5—11 月则全部是正增长,4 月份的同比增长额为 –7.5%,5 月份则立即增长为 5.8%,其后几个月还实现了两位数的正增长。⑯数据变化表明,至少在经贸关系上台日关系已迅速升温。虽然蔡英文上台后的台日关系面临冲之鸟礁事件和日本核灾食品解禁争端的考验,但是政治、经贸、社会、文化等各方面的密切交流已经开始。

　　(一)高层互动频繁,"民意代表"交流持续扩大。2016 年初台湾"大选"当天,日本外务省高官秘访台北,蔡当选后,日本首相、外相都发来祝贺,堪称"史无前例",1 月 27 日,安倍政权的前内阁大臣古屋圭司访台,向蔡英文递交了安倍的亲笔信,表明日本会全面协助台湾加入 TPP 等意向。3 月 8 日,安倍首相的弟弟、日本众议院外交委员会委员长岸信夫指称"九二共识"比较麻烦,台湾人如何看待自己的"国家认同"问题才是最重要的,⑰颇有暗助民进党之意。蔡英文"520"就职典礼正值日本国会开议,但是日方仍然派出重量级人员组成议会庆贺团,分两批赴台向蔡英文祝贺。5 月初岸信夫率领第一批国会议员代表团访台,"日华议员恳谈会"副会长卫藤征士郎率领第二批共 25 位国会议员参加蔡的就职典礼。为扩大交流,台湾"立法院"成立跨党派的"台日交流联谊会",是"立法院"最大的对外交流组织,几乎所有"立法委员"都加入其中,岸信介出席了成立大会,8 月,"立法院长"苏嘉全率领 20 人的"立委访问团"访日。10 月 10 日,日本国会再次派出一个 40 人规模的议员访问团,参加蔡英文上任后的第一个"双十庆典",蔡英文在"总统府"设午宴招待以表重视。

（二）台湾对日机构人事安排凸显亲日重日意图。蔡英文的对日人事布局颇见心机，意图迅速修补和增进台日关系。台"驻日代表"由曾留学日本、精通日英双语的民进党大佬谢长廷担任，他也是台湾首个拥有卸任"行政院长"和前民进党主席身份的驻日代表，足见蔡英文的重视。"亚东关系协会"的会长一职则由前"陈水扁军师"、前"国安会秘书长"邱义仁担任。谢长廷、邱义仁都是知日、亲日派，对蔡英文的对日政策有重要性影响，蔡英文对来访的日本国会访问团表示，当局非常重视台日关系，目前负责对日事务的谢长廷及邱义仁都是非常资深的政治家，他们可以在现有基础上深化台日交流。[18]谢长廷多次发表亲日言论，表示希望未来台日关系提升到战略伙伴关系，甚至是"命运共同体"。邱义仁在 12 月 13 日的南京大屠杀 79 周年纪念日，参加"日本交流协会台北事务所"在台北举办的"天皇诞生日庆祝酒会"，以日文致辞称"台日友谊极为深厚""盼台日共推新南向政策"等等。[19]

（三）蔡英文频频向日示好，双方民间关系不断推进。蔡英文除了在冲之鸟礁冲突和解禁日本核灾食品两大议题上小心保持民意取向与台日关系需要的平衡之外，还在历史、社会与民生议题上向日本示好。6 月，台湾当局发起对日本"文化外交"，在东京举办"台湾文化月"，日本 NHK 交响团也在时隔 45 年后首度在台北登场。11 月 6 日，在高雄市举办的一场"追思纪念台籍老兵秋祭"的活动中，蔡英文担任主礼，向包括参加二战的台湾籍日军在内的战殁军人致敬，声称"替老兵追求公义"，避而不谈日军作为侵略者的身份和犯下的罪行，兜售一种是非不分、美化侵略的畸形历史观。[20]同月,台湾屏东石门古战场的抗日纪念碑碑文"澄清海宇还我河山"被拆除,当地主管部门有意恢复日据时代的原有样貌。由于蔡英文上台后陆客访台人数大减,观光业大受打击,为此当局极力开掘日本、东南亚等地的观光客资源,为促进台日观光交流,蔡英文多次对来访的日本政客表示,期待有更多的日本民众可以赴台湾观光,体验台湾的传统民俗和多元文化。为了吸引更多日本游客赴台湾观光,"交通部观光局"邀请日本知名演员为台湾拍摄宣传短片;日月潭与日本的滨名湖、琵琶湖缔结友好协定;桃园与千叶、宜兰与山形等多对城市签署交流协议。12月28日,日本对台交流单位"公益财团法人交流协会"宣布在2017年元旦正式更名为"公益财团法人日本台湾交流协会",以增加辨识度和加强台日交流,台湾当局对此解读为"印证台日'双边'关系继续进'正面'方面发展",是台日"断交"44年以来双边关系的最大突破。[21]

## 四、2016年台日关系特点及未来趋势

台日关系在台湾对外关系中具有特殊重要性,具有仅次于台美关系的制衡中国大陆的战略地位,同时又维持着迥异于台美关系的悠久频繁的民间关系。2016年的台日关系总体上体现出以下诸方面特点。

其一,2016年台湾政权更替,由于两任领导人对日态度的差异,台湾对日关系呈现出前后不同的翻转态势。马英九的政策重心在两岸关系上,台日关系维持在不挑衅和不妨碍两岸关系的范围内,虽然也持"友日"态度,重视经贸关系,主张东海和

平稳定,但是台日政经关系总体上比较冷淡。马英九在涉及主权、渔权的重大问题上态度较为强硬,4月9日,马英九登上彭佳屿,发表"三海和平"谈话,向蔡英文喊话要其保护钓鱼岛主权,并在冲之鸟礁事件中表现出坚决维权的态度。蔡英文实行所谓"远中"政策,期盼与美、日、欧洲强化经贸与战略合作,为两岸关系冷却后的台湾提供外部支撑,因而努力修复台日关系,对日态度转向亲近、示好,在冲之鸟礁冲突和解禁日本核灾食品的问题上态度软弱含糊,其上任后台日关系迅速升温,双方在权益争端上的对抗性有所减弱。这一变化表明台日关系受到岛内政党政治的影响,台湾对日政策的延续性有限。

其二,日本在台日关系中占据主导地位并有较强投机性,蔡英文对日决策的主动空间有限。台日关系并不对等,台湾对日贸易长期入超,在"台日海洋事务合作对话""台日经贸会议"中并没有获得对日贸易中的实质平等,日本不仅主动挑起争端议题并且毫不让步。冲之鸟礁事件完全是日方刻意而为的结果,从时间选择到事后交涉都是日方主动,民进党当局模糊处理,对于"冲之鸟"是"岛"是"礁"的争议,退守到"不采取法律上的特定立场"。日本不断要求台湾开放日本核灾区食品进入,将台湾的进口禁令视为台日贸易障碍,向急于提升台日关系的蔡英文开出了条件,民进党明知民意反对也不得不接招,并且步步退让引得国民党提出"公投"。"日本交流协会"更名事件反映出日本对台政策的投机性,既想拉近与台湾当局的关系,又不想在重要利益上让步,还不愿在"一中原则"上过度刺激中国大陆,这一事件表明了日本以最少代价来攫取最大利益的对台战略意图。民进党当局既需要紧密的台日关系又不得不应付强烈反弹的民意,对日决策处于被动、复杂的两难处境。

　　其三,安倍政府、蔡英文当局都有着提升实质关系的强烈意愿,针对中国大陆的意图十分明显。由于中日关系陷入战略僵持,安倍政权高度重视台湾对于中国的制衡作用,在9月举行的日中论坛上,中方敦促日方表态"不支持台独",日方代表竟然不予回应。[22]马英九时期两岸关系和平发展,台日关系没能发挥日方期待的作用,日本认为蔡英文的当选是修复台日关系的绝佳时机,处于双方关系的"黄金交叉"阶段,[23]安倍首相祝贺蔡英文当选,称"台湾是日本的老朋友",岸田外相更将台湾视为日本的"基本价值观共有、紧密的经济关系和人员往来的重要伙伴和友人"。[24]蔡英文也极需将台日关系纳入亲善、紧密和合作的轨道,一方面发展台日经贸关系和观光交流,弥补两岸关系僵持后的经贸损失,另一方面寻求外部安全保障和扩大国际参与,因此希望日本支持"新南向政策",支持台湾加入TPP和RCEP,支持台湾参与国际民航大会(ICAO),更期待与美日深化安保对话与合作。

　　就未来态势来看,民进党主导的台日关系将大不同于马英九时期,或将出现以下的几种情形:首先,未来台日实质关系将可能进一步提升。由于中国大陆因素的客观存在,双方在战略上互有需要,提升关系的意愿都很强烈,台日"断交"以来的非官方、非政治性实质关系可能被以某种形式挑战或突破,日本介入两岸关系事务的意愿会增强,"日本交流协会"更名事件即是一个信号,在亲台右翼势力的推动下,诸如日本版"台湾关系法"有可能提到国会审议日程,台湾当局会与日本或明或暗地合作,台日间挑衅"一中原则"的各种小动作、各种事端将可能

频发。其次,台日关系发展面临新的不确定性。出于应对大陆
的需要,台湾期待进一步加强与美日的安保合作,但是这一愿望
得以实现的前景并不乐观,美国特朗普上台后将调整其亚太战
略,美国退出后的 TPP 对台湾的战略意义几近于无,台日关系
改善的战略价值受到美日关系、台美关系的限制。第三,中国大
陆始终是最有力的制约因素。事涉国家核心利益,大陆将严厉
制约台日关系朝着违背"一中原则"、损害民族利益的方向发
展。如果日本不自重而刻意干涉两岸关系,必会引起中国大陆
强烈反制;如果蔡英文当局利用日本的支持搞任何形式的"台
独",也必会招致中国大陆的坚决制止。在中国大陆、台湾地区
与日本的三角关系中,台湾处于相对弱势,没有两岸关系的和平
发展,别有用心的台日关系无论如何升级,都难以维持民进党当
局的执政地位。

**注释:**

① 《台湾海巡船冲之鸟礁护渔与日巡视船对峙未广播喊话喷射水
柱》,台湾"中时电子报",2016 年 5 月 8 日。

② 何思慎:《进退失据的对日交涉:从冲之鸟礁到福岛核灾区食
品》,"台北论坛",2016 年 12 月 9 日,http://www. taipeiforum. org. tw.

③ 《船长缴保证金获释"外交部":不代表默认冲之鸟经济海域》,
台湾《自由时报》,2016 年 4 月 26 日。

④ 《台湾"总统":冲之鸟是岩礁 因渔民遭捕对日强硬》,日本《朝日
新闻》,2016 年 4 月 28 日。《马英九会岸信夫 称冲之鸟争议不能解决就
交国际仲裁》,台湾《自由时报》,2016 年 5 月 6 日。

⑤ 《回应冲之鸟渔权 蔡英文握拳:全力捍卫》,《自由时报》,2016 年
4 月 30 日。

⑥　何思慎:《进退失据的对日交涉:从冲之鸟礁到福岛核灾区食品》,"台北论坛",2016 年 12 月 9 日,http://www. taipeiforum. org. tw

⑦　《台日海洋事务合作对话 31 日登场》,台湾"中央社"2016 年 10月 27 日电。

⑧　《首次"台日海洋事务合作对话"登场 蔡英文被警告勿"逢日必软"》,《环球时报》,2016 年 10 月 31 日。

⑨　台湾《中时电子报》,2016 年 11 月 14 日。

⑩　《访日谈核灾食品输台? 吴钊燮:机密行程不能说》,中评社,2016 – 12 – 01,http://www. CRNTT. com

⑪　《台期待与日对 TPP 及 EPA 展开协商》,新加坡《联合早报》,2016 年 11 月 30 日。

⑫　《15 县市长 say no》,台湾《中国时报》,2016 年 11 月 16 日。

⑬　《日方指"台湾伤日本人的心",国民党:"日本毒台湾人的命"》,中国台湾网,2016 年 12 月 2 日。

⑭　《食品争议大 桥光夫:部分无依据发言伤害日本》,台湾《自由时报》,2016 年 11 月 29 日。

⑮　周志怀主编,《台湾 2015》,九州出版社,2016 年,第 104 页。

⑯　数据来源:台湾"经济部国际贸易局"网站。

⑰　《民进党亲日倚日 两岸腹心之患》,香港"中评社"评论,2016 年5 月 6 日。

⑱　《搬出邱义仁与谢长廷 蔡英文:重视台日关系》,华夏经纬网,2016 年 10 月 10 日。

⑲　《台当局高官在南京大屠杀纪念日庆祝"天皇生日"》,中国台湾网,2016 年 12 月 15 日。

⑳　《蔡英文出席纪念老兵活动:向二战台湾籍日军致敬》,《环球时报》,2016 年 11 月 7 日。

㉑　《"断交"后最大突破 日本对台"外交"窗口 2017 年起"正名"》,

东森新闻网,2016 年 12 月 28 日,http://lemon. ettoday. net/news/201612
28/837856.　htm。

　　㉒　《日中论坛中方促日表态"不支持台独",日已读不回》,台湾《自
由时报》,2016 年 9 月 27 日。

　　㉓　《〈东京观察〉:修补台日关系绝佳时机到》,台湾《自由时报》,
2016 年 6 月 20 日;"《东京观察》台日关系处于黄金交叉阶段",台湾《自
由时报》,2016 年 10 月 10 日。

　　㉔　《安倍祝贺蔡英文当选,称"台湾是日本老朋友"》,搜狐国际,
2016 年 1 月 18 日,http://news. sohu. com/20160118/n434919428. shtml。


　　　　　　　　　　　　　　（作者单位:中国人民大学国际关系学院）

# 2016 年台湾对外贸易
# 与投资综述

唐永红

　　**摘　要:**2016 年全球经济受到国际贸易放缓、中东难民事件纷扰、地缘政治风险升高等因素影响,先进经济体经济复苏乏力、新兴市场成长疲弱,下半年来全球经济表现转呈回稳。台湾方面,因国际原物料价格逐步上涨及下半年半导体产业景气转强,带动其下半年出口转为正成长,且民间消费及民间投资温和成长,2016 年台湾经济成长率逐季走升,全年经济成长率为1.50% 。对外贸易方面,上半年由于国际油价下跌,全球贸易活动趋缓,加以中国大陆等新兴经济体需求放缓,出口下滑。自下半年以来随半导体产业景气明显转强,国际农工原料价格相继翻扬,加上低基期效应,台湾整体出口复苏向上态势确立。进出口产品结构发生变化,电子零组件制造业进出口均有所增加;对主要国家或地区出口除欧洲外皆呈负成长;利用外资和对外投资继续增加。展望 2017 年,随着全球经济缓步复苏,预期台湾经济及其对外贸易与投资将呈现平缓成长走势。

# 一、2016 年台湾对外贸易概况与特点

2016 年,全球经济复苏乏力。台湾进出口贸易额继续下降,贸易出超再创历年新高;但进出口产品有所变化,电子零组件进出口均有所上升;对主要国家或地区出口除欧洲外皆呈负成长,但减幅较上年有所收敛。

## (一)进出口贸易额双双下降,贸易出超再创新高

2016 年台湾对外贸易出口金额与进口金额较上年度均出现下降。据台湾"财政部统计处"统计,2016 年台湾对外贸易进出口总额约 511282 百万美元,较上年度减少 2.2% 。其中,对外出口总额 280394 百万美元,减少 1.7% ;自外进口总额 230888 百万美元,减少 2.7% ;贸易顺差增加了 2.9% ,达到 49505 百万美元,创历年新高。近年来包括 2016 年台湾对外贸易成长情形参见表 1 – 1、图 1 – 1、图 1 – 2 所示。

表 1 –1    近年来台湾进出口贸易额及其变化

| 年(月)别 | 进出口贸易额及其变化(百万美元;%) | | | | | | | |
| --- | --- | --- | --- | --- | --- | --- | --- | --- |
| | 贸易总额(值) | | 出口总值 | | 进口总值 | | 出(入)超总值 | |
| | 金额 | 同比 | 金额 | 同比 | 金额 | 同比 | 金额 | 同比 |
| 2010 年 | 534282 | 39.4 | 278008 | 35.2 | 256274 | 44.3 | 21734 | – 22.6 |
| 2011 年 | 600985 | 12.5 | 312923 | 12.6 | 288062 | 12.4 | 24861 | 14.4 |
| 2012 年 | 583733 | – 2.9 | 306409 | – 2.1 | 277324 | – 3.7 | 29085 | 17.0 |
| 2013 年 | 589438 | 1.0 | 311428 | 1.6 | 278010 | 0.2 | 33418 | 14.9 |
| 2014 年 | 601942 | 2.1 | 320092 | 2.8 | 281850 | 1.4 | 38242 | 14.4 |
| 2015 年 | 522563 | – 13.2 | 285344 | – 10.9 | 237219 | – 15.8 | 48124 | 25.8 |
| 2016 年 | 511282 | – 2.2 | 280394 | – 1.7 | 230888 | – 2.7 | 49505 | 2.9 |
| 1 月 | 40868 | – 12.3 | 22192 | – 12.9 | 18676 | – 11.5 | 3515 | – 19.8 |

续表

| 年(月)别 | 进出口贸易额及其变化(百万美元;%) | | | | | | | |
|---|---|---|---|---|---|---|---|---|
| | 贸易总额(值) | | 出口总值 | | 进口总值 | | 出(入)超总值 | |
| | 金额 | 同比 | 金额 | 同比 | 金额 | 同比 | 金额 | 同比 |
| 2 月 | 31372 | -12.5 | 17755 | -12.0 | 13617 | -13.2 | 4138 | -7.8 |
| 3 月 | 40941 | -14.0 | 22721 | -11.4 | 18220 | -16.9 | 4501 | 21.5 |
| 4 月 | 39689 | -7.9 | 22244 | -6.5 | 17445 | -9.6 | 4799 | 6.5 |
| 5 月 | 43574 | -6.8 | 23539 | -9.5 | 20035 | -3.4 | 3504 | -33.8 |
| 6 月 | 42169 | -6.0 | 22868 | -2.2 | 19301 | -10.0 | 3567 | 84.6 |
| 7 月 | 44612 | 0.5 | 24096 | 1.1 | 20516 | -0.1 | 3580 | 8.8 |
| 8 月 | 45327 | 0.2 | 24653 | 1.0 | 20674 | -0.8 | 3980 | 11.3 |
| 9 月 | 40740 | -0.7 | 22555 | -1.8 | 18185 | 0.7 | 4370 | -11.3 |
| 10 月 | 49108 | 13.8 | 26744 | 9.4 | 22364 | 19.5 | 4380 | -23.6 |
| 11 月 | 46351 | 7.6 | 25330 | 12.1 | 21021 | 2.8 | 4309 | 100.7 |
| 12 月 | 46531 | 13.6 | 25697 | 14.0 | 20834 | 13.2 | 4864 | 17.3 |

资料来源:台湾"财政部统计处"《进出口贸易统计》。

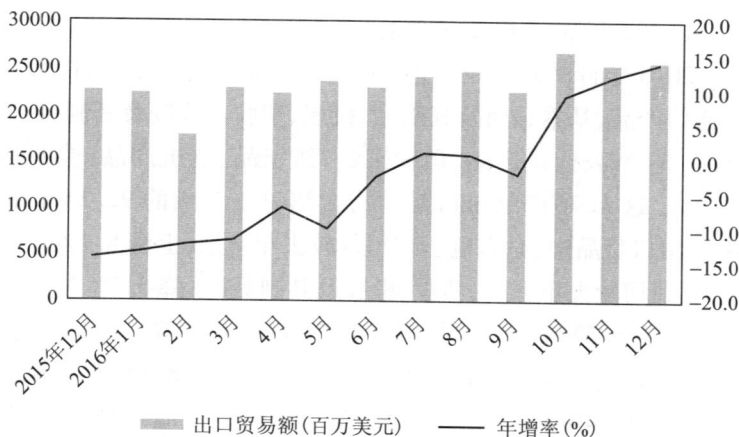

出口贸易额(百万美元)　　年增率(%)

图 1-1　2016 年台湾对外出口金额及年增加率

资料来源:台湾"财政部统计处"《进出口贸易统计》

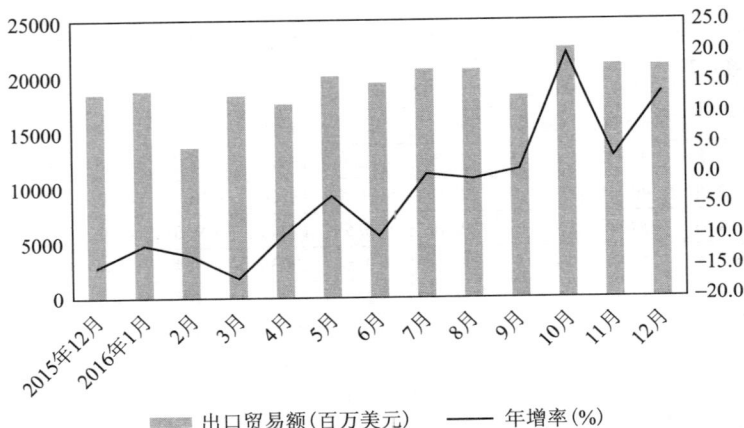

出口贸易额(百万美元)  ——  年增率(%)

图 1 - 2    2016 年台湾自外进口金额及年增加率

资料来源：台湾"财政部统计处"《进出口贸易统计》

## (二)进出口产品结构有所变化,电子零组件进出口增加

### 1. 出口产品结构及其变化

2016 年台湾对外出口前 11 大产品依次电子零组件、信息与通信产品、基本金属及其制品、机械、塑胶与橡胶及其制品、化学品、光学器材、矿产品、运输工具、纺织品、电机产品(参见表 1 - 2)。这 11 项产品出口额约占台湾总出口额的 92.2%。前 11 大出口货品中,只有电子零组件较去年上涨,上涨 8.1%。其余 10 项均较去年下降,塑胶、橡胶及其制品(下降 5.7%)、化学品(下降 5.6%)、光学器材(下降 11.3%)、矿产品(下降 9.3%)、运输工具(下降 7.9%)、纺织品(下降 8.3%)、电机产品(下降 19.4%)7 项下降尤甚,信息与通讯产品下降最少,仅下降 0.9%,从 2015 年出口产品构成比排名第 9 上升到 2016 年出口产品排名第二。

表 1-2　2016 年台湾出口产品结构与变化

| 出口产品类别 | 金额、占比与变化(百万美元;%) | | |
| --- | --- | --- | --- |
| | 全额 | 构成比% | 与上年比较变化率% |
| 按主要货品分 | | | |
| 电子零组件 | 92832 | 33.1 | 8.1 |
| 信息与通信产品 | 30193 | 10.8 | -0.9 |
| 基本金属及其制品 | 24536 | 8.8 | -3.7 |
| 机械 | 21147 | 7.5 | -1.7 |
| 塑胶与橡胶及其制品 | 19922 | 7.1 | -5.7 |
| 化学品 | 17159 | 6.1 | -5.6 |
| 光学器材 | 11433 | 4.1 | -11.3 |
| 矿产品 | 10958 | 3.9 | -9.3 |
| 运输工具 | 10847 | 3.9 | -7.9 |
| 纺织品 | 9930 | 3.5 | -8.3 |
| 电机产品 | 9532 | 3.4 | -19.4 |
| 按贸易结构分 | | | |
| 农产品 | 800 | 0.3 | -6.7 |
| 农产加工品 | 3033 | 1.1 | -0.2 |
| 工业产品 | 276561 | 98.6 | -1.7 |
| 其中:重化工业产品 | 226256 | 80.7 | -0.7 |
| 非重化工业产品 | 50305 | 17.9 | -6.3 |

资料来源:台湾"财政部统计处"《进出口贸易统计》。

　　从工业产品、农产加工品与农产品构成的出口贸易结构看,工业产品出口 276561 百万美元,占台湾全年总出口的 98.6%,较上年减少 1.7%。其中,重化工业产品出口 226256 百万美元,占总出口的 80.7%,较上年减少 0.7%;非重化工业产品出口 50305 百万美元,占总出口的 17.9% ,较上年减少 6.3% 。农产品出口 800 百万美元(占比 0.3% ),较上年减少 6.7% 的同时,农产加工品出口 3033 百万美元(占比 1.1% ),较上年减少 0.2% 。

2. 进口产品结构及其变化

2016 年台湾前 5 大进口货品依次为电子零组件、矿产品、机械、化学品、基本金属及其制品。这 5 项产品进口额约占台湾进口总额的 63.9% 。从主要进口产品结构上看(参见表 1 - 3),电子零组件进口 42011 百万美元,占总进口的 18.2% ,较上年增加 9.6% ;矿产品进口 35185 百万美元,占总进口的 15.2% ,较上年减少 15.4% (其中,原油进口 12898 百万美元,占总进口的 5.6% ,较上年减少 19.8% );机械进口 28634 百万美元,占比 12.4% ,较上年增加 19.3% ;化学品进口 24991 百万美元,占比 10.8% ,较上年减少 2.5% ;基本金属及其制品进口 16827 百万美元,占比 7.3% ,较上年减少 12.5% 。此外,精密仪器进口较上年增加 8.6% ,占比 3.4% 。

表 1 - 3　2016 年台湾进口产品结构与变化

| 进口产品类别 | 金额、占比与变化(百万美元;%) | | |
|---|---|---|---|
| | 金额 | 构成比% | 与上年比较变化率% |
| 按主要货品分 | | | |
| 电子零组件 | 42011 | 18.2 | 9.6 |
| 矿产品 | 35185 | 15.2 | -15.4 |
| 其中:原油 | 12898 | 5.6 | -19.8 |
| 机械 | 28634 | 12.4 | 19.3 |
| 化学品 | 24991 | 10.8 | -2.5 |

续表

| 进口产品类别 | 金额、占比与变化(百万美元;%) | | |
|---|---|---|---|
| | 金额 | 构成比% | 与上年比较变化率% |
| **按主要货品分** | | | |
| 　基本金属及其制品 | 16827 | 7.3 | -12.5 |
| 　信息与通信产品 | 13101 | 5.7 | -1.7 |
| 　运输工具 | 11435 | 5.0 | -3.3 |
| 　精密仪器 | 7743 | 3.4 | 8.6 |
| 　塑胶、橡胶及其制品 | 7578 | 3.3 | -5.1 |
| 　电机产品 | 7085 | 3.1 | -3.8 |
| **按贸易结构分** | | | |
| 　资本设备 | 42914 | 18.6 | 12.6 |
| 　农工原料 | 153723 | 66.6 | -5.6 |
| 　消费品 | 30963 | 13.4 | -2.2 |

资料来源:台湾"财政部统计处"《进出口贸易统计》。

从农工原料、资本设备与消费品构成的进口贸易结构看,农工原料进口153723百万美元,占台湾全年总进口的66.6%,较上年减少5.6%。资本设备进口42914百万美元,占比18.6%,较上年增加12.6%;消费品进口30963百万美元,占比13.4%,较上年减少2.2%。

**(三)贸易地区重心继续在亚洲新兴市场,与欧洲关系有进一步进展**

2016年对主要国家或地区出口除欧洲外皆呈负成长,但减幅已较上年收敛,其中,以对美国出口年减2.9%最多。对美国出、进口分别年减2.9%、2.0%,贸易出超49.2亿美元,年减

4.2亿美元;欧洲出、进口分别年增1.0%、1.9%,贸易入超28.1亿美元,年增2.7亿美元;大陆与香港出、进口分别年减0.2%、3.0%,贸易入超669.7亿美元,年增11.6亿美元;日本出口年减0.2%、进口则年增4.6%,贸易入超210.9亿美元,年增18.2亿美元。东盟十国出、进口分别年减0.6%、6.4%,贸易出超241.3亿美元,年增15.2亿美元。2016年台湾对外贸易地区重心继续在亚洲新兴市场,与欧洲贸易关系有进一步进展。

以经济区域划分(见表1-4),2016年台湾前5大出口地区依次为大陆及香港(40.1%)、东盟六国(18.3%)、美国(12.0%)、欧洲(9.4%)、日本(7.0%),约占台湾对外出口总额的86.8%。其中,大陆及香港、东盟六国、日本等亚洲地区所占的比重就高达65.4%。

表1-4  2016年台湾出口目的地构成与变化

| 主要出口目的地 | 金额、占比与变化(百万美元;%) | | |
|---|---|---|---|
| | 金额 | 构成比% | 与上年比较变化率% |
| 大陆及香港 | 112300 | 40.1 | -0.2 |
| 其中:大陆 | 73900 | 26.4 | 0.7 |
| 香港 | 38400 | 13.7 | -1.9 |
| 东盟六国 | 51317 | 18.3 | -0.6 |
| 美国 | 33525 | 12.0 | -2.9 |
| 欧洲 | 26236 | 9.4 | 1.0 |
| 日本 | 19554 | 7.0 | -0.2 |

资料来源:台湾"财政部统计处"《进出口贸易统计》。

进口来源地方面(见表1-5),以经济区域划分,2016年台

湾前 5 大进口来源地区分别为大陆及香港（19.6%）、日本
（17.6%）、欧洲（12.6%）、美国（12.4%）、东盟六国（11.8%），
占台湾进口总额的 74%。其中,大陆及香港、东盟、日本等亚洲
地区所占比重约为 49%。

表 1 - 5    2016 年台湾进口来源地构成与变化

| 主要进口来源地 | 金额、占比与变化（百万美元;%） | | |
| --- | --- | --- | --- |
| | 金额 | 构成比% | 与上年比较变化率% |
| 大陆及香港 | 45329 | 19.6 | -3.0 |
| 其中:大陆 | 43998 | 19.1 | -2.8 |
| 香港 | 1331 | 0.6 | -9.3 |
| 日本 | 40648 | 17.6 | 4.6 |
| 欧洲 | 29045 | 12.6 | 1.9 |
| 美国 | 28603 | 12.4 | -2.0 |
| 东盟六国 | 27192 | 11.8 | -6.4 |

资料来源:台湾"财政部统计处"《进出口贸易统计》。

# 二、2016 年台湾利用外资概况与特点

利用外资是台湾当局促进岛内经济增长及就业的重要手
段。根据台湾利用外资的情况,可将其分为侨外投资(华侨及
外国人的投资)及陆资两大部分。

## (一)核准侨外投资概况与特点

根据台湾"经济部投审会"统计,2016 年全年台湾核准侨外
投资件数为 3414 件,较上年减少 374 件;投(增)资金额计
11037061 千美元,较上年增加 130.09%。

从投资来源地角度看,2016 年台湾侨外投资前 5 大地区依次为荷兰、加勒比海英国属地、香港地区、英国、日本。这前 5 名合计约占全年台湾核准侨外投资总额的 86.98%（参见表 2 - 1）。与 2015 年相比,2016 年台湾核准侨外投资前 5 大来源地有所变化:荷兰从去年的第六跃到第一位,加勒比海英国属地从第一退到第二,香港地区取代英国进入第三位,英国退居第四,日本从第二退到第五,萨摩亚退出前五居第六。2016 年台湾核准侨外投资案件,以荷兰 6708222 千美元为首,同比增加 2082.12%,占全年核准侨外投资的比率为 60.78%。其后依序为:加勒比海英国属地 1541464 千美元,同比增加 5.13%,占比 13.97%;香港地区 596163 千美元,同比增加 60.65%,占比 5.4%;英国 407625 千美元。同比减少 3.56%,占比 3.69%;日本 346875 千美元,同比减少 23.49%,占比 3.14%。

表 2 - 1　2016 年台湾核准侨外投资前五大地区统计表

| 来源地 | 2016 年台湾核准侨外投资前五大地区（千美元;%） | | | | |
| | 件数 | 金额（比重） | 上年同期金额 | 与上年同期比较 | |
| | | | | 金额 | 成长率 |
|---|---|---|---|---|---|
| 荷兰 | 36 | 6708222（60.78） | 307417 | 6400805 | 2082.12 |
| 加勒比海英国属地 | 432 | 1541464（13.97） | 1466298 | 75166 | 5.13 |
| 香港地区 | 641 | 596163（5.40） | 371086 | 225077 | 60.65 |
| 英国 | 59 | 407625（3.69） | 422651 | - 15026 | - 3.56 |
| 日本 | 458 | 346875（3.14） | 453397 | - 106522 | - 23.49 |

资料来源:台湾"经济部投审会"统计。

从投资业别角度看,2016 年台湾侨外投资前 5 大产业依次为电子零组件制造业、机械设备制造业、金融及保险业、批发及零售业、专业与科学及技术服务业,呈现出"制造业为主、服务业为辅"的特点。这前5名合计约占全年台湾核准侨外投资总额的86.35%,其中制造业占比61.5%(参见表2-2)。与2015年相比,发生了一些显著变化:电子零组件制造业3631124千美元,占比32.91%,同比增长1234.55%;机械设备制造业3155301千美元,占比28.59%,较去年增长3044.64%;金融及保险业1220100千美元,占比11.05%,增长1.11%;批发及零售业1195073千美元,占比10.83%,增长11.77%;专业、科学与技术服务业327408千美元,占比2.97%,较去年增长3.73%。

**表2-2  2016年台湾核准侨外投资前五大业别统计表**

| 投资业别 | 2016年台湾核准侨外投资前五大业别(千美元;%) | | | | |
|---|---|---|---|---|---|
| | 件数 | 金额(比重) | 上年同期金额 | 与上年同期比较 | |
| | | | | 金额 | 成长率 |
| 电子零组件制造业 | 110 | 3632124(32.91) | 272161 | 3359962 | 1234.55 |
| 机械设备制造业 | 66 | 3155301(28.59) | 100339 | 3054962 | 3044.64 |
| 金融及保险业 | 240 | 1220100(11.05) | 1206705 | 13395 | 1.11 |
| 批发及零售业 | 1195 | 1195073(10.83) | 1069180 | 125894 | 11.77 |
| 专业、科学与技术服务业 | 484 | 327408(2.97) | 315624 | 11784 | 3.73 |

资料来源:台湾"经济部投审会"统计。

**(二)核准陆资入台投资概况与特点**

据台湾"经济部投资审议委员会"统计,陆资入台投资方面,2016年全年核准陆资入台投资件数为158件,较2015年减少7.06%;投(增)资金额计247628千美元,较2015年增加1.46%。

　　台湾"经济部投资审议委员会"统计显示,自 2009 年 6 月 30 日开放陆资来台投资以来,截至 2016 年 12 月底,累计核准陆资入台投资案仅 947 件,投(增)资金额约 1690844 千美元。

　　从台湾核准陆资入台投资的业别来看,2009 年 7 月至 2016 年 12 月核准陆资入台投资案件,前 5 名分别为批发及零售业 488625 千美元(占累计核准陆资入台金额的 28.9%)、银行业 201441 千美元(占比 11.91%)、电子零组件制造业 166809 千美元(占比 9.87%)、港埠业 139108 千美元(占比 8.23%)、电力设备制造业 106131 千美元(占比 6.28%)。对这五大业别的投资约占大陆对台湾总投资额的 65.19%(参见表 2 - 3)。数据显示,陆资入台投资以服务业为主。

表 2 - 3　台湾核准陆资投资主要业别统计表(截至 2016 年底)

| 投资业别 | 件数 | 比重 | 金额<br>(千美元) | 比重 |
|---|---|---|---|---|
| 批发及零售业 | 615 | 64.94% | 488625 | 28.90% |
| 银行业 | 3 | 0.32% | 201441 | 11.91% |
| 电子零组件制造业 | 50 | 5.28% | 166809 | 9.87% |
| 港埠业 | 1 | 0.11% | 139108 | 8.23% |
| 电力设备制造业 | 7 | 0.74% | 106131 | 6.28% |
| 计算机、电子产品及光学制品制造业 | 30 | 3.17% | 106106 | 6.28% |
| 住宿服务业 | 4 | 0.42% | 89723 | 5.31% |
| 信息软件服务业 | 47 | 4.96% | 73546 | 4.35% |
| 金属制品制造业 | 6 | 0.63% | 73265 | 4.33% |
| 化学制品制造业 | 3 | 0.32% | 57564 | 3.40% |
| 机械设备制造业 | 29 | 3.06% | 42836 | 2.53% |

| 投资业别 | 件数 | 比重 | 金额<br>（千美元） | 比重 |
|---|---|---|---|---|
| 废弃物清除、处理及资源回收业 | 6 | 0.63% | 21123 | 1.25% |
| 餐饮业 | 41 | 4.33% | 20575 | 1.22% |
| 纺织业 | 1 | 0.11% | 17784 | 1.05% |
| 研究发展服务业 | 9 | 0.95% | 16220 | 0.96% |
| 食品制造业 | 2 | 0.21% | 13775 | 0.81% |
| 化学材料制造业 | 5 | 0.53% | 12562 | 0.74% |
| 汽车及其零件制造业 | 2 | 0.21% | 6846 | 0.40% |
| 会议服务业 | 19 | 2.01% | 4478 | 0.26% |
| 产业用机械设备维修及安装业 | 5 | 0.53% | 4314 | 0.26% |
| 橡胶制品制造业 | 2 | 0.21% | 3972 | 0.23% |
| 塑料制品制造业 | 10 | 1.06% | 3898 | 0.23% |
| 未分类其他专业、科学及技术服务业 | 3 | 0.32% | 3794 | 0.22% |
| 技术检测及分析服务业 | 6 | 0.63% | 3190 | 0.19% |
| 成衣及服饰品制造业 | 2 | 0.21% | 2947 | 0.17% |
| 运输及仓储业 | 18 | 1.90% | 2852 | 0.17% |
| 未分类其他运输工具及其零件制造业 | 3 | 0.32% | 2022 | 0.12% |
| 创业投资业 | 1 | 0.11% | 1994 | 0.12% |
| 专业设计服务业 | 8 | 0.84% | 1972 | 0.12% |
| 租赁业 | 2 | 0.21% | 939 | 0.06% |
| 废污水处理业 | 5 | 0.53% | 385 | 0.02% |
| 家具制造业 | 1 | 0.11% | 40 | 0.00% |
| 广告业 | 1 | 0.11% | 6 | 0.00% |
| 小计 | 947 | 100.00% | 1690844 | 100.00% |

资料来源：台湾"经济部投审会"统计。

从台湾核准陆资入台投资的类别来看,2009 年 7 月至 2016 年 12 月核准陆资入台投资类别案件共 1114 件,共 1690844 千美元。其中,新设公司类 630 件,计 372027 千美元;投资现有公司类 189 件,计 823618 千美元;设立分公司类 128 件,计 170175 千美元;增资类 167 件,计 325024 千美元。

**表 2 - 4    台湾核准陆资投资类别统计表(截至 2016 年底)**

| 投资类别 | 件数 | 金额(千美元) |
|---|---|---|
| 新设公司 | 630 | 372027 |
| 投资现有公司 | 189 | 823618 |
| 设立分公司 | 128 | 170175 |
| 增资 | 167 | 325024 |
| 小计 | 1114 | 1690844 |

资料来源:台湾"经济部投审会"统计。

# 三、2016 年台湾对外投资概况与特点

台湾是亚太地区重要的资本输出地。对外投资不仅延续了岛内部分产业的生命周期,也有力促进了台湾经济的转型升级。根据台湾方面的有关规定,台湾对外投资主要包括对海外投资(除大陆以外其他国家和地区投资,含港澳)及对大陆投资两大部分。

## (一)核准对海外投资概况与特点

根据台湾"经济部投审会"统计,2016 年全年台湾核准(备)对外投资件数为 496 件,较上年增加 7.36% ;投(增)资金额计 12123094 千美元,较上年增加 12.82% 。

从台湾核准对海外投资的地区分布看,2016 年台湾对海外投资前 5 大地区依次为日本、加勒比海英国属地、新加坡、荷兰、越南。这前 5 名合计约占全年申报对外投资总额的 82.73%(参见表 3 - 1)。与 2015 年相比,2016 年台湾对海外投资前 5 大地区有明显变化:日本从第十升至第一;加勒比海英国属地退至第二;新加坡、荷兰分别从第十一、第十八挤进前五,位居第三、第四;英国从第二退到第十一。2016 年 1—12 月申报对海外投资案件,以日本 4504219 千美元为首,与上年同期相比增加 1382.65%,占全年核准对外投资的 37.15%。其后依序为:加勒比海英国属地 2718711 千美元,同比减少 6.17%,占比 22.432%;新加坡 1553887 千美元,同比增加 575.5%,占比 12.82%;荷兰 800104,较上年增加 1725.24%,占比 6.6%;越南 451930 千美元,同比减少 63.18%,占比 3.73%;可见,2016 年台湾对日本、新加坡、荷兰的投资有较大增长。

表 3 - 1　2016 年台湾核准对外投资前五大地区统计表

| 投资地区 | 2016 年台湾核准对外投资前五大地区(千美元;%) | | | | |
|---|---|---|---|---|---|
| | 件数 | 金额(比重) | 上年同期金额 | 与上年同期比较 | |
| | | | | 金额 | 成长率 |
| 日本 | 32 | 4504219(37.15) | 303795 | 4200424 | 1382.65 |
| 加勒比海英国属地 | 97 | 2718711(22.43) | 2897505 | - 178795 | - 6.17 |
| 新加坡 | 26 | 1553887(12.82) | 230034 | 1323853 | 575.50 |
| 荷兰 | 5 | 800104(6.60) | 43836 | 756268 | 1725.24 |
| 越南 | 27 | 451930(3.73) | 1227521 | - 775592 | - 63.18 |

资料来源:台湾“经济部投审会”统计。

从台湾核准对海外投资业别分布看,2016 年台湾对海外投资产业分布与往年有所不同,制造业占比大幅增加。前5项产业分别为电子零组件制造业、金融及保险业、批发及零售业、专业、科学与技术服务业、化学材料制造业。这前5名合计约占全年核准对外投资总额的87.13%(参见表3-2)。与2015年相比,2016年台湾对海外投资前5大业别发生了明显变化:电子零组件制造业取代药品制造业成为第一;批发零售业由2015年的第五位升至第三位,金融保险业退至第二位。2016年1—12月申报对海外投资案件,以电子零组件制造业5079238千美元为首,同比增长365.62%,占全年核准对外投资的41.9%。其后次序为金融及保险业3393973千美元,同比减少44.19%,占比28%;批发及零售业1007318千美元,同比增加153.8%,占比8.31%;专业、科学与技术服务业664353,增长770.28%,占比5.48%;化学材料制造业41409,增长120.06%,占比3.44%。

表3-2   2016年台湾核准对外投资前五大业别统计表

| 投资业别 | 2016年台湾核准对外投资前五大业别(千美元;%) | | | | |
| --- | --- | --- | --- | --- | --- |
| | 件数 | 金额(比重) | 上年同期金额 | 与上年同期比较 | |
| | | | | 金额 | 成长率 |
| 电子零组件制造业 | 41 | 5079238 | 1090859 | 3988380 | 365.62 |
| 金融及保险业 | 139 | 3393973 | 6081661 | -2687687 | -44.19 |
| 批发及零售业 | 129 | 1007318 | 396895 | 610423 | 153.80 |
| 专业、科学与技术服务业 | 18 | 664353 | 76338 | 588016 | 770.28 |
| 化学材料制造业 | 2 | 417409 | 189682 | 227726 | 120.06 |

资料来源:台湾"经济部投审会"统计。

### （三）核准对大陆投资概况与特点

一是台商对大陆投资意愿与动能明显不足，投资金额继续减少并少于对外投资金额。

根据台湾"经济部投审会"统计，2016年全年核准（备）对大陆投资件数为323件，较上年减少24.36%；核准投（增）资金额计9670732千美元，较上年减少11.81%。这与台湾核准（备）对外投资件数较上年增加7.36%，投（增）资金额较上年增加12.82%，形成鲜明反差，投资金额在海外增加幅度较大，表明大陆要素成本上升、产业转型升级等压力因素自2014年以来继续迫使台商选择向其他经济体投资，台湾对大陆投资继2015年开始继续减少。

二是对北京、上海、广东投资减少，对福建、江苏、河南、河北、重庆、四川的投资有所增加。

从台湾核准对大陆投资的地区分布看（表3－5）。2016年台湾核准对大陆投资案件地区分布与2015年相比发生了显著变化：河南、福建取代广东和上海进入前五，分别居第二位、第四位；广东省从2015年第二位退至第五位。2016年对陆投资主要集中于江苏省2885129千美元，与上年同期相比增加26.06%，约占全年核准对大陆投资金额的29.83%，依然位居第一位；其次顺序为：河南省1643077千美元，同比增长918.91%，占比16.99%；上海市1106283千美元，同比减少14.03%，占比13.02%；福建省990899千美元，同比增长16.52%，占比10.25%；广东省986873千美元，同比减少32.85%，占比10.2%。这前5名合计约占全年台湾核准对大陆投资总额的78.71%（参见表3－5）。数据显示，台商减弱了对海西的投资,增加了对内陆的投资额。

表3-5    2016年台湾核准对大陆投资前五大地区统计表

| 投资地区 | 2016年台湾核准对大陆投资前五大地区(千美元;%) | | | | |
|---|---|---|---|---|---|
| | 件数 | 金额(比重) | 上年同期金额 | 与上年同期比较 | |
| | | | | 金额 | 成长率 |
| 江苏省 | 84 | 2885129(29.83) | 2288663 | 596465 | 26.06 |
| 河南省 | 6 | 1643077(16.99) | 161259 | 1481818 | 918.91 |
| 上海市 | 61 | 1106283(11.44) | 1286895 | -180612 | -14.03 |
| 福建省 | 36 | 990899(10.25) | 850400 | 140499 | 16.52 |
| 广东省 | 50 | 986873(10.20) | 1469726 | -482853 | -32.85 |

资料来源:台湾"经济部投审会"统计。

三是对制造业投资仍是主流且有所减少,对金融及保险业投资大幅减少。

从台湾核准对大陆投资业别分布看,2016年台湾核准对大陆投资案件323件,与2015年相比,前五位发生显着变化。计算机、电子产品及光学制品制造业与化学材料制造业替代2015年位居第三与第四的计算机、电子产品及光学制品制造业与非金属矿物制品制造业进入前五,分别位于第一、第四。金融及保险业从2015年的第一降至第三。2016年对大陆投资业别以电脑、电子产品及光学制品制造业2088569千美元为首,与上年同期比较增加88.51%,约占全年核准对大陆投资金额的21.6%。其后依序为:电子零组件制造业1573079千美元,同比增加27.74%,占比16.27%;金融及保险业1362907千美元,同比减少,51.08%,占比14.09%;化学材料制造业785563千美元,同比增加351.61%,占比8.12%;批发及零售业535112千美元,同比减少 21.3%,占比 5.53%。这前 5 名合计约占全年台湾核准对大陆投资总额的 65.61%(参见表 3 - 6)。数据显示,2016 年台商投资大陆仍以制造业为主并有所增加,对金融及保险业投资大幅缩减。

表 3 - 6　2016 年台湾核准对大陆投资前五大业别统计表

| 投资业别 | 2016 年台湾核准对大陆投资前五大业别(千美元;%) | | | | |
| | 件数 | 金额(比重) | 上年同期金额 | 与上年同期比较 | |
| | | | | 金额 | 成长率 |
| 计算机、电子产品及光学制品制造业 | 14 | 2088569(21.60) | 1107941 | 980628 | 88.51 |
| 电子零组件制造业 | 35 | 1573079(16.27) | 1231455 | 341623 | 27.74 |
| 金融及保险业 | 20 | 1362907(14.09) | 2785892 | - 1422984 | - 51.08 |
| 化学材料制造业 | 7 | 785563(8.12) | 173948 | 611615 | 351.61 |
| 批发及零售业 | 84 | 535112(5.53) | 679942 | - 144830 | - 21.30 |

资料来源:台湾"经济部投审会"统计。

# 四、2017 年台湾对外贸易与投资展望

台湾经济是典型的外向型经济。国际经济不景气与世界贸易状况对台湾经济发展、进出口贸易、对外投资与利用外资具有显著影响。

展望 2017 年,主要国家将逐步摆脱通缩压力,加以长期货币宽松政策边际效用降低,财政政策将取代货币政策作为各国刺激经济成长的主要工具,主要经济预测机构均预估 2017 年全球经济成长将逐步复苏,唯反全球化浪潮升温、英国脱欧的连锁

效应、汇率变动及中国大陆经济转型等因素将影响全球经济增长走势。国际货币基金组织(IMF)与环球透视机构(GI)预测全年全球经济成长率分别为 3.4% 与 2.8%,高于 2016 年的 3.1% 及 2.5%,美国未来经贸政策走向、新兴市场高债务问题、地缘冲突与欧洲反体制风潮成为全球经济增长不稳定性因素。世界银行 2017 年 1 月预测全球经济成长率 2017 年为 2.7%,这一增速较 2016 年 6 月给出的预期低 0.1 个百分点,世界银行指出,美国经济政策持续的不确定性,可能令投资资金在政策更清晰前保持观望,从而拖累全球增长。中国社会科学院世界经济与政治研究所和社会科学文献出版社共同发表的《世界经济黄皮书:2017 年世界经济形势分析与预测》指出,2017 年世界经济增长形势依然不容乐观,按购买力平价(PPP)计算的世界 GDP 增长率约为 3.0%,按市场汇率计算的世界 GDP 增长率约为 2.4%。这一预测仍然低于国际货币基金组织和其他国际组织的预测。这主要源于对世界经济潜在增长率下行、金融市场脆弱性加大、反全球化趋势、美国政策调整、欧洲内部政治冲突、难民危机、英国脱欧进程、日本通货紧缩等问题的担忧。

展望 2017 年,根据国内外主要机构最新预测,2017 年台湾经济成长率介于 1.5%—2.0% 间,可望优于 2016 年;就各季而言,因基期效应,多数机构预测全年经济成长率逐季走缓,但 2017 年经济成长率仍高于 2016 年。国际货币基金组织(IMF)2016 年 10 月预测台湾 2017 年经济成长为 1.7%。台湾综合研究院预测 2017 年全球经济微幅改善,将带动台湾外需回升,但全球复苏形态依旧迟滞,主要国家经济政策不确定攀升,预估 2017 年台湾经济成长持稳预估值为 1.74%。台湾经济研究院

2016 年 11 月公布最新预测,2017 年台湾 GDP 成长率为
1.65%,较 2016 年 1.17% 提高 0.48 个百分点。

在贸易表现方面,由于原油及原物料价格在 2016 年中已止
跌回稳,对新兴市场及开发中经济体表现,以及台湾相关产业供
应链可望带来有利因素。不过主要经济体前景仍有疑虑,需求
尚未有效扩张,加上贸易保护风潮再起,都将对 2017 年台湾贸
易表现产生影响。为此,台湾经济研究院预测 2017 年输出及输
入分别较 2016 年提高 2.23 及 1.64 个百分点,由 1.03% 及
2.03% 提高至 3.26% 及 3.67%,出口及进口也分别由 2016 年
−4.05% 及 −5.03% 回到正成长,2017 年预测成长率分别为
2.63% 及 3.22%。国际机构普遍预测 2017 全球景气及贸易扩
张力道优于去年,且台湾半导体业者倾力维持制程优势、行动装
置升级需求续热,以及物联网、车用电子、高效能运算等新兴商
机扩展,皆有利维系台湾出口续航力,但国际产业竞争激烈、美
国新政府贸易保护主义政策走向,以及中国大陆供应链在地化
效应等不确定风险因素,可能对台湾出口前景形成干扰。


                              (作者单位:厦门大学台湾研究院)

# 2016 年台湾经济综述

庄　芮

**摘　要:**2016 年台湾经济尽管季度表现"低开高走",但总体仍然低迷,失业率和通货膨胀率均高于 2015 年。失业人口中,年轻人失业现象日益突出。民间消费继续发挥经济稳定器作用,但进出口持续负增长,已成为当前台湾经济的拖累因素。工业生产 2016 年转负为正,制造业增幅相对显著,尤其"电子零组件业"成为发展亮点。2016 年台湾国际竞争力排名下降,结构转型仍处困境。展望 2017 年,伴随全球经济缓慢复苏,台湾经济有望比 2016 年微弱提升,但由于消费、投资、出口等经济增长动力不足,总体仍将面临诸多挑战,蔡英文当局各项经济目标多数难达预期。

2016 年,台湾经济总体保持低位徘徊,经济增长率略高于 2015 年,但失业率、通货膨胀率等指标均比 2015 年有所恶化,且年轻人失业比例相对较高。全年工业生产指数上扬,主要表现为制造业特别是"电子零组件制造业"增幅明显,该行业同时也名列台湾 2016 年外资流入及对外投资首位。民间消费仍是台湾经济发展的重要支撑,2016 年贡献率达 1.04% ,然而货物进出口却延续 2015 年的"双降"局面,二者皆为负增长,已成台湾经济的拖累因素。从瑞士洛桑管理学院(IMD)和世界银行等国际组织排名来看,台湾的国际竞争力在持续下降,经济结构转型升级深陷困境。2016 年 5 月,民进党全面执掌台湾政权,蔡英文当局力推"五加二"产业创新,力求以此为核心打造"新经济模式";同时主张"多元布局",在加强与欧洲、美国、日本的经贸关系基础上,依托"新南向政策",拓展台湾与东南亚、南亚等地区的经贸往来。展望 2017 年,台湾当局仍将延续此类政策,但由于世界经济形势依然严峻,台湾自身消费、投资、出口等经济要素进一步增长的动力不足,加之蔡英文在两岸关系上采取错误态度,至今未能明确承认"九二共识",导致台湾有可能失去大陆这个巨大市场支撑,2017 年的台湾经济有可能微弱增长,但要达到当局预期目标难度较大。

## 一、经济增长"低开高走",总体仍然低迷

台湾 2016 年经济增长率为 1.5% ,与 2015 年的"高开低走"不同,全年按季度看,呈现"低开高走"特点(如图 1)。2016 年第一季度经济增长率为 - 0.23% ,随后第二季度和第三季度分别提升至 1.13% 和 2.12% ,第四季度 2.88% 的增长率带动全年达到 1.5% ,整体高于 2015 年(0.72% ),但与 2014 年 4.02% 的增长率相比,仍然处于低位。

除经济增长率保持低位徘徊之外,台湾 2016 年的其他几项宏观经济指标也不乐观(见表 1)。2016 年台湾失业率为

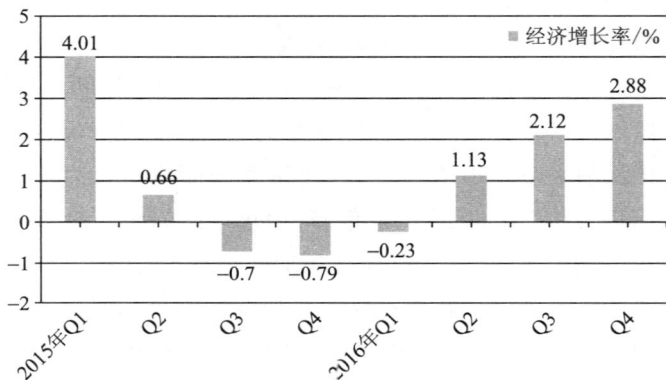

图 1　2016 年台湾经济增长的季度表现

资料来源:台湾"行政院主计总处",统计通报,2017 年 2 月 15 日。

3.92% ,较 2015 年上升 0.14% 。20 世纪 90 年代以来,台湾失业率始终是"亚洲四小龙"当中最高的,2016 年也不例外。从就业结构看,服务业仍然是台湾就业的重点领域,2016 年就业人数 666.7 万人,占比 59.17% ;其次为工业,2016 年就业人数404.3 万人(含制造业 302.8 万人),占比 35.88% ;农、林、渔、牧业最少,2016 年就业人数 55.7 万人,占比仅 4.95% ,与 2014 年和 2015 年保持相同水平。值得注意的是,在台湾 2016 年的失业者中,15—24 岁失业率为 12.12% ,25—44 岁为 4.08% ,45—64 岁为 2.15% ,显然年轻人失业现象比较突出。[①]

台湾 2016 年通货膨胀率(CPI)为 1.4% ,高于此前 2014 年的 1.2% 和 2015 年的 -0.31% 。与此同时,2016 年台湾当局财政赤字高企,达到 1536 亿新台币,是 2015 年财政赤字(101 亿新台币)的 15 倍多。[②]

表1　2016年台湾宏观经济主要指标及近年对比

单位:新台币亿元;%

| 宏观指标 | 2016 年 | 2015 年 | 2014 年 |
|---|---|---|---|
| 经济增长率(GDP 增速)% | 1.5 | 0.72 | 4.02 |
| 失业率 % | 3.92 | 3.78 | 3.96 |
| 通货膨胀率(CPI)% | 1.4 | − 0.31 | 1.2 |
| 财政余额(新台币亿元) | − 1536 | − 101 | − 1271 |

　　数据来源:台湾"经济部研究发展委员会",内外经济情势分析,2017 年 2 月 2 日;台湾"行政院主计总处",物价变动概况新闻稿,2017 年 1 月 5 日;台湾"行政院主计总处","国民"所得概估统计资料,2017 年 1 月 25 日。

　　总体而言,2016 年台湾宏观经济仍然低迷,"闷经济"已成当前常态。

## 二、民间消费继续发挥稳定器作用,
## 但进一步增长动力不足

　　多年来,台湾经济增长主要依靠民间消费(见表2)。2007—2014 年,民间消费占台湾 GDP 的比重一直高于53% ,2015 年微降至52.27% ,2016 年该比重为52.79% ,说明台湾一半以上的 GDP 来源于民间消费。[③]2016 年,民间消费对台湾经济增长率的贡献达到 1.04 个百分点,高于政府消费(0.35 个百分点)、岛内投资(0.35 个百分点)和净出口( − 0.34 个百分点)的贡献。

　　台湾经济增长的第二来源是岛内投资,2016 年占 GDP 比重为20.94% ;第三是政府消费,2016 年占 GDP 的14.24% 。由于外需下降、自身产业空心化,进出口已成为当前台湾经济的拖累因素,2016 年该指标对台湾 GDP 增长贡献为负( -0.34% )。

**表 2　2016 年台湾 GDP 来源结构**

| 2016 年 | 占 GDP 总额比率% | 实际增长率% | 贡献( 百分点) |
|---|---|---|---|
| 民间消费 | 52.79 | 1.99 | 1.04 |
| 政府消费 | 14.24 | 2.53 | 0.35 |
| 岛内投资 | 20.94 | 1.68 | 0.35 |
| 净出口 | 12.00 | — | -0.34 |

数据来源:台湾"行政院主计总处","国民"所得统计及经济情势展望,2017 年 1 月 25 日。

民间消费至今仍是台湾经济的重要稳定器,但长远还是面临"后劲不足"问题。因为住房和食品是台湾民间消费的两个主要项目,如 2016 年住房占比 27.14%,食品占比 25.19%,二者合计占到民间消费的 52.33%,其他消费依序为教育娱乐( 16.84% )、交通通讯( 15.33% )、医疗保健( 4.92% )、衣着( 3.77% )等。[④]食品、住房类消费由于需求弹性低,在宏观经济不景气、薪资提升幅度不大的情况下,一般很难出现大幅增长。统计显示,2012—2015 年,台湾民间消费实际增长率分别为1.82%、2.34%、3.44% 和 2.68%,2016 年增长 1.99%,[⑤]总体稳定在 2% 左右,未来进一步增长的空间十分有限。

# 三、工业生产微弱增长,电子
## 零组件制造业成为亮点

2016 年,台湾工业生产扭转 2015 年的下降态势( -1.75% ),

实现了 1.42% 的正增长。其中制造业增幅相对显著(1.89%),其次为用水供应业(0.51%),但矿业及土石采掘业、建筑工程业、电力及燃气供应业等,都是负增长,年增率分别为 -9.58%、-9.11% 和 -3.16%。[⑥]

表3 2016 年台湾工业生产年增率及往年对比

| 年份 | 工业生产年增率(%) | 制造业年增率(%) |
|---|---|---|
| 2016 年 | 1.42 | 1.89 |
| 2015 年 | -1.75 | -1.49 |
| 2014 年 | 6.37 | 6.63 |
| 2013 年 | 0.65 | 0.56 |
| 2012 年 | -0.25 | -0.32 |

资料来源:台湾"经济部",内外经济情势分析,2017 年 2 月 2 日。

在制造业下属四大行业当中,"资讯电子工业"和"化学工业"2016 年分别增长 4.63%、0.58%,而"金属机电工业"和"民生工业"各自下降,为 -1.08%、-0.08%。从中类行业看,"电子零组件业"是 2016 年台湾经济发展的一个亮点(见表4)。由

表4 2016 年台湾制造业主要行业年增率(%)

| 行业类别 | 2016 年同比增长(%) |
|---|---|
| 电子零组件业 | 6.39 |
| 化学材料业 | 1.63 |
| 基本金属业 | 3.97 |
| 电脑、电子产品及光学制品业 | -4.28 |
| 机械设备业 | -8.00 |
| 汽车及其零件业 | -4.85 |

资料来源:台湾"经济部",内外经济情势分析,2017 年 2 月 2 日。

于晶圆代工、液晶面板等需求增加带动产量攀升,台湾"电子零组件业"2016 年全年生产指数达到 130.79,创下新高,年增率达6.39%,远高于"基本金属业"(3.97%)和"化学材料业"(1.63%)的增长幅度。

电子零组件制造业也是台湾 2016 年外资流入的首位行业(见表5)。"经济部投审会"统计资料表明,2016 年台湾核准外来直接投资 3414 件,金额 110.37 亿美元,其中"电子零组件制造业"占比 32.91%,位居第一;其他前五位行业依次为机械设备制造业(28.59%),金属及保险业(11.05%),批发及零售业(10.83%),专业、科学及技术服务业(2.97%)。观察历史数据,截至 2015 年底,电子零组件制造业还是台湾外资流入的第二大行业,累计占到核准外资金额的 15.38%,2016 年跃升为第一大外资流入业别,可见其对外资的吸引力大幅提升。

表5    2016 年台湾吸收外资前十大行业

| 行业类别 | 占核准外资金额比率(%) |
| --- | --- |
| 1. 电子零组件制造业 | 32.91 |
| 2. 机械设备制造业 | 28.59 |
| 3. 批发及零售业 | 10.83 |
| 4. 金融及保险业 | 11.05 |
| 5. 专业、科学及技术服务业 | 2.97 |
| 6. 不动产业 | 2.87 |
| 7. 印刷及资料储存媒体复制业 | 1.89 |
| 8. 资讯及通讯传播业 | 1.70 |
| 9. 营造业 | 0.62 |
| 10. 基本金属制造业 | 0.56 |

资料来源:台湾"经济部投审会",统计速报,2017 年 1 月 20 日。

# 四、国际竞争力衰退，转型升级未见成效

　　台湾"经济部"2016年的施政计划强调以"创新经济、永续能源、乐活台湾"作为整体发展愿景，具体目标重点包括：1.推动产业结构优化、创造产业新优势；2.开拓经贸版图、营造枢纽地位；3.整备优质环境、促进投资加码；4.稳定供给资源、永续能源发展；5.提升服务效能；6.强化营运绩效、提升资产效能。⑦蔡英文2016年5月20日在就职演讲中也表示要推动台湾经济结构转型，"打造台湾经济发展的新模式"，并且提出"五大创新研发计划"，即优先推动绿能科技、亚洲硅谷、生技医疗、智慧机械、"国防"航天等产业，以"重新塑造台湾的全球竞争力"。

表6　2016年台湾国际竞争力排名及横向对比

| 经济体 | 瑞士洛桑管理学院(IMD)世界竞争力排名(2016年5月发布) | 世界银行全球经商便利度排名(2016年10月发布) |
|---|---|---|
| 台湾地区 | 14名(↓3) | 11名(同) |
| 香港地区 | 1名(↑1) | 4名(↑1) |
| 韩国 | 29名(↓4) | 5名(↓1) |
| 新加坡 | 4名(↓1) | 2名(↓1) |

资料来源：瑞士洛桑管理学院和世界银行网站，2016年。

　　但从现实来看，台湾的国际竞争力正不断下降。瑞士洛桑管理学院(IMD)2016年5月发布的世界竞争力排名当中，台湾位列第14名，比此前下降了3个位次；同期香港位居第一，比2015年提升了1个位次。世界银行2016年10月发布的全球经商便利度排名榜单中，台湾保持11名水平，同期香港位列第4

名,也是提升了一个位次。瑞士洛桑管理学院（IMD）对于台湾
竞争力的细项评价显示,台湾在诸多方面出现退步,如"经济表
现"下滑 4 个位次,其中的细分项"岛内经济"最不乐观,下滑了
21 个位次;"企业效能"下滑 2 个位次;"基础建设"下滑 1 个
位次。

## 五、外销订单持续减少,进出口均为负增长

2016 年台湾外销订单继续减少,全年外销订单金额 4445.4
亿美元,比 2015 年减少 72.7 亿美元,负增长 1.6%。2016 年 12
月数据显示,资讯通信产品和电子产品是台湾外销订单的主要
商品,分别占订单总额的 31.5% 和 25.9%。资讯通信产品也是
台湾外销订单海外生产比重最高的一类。据统计,2011—2015
年,该类产品外销订单的海外生产比重从 83.6% 一路攀升至
92.6%,2016 年 12 月更高达 93.4%,大幅高于同期电机产品
（70.6%）、精密仪器（47.3%）、电子产品（47%）和机械（16%）
所占比重。⑧

### 表7　2016 年台湾外销订单及往年对比

| 年份 | 金额（亿美元） | 年增率（%） |
|------|------|------|
| 2012 | 4410.0 | 1.1 |
| 2013 | 4429.3 | 0.4 |
| 2014 | 4728.1 | 6.7 |
| 2015 | 4518.1 | −4.4 |
| 2016 | 4445.4 | −1.6 |

资料来源:台湾"经济部",内外经济情势分析,2017 年 2 月 2 日。

外销订单持续减少的同时,台湾 2016 年的进出口延续 2015 年"双降"局面,出口金额 2804 亿美元,年增率 - 1.7%;进口金额 2309.4 亿美元,年增率 - 2.6%。按地区分,2016 年台湾对主要贸易伙伴的出口均呈下降态势:美国( - 2.9%)、韩国( - 0.7%)、东盟( - 0.6%)、日本( - 0.2%)、大陆(含香港, - 0.2%),仅对欧洲出口增加 1.1%。尽管 2016 年台湾对大陆(含香港)的进出口均为负增长(进口年增率 - 3%),大陆(含香港)依旧是台湾最大的贸易伙伴,台湾 2016 年总出口的 40% 和总进口的 19.6% 仍然来自大陆(含香港)。

表8　2016 年台湾进出口及往年对比

| 年份 | 出口 | | 进口 | | 贸易差额 |
| --- | --- | --- | --- | --- | --- |
| | 金额(亿美元) | 年增率(%) | 金额(亿美元) | 年增率(%) | (亿美元) |
| 2014 | 3200.9 | 2.8 | 2818.5 | 1.4 | 382.4 |
| 2015 | 2853.4 | - 10.9 | 2372.2 | - 15.8 | 481.2 |
| 2016 | 2804.0 | - 1.7 | 2309.4 | - 2.6 | 494.6 |

资料来源:台湾"经济部",内外经济情势分析,2017 年 2 月 2 日。

# 六、2017 年台湾经济展望

2017 年 2 月,台湾"行政院"第 3534 次会议通过了"2017—2020 年四年计划暨 2017 年计划"。按照该计划,台湾 2017 年的总体经济目标详见表9。在其所列各项经济指标当中,部分关键指标如"经济增长率""民间消费""出口"等,恐难达到预期目标。原因主要在于以下几个方面:

首先,民间消费是台湾经济增长的主要动力,但后续增幅不会太大。如前所述,近十年来民间消费在台湾 GDP 中所占比重均达到 50% 以上。然而,台湾民间消费主要体现为衣食住行等日常开支,且结构已相对稳定,需求弹性较低,在薪资增幅不大,特别是年轻人失业问题突出的情况下,民间消费的未来增长空间十分有限,2017 年要达到 2.08% —2.13% 的增长率比较困难。鉴此,台湾中华经济研究院关于 2017 年台湾民间消费增长率为 1.7% 的预测数值[⑨],应该更切实际。

表9    2017 年台湾宏观经济目标

| 宏观指标 | 2017 年目标数值(%) | 2016 年实际值(%) |
|---|---|---|
| 经济增长率(GDP 增速) | 2.0 ~ 2.5 | 1.5 |
| 失业率 | 3.90 ~ 3.93 | 3.92 |
| 就业增加率 | 0.54 ~ 0.75 | 0.62 |
| 通货膨胀率(CPI) | ≤2 | 1.4 |
| 民间消费 | 2.08 ~ 2.13 | 1.99 |
| 固定资本形成 | 2.25 ~ 3.33 | 1.68 |
| 出口 | 3.23 ~ 4.33 | − 1.7 |
| 进口 | 3.39 ~ 4.26 | − 2.6 |

资料来源:根据台湾"行政院主计总处","国民"所得概估统计资料(2017 年 1 月 25 日)以及台湾"行政院""2017—2020 年四年计划暨 2017 年计划"(2017 年 2 月)第 41 页、第 43 页资料整理而得。

其次,2017 年全球经济面临诸多不确定因素,台湾的外需市场并不乐观。台湾 2016 年对除大陆之外的主要贸易伙伴出口额占其总出口比重依次为:东盟十国(18.3%)、美国(12%)、欧洲(9.4%)、日本(7%)、韩国(4.6%)。但统计表明,2015 年和 2016 年,台湾对这些经济体的出口增长率基本都是负数,仅

2016 年对欧洲出口微增 1% 。[⑩]展望 2017 年,美国经济虽已向好,但特朗普上台后,单边主义、贸易保护主义抬头,外需下降在所难免;欧洲受英国"脱欧"、难民问题等的影响,经济也不会有太大起色。国际货币基金组织(IMF)预测,2017 年美国经济增长率为 2.3% ,欧元区为 1.6% ,日本为 0.8% ,除美国将略有提升之外,欧洲、日本经济增长率均低于 2016 年。[⑪]由此判断,台湾 2017 年的出口形势仍不乐观,有可能实现转负为正,但要达到 3.23% —4.33% 的目标还是有一定难度。即便能够实现,净出口对经济增长的拉升作用亦会比较有限。

再者,蔡英文当局在两岸关系方面的错误取向,使得台湾即将失去大陆这个巨大市场的支撑。蔡英文 2016 年 5 月上台至今,始终拒不承认"九二共识",这一错误态度导致两岸关系急剧降温。经贸领域,台湾当局对内倡导"新经济发展模式",旨在提高台湾经济竞争力;对外主张"多元布局","告别以往过于依赖单一市场的现象"[⑫]。为此,台湾积极推动所谓"新南向政策",力图拓展与东南亚、南亚的经贸往来,以减少对大陆市场的依赖。然而事实证明,台湾近十年来 40% 左右的出口和 20% 左右的进口都来自大陆和香港,如果失去大陆市场的强力支撑,台湾将自陷困境。据台湾"交通部观光局"统计,目前大陆是台湾旅游业最大的客源地,2016 年大陆赴台观光旅客共计 351 万人次,占比 32.9% ,但与 2015 年相比,已经减少了 16.1% ,[⑬]后续蔡英文若继续坚持错误方向,两岸关系困局依旧,陆客进一步减少,台湾经济恐怕更难见到起色。

综合而言,伴随全球经济缓慢复苏,2017 年台湾经济有望比 2016 年微弱提升,但由于消费、投资、出口等经济增长动力不足,总体仍将面临诸多挑战,其经济结构转型困境还会持续相当一段时期,"行政院"2017 年的各项经济目标多数难达预期。

不过,台湾《2017—2020 年四年计划暨 2017 年计划》仍有不少内容值得关注。如该计划强调,2017—2020 年,台湾拟以两大主轴来推动其所谓"新经济模式",即"第一是加强投资台湾,第二是落实结构改革"。加强投资台湾方面,重点要在半导体等既有优势产业的基础上,推动"五加二"(亚洲硅谷、智慧机械、绿能科技、生技医疗、"国防",外加"农业"和"循环经济")产业创新;落实结构改革方面,着力进行法规制度改革、人力素质提升、"国土"空间改造、金融市场创新和财政税制改革。

具体到 2017 年,台湾当局在"五加二"产业创新领域拟采取的措施重点包括:

1. "亚洲硅谷推动方案"——拟于 2017 年建立 1 个物联网产业虚拟教学平台;促成 2 家"国际级"物联网厂商在台湾投资。年度预算为 113 亿新台币。

2. "智慧机械产业推动方案"——拟于 2017 年完成智慧虚实整合系统感测装置开发平台 3 项以上、成立 2 个跨校跨域智慧机械教学策略联盟等;强化与欧洲、美国、日本的智慧机械产业交流;拓展外销市场。

3. "绿能科技产业创新推动方案"——2017 年计划完成联合研究中心及示范场所工程审议,并取得建照;完成研发及产业进驻能力评估。从 2017 年度起,每年投入约 10 亿新台币的研究经费直接用于绿能科学城核心区。

4. "生技医疗产业创新推动方案"——2017 年力促台湾生技医药产值达到 5008 亿新台币,重点进行生技相关法案的修订或制定,启动运作生技医疗产业创新方案执行中心。2017 年度预算为 109.47 亿新台币。

5. "'国防'产业"——2017 年完成高教机构型确定及整体后勤支援的筹建,通过合作生产或自主开发的方式,提高台湾内部的产业参与率、技术水平及产值;执行潜舰及猎雷舰等 6 型舰艇的筹建工作;建构并强化网络联防;提升自主研发能力;持续拨付科研预算。

6. "新农业创新推动方案"——盘查农业及农地资源,确定应维护农地总量,并推动新农民培育计划,充实农业人才人力;制定农业保险专法,实施农业灾害保险、收入保险;强化自动化机械设备研发及应用,发展循环农业;辅助台湾"国际农业开发公司"与外部市场建立多元合作关系。2017 年度预算 215.9 亿新台币。

7. "循环经济"——2017 年实施"循环专区试点计划",建立循环园区评估指标及资讯交易平台,选定 2 座符合指标规定的工业区进行示范推广;实施"新材料循环产业园区申请设置计划",并加速推进试产绿色创新材料。

**注释:**

①　数据来源:台湾统计资讯网,就业、失业统计资料查询系统。

②　数据来源:台湾"行政院主计总处",《国民所得统计及经济情势展望》,2017 年 1 月 25 日。

③　数据来源:台湾"行政院主计总处",《国民所得统计及经济情势展望》,2017 年 1 月 25 日。

④　数据来源:根据台湾"行政院主计总处"物价变动概况新闻稿

（2017 年 1 月 5 日）测算。

⑤　数据来源:台湾"行政院主计总处",《国民所得统计及经济情势展望》,2017 年 1 月 25 日。

⑥　数据来源:台湾"经济部",内外经济情势分析,2017 年 2 月 2 日。

⑦　资料来源:台湾"经济部",2016 年施政计划书。

⑧　数据来源:台湾"经济部",内外经济情势分析,2017 年 2 月 2 日。

⑨　数据来源:台湾"中华经济研究院",2016 年 12 月。

⑩　数据来源:台湾"财政部统计处",进出口贸易统计简表,2017 年 1 月 18 日。

⑪　数据来源:国际货币基金组织(IMF),《世界经济展望》,2017 年 1 月 16 日。

⑫　蔡英文就职演说,2016 年 5 月 20 日。

⑬　数据来源:台湾"行政院主计总处",《统计通报》(第 19 号),2017 年 2 月 2 日。

（作者单位:对外经济贸易大学国际经济研究院）

# 2016 年台湾社会情况述评

陈 星

**摘　要:**2016 年台湾社会生态呈现出结构性转型的趋势。民进党上台后推行了一系列社会改革,尽管效果不好,却通过增加社会分歧的方式有效化解了社会运动对执政当局的冲击力度。同时诸如老龄化等影响台湾社会发展的问题也逐渐显现出其影响力,而民间社会对民粹主义等问题的反思也逐步展开。

2016 年台湾社会运行态势呈现出与政治结构变化较强的关联性。年初民进党在"二合一"选举中取得了较大优势的胜利,台湾民间对马英九当局"执政无能"的不满得到了一定程度的宣泄,因而上半年呈现出较为平衡的态势。及至民进党上台,一系列的社会政策引发了诸多不满,台湾社会又开始活跃起来,原先已经存在的社会问题再度浮起,与新出现的社会问题迭次相加,全岛性的抗议运动重新出现,对台湾社会形成了新的扰动。

## 困境中的社会改革

台湾社会积累了诸多问题,均是长期以来一直为社会所关

注,却无法在短期内解决的难题。这些问题的解决牵一发而动
全身,涉及利益分配结构的调整问题,一般对于执政当局而言,
迫于选票及舆论的压力,一般会采取较为缓和的方式去处理这
些问题,最典型的态度就是能拖就拖。不过现在台湾的有些社
会问题已经到了无法再拖下去的地步。台湾当局"劳动部"
2016 年送抵"立法院"的书面报告指出,劳保基金在 2016 年 4
月底前余额为 6519 亿余元(新台币,下同),目前财务流量正
常,但随着人口老龄化、少子化趋势的加强,"劳保局"估算认为
该基金将于 2027 年用罄。[1]显然,年金制度的改革已经是势在
必行。其他如人口老龄化、民粹主义泛滥等问题,随着社会关注
度的提升,也成为执政当局不得不处理的问题。

民进党在竞选过程中提出了一系列的社会改革计划,通观
蔡英文的竞选纲领,这部分内容可以认为是其竞选诉求的核心。
民进党上台后,随即展开了社会改革的施政计划。林全在 5 月
底的"施政报告"中提出,将以"创新、就业与分配"三原则,以三
个"五大计划"为纲领,从经济、社会与政治等方面解决台湾现
阶段问题。所谓三个"五大计划"指的是施政上强调五大创新
产业:绿能,物联网,生技医药,"国防",精机;社会面推五大社
会安定计划,包括安心住宅、食安、小区照顾、年金永续与治安;
政治面推五大政改计划,如实践世代正义、政府效能、"国会"改
革、转型正义与人权、"宪政"及司改。[2]林全的"施政报告"所列
诸项基本没有超出蔡英文竞选诉求的范围,其中社会改革是核
心内容,政治面的世代正义、转型正义等也与社会改革密切
相关。

民进党上台后大力推进的社会改革计划主要有年金改革、

社会住宅、都更计划、长照计划以及加强劳工立法保障劳工权益等。这些问题以前就存在,也是一直广为社会关注的议题。民进党的改革计划目的在于缓解台湾社会对年金枯竭的恐慌,同时又以加强弱势关怀来争取民意的同情。不过这些改革因为涉及了广泛的社会利益分配,同时也因为执政当局在处理若干问题时手法粗糙,因而引起了大规模的社会抗议。

社会住宅计划是蔡英文为落实"8 年 20 万户社会住宅"竞选政见而推进的一项改革计划。民进党执政后,这项计划被民进党作为优先推行的社会政策,民进党从党务系统到政务系统均进行了动员。6 月 1 日蔡英文在民进党中常会下达指令,把该政策能否成功执行上升到"中央或地方执政成败指标"的高度,要求"中央"、地方通力合作,并加速进行社会住宅所需土地、资金与制度调整,责成"行政院副院长"林锡耀协助,尽快盘点可提供活化再利用的土地。③6 月底高雄市政府推出了社会住宅计划,采用"包租代管"模式,租用台电公司位于凤山五甲小区的 55 户公寓,作为公共出租住宅,希望能够以低于市价 30%以上的价格,出租给弱势族群。④随后的 7 月份台湾当局"内政部营建署"在一次谈座谈会上首度透露,将以地方政府当"二房东"方式,包租代管 8 万户房屋来推动社宅政策,初期先在 6 个"直辖市"办理,每市 1000 户、总计 6000 户,预计 2017 年上路。⑤民进党社会住宅计划已经全面推开。

从进程上来看,社会住宅计划推行相对顺利,因为该计划较少损害特定群体的利益,而涉及拆迁等问题的"都更计划"(都市更新)则会遇到相当大的麻烦。蔡英文上台不久在一次专访时表示,公办都更是必然趋势。民进党"立委"姚文智声称要提出"都市再生条例草案",并声称要另立"公办都更专法",由"政府主导大规模且符合公共利益的都更计划,并与现行都更制度双轨并行";他强调,"可利用公办都更的容积奖励,作为社会住宅之用。"⑥不过鉴于此前都更计划执行中出现的"文林苑强拆"事件引发的社会抗议,"居住正义"在台湾有逐步神圣化和符号化的趋势,行政当局核定的民间都更件数趋缓,2014 年尚有 11件,而 2015 年仅有 1 件。⑦未来民进党如果要推行大规模的都更计划,遭遇到的困难不会比以前小。

涉及更多利益调整的年金改革问题则直接引起了大规模的民间抗议,特别是民进党当局对军公教人员污名化并首先拿他们开刀的行为更是引起了这一群体的强烈反弹。针对军公教人员 9 月份的抗议活动,蔡英文先是同意军人与公教人员分开处理年金,接着"行政院长"林全又批准发放退休军公教年终慰问金。⑧不过这种安抚式的表态并没有减少民间的反感,9 月 3 日的军公教大游行还是如期举行。

民进党社会改革的困境在于,社会福利具有一定程度的刚性特征,即削减社会福利特别是针对特定人群社会福利的削减可能立即就会引起不满以及抗议。民进党迫于选票的压力,既要承诺增加社会福利以争取选票,但在社会福利实施的过程中却会遇到财政支出等各个方面的限制,具有无法突破的天花板。这也意味着,大规模的社会改革在多数情况下都是伴随着财政支出的扩张,但长期赤字高企对民进党执政显然也是不利的。台湾学者周阳山指出,台湾当局的年度支出为 1.97 万亿元,约占民众所得 16.28 万亿元的12%,但税课收入却只有 1.44 万亿元(仅及 8%),两者之间的差距达 5300 亿元。⑨显然,在当前台湾的经济形势下,如果增加税赋会引起更大的社会反弹,因此行政当局的社会改革只能通过增加负债的方式完成。民进党当局的社会住宅计划即明确说明经费来源是"由地方政府提报借款需求,向银行借贷",同时由当局出面中介增强信用。⑩但这种通过负债的方式推动社会改革不过是将问题推后而已,随着时间的推移,未来将会面临更大的困境,社会改革计划是否能够持续是一个疑问,而执政当局债务高企,本身就会成为问题。

## 分歧纷呈的社会运动

　　社会运动是台湾社会变化及政治生态结构改变的重要推动力量,同时也是台湾社会生态结构的生动展现。大致说来,只要是引起民间广泛关注并形成一定动员规模的民间社会集体行为,大都可以认为是社会运动。当然,社会运动与政治及经济,特别是政治具有较强的关联性,在很多时候都会受到政治生态的影响。就其典型个案来说,2016年台湾的社会运动主要有军公教人员的大游行、关于同性婚姻立法引发的社会抗争、旅游业者的抗议活动、反对日本核食进口等,小型的社会运动更是不可胜数。这些社会运动虽然多数均表达了对执政当局的不满,不过整体上来看已经呈现出认知分歧的局面,社会运动本身难以形成较为明确的目标和较强的聚合力,同时各个社会运动之间也缺乏有效的联系。这种情形是否意味着社会运动的转型,还有待观察,不过从基本形式上来看,社会运动与以前所展现出的形态呈现出的差异性还是相当明显的。

　　针对年金改革引发的社会运动即是如此。民进党当局为营造年金改革的氛围,长期以来不断将攻击的矛头集中于军公教人员,这与军公教人员大部分为国民党的支持者有关。民进党的"民意代表"及绿营媒体长期对军公教人员挞伐批判,声称军公教退休金将"拖垮台湾财政",以挑起社会对军公教的不满,制造所谓"年金改革"的浓厚氛围。这种做法使军公教人员的不满逐步增加。民进党上台后,执政当局的改革也是首先指向军公教人员的退休金。⑪因此2016年9月份军公教人员的游行主要诉求于"反污名,要尊严"。他们抗议的是军公教人员成为年金改革的代罪者。⑫不过从台湾的现实情形来看,年金改革已经势在必行,台湾社会对于抗议年金改革行为不以为然者大有人在。2007年1月台南市教育产业公会反对年金改革方案的游行就遭遇到了反动员,而此前在高雄召开的年金改革会议中,也出现了遭遇强行阻挠的情形。⑬出现这种情势主要的原因在于年金改革对不同群体影响具有差异性,使行政当局能够进行有效分化。也正是从这个意义上来说,军公教人员的抗议可能为自己争得若干利益,但就社会运动来说,却无法产生扩散性效果。

　　台湾社会在同性婚姻问题上的分歧也相当明显。婚姻平权问题本来是民进党选举时争取特定支持者的口号,及至执政后推行婚姻平权时却挑起了台湾社会的重大争议。台湾民意基金会委托山水民意研究公司执行的民调显示,关于同性婚姻的问题,18.9%非常赞成,27.4%还算赞成,18.1%不太赞成,27.3%一点也不赞成,8.2%没有意见、不知道及拒答。46.3%赞成,45.4%反对,双方旗鼓相当,若注意到态度的强度问题,强烈赞成和反对者合计高达46%,但强烈反对者多强烈赞成8%,表示潜藏这个问题下面的社会对立与冲突能量强大。[14]台湾民间分化为"挺同"与"反同"阵营,双方旗鼓相当,不断对呛。2016年12月"立法院"首度实质审查攸关同婚的"民法修正案"并初审过关,正反双方于"立法院"外正面交锋,"挺同"阵营欢声雷动、喜极而泣;反方则愤怒转往"总统府"示威。[15]就社会运动的视角来看,这种情形意味着埋下了未来冲突的种子,对于台湾社会的发展而言并非好事。

　　2016年台湾社会运动的变化的另外一个特征就是青年群体的退场,利益相关者群体重新成为主角。前两年的社会运动青年群体参与度相当大,以致有评论者认为:"台湾近几年来的大型社会运动好像是一部部热情洋溢的青春校园电影,从洪仲丘事件、周子瑜举'国旗'、到空姐罢工,都有一张(群)年轻而清丽的面庞为运动代言人。"[16]这些青年为主体参与的社会运动都有比较明确的指向,同时也有组织迅速、频度较高等特征,引起的冲击效果也相当明显,甚至有一批青年学生成为专门组织社会运动的职业活动家。这些社会运动对国民党在选举中的惨败起了重要的推动作用。及至民进党上台,青年退场,社会运动又显现出其本来的面目、利益分歧、组织涣散等问题接踵而至,台湾的社会运动也进入了一个新的阶段。

　　上述情形的出现与民进党上台密切相关。组织与利用社会运动长期以来一直是民进党扩展政治势力的重要手段。胡孟瑀认为,民进党自创党以来至今全面执政的30年历程里,通过操弄、利用社会运动,令其能够为民进党的政治利益服务,在代议选举当中取得战果,是一项重要的战略实践。"此话绝非直指社会运动都是民进党的侧翼,而是强调社会运动不过是民进党撼动国民党政权及其社会基础的一项工具,而社会运动本身的价值对民进党而言其实无关旨趣,能否有利于政治、有助于选举才是决定社会运动的唯一目的。"[17]及至民进党上台以后,一方面对社会运动进行收编,同时以社会改革、挑动社会分歧的方式消解社会运动的能量。影响所及,社会运动的形态发生了重大改变,"同样是强拆民房的永春案、开放东海岸的都兰湾案,甚至南铁东移案的民众抗议中,大部分当年热血的社运青年、社运人士、社会良心几乎全部销声匿迹;当年热血帮弱势争'土地正义'的学者,一旦摇身变成高坐庙堂的官员,就翻脸爆粗口训斥抗争民众。"[18]从这个意义上说,民进党从社会运动的利用者变成了社会运动的压制者与破坏者,这对社会运动未来的发展显然具有深远的影响。

## 日渐突出的人口问题

台湾的社会问题许多都与人口结构的变化有关,年金问题、经济发展、老龄看护问题均是如此。虽然这个问题已经被关注多年,不过由于经济、社会结构及民众的意识结构的发展变化特征使然,事实上一直没有什么好的解决办法。随着时间的推移,台湾的人口危机问题已经越来越成为影响台湾社会发展的关键性因素,民间的关注度也日益提升。

相关统计显示,台湾的人口结构正在加速老化,截至 2015 年底台湾 65 岁以上老人占总人口比率达 12.51%,估算 2018 年比率为 14%,到 2025 年就会跨过 20%,成为超高龄社会。[19]有论者指出,台湾老年人口有慢性疾病者占一半以上,失能人口也在快速增加,2015 年失能人口就达到了 75.5 万人,同时家庭结构在改变,平均生育子女数只有 1.17 人,等于未来一个年轻人要照顾两个老人,家庭照护者的压力将非常沉重。⑳老龄化带来的问题很多,诸如劳动力短缺、社会抚养负担加重等均需解决。

　　对行政当局和社会大众来说,老龄人口的照顾问题是现实而又迫切要解决的问题。民进党上台后台湾当局提出"长照计划 2.0 版","行政院"9 月份提出的优先法案中,"长照服务法"赫然在列,其中长照指定财源将明列新增遗赠税、烟税、烟捐,同时提出要配套修改"遗赠税法""烟害防制法"及"烟酒税法"。㉑不过有学者指出,"行政院"的计划将遗赠税率由 10% 提高至20%,税收可增加约 60 亿元;烟税每包调高 20 元,将可取得 225亿元,扣去烟税调高造成税基流失影响烟捐收入约 67 亿元后,所得之净税收约 158 亿元。上述收入即便全部进入长照基金专款专用,再加上"卫福部"公务预算编列的 177 亿元,合计财源395 亿元,或可度过"长照 2.0"开办之初的资金需求。然而依据国际标准,长照支出至少约占 GDP 的 1%,就台湾 GDP 规模而言,就需近约 1700 亿元,财源规划明显不足。㉒而且随着未来老龄人口增加,上述问题会越来越严重。

　　同时台湾社会出现了结婚率下降,而离婚率长期高企的情形。台湾"内政部"的统计数据表明,1950 年以后的离婚率几乎是逐年、缓步上升,大致稳定在 0.5%—2%,这个状况一直延续到上世纪末,过去 20 年来,离婚率都在 2%—3%。2015 年全年离婚对数为 5.3 万对,和 2006 年的 6.4 万对离婚相比,从绝对数字上看出现了下降趋势,即离婚对数是逐步减少的。不过这种情形的出现却是以结婚率下降为前提,结婚率下降,离婚率自然相应降低。根据"内政部"统计,台湾从 1950 年之后,结婚率大致在 8% —10% 之间,1990 年以后,结婚率大抵在 5% —8% 之间。通过数据分析来看,结婚率的下降明显大于离婚率。数据显示 2016 年离婚率为 2.5% ,2015 年为 2.2% ,2006 年则为 2.8% 。[23]就未婚情况来看,台湾 20 岁以上女性平均未婚率连续 4 年上升,于 2015 年底升至 26.2% 新高,其中具大专以上学历的女性未婚率更达 42.5% 。2015 年底,男性 20 岁以上的平均未婚率也达到了 32.8% 。不过考虑到台湾社会的平均初婚年龄女性为 30 岁左右,男性为 32 岁左右,在高年龄段未婚率会显著降低,如女性 40 岁以上的未婚率就降为 8.8% 。[24]不过即便这样,这种未婚率也是一个较高的数字。台湾青年不愿结婚有诸多原因,如经济原因、社会结构变化的原因以及女权运动的兴起等诸多方面都是影响因素。

结婚率下降一定程度上可能会导致人口生产数量的降低,同时加上台湾青年人的生育意愿降低,少子化危机已经日渐严重。对于青年人来说,低薪或就业难是必须直接面对的问题。2016 年 7 月底 1111 人力银行的调查数据指出,因为台湾经济景气前景不明,企业用人更保守,第三季录用应届毕业生的意愿仅剩 54% ,较去年同期锐减 26 个百分点,创调查以来(6 年)最低纪录。[25]除此之外,托育制度不完善也是一个重要的原因。青年人因为低薪,夫妻需要同时在职,托育问题就比较突出。[26]上文已经提及,台湾社会每对夫妇平均生育水平仅有 1.17 人,远低于正常的人口替代率。如果这种情况持续下去,未来的人口危机只能愈来愈严重。

少子化危机对台湾社会的冲击是全方位的,其中对大学的冲击可见一斑。据台湾"教育部"估计,从 2013 学年到 2023 学年,大学学生数将锐减 31 万人,教师也会减少 1 万人,而大学的学费收入也将减少 300 亿元。相关报告指出,台湾 18 岁大学入学年龄人口于 1990 年代尚有 40 万左右,随着出生人口大减,近年已减至 28 万,推估 2023 年后将再降至 20 万。[㉒]2016 年台湾的大学个人申请分发因受少子化冲击,录取率和招生缺额双创新高,缺额首度突破万名,高达 10317 人,连台湾大学的缺额都超过百名。受此影响,在英国《泰晤士高等教育》专刊发布的"2015 世界前 100 名大学声誉排名"中,台大因为受少子化冲击而未来发展堪忧,被从原先的 51 至 60 名群组调降到 61 至 70 名群组。[㉓]未来随着人口危机日益严峻,如果不采取有效措施补救,台湾将出现一波大学倒闭潮。

台湾"国发会"2016 年发布的报告指出了台湾人口危机的五大隐忧,即台湾工作年龄人口高峰已过、人口红利即将结束、九年后总人口负成长、大学入学年龄人口快速下滑、超高龄社会十年后到来。[㉔]这些问题均不是一朝一夕可以解决,随着时间的推展,对台湾经济、政治和社会结构产生的影响将会逐渐显现出来。

## 引发争议的民粹主义

2016 年台湾社会生态虽然在一定程度上出现了较强的变化趋势,不过就其民粹主义特征而言,却没有太大的改变。民粹主义依然在影响经济发展、社会运动、社会改革等方面扮演着重要的角色,台湾社会对民粹主义的反思声音也正在加强。民粹主义是台湾政治结构变迁过程中重要的伴生现象。民粹主义又称平民主义，是一种主张普通民众的权益并相信普罗大众智慧的政治哲学。从一般的情形而言，民粹主义针对精英主义，认为掌权的政治、经济和文化精英建立的制度和制定的政策损害普通民众利益，因此民粹主义往往表现出反精英和反建制的特征。就台湾的情况来看，民粹主义长期也表现出反体制的特征，这事实上也是台湾政治斗争的另外一种表达方式。在形式上看，台湾的民粹主义主要表现为构建和利用议题，动员民众去反对现有制度及依附于其上的精英阶层。民粹主义发展过程中，一方面形成了较大规模的政治和社会运动，同时也形成了解释权垄断在特定人群手中且较为完整的符号系统，诸如"居住正义""转型正义"等，即是显例。民粹主义因为打着"民意"的旗号，在情感上具有先天的道德性。也正是因为这样，民粹主义对台湾社会的发展影响是深远，台湾社会对民粹主义危害的警惕性也在不断增加。

台湾社会运动中的民粹主义表现最为明显。民粹主义特征对社会运动的影响主要表现为统一话语的建构以及对反对话语的压制。如台湾"行政院政务委员"张景森所言，不少社运团体以同情弱者之姿行霸权压迫之实，从反核、反都更、反服贸……，在此过程中，透过对新媒体的掌握与串联，造成社会多元声音的反挫。㉚这种情形事实上已经和台湾社会一直鼓吹的"多元"诉求相距甚远，因为多元诉求的核心是包容，但在民粹鼓动下，许多社会运动已经失去了包容的精神，于是在台湾出现了"逢国民党必反""逢大陆必反"的现象。影响所及，泛滥的民粹主义社会运动极易造成社会运行机制的失灵。㉛民进党以鼓动民粹主义的社会运动扩大了政治支持，及至上台以后，如何处理民粹主义，确实是一个非常棘手的问题。

　　民粹主义一般都打着公平、正义的旗号，不过就其实质来看，其实还是利益问题，这种情形在台湾都更计划实施中表现明显。台湾《工商时报》副总编辑王荣章认为，都更问题的死穴在"钉子户"，不过执政当局和社会大众一般对这个问题却轻描淡写，相反却形成了"贪婪伪装为捍卫居住权却能博得舆论支持的民情"，以及"都更户认为不花一毛钱换回一样大的全新住宅外带停车位天经地义"的都更文化，从而使都更问题成为所有实施者的梦魇。㉜有论者认为推行都更计划最重要者是"是透过法令与公权力解决权益分配与钉子户问题"，㉝否则只能引起更大范围的抗争。张景森在脸书上以嘲讽的口吻指出，四年前台北市文林苑的抗争事件结果颇为讽刺，钉子户王家最后分配到价值上亿的房产，而等待都更逾 1000 天的 38 户同意户中，有人却流离失所，整个台北市的都更计划都因此案几乎停顿。张景森因此认为当时那些在王家举办烛光晚会、为"正义"哭得死去活来的文艺青年"真可怜"。㉞从上述反思来看，台湾社会对所谓"公平""正义"的认知也正在走向多元化。

　　民粹主义天然地带有反精英特征，具有一定程度的反商情结自不奇怪。民进党在发动社会运动时，往往也以民间代言人自居，并自诩为具有"反商情结"。台湾社会的这种反商情结对台湾社会的影响正在逐步显现出来，其中尤其以环保运动最为典型。2016 年彰化发生台化关厂事件，被认为是环保运动的一次胜利，但也引发了反商情结的隐忧。台塑集团总裁王文渊表示，台湾经济不景气，但现在整个社会环境却到处充满反商意识形态与民粹,令人担心。㉟经济与环境到底何者为重的问题众说纷纭,不过既要经济发展又要环境不受丝毫污染显然是不可能的。因此有的论者将矛头指向了台湾的环评制度,认为这是一个"半吊子制度",缺乏经济收益与环境保护之间的权衡与妥协。㊱不过如果从台湾环境保护运动的角度来看,过度民粹式的环保运动显然对权衡上述利益缺乏兴趣。于是在台湾民粹式的反商情结下,最有可能的结果就是,经济发展的回馈变成"赎罪券",而环境破坏本身则成为原罪。㊲二者被人为割裂出来,无论对经济发展还是对环境保护,都会带来负面的影响。如果这种情形持续下去,工厂外移、投资缩减,是必然的趋势,对台湾经济发展的影响是深远的。

从 2016 年台湾社会生态来看,台湾社会对民粹主义的反思在逐步升温。民粹主义在追逐议题以及围绕特定议题展开时具有强大的动员功能。台湾学者葛永光认为,民粹政治最大的隐忧就是"法治"被破坏,代议政治被取代,社会原有的伦理道德防线被摧毁,最终民主社会被群众暴力所吞噬。㊳台湾社会的民粹主义最重要的表现形式就是围绕着特定议题的动员能力爆发式释放,从而在一定程度上形成了群众暴力,并形成了对现有制度框架的冲击。一旦议题过去,热情不再,则民粹主义往往销声匿迹,民粹主义的参与者与领导者也往往沉潜不见。自 2015 年以来政治参与热情空前高涨的青年族群,对于民进党上台以后的"无感"程度很能说明问题。《中国时报》于蔡英文当政 100 天时所做的民调显示,逾 6 成受访者表示对民进党执政"无感"。"令人讶异的是,虽然新政府上任后所签的第一份公文就是对'太阳花学运'撤告,但最无感的是 20—29 岁者,比例高达

81.5%。"[39] 从这里也可以看出,我们以前经常提到的台湾社会对某一问题所谓"有感"与"无感",其实本身说明不了什么问题,它们不过是民粹主义某一个层面的表现形式而已。

# 结语

台湾社会生态在 2016 年出现了较大调整的态势。民进党上台后,为了实现其"永续执政"的目标,开始处理台湾沉疴已久的社会问题,力图在一定程度上消除影响台湾社会发展的危机因素。台湾的社会运动以及民众关注的焦点自然也围绕着这些议题展开,相对来说台湾民众对两岸议题的关注有一定程度的降低。就社会运动本身来说,在失去了民进党的操弄之后,一方面政治色彩降低,另一方面则呈现出离散化的特征。这意味着社会运动短期内如果没有出现新的力量担任组织者和领导者的话,对政治系统产生冲击的能量也相应降低。总之,台湾社会生态已经进入一个转折期,未来会向哪个方向发展,需要长期跟踪观察。

**注释:**

① (台湾)《中国时报》,2016 年 6 月 12 日。
② (台湾)《中国时报》,2016 年 6 月 1 日。
③ (台湾)《中国时报》,2016 年 6 月 2 日。
④ (台湾)《工商时报》,2016 年 6 月 28 日。
⑤ (台湾)《工商时报》,2016 年 7 月 23 日。
⑥ (台湾)《中国时报》,2016 年 6 月 20 日。

⑦ （台湾）《中国时报》,2016 年 6 月 20 日。

⑧ （台湾）《中国时报》,2016 年 9 月 2 日。

⑨ （台湾）《中国时报》,2016 年 9 月 2 日。

⑩ （台湾）《工商时报》,2016 年 7 月 23 日。

⑪ （台湾）《中国时报》,2016 年 4 月 6 日。

⑫ （台湾）《中国时报》,2016 年 9 月 4 日。

⑬ （台湾）《中国时报》,2017 年 1 月 13 日。

⑭ （台湾）《中国时报》,2016 年 11 月 29 日。

⑮ （台湾）《中国时报》,2016 年 12 月 27 日。

⑯ （台湾）《中国时报》,2016 年 7 月 9 日。

⑰ （台湾）《中国时报》,2016 年 10 月 7 日。

⑱ （台湾）《中国时报》,2016 年 8 月 15 日。

⑲ （台湾）《中国时报》,2016 年 7 月 13 日。

⑳ （台湾）《工商时报》,［2016 年 8 月 17 日。

㉑ （台湾）《中国时报》,2016 年 9 月 12 日。

㉒ （台湾）《工商时报》,［2016 年 11 月 9 日。

㉓ （台湾）《中国时报》,2016 年 6 月 5 日。

㉔ （台湾）《工商时报》,2016 年 6 月 13 日。

㉕ （台湾）《工商时报》,2016 年 7 月 23 日。

㉖ （台湾）《工商时报》,2016 年 5 月 23 日。

㉗ （台湾）《工商时报》,2016 年 9 月 18 日。

㉘ （台湾）《工商时报》,2016 年 5 月 27 日。

㉙ （台湾）《工商时报》,2016 年 9 月 18 日。

㉚ （台湾）《工商时报》,2016 年 4 月 27 日。

㉛ （台湾）《工商时报》,2016 年 11 月 20 日。

㉜ （台湾）《工商时报》,2016 年 12 月 7 日。

㉝ （台湾）《中国时报》,2016 年 11 月 21 日。

㉞　（台湾）《中国时报》,2016 年 4 月 27 日。

㉟　（台湾）《中国时报》,2016 年 11 月 22 日。

㊱　（台湾）《中国时报》,2016 年 4 月 21 日。

㊲　（台湾）《中国时报》,2016 年 11 月 22 日。

㊳　（台湾）《中国时报》,2016 年 9 月 5 日。

㊴　（台湾）《中国时报》,2016 年 8 月 26 日。

（作者单位:北京联合大学台湾研究院）

# 2016 年两岸法律事务交流综述

季　烨

**摘　要:** 2016 年,台海局势发生重大变化。首度在台湾地区"全面执政"的民进党拒不承认"九二共识"的历史事实,更加重视以法律手段推行其"台独"意志。大陆方面在两岸及国际事务中坚守"一个中国"的法理底线,引领并塑造两岸关系的正确发展方向。

2016 年,台海局势发生重大变化。中国国民党延续了在"九合一"选举中的颓势,不但在新一轮台湾地区领导人选举中败北,还史无前例地失去了在立法机构中的多数席位。"520"以后,在所谓"维持现状"的承诺下,首度在台湾地区"全面执政"的民进党虽然不得不暂时搁置激烈的分裂行径,但仍拒不承认"九二共识"的历史事实,而且更加重视以法律手段推行其"台独"意志——在岛内,以"转型正义"为幌子,以处理不当党产立法为核心,瓦解岛内支持"九二共识"的力量,通过修改"公民投票法"等方式逐步推进"台独"活动;以尊重所谓"民意"和立法监督为手段,紧缩并阻挠两岸民间交往。在此背景下,大陆方面在两岸及国际事务中坚守"一个中国"的法理底线,继续深化民间交流交往,维护台湾同胞的合法权益,引领并塑造两岸关系的正确发展方向。

# 一、两岸两会协商机制被迫中断

两岸两会协商谈判是两岸关系法制的重要生成机制,两岸协议是两岸关系法制的主要载体。为落实2015年11月7日两岸领导人会面的成果,在2016年5月20日民进党上台执政之前,两岸两会仍努力维持正常运转,并在个别议题上取得积极进展。2016年1月上旬,两会就互设办事机构事宜举行了第9次业务沟通。双方确认协议架构包括"文本",以及"行为规范""保障及便利措施"两个附件,确认互设办事机构具备促进两岸各项交流合作、急难救助、办理旅行证件等功能服务内涵,同时也就相关文字进行磋商,获得若干初步共识。[①]关于台湾方面提出的大陆居民经台湾桃园机场的中转业务,中央台办和国务院台办也表示,大陆有关方面拟试点开放南昌、昆明、重庆为首批试点城市。海协会将与台湾海基会联系并在有关准备工作完成后实施。此举将极大提升岛内航空公司的业务发展,助力台湾发展亚太转运中心,并推动两岸空运发展和合作。

两岸共同打击犯罪与司法互助机制在"520"之前仍维持有效运转。3月28日至4月1日,在《海峡两岸共同打击犯罪及司法互助协议》(简称《两岸司法互助协议》)框架下,应大陆方面联络人邀请,台湾方面协议总顾问、台湾法务主管部门负责人罗莹雪一行来北京、上海两地参访。大陆方面协议总顾问、最高人民检察院检察长曹建明和大陆方面协议总顾问、最高人民法院院长、首席大法官周强分别会见罗莹雪一行。双方回顾了《两岸司法互助协议》生效实施 7 年来的执行情况,并就当前双方最关心的共同打击电信诈骗、毒品犯罪以及大陆居民被骗财产返还等问题交换意见。②4 月上旬,肯尼亚执法部门决定将该国警方抓获的涉嫌向中国大陆实施电信诈骗的 32 名大陆犯罪嫌疑人和 45 名台湾犯罪嫌疑人遣返中国大陆。③对此,除了民进党"侵犯主权论",当时仍在执政的国民党也将其无限上纲并政治化,并附和民进党在台立法机构党团协商中通过暗含"两国论"的声明。4 月 12 日下午,国台办主任张志军应约同台湾方面陆委会主委夏立言通过两岸热线通话,并向台湾方面初步通报了肯尼亚电信诈骗案件的相关情况。两岸执法部门还先后于 4 月 21 日和 5 月 12 日在北京和珠海举行《两岸司法互助协议》有关合作打击电信诈骗的两轮协商。

但在"520"以后,由于新执政当局拒不明确承认"九二共识"及其核心意涵,两岸两会协商谈判就此中断。④因此,在过去一年,两会非但未能洽签新协议,自 2011 年 3 月起已经举行了 12 次业务沟通的两岸货物贸易协议也未能如期完成协商。台湾地区"两岸协议监督条例"的难产,加剧了两岸两会协商机制的运作困境。2016 年新一届立法机构选举以来,台行政机构、民进党籍"民意代表"、"时代力量"等"极独"势力纷纷提出草案,蔡英文团队疲于协调安抚,直至 4 月 1 日民进党团版"两岸协议监督条例草案"才正式出炉。与在野时期的"两国论"截然相反,新草案一方面照搬美国、韩国关于条约监督的规定,设置了谈判前、中、后三个阶段的监督机制,试图强化立法机构的监督权;但另一方面,新草案仍然沿袭"一国两区"的定位,"公投"机制也被排除在外。此后,民进党籍"民意代表"以"两国论"为基调的提案纷纷撤回。上述举动在一定程度上反映了蔡英文团队"维持现状"的立场。但令人遗憾的是,随着两岸两会协商机制中断,两会后续协议谈判随之搁浅,民进党也无意愿继续推进该草案的审议,至今尚未完成立法。作为连锁反应,马英九执政时期签署的《海峡两岸服务贸易协议》和《海峡两岸避免双重课税及加强税务合作协议》,也因"两岸协议监督条例"的缺失而至今尚未生效。更有甚者,台湾地区立法机构"内政委员会"还于3月底通过临时提案,要求时任海基会董事长林中森非经该委员会同意不得出访,也不得动用出访经费。受此决议的影响,两岸两会领导人原订4月的会面被迫取消。

## 二、大陆涉台法制力促两岸融合

为了推进台湾同胞在大陆投资的便利性,切实解决台商融资难、融资贵的问题,2016年2月5日,国务院台湾事务办公室与国家开发银行在北京签署《促进两岸经济融合发展合作协议》。这是继2005年、2012年先后签署《支持台湾同胞投资企业发展开发性金融合作协议》《促进两岸经济繁荣与企业共同发展合作协议》后,国台办与国开行第三次合作。根据协议,双方将在今后3年间,在两岸产业合作、大陆台资企业投资与转型升级发展、两岸青年创业创新合作、两岸经济合作重点区域建设、陆资企业赴台投资等领域,加强综合金融服务,提供融资支持。⑤同时,与"三资企业法"的修订相同步,9月3日,十二届全国人大常委会第 22 次会议审议通过了台湾同胞投资保护法修正案,决定对台资企业实行准入前国民待遇加负面清单管理模式,对负面清单以外的台资企业设立变更审批事项改为备案管理。此次修法进一步扩大了台商在大陆的投资范围,简化审批备案流程,有助于提升台商在大陆投资的便利化程度。

为了给台湾民众,尤其是台湾青年来大陆就业、创业提供更广阔的发展空间,自 2016 年 1 月 1 日起,国务院台办、国家工商总局等有关部门联合发布的《关于扩大开放台湾居民在大陆申请设立个体工商户的通知》正式实施,在经营领域、适用地域和经营条件等三个方面做出进一步实质性开放。11 月,司法部决定,对于取得大陆法律职业资格并获得大陆律师执业证书的台湾居民在大陆从事涉及台湾居民、法人的民事诉讼代理业务范围,在 2008 年已开放的涉台婚姻、继承诉讼业务基础上,开放范围扩大至五大类 237 种民事案件。此项决定将为更多台湾法律界人士尤其是青年法律执业者在大陆创造更好的发展机遇,为维护两岸同胞合法权益营造更加有利的法治环境。

依法维护台湾同胞的合法权益,是大陆涉台立法执法的重要出发点和落脚点。2016 年 5 月 1 日,最高人民法院《关于人民法院办理接收在台湾地区服刑的大陆居民回大陆服刑案件的规定》正式实施。该规定全面规范和明确了接收在台湾地区服刑的大陆居民回大陆服刑案件的管辖法院、审判组织形式、案件审理基本原则、立案审查材料内容、对被判刑人转换刑罚的原则与方法、刑期折抵原则等一系列内容,将使人民法院办理相关案件有据可依。7 月 26 日,最高人民法院、最高人民检察院、公安部、司法部印发《关于对因犯罪在大陆受审的台湾居民依法适用缓刑实行社区矫正有关问题的意见》,对因犯罪在大陆受审、执行刑罚的台湾居民判处管制、裁定假释、决定或者批准暂予监外执行,实行社区矫正的执行程序做出具体规定。9月,国台办与中国贸促会联合下发《关于进一步推动台资企业利用仲裁方式决经贸争议的通知》,要求各级台办和贸促会主动引导台资企业增强合同意识和仲裁意识,帮助台资企业运用仲裁方式保护自身合法权益。该通知同时附有《海峡两岸仲裁中心仲裁示范条款》,并就海峡两岸仲裁中心的受案范围、仲裁员名册、仲裁程序、裁决的认可和执行进行简要说明。10月22日,被索马里海盗劫持长达4年半的阿曼籍台湾渔船 NAHAM3 号中幸存的26名船员安全获救,其中9名大陆船员和1名台湾船员。根据获救台湾船员本人意愿及其家属委托,他将与大陆船员同机在外交部工作组的陪护下从肯尼亚首都内罗毕回到广州,由家属从广州接返回台。

在地方立法层面,2016年4月1日福建省第十二届人民代表大会常务委员会第二十二次会议通过的《中国(福建)自由贸易试验区条例》和《平潭综合实验区条例》均多处体现闽台合作元素,前者甚至专设“闽台交流与合作”一章,按照“同等优先、适当放宽”的原则,探索闽台产业合作新模式,构建闽台双向投资促进机制,促进两岸货物、服务要素自由流动。2016年8月31日厦门市第十四届人民代表大会常务委员会第三十七次会议通过的《厦门经济特区促进中国(福建)自由贸易试验区厦门片区建设规定》也突出对台交流合作,扩大台商投资领域,降低准入门槛,吸引台湾人才来厦,简化办理程序,鼓励和支持台湾地区青年在自贸试验区创业就业,发挥地域优势,推动厦金合作。

## 三、台湾当局人为制造法制对立

　　相较于大陆方面积极通过法律手段促进两岸民间交流,台湾方面却不断通过法律手段刻意阻挠两岸交往。针对将大陆配偶取得台湾户籍的时间由现行 6 年下修至与外配一样的 4 年的提议,2016 年 6 月 27 日,台立法机构"内政委员会"二次审查"两岸人民关系条例"第 17 条修正草案并初步决定,陆配取得台湾户籍的年限不变,且新增"国民权利义务常识"测试,领证难度不降反升。7 月 28 日,台湾地区"国史馆"修订发布"馆藏档案史料应用要点",删除了关于大陆及港澳学者借阅资格的规定,使其不得不适用所谓"平等互惠之外国人"的规定。但"国史馆"又称大陆地区亦非其"平等互惠国",所以未来也不能申请调阅数据。由于"国史馆"藏有大量国民党从大陆带去的珍贵民国史料,以上述新规封锁资料,足以表明台湾当局打压民国史研究、推动"文化台独"的意图;其将大陆以"平等互惠国"的标准来衡量,无疑也暗含着"法理台独"的政治诉求。11 月 2 日,台北故宫博物院在给台立法机构委员会的报告中声称,按照台北故宫"藏品图像授权及出版授权利用办法",北京故宫出版的《故宫画谱》未事先申请使用三幅现藏于台北故宫博物院的图片,涉嫌"图档侵权",将对北京故宫提起诉讼。[⑥]然而,台北故宫的上述办法仅是其内部规章,无法作为确定其享有著作权的法律依据。11 月中旬,民进党籍"民意代表"借题发挥,以台军退役将领吴斯怀等 37 人来大陆参加孙中山纪念活动为由,提案修正"两岸人民关系条例",主张追回退役将领退休俸和勋奖章,并对其前往大陆进行终身管制,引发社会反弹。

　　在蔡英文所谓"维持现状"的幌子下,岛内"台独"势力不断试探"法理台独"的底线。6月初,台湾地区立法机构"时代力量"党团便宣布,他们将开始启动连署,未来要提出"废除一国两区""废省""18 岁公民权"等三项"修宪"草案。12 月,民进党籍"民意代表"李俊俋等 30 人提案,主张废除现行"宪法"中的"考试院"和"监察院",相关职权分别回归行政权和立法权。在"修宪"议题保持温度的同时,"释宪台独"的可能性也引发两岸法学界的高度警惕。10 月 13 日,在台立法机构对其提名行使同意权的"全院委员会"询问阶段,蔡英文提名的"司法院长"人选许宗力公然宣称主张两岸"就是'特殊国与国'关系,类似过去西德与东德的关系","中华民国主权"不包括大陆。至于"宪法"上提及的台湾地区与大陆地区,许宗力认为这仅仅"是政治宣誓,并非有法律效果的地方层级单位"。

　　在法律层面,为了给"台独"分子使用自制的"台湾国"贴纸"护照"提供便利,台立法机构"外交与国防委员会"竟然于 4 月通过决议,要求删除"'护照'条例施行细则"关于禁止擅自增删涂改或加盖图戳的规定,为"台独"造势。此外,台立法机构还就修改"公民投票法"达成共识,包括下修"公投"的提案和通过门槛,降低"公投"年龄等。关于两岸间政治协议交付"公投"的条文也被删除,留待"两岸协议监督条例"立法时再一并讨论。同时,由于执政包袱,此前讨论的"领土变更及修宪"议题被民进党主动排除在"公投"事项之外,这也引发了"时代力量"的不满。在讨论过程中,中国国民党的态度大转弯,唯有亲民党团强力反对。也正是由于上述分歧,该法案尚未完成修正,留待立法机构党团协商。

为了瓦解岛内支持"九二共识"的力量,民进党凭借在立法机构的多数席位,便以"转型正义"为名,加紧推动包括"促进转型正义条例""政党法""政党及其附随组织不当取得财产处理条例"(简称"不当党产条例")等在内的政治性法案,对国民党展开清算。以"不当党产条例"为例,虽然国民党试图通过变更议事日程等手段反抗,但在民进党的强势主导下,该条例仍然于7月25日在台立法机构三读通过。根据该条例,国民党自1945年以后取得的财产,扣除党费、政治献金等后,将全部推定为"不当取得",应转移充公。国民党随即提出应对措施,列举该条例的十大"违宪"理由,包括侵害政党组织自主权及财产处分权、违反禁止个案立法原则、违反权力分立原则等。因党籍"民意代表"席次未达声请"释宪"门槛的38席,国民党于9月初提出"连环套"的"释宪案",但10月底被"大法官会议"决议不予受理。尽管如此,国民党在与"不当党产处理委员会"的个案诉讼中却取得成功。针对"不当党产处理委员会"将国民党持有的中投、欣裕台公司收归公有,并冻结国民党银行账户的决议,国民党随即提起司法诉讼,台湾地区高等法院判决"不当党产处理委员会"冻结国民党银行账户不合法,认定将中投、欣裕台收归公有程序不合法,台湾"最高行政法院"也在12月驳回"不当党产处理委员会"冻结国民党银行账户的函文。

# 四、两岸民间法学交流持续推进

作为两岸关系法制领域最具代表性的学术平台,海峡两岸关系法学研究会(简称"海研会")继续重点组织两个学术论坛。2016 年 1 月 7 日至 9 日,海研会在北京举行 2015 年度学术年会,与会专家学者围绕两岸关系和平发展的法治基础、两岸司法合作与司法制度比较以及台湾法制发展与两岸比较等三个专题展开深入交流。8 月 19 日至 20 日,由海研会主办、黑龙江省法学会和黑龙江大学协办的第五届"两岸和平发展法学论坛"在哈尔滨举行。本届论坛的主题为"两岸关系与法学交流",来自台湾地区 10 多个法学组织和法学院系的 80 余名专家学者参加论坛,两岸共同维护领土主权与海洋权益成为讨论焦点。

两岸法学专业社团在两岸关系相对低迷的氛围下,仍持续推动法学对话与交流。4 月 13 日,第三届"海峡两岸环境、能源暨资源法学研讨会"首度聚焦地方环境法律问题,两岸专家学者对此献计献策。7 月 31 日,由中国法律咨询中心、台湾中华法律风险管理学会等共同主办的"两岸法律风险管理研讨会"在贵阳召开。9 月 24 日,第七届"海峡两岸公法学论坛"在台北举行,两岸 40 余位公法学者围绕"立法权的行使及其界限"展开交流与探讨。10 月 15 日,题为"生态文明建设与法律绿化"的第六届"中达环境法论坛"在北京召开。10 月 29 日,第七届"海峡两岸法学院校长论坛"在中南财经政法大学举行,法学一流学科建设和卓越人才培养成为两岸法学教育工作者的共同关切。11 月 12 日,第十七届"海峡两岸行政法学学术研讨会"在高雄举行,本次会议聚焦"行政程序法制之发展与变革"这一主题,并邀请韩国行政法学者共襄盛举。12 月 3 日,2016 年"海峡两岸国际私法学术研讨会"在厦门大学召开,两岸冲突法立法实施与比较成为会议讨论焦点。两岸财税法领域的学者更是两度合作,分别于 4 月 11 日和 10 月 29 日连续举办了第二十四届和第二十五届"海峡两岸财税法学术研讨会",先后聚焦税法教育改革与现代法治国家、新时期的财税法治建设与财税法学研究范式两大主题。

随着《民法总则》起草进程的推进,两岸民商法学界的对话也更加活跃。2016 年 8 月 18 日,第十四届"海峡法学论坛"在福州举行,论坛聚焦民法总则立法与城市发展两个方面展开讨论。4 月 22 日,由厦门大学法学院和厦门市海沧区人民法院联袂主办的"海峡两岸家事司法实务研讨会"在厦门举行。4 月 23 日,由中国民法学研究会、苏州大学王健法学院等联合主办第四届"比较民商法与判例研究两岸学术研讨会",重点关注民法中的旅游合同履行辅助人的民事责任。7 月 10 日,由吉林大学法学院、中国人民大学民商事法律科学研究中心承办的第七届"两岸四地民商法硕博论坛"在吉林大学举行,两岸 50 多名高校师生围绕人格权与民法典编纂展开热烈互动。11 月 5 日,由北京航空航天大学法学院与台湾政治大学法学院联合举办的第六届"两岸民商法前沿论坛"在北京召开。本次论坛主题为"民商法的国际性与地域性",与会专家围绕法典编纂思路和重点、难点问题进行重点探讨。

区域合作法制也是 2016 年两岸法学交流的两点。3 月 25 日,由中国法学会、香港法律论坛、澳门法务局共同主办的第八届"两岸四地法律研讨会"在宁波召开,与会人员热议两岸四地共同参与"一带一路"建设法律问题。10 月 14 日,由广东省法学会、香港城市大学法律学院和澳门大学法学院主办的第二届"粤港澳台法学研讨会"在深圳举行,聚焦粤港澳台合作与发展的法律问题。

# 五、2017 年两岸法律事务展望

展望 2017 年,台海局势的不确定性增强,台湾当局接受"九二共识"的可能性不大,两岸关系发展"官民有别"的总体态势仍将延续。受此影响,两岸法律事务交往也将呈现两个层面的特点:一方面,国台办与陆委会之间的沟通机制以及两岸两会之间的协商谈判机制仍将继续停摆。虽然台湾当局可能将通过"两岸协议监督条例"作为其在两岸政策上的解套措施,但这种策略性的安排无助于为两岸制度化协商奠定法理基础。因此,两岸两会难以洽签新协议,既有协议的审议和实施也将面临困境。另一方面,两岸各自的互涉性立法在价值取向上可能背道而驰。大陆方面将以两岸民众福祉为皈依,深化民间交流,重点为台湾同胞在大陆享受同等待遇塑造法制环境。但台湾当局可能将继续固守"国安"牢笼,对陆生、陆配等群体的歧视性待遇难以实质性改观;同时,"台独"势力将进一步以"公民投票法"的修订、"转型正义"相关法案的制订和实施为先导,继续在迈向"法理台独"的道路上试探大陆底线。因此,两岸法律事务交往的形势可能更加严峻,两岸法律斗争的方式也更为激烈。

**注释:**

①　查文晔:《两会就互设办事机构议题举行新一轮业务沟通》,新华社北京 2016 年 1 月 11 日电。

②　李想:《曹建明会见台湾客人　望积累互信深化务实合作》,《法制

日报》2016 年 3 月 29 日；罗书臻：《周强会见〈海峡两岸共同打击犯罪及司法互助协议〉台方总顾问、台湾地区法务主管部门负责人罗莹雪一行》，《人民法院报》2016 年 3 月 30 日第 1 版。

③ 《我国首次从非洲大规模押回电信诈骗犯罪嫌疑人》，《人民法院报》2016 年 4 月 14 日。

④ 查文晔：《中共中央台办、国务院台办负责人就当前两岸关系发表谈话》，新华社北京 5 月 20 日电。

⑤ 赵博：《国台办、国开行"三度携手"精准助力台企发展》，新华社北京 2016 年 2 月 5 日电。

⑥ 张雅：《因富春山居图 台北故宫欲诉北京故宫"侵权"》，《北京青年报》2016 年 11 月 6 日。


（作者单位：厦门大学台湾研究院）

# 2016 年台湾教育综述

石　勇

**摘　要**：2016 年台湾推出了一系列举措,提升台湾教育的质量。继续扩大公立学前教育的覆盖面;推进落实十二年“国民基本教育”计划;进一步提升高等教育影响力;继续发展两岸教育交流。持续完善终身教育体系;努力营造安全健康的校园环境;保障偏远、弱势群体的受教育权。但台湾教育也面临着公立学前教育覆盖面窄,高等教育竞争力下降等问题。同时,随着民进党上台,两岸教育交流受到一定程度的冲击,赴台陆生人数大幅减缓。

2016 年台湾继续在学前教育、“十二年国民基本教育”、高等教育、终身教育等领域推进改革,并取得了一定成绩。但同时台湾面临着公立学前教育普及率不高、“十二年国教”争议难消、高等教育竞争力下降等问题,同时随着蔡英文民进党的上台,两岸教育交流受到一定程度的冲击,赴台陆生人数大幅减少。

# 一、公立学前教育的规模与优质程度提升

鉴于公立学前教育普及率不高、教职工待遇不好、公立学前教育难以满足大众需求等问题,2016 年台湾加大力度增设公立幼儿园及非营利性质幼儿园,并使之优先服务于经济、身心处于弱势及身处边远地区的家庭。

第一,公立幼儿园规模增大。目前台湾公立、私立幼儿园的比例约为 3∶7,学前教育公立化仍有较大的提升空间。为减轻普通家庭在学前教育阶段的负担,台湾相关部门计划逐步提升公立学前教育的覆盖面。教育主管部门提出"扩大幼儿托育公共化方案",计划到 2020 年新增公立幼儿园 948 个班级,非营利幼儿园 300 个班级,使幼儿进入幼儿园的比例提升到 60% ,其中入读公立幼儿园的比例达到 40% 。[1]2016 年台教育部门补助地方政府增设了 112 个公立幼儿园班级,公立幼儿园班级总数已达 1381 个班级,非营利性质幼儿园总数已达 50 个。[2]此外,在公立学前教育资源十分匮乏的区域,通过教育部门出资补助,遴选优质私立幼儿园让渡名额的方式,保障弱势儿童的入学权益。

第二,提升公立幼儿园教职工的待遇。将工作津贴、保险与退休制度等内容纳入公立幼儿园的评鉴体系,对达标的公立幼儿园予以奖励,以保障幼儿园老师的基本权益,稳定师资力量,促使公立幼儿园平稳运行。为使非营利性幼儿园教职工安心工作,制定了"教保服务人员薪资支给基准"确保教师的基本薪资待遇。

# 二、"十二年国民基本教育"计划继续推进

　　2014 年台湾正式实施"十二年国民基本教育",这项 45 年以来台湾最大的教育改革实施后,引发了在学区划分、入学方式及特色招生等方面的诸多问题与争议,为了应对这些问题及争议,台教育主管部门通过举办座谈会与咨询会,广泛收集民众对"十二年国教"的意见与建议,提出"十二年国民基本教育五年精进计划",并进行积极宣传,以逐步落实"十二年国民基本教育"。2016 年台湾推进"十二年国民基本教育"的情况包括:

　　第一,进一步落实多元入学精神。2014 年多元入学的主要渠道是"免试入学"与"特色招生"。2015 年则以"先免后特、多元入学、一次分发到位"为基本原则,以提升免试入学比率、调整比序项目、扶助弱势升学、缩短入学作业时间等重点,进一步拓展多元入学的渠道。2016 年台湾教育主管部门与地方政府共同完成了"高级中等学校多元入学招生办法""高级中等学校免试入学作业要点订定应遵行事项""高级中等学校特色招生核定作业要点订定应遵行事项"等规章制度,以促使多元入学更简便、合理、适用。

　　第二,推动落实"十二年国民基本教育课程纲要"的各项配套措施。2014 年 11 月台教育主管部门发布了"十二年国民基本教育课程纲要""总纲",此后相关部门举办了咨询会、网络论坛、公听会等听取社会各界对"课纲"修订的意见与建议,并加强了教育主管部门与学校师生的沟通,为制定各阶段、各门类、各科目的课程纲要草案做准备。自 2016 年 2 月起,台湾教育研

究院陆续将课程"纲要"草案提交至"高级中等以下学校课程审议委员会"进行审议。③

第三,推动高中教育优质化、均质化发展。高中教育质量的不平衡、城乡差距大是制约"十二年国教"就近入学方案的主要障碍,为实现高中教育的普遍优质化,台湾教育部门鼓励高中跨校合作及与大专院校建立伙伴关系,引导区域内高中进行资源共享。截至2016年8月全台平均每所高中建立的跨校合作课程达5.85门,60%以上的高中与大专院校展开了课程合作。④此外,优质学校认证计划也逐步展开,根据"高级中等学校优质认证实施要点"全面、严谨地对高中进行评鉴认证工作,计划在5年内对294所高中进行评鉴。对于在评鉴中成绩欠佳或者招生困难的学校,进行专门辅导以改善教育质量。

第四,鼓励初中、小学在课程及教学方面发挥自主性,提升学生学习成效。鼓励中小学秉持"自发、协同、精进、创新、有效"的理念进行教学改革,⑤由教育行政部门提供专业团队支持,或委托相关学科的专家到校进行辅导工作。如根据学生水平的差异,推动数学、英语课进行分组教学,2016年高雄市、宜兰县、南投县、花莲县4个县市的42所学校258个班级参加了分组教学改革。⑥通过课程教育方式改革达到端正学生学习动机,提升学习兴趣,促进学习成效的目的。

# 三、提升高等教育多元化与竞争力

近年来台湾高等教育一直面临大陆、港澳、日本、新加坡等国家和地区的竞争,受经济衰退、少子化以及高校师资流失等因素的影响,台湾高等教育面临的形势更为严峻,无论是在国际大学排名方面,还是在招生人数及招生质量方面均不尽如人意。2016年台湾教育部门采取了多方面的措施,提升台湾高等教育的竞争力。

第一,松绑高等教育制度,鼓励高等教育创新。提升台湾高等教育的质量与竞争力,需要为大学创造更自主、自由的环境。2016年,台教育部门重点审视了各项高等教育制度,并推出了一系列的松绑措施。如:放宽兼职教师的聘用资格,放宽学生的修业年限,调整学生毕业学分时数,推动教师职称评定多元化,扩大校务经营权、推动"大学法""学位授予法"等法律的修正。

第二,整合高等教育资源,推动高校撤并。生育率降低带来了少子化的现象,这一现象已在台湾持续十数年,直接引发了高校生源减少,招生困难等问题。2015年台湾高校新生来源为27.3万人,2016为25.4万人,一年内减少了近2万人。[⑦] 按照2016年新生规模统计,台湾10所左右的大学不仅仅是招生不满的问题,甚至陷入能否招到学生这一尴尬境地。事实上,目前台湾一些私立大学已经倒闭或者濒临倒闭。为摆脱困境,一些私立大学试图通过转型应对。如果这种情况继续发展,公立大学亦将受到较为严重的冲击。根据台湾2016年大学"指考"[⑧]的人数统计,仅有5.871万人报考,比2015年减少了1千人,更比2011年减少了近3万人。[⑨] 为了应对高校招生的困境,2014年6月台湾教育部门就声称未来5年,将裁撤(并)三分之一的高校,使高校规模从162所降至100所以内。[⑩] 接着,2016年台教育部门提出"高等教育创新转型方案",重点即为高等教育资源的整合与规划。而为处理高校撤并可能引发的诸如教职工安置等问题,台教育部门设置了 50 亿元新台币的基金。目前已经完成合并的台湾高校包括:嘉义技术学院和嘉义师范学院合并为嘉义大学;东华大学和花莲教育大学合并为东华大学;台中技术学院和台中护专合并为台中科技大学;台北教育大学和台北体育学院合并为台北市立大学。2016 年宣布合并的高校包括阳明大学与新竹交通大学合并,台湾政治大学与台湾科技大学合并。

第二,加大与海外高校合作联系的力度。主要做法包括:与海外签订教育协议或教育备忘录。如 2016 年与捷克斯洛伐克签订了教育合作共同声明,与韩国全罗南道顺天教育厅签订教育合作备忘录,与美国科罗拉多、阿肯色州续签了教育合作备忘录。并计划与奥地利、比利时、匈牙利、卢森堡等签订教育合作备忘录;推动双方及多方教育联系,主办了台日、台马(马来西亚)、台匈、台印尼双方教育论坛。积极参与欧洲、美洲、亚太教育年会,以增进与海外教育合作关系;提供必要的措施帮助台湾各级学校与海外学校进行更加密切的交流合作,2016 年继续与海外高校合作进行 27 个台湾研究方案,新增与美国圣托马斯大学、加拿大多伦多大学、德国洪堡大学、波兰雅盖隆大学、比利时根特大学台湾研究讲座计划;邀请海外的教育行政主管、大学校长、重要的教育界人士访问台湾等。[11]

第三,继续扩大对外招生。2016 年台湾 94 所大专院校设立"外国学生奖学金",台湾对"邦交国"308 名学生提供了奖学金。推动菁英赴台留学计划,主要面对东南亚国家,由其选送大学教师或政府官员赴台攻读学位及培训。截至 2016 年 7 月,共有越南、印度尼西亚、泰国等国的 8 万余名学生赴台就学或接受培训。在马来西亚、印度尼西亚、蒙古、泰国、美国、日本、韩国、越南设立了台湾教育中心,扩大台湾高等教育宣传与招生。在越南、泰国、缅甸等国举办台湾高等教育展。推行"友善台湾——境外学生接待家庭计划",2016 年 1—7 月,对 3209 户台湾家庭授权接待资格。1329 户家庭共计接待了 2699 名学生,27 所大学建立了家庭接待机制。⑫

第四,"新南向政策"向高等教育领域延伸。为摆脱对大陆依赖蔡英文当局提出"新南向政策"。为在教育领域推动这项政策,台湾成立了"新南向政策"专案小组,规划合作平台、人员交流、教育服务等方面的政策措施。2016 年台教育主管部门加强了与东南亚、南亚等国家教育行政机构、大学的联系,并以互访、留学、实习等方面为重点,扩大台湾在上述地域的影响,拓展台湾的高等教育市场。为吸引东南亚学生赴台留学,台教育部门在"台湾奖学金""华语文奖学金"上向东南亚、南亚学生倾斜。为培养了解东南亚、南亚人才,为"新南向政策"提供人力支持,台教育部门还增加了"新南向"公费人才培育奖学金,鼓励台湾学生赴东南亚等国高校、企业进行学习、研修及实习。同时,为配合"新南向政策",为东南亚、南亚台商子女提供教育帮助,台教育部门积极强化与马来西亚吉隆坡台湾学校、槟吉台湾学校、印度尼西亚雅加达台湾学校、泗水台湾学校、越南胡志明台湾学校的联系。选派台湾中小学教师赴上述台湾学校服务,并为台籍学生提供学费、奖学金、保险等方面的补助。

# 四、赴台陆生人数大幅减少

2008 年以来,两岸关系的和平发展推动了两岸教育交流的积极开展,但随着 2016 年民进党蔡英文的上台,两岸政治气氛趋冷,两岸关系的不确定性增加,对两岸教育交流造成了一定程度的负面影响,对陆生赴台的冲击犹大。

第一,两岸继续教育交流。2016 年两岸各项民间交流继续开展,数十个教育论坛在两岸各地举办。主要有:2016 年 5 月 19 日,广东省广播电视台、广州市民办教育协会主办、中国互联网教育家联盟、台湾民办教育协会等共同承办的首届"两岸三地互联网＋教育论坛"在广州举办;9 月 24 日,国台办海峡两岸出版交流中心、中国教育科学研究院、福建师范大学主办,郑州市郑东新区管委会、中国教科院基础教育研究所承办的"第四届海峡两岸教育论坛"在郑州举行。9 月 13 日,由中国家庭教育学会与福建省妇联共同主办的"海峡两岸家庭教育高峰论坛"在福州市举行。此外,海峡两岸法学研究生教育论坛、两岸三地语文教育发展论坛、两岸青年社会科学学术论坛等也吸引了两岸文教界人士的参与。

第二,大陆赴台交流生、学位生双双减少。2016 年民进党上台后,两岸关系进入"冷和平"时期,相当一部分大陆学生认为民进党上台可能会影响台湾社会对大陆学生的友善度及接纳度,因而赴台人数大减。一是短期交流人数下降。赴台的大陆短期交流学生平均缩减了一到三成,如台湾世新大学下半学年大陆学生人数出现下降,降幅达一成五。个别学校缩减程度较大,如南台科技大学下半学年,短期交流的大陆学生人数比往年少了六成,仅有 130 多名大陆短期交流学生。大陆赴台交流学生的减少使部分台湾高校仅一个学期就损失学杂费近千万新台币。[13]二是学位生人数下降。本科录取方面,2016 年台教育部门核定 142 所大专院校可招收 2136 名陆生赴台就读本科。"大学校院招收大陆地区学生联合招生委员会(简称陆联会)"的统计,2016 年 92 所台湾大专院校共计录取陆生 1693 人,比去年减少 331 人,招生达成率为 79%,相比 2015 年 95% 的招生达成率下降了 16%,有 50 所台湾高校未招到大陆学生。本科报名人数出现了自 2011 年开放陆生赴台以来的首次下降,比去年少了 700 多人。硕博士录取方面影响不大,2016 学年度 76 所台湾高校录取 1057 名大陆学生,其中 47 所高校录取 251 名大陆学生攻读博士学位,录取学校减少 7 所,录取人数增加 22 人。71 所高校录取攻读硕士的大陆学生 806 人,录取学校增加 4 所,录取人数减少 60 人。录取硕、博士大陆学生最多的学校是台湾大学,共计录取 160 人,其次为台湾政治大学 113 人、辅仁大学 96 人、新竹清华大学 76 人、成功大学 61 人。[⑭]

## 五、终身教育体系进一步完善

终身教育是台湾近几年主推的计划之一,2016 年台湾相关部门继续在建构终身教育体系方面增加投入,推出了一系列的计划项目。

第一,整合社区资源,推进社区大学建设,为社区居民提供终身学习场所。社区大学是成人重要的终身学习场所,台湾以社区大学为载体,结合其他社会教育资源,为民众提供就近、便捷、多样化的课程及教育活动。并借社区大学发展民众的创新能力,建构共识,协商解决社区问题,增强民众的公民意识。2016 年通过扶植 81 所社区大学,15 所部落大学,补助"直辖市"、县(市)办理社区多功能学习中心,赞助学习型城乡计划,扩大社区教育学习管道,推广终身教育,扩大民众学习机会。[15]

第二,推动"幸福家庭乐书香计划"及"家庭教育数字加值计划"。为增强家庭教育的效能,2016年台湾各级教育部门加大宣传家庭教育理念力度,组建家庭教育辅导团分区进行辅导,并进行县(市)推动家庭教育活动的观摩分享活动。此外,由教育主管部门,地方政府及民间团体等共同推动,通过"推展家庭教育中程计划""推展高级中等以下学校家庭教育整合计划"来达成家庭教育的目标。

第三,完善老龄学习体系,推广"乐(老)龄大学计划"。台湾老龄化较为严重,为使55岁以后的老龄人群退休后能够具有持续学习的机会与能力,同时为了能够充分利用老龄人力资源,台教育部门补助各地方政府结合地方组织成立乐(老)龄学习中心,并与103所大专院校合作推动"乐(老)龄大学计划",通过开放大专院校让老龄人群共享学习资源。2016年通过增设老龄学习中心,为老龄人群提供学习机会,成立320所老龄学习中心。[16]此外,台教育主管部门还提出要培养和储备老龄人力资源,推出了高龄教育认证机制和退休准备教育中心,以充分发挥老龄人力资源的价值。

第四,提升台湾民众的阅读质量。台湾自2013年至2016年推动"阅读植根与空间改造——图书馆创新服务发展计划",通过"扶植公共图书馆发展""优化图书馆服务""携手提升图书馆质量"3个项目,补助"国家图书馆"、台湾图书馆、公共信息图书馆及各县市公共图书馆,以提升图书馆服务台湾民众阅读的质量。

# 六、营造健康、安全的校园环境

　　校园环境安全与学生的健康成长息息相关,校园的安全不仅包括房屋校舍等硬件方面的安全,更包括学校在生命教育、心理健康、学生权利等方面不断地进行制度性的完善,2016 年度此领域的提升包括:

　　第一,健全校园辅导体制,提升学生辅导质量。为维护学生的身心健康,台教育部门不断完善学生辅导体制。主要做法包括:明确各级学校在学生辅导工作中的任务、职责;拨付转款对辅导老师进行培训,鼓励老师在职进修,促进辅导老师队伍的专业化、专职化,以进一步提升学生辅导工作的质量与实效。此外,2016 年分别补助了 122 所大专院校、地方政府增聘 96 名、470 名专业心理咨询师及社工师对学生进行辅导。[17]

　　第二,推动生命教育与性别平等教育。颁布“生命教育推动方案”,从行政机制、课程教学、师资人力及研究发展等层面推动执行,借由正式与非正式课程,结合品德教育、服务学习等共同推动生命教育,[18]以此来引导学生了解生命的价值,培养健康的人生观。性别平等教育是生命教育的重要组成部分,台湾规定在实施生命教育的过程中要融入性别平等教育,从而落实“性别平等教育法”精神,促进校园的性别平等,消除学校的性别偏见。

　　第三,在反校园霸凌、反学生参加不良组织及反毒品方面做努力。台湾鼓励学生对校园霸凌说“不”,要求学校根据“校园霸凌防制准则”积极迅速处理霸凌事件,并对相关学生进行辅导。按照台湾教育部门要求,学校要按照"内政部"及"法务部"关于学生参与不良组织的流程进行操作,并对涉嫌参与不良组织的学生进行辅导。在反对学生涉毒方面,一方面,要求各级学校建立预防学生滥用药物(毒品)的预防工作。另一方面,在学校进行积极的"反毒"宣传活动,通过招募反毒宣传志愿者、在中学派发反毒宣传单,举办"反毒健康小学堂"有奖征答等活动净化校园环境。

第四,积极推动学校卫生健康工作。一是要求落实"学校卫生法"的相关规定,展开健康饮食教育并与相关机构配合共同保障校园餐桌的食品安全。二是推动"校园烟害防治实施计划",在学校展开无烟、戒烟教育,推动无烟校园建设。三是根据落实"校园性教育实施计划",加强性教育工作。通过进一步丰富"性教育资源网"的内容,审定并充实性教育教材,加强性教育师资方面的建设,提升学生对性知识的认知度。

## 七、保障偏远、弱势群体的受教育权

据2015年的统计,台湾偏远地区有1106所学校,其中初中222所,小学884所,占全台中小学数数量的32.9%。[19]岛内偏远地区学校规模小、学生人数少,教师流动率高,还有一些学生由于家庭贫困,或者存在因为个体的身心障碍,影响了学习能力及学习动机。2015年台湾就制定了"偏乡教育创新发展方案"及"偏乡学校教育安定方案",通过跨校师资合聘机制、健全特殊教育体系等举措,稳定师资提升偏远及弱势群体的教育质量。2016年,台湾针对偏远地区与弱势群体受教育的扶助举措主要包括：

第一，稳定偏远地区师资来源，提升教师教学质量。为帮助提升偏远地区学校师资质量，制定"公立中小学教学访问教师计划"。从较为发达地区学校选派优秀教师到偏远地区学校支教1年，以带动偏远地区学校老师在教学等方面进步。2016年有19位发达地区的教师赴边远地区支教。此外，改善偏远地区学校教职员工的居住环境。2016年对12所学校的教职员工宿舍进行整修，对258所学校补充了相关教学设备。继续推动跨校合聘机制，授课效果较好的教师可被跨校合聘，2015年度偏远地区初中、小学各有46、55名合聘教师。[20]在此基础上，2016年台教育部门通过增加经费以及将合聘教育机制纳入"国民教育法"等措施进一步发挥合聘机制的效力。

第二，保障身心障碍学生的权益。为让处于弱势地位的学生安心学习，通过各种方式保障学生享有平等的教育权利。如提供助学贷款，减免学杂费，对低收入户、身心障碍、少数民族学生进行免费课后照顾与辅导，2016年1至7月共补助3.3万余名低收入户与少数民族学生，5千余名身心障碍学生。并对其予以加分优待，扩大上述群体的就学机会，推动"大学特殊选才试办计划""技职繁星计划"等，为偏远地区职业学校的优秀学生提供更多升学的渠道。对小学、初高中的经济弱势学生补助午餐费，2016年有26万学生受益。[21]

第三，完善特殊教育体系。主要措施包括：为身心障碍学生提供安全便利的上下学交通服务，充分发挥特殊教育资源中心的功能，加强对身心障碍学生的课业与精神辅导，拓展身心障碍学生入学渠道。根据"特殊教育法"与"身心障碍学生升学辅导办法",安置身心障碍学生升入特殊教育学校、普通中学集中式特教班、普通高中等高级学校。帮助大专院校身心障碍学生适应学习与大学生活,提供必要的支持性服务,营造对身心障碍者友善的学习环境。

## 注释:

① 台湾"教育部":《"教育部"业务概况报告》,2016 年版第 3 页。

② 台湾"教育部":《"教育部"业务概况报告》,2016 年版第 8 页。

③ 台湾"国家教育研究院"网站,http://www. naer. edu. tw/bin/home. php。

④ 台湾"教育部":《"教育部"业务概况报告》,2016 年版第 8 页。

⑤ 台湾"教育部",全球资讯网,www. edu. tw/。

⑥ 台湾"教育部":《"教育部"业务概况报告》,2016 年版第 11 页。

⑦ 《台湾大学新生较去年少 2 万人 足够 10 所大学招不到生》,凤凰网,http://news. ifeng. com/a/20160621/49205418 _ 0. shtml。

⑧ 即:指定科目考试。是台湾高中生的第二次能力测验,每年七月实施测,依照分数的高低来决定学生将来就读的高校。

⑨ 《2016 台湾大学指考将于 7 月登场 5 万人报考创新低》,华夏网,http://www. huaxia. com/xw/twxw/2016/06/4889596. html。

⑩ 《台湾高校陷入苦撑:缺生源经费不足》,人民网,http://tw. people. com. cn/n/2014/1119/c14657 - 26050933. html。

⑪ 台湾"教育部",全球资讯网,www. edu. tw/。

⑫ 台湾"教育部",全球资讯网,www. edu. tw/。

⑬ 《大陆赴台学生人数锐减,各大学哀鸿遍野有苦说不出》,人民日报海外版,2016 年 09 月 07。

⑭ 大学校院招收大陆地区学生联合招生委员会网站,http://rusen. stust. edu. tw/。

⑮ 台湾"教育部",全球资讯网,www.edu.tw/。

⑯ 台湾"教育部"全球资讯网,www.edu.tw/。

⑰ 台湾"教育部":《"教育部"业务概况报告》,2016 年版第 33 页。

⑱ 台湾"教育部"全球资讯网,www.edu.tw/。

⑲ 台湾"教育部":《"教育部"业务概况报告》,2016 年版第 53 页。

⑳ 台湾"教育部":《"教育部"业务概况报告》,2016 年版第 54 页。

㉑ 台湾"教育部":《"教育部"业务概况报告》,2016 年版第 56 页。

# 2016 年台湾文学艺术综述

张　羽

**摘　要:** 2016 年,台湾文学艺术资料整理与学术出版持续推进,台湾文学的外译工程扩展了外界了解台湾艺文的空间。为活跃地方文化,台湾各县市举办多种艺文活动,持续推动地方文学馆的建设和发展、社群流派纷呈,彰显地方特色。"阅读时光"系列等活动让台湾文学影像化、有声化走出重要一步。各类文艺奖项、作家庆生与相关纪念活动,以学术研讨、艺文展览、颁奖礼、文学营、专题演讲等多样方式展开,台湾艺文空间持续活跃与深化。

## 一、2016 年度台湾艺文记事

2016 年度,台湾文学馆馆长陈益源卸任,新任馆长廖振富教授接任;为活跃地方文化,台湾各县市举办多种艺文活动,社群流派纷呈,各县市积极建设地方文学馆、文学公园,彰显地方特色。台湾文学影像化与文学有声书取得新进展。

### （一）台湾文学馆推动艺文活动

廖振富接任台湾文学馆馆长　2016年9月1日起,台湾文学馆馆长由前中兴大学台湾文学与跨国文化研究所特聘教授兼所长廖振富接任。1996年,廖振富以论文《栎社三家诗研究——林痴仙、林幼春、林献堂》获得台湾师范大学文学博士学位。研究专长台湾古典文学、台湾现代散文、区域文学和地方文史资源调查。曾出版《栎社研究新论》《台湾古典文学的时代刻痕:从晚清到二二八》等学术专著,近年曾与台湾文学馆合作出版《林痴仙集》《林幼春集》《在台日人汉诗文集》《时代见证与文化观照:庄垂胜、林庄生父子收藏书信选》,与台湾大学合作出版《蔡惠如资料汇编与研究》。曾荣获第五届台湾文献杰出研究奖。台湾文学馆历任馆长是林瑞明、李瑞腾、郑邦镇、陈益源。

力推台湾"文化日"　10月17日,台湾文学馆举行十三周年馆庆,该日亦是日据时期"台湾文化协会"(1921年)成立的日子。在台文馆的馆庆系列活动中,举办了"风起云涌的时代——台湾文化协会主题展"等,当年"台湾文化协会"重要人物林献堂、韩石泉、庄松林、林占鳌及刘青云等人的后代也参与了相关活动。廖振富指出:"台湾文化协会"掀起文化启蒙运动,"文协除了发行会报,并在各地设立读报社、举办文化讲演会、组织电影队等推广文化活动,宣传新思潮、新观念。有许多文学家参与其中,并且担任重要工作,例如赖和、林茂生、蔡培火、卢丙丁、林秋梧、吴新荣、林献堂、林幼春等。以文学为主轴,由知识分子带领全台湾人民走向进步世界的精神。"①台湾文化部门希望成立"台湾文化日推动委员会",将每年的10月17日设定为台湾文化日。

展出台湾的文学家庭　台湾文学馆策展的"在同一个屋檐下写作——台湾的'文学家庭'"特展勾连起台湾文坛上文学家庭的血脉关系与文思联袂。此次共展出十五对夫妻、七组手足、十二组亲子及十一组家族,共一一九位作家的代表作品或手稿、照片,展出不是以文学史或文物为主轴,而是以人为出发点,将书香世家脉络一一呈现。②

台湾文学行动博物馆　"音以律文——台湾文学行动博物馆"利用行动货柜车,透过多媒体设计装置,到各县市城镇展览,今年迈入第七年,预计巡回 40 个大城小镇。主要分为"民常之声——口耳相传的生命之歌""妈妈的话——品赏母语之美""为你朗读——聆听作家的心声""文字演歌——当文学登上舞台、化为音符"和"声历其境——文字与声音的游戏"等项目,教导大家如何"将文字的书写与阅读转化为语言的声音与倾听"。③时任台湾文学馆馆长陈益源说,走进行动博物馆,有如进入迷人的文学世界,欣赏各个阶段不同的文学展现方式,感受原来文学就在身边,离我们这么近。④

推动台湾文学外译工程　本年度,台文馆外译新书 16 册出版发表,包括第 1 本女性剧作集英译本;由 3 位台湾当代剧作家汪其楣、彭雅玲、许瑞芳作品共同汇集而成的《台湾女声——三部台湾当代剧场之作》英译本;瑞典汉学家马悦然(Goran Malmqvist)翻译林海音《城南旧事》;台湾文学史的外译作品是陈芳明《台湾新文学史》日文版和彭瑞金《台湾新文学运动 40 年》韩文版。其他还有李昂《迷园》由美国知名翻译家葛浩文英译,蔡素芬《橄榄树》由台湾译者黄爱玲日译,王琼玲《美人尖》

由史宗玲、杨惠筠共同英译。该翻译出版计划是延续自1990年"文建会"执行的"中书外译"计划,自2010年起由台文馆执行,每年补助台湾文学作品外译,累计已出版101册、9种语言文字。

**(二)台湾文学影像化、有声化与戏曲再现**

启动"阅读时光Ⅱ——文学改编戏剧影片拍摄计划"　该计划重视文学与影像的结合,作家王定国、王祯和、吴浊流与利瓦伊菁的经典作品,由导演温知仪、洪于茹、谢定瑜、李志薔改编成影像作品,参与演员包括谢祖武、蔡振南、杨谨华、赵擎等,此次将以电影、电视等影像化方式重新诠释文学作品,让文学与戏剧、电视媒体等紧密联姻,透过影像声光,吸引更多阅读人群。该计划取材的四部文学作品各具特色,每部七十五分钟。"擅长描写世间男女无言以对的情愫的王定国,此次改编成电影的作品《谁在暗中眨眼睛》《妖精》捕捉了茫茫人世情感欲念的沧桑、悔恨、惆怅与困境,吴浊流《先生妈》描写一位热衷于响应'皇民化'、崇仰日本文化的知识分子与母亲间的冲突,王祯和《玫瑰玫瑰我爱你》以美军驻台时期为故事背景,在喧闹中体验当年美援时期的苦闷现实,利瓦伊菁《生活是甜蜜》运用艺术评论隐喻男女关系,将带领观众从艺术与爱情间透视一个女人的际遇,看到整个时代的风起云涌。"⑤文学与影像的结合,让文学丰富了台湾影视音产业的创作内涵。

"无障碍阅读推广计划"的文学剧场　台湾文化机构为推广残障人士参与艺文,2016年续推"无障碍阅读推广计划"的文学剧场巡演,《鱼·猫》邀请视障钢琴家黄裕翔担任形象大使、晓剧场导演钟伯渊编导,题材来源于黄春明的小说。导演钟伯渊表示,黄春明的这两部小说描绘上个世纪的农民捍卫与保护土地的故事。"觉得土地征收的问题,到这个时代情况并无不同。……希望借由舞台剧让这议题得到更多关注。"⑥剧组演出《溺死一只老猫》中,农民阿盛伯发现有人要在村中古井旁开挖游泳池,阿盛伯以"挖了龙目","伤着我们的地理"等理由,将聚集村民抗议阻挠、被带到警局的激烈场面。小说背景是 1970 年前后,伴随台湾经济快速成长所带来的社会激变、消费主义膨胀与人心困境等问题。

明华园歌仔戏与文学跨界演出    3 月 12、13 日,明华园总团在员林演艺厅推出文学跨界新作《散戏》,改编自作家洪醒夫小说,呈现歌仔戏班从风光到流浪野台,透过剧中虚实交错的戏中戏《陈世美与秦香莲》演出,交织既悲又喜、写实又荒谬的时代大戏。《散戏》以现代舞台剧遇上传统戏中戏,歌仔戏重要的传统文化精髓,乐见民间艺文团体宣扬各种文化、文学与戏曲。明华园创团至今 86 年,这次以现代舞台剧结合歌仔戏,把歌仔戏后台及台下如实演出;《散戏》刻画人性、呈现时代,许多大导演都有意拍电影,却忌讳散戏而作罢,这次明华园排除万难公演。⑦此剧结合了文学、传统戏曲及现代剧的跨界创作,颠覆传统歌仔戏的演绎方式。⑧

《牯岭街少年杀人事件》25 周年复刻纪念    杨德昌电影《牯岭街少年杀人事件》关注社会议题,其文学属性非常醒目,被评论界认为是"推翻叙事之后,杨德昌开始正视'空白的历史',一九九一年的《牯岭街少年杀人事件》是台湾电影史上少有的史诗形态叙事电影,《牯岭街少年杀人事件》不只延续他过往关注的题材,现代化、现代性与高度资本主义发展下的台北的种种现象,将场景设定推回一九六〇年代这个他称之为'经历过后便刻意遗忘的年代'。"⑨本年度,亦有作家与导演的精彩对话,骆以军和魏德圣关于文学与电影对谈中,魏德圣这样总结:"文学家的厉害之处,就是把自己的感情附加在别人的故事上面,然后衍生出一个新的世界;然后电影则是相反,把文学家的东西删减,可以用画面解决就不要让它讲话。电影和文学,应该就是一个一直在加,一个一直在减。"⑩

**(三)各县市持续建立地方文学馆,推动文学活动**

台中文学馆开馆 历时 6 年,位于台中乐群街 48 号的日据时期警察宿舍经过修复,8 月 26 日,以台中文学馆的崭新面貌正式开馆。"台中文学馆"占地约 2000 坪,请建筑师设计老墙说书、文学步道,去年文学公园先开放,成为热门景点。台中文学馆开幕活动,首创台中文学市集,邀请苏绍连、林广、康原、李长青、林德俊、林恬安、林秀蓉、钟丽琴等八位作家亲自摆摊,贩卖签名书。次日,邀请台中文学贡献奖得主回娘家,歌手钟丽琴及小老鹰乐团演唱。28 日配合第一场特展"春光关不住——普罗作家杨逵特展",举办"杨逵野菜宴,大家来逗阵"活动,体现杨逵与青年共劳共食的精神。⑪

百果树红砖屋原址将筹建"黄春明文学馆" "黄春明文学馆"将是宜兰文学馆的第一个分馆,该馆将展示黄春明的撕画、作品、戏剧和影像等。黄春明说,台湾各地都有类似的红砖屋建筑,……他原本就希望利用这个空间搭配软硬件的应用,成为一处新的文化观光景点,展演各种戏剧。⑫林秋芳指出:"黄春明是全方位文人,百果树红砖屋未来将呈现黄春明对剧场、乡土文学、美术等各方面的关怀,黄春明是兰阳平原的种子,他在宜兰火车站前(红砖屋)播下的种子已经萌芽,会继续灌溉,让它开花结果。"⑬黄春明是台湾乡土文学代表作家、代表作《儿子的大玩偶》《苹果的滋味》《看海的日子》等小说,勾勒出台湾50至70年代的庶民生活与时代变迁,情感深刻细腻,曾先后被改拍成电影,1993年小说《锣》入选"文建会""台湾文学经典三十·小说类",1999年《儿子的大玩偶》入选香港《亚洲周刊》"二十世纪中文小说一百强"。⑭在台湾,以作家为名的文学馆或纪念馆包括李荣春、林语堂、梁实秋、钟肇政、吴浊流、赖和、钟理和、叶石涛、杨逵和柏杨等人。

此外,台湾各类艺文知识库、文献整理和艺文研究领域结盟也在持续推进中。1月28日,"文讯杂志知识库"上线,将文艺史料内容数位化,内容涵盖四千七百万字、一万七千张照片、一万九千篇文章、近五千位人士访谈或评介、三百个以上的专题企划,再加上近三十年台湾文坛大事纪要、十八县市艺文采风,以及上百个与作家、文学史、出版史相关的专栏。⑮1983年,《文讯》杂志创刊,至今已三十余年。该知识库"一方面既是《文讯》对于台湾文学现象感兴趣的焦点呈现,另一方面也会是三十年来台湾文学研究者或创作者关注思考的问题所系,由此可以折射出台湾文坛的缩影,而这同样能够考察《文讯》介入台湾文学史的姿态与方式。"⑯3月10日,"台湾现当代作家研究资料汇编"第五阶段成果发表。选辑詹冰、高阳、子敏、齐邦媛、赵滋蕃、萧白、彭歌、杜潘芳格、锦连、蓉子、向明、张默、于梨华、叶笛、叶维廉和东方白十六位台湾文学作家,编选学者包括陈芳明、渡也、张素贞、莫渝、单德兴、赵卫民、叶蓁蓁、叶琼霞、刘维瑛、郑颖。⑰10月30日,台湾地区大学的台湾文学系所共同组建"台湾文学学会"，在台北教育大学艺术馆举行成立大会，选出理监事并召开理监事联席会议。台北教育大学台文所教授林淇瀁（笔名向阳）为理事长、台湾大学台文所所长黄美娥为副理事长，台湾清华大学台文所教授柳书琴为常务监事。台湾文学学会理事为林淇瀁、黄美娥、李癸云、钟秀梅、林芳玫、林巾力、江宝钗、蔡造（王民）、陈惠龄、张静茹、黄惠祯等 11 人；监事为柳书琴、翁圣峰、苏硕斌等 3 人。林淇瀁在脸书撰文，呼吁社会各界支持台湾文学学会的发展："刚诞生的台湾文学学会犹如一株幼苗，需要阳光、空气和雨水，让她长成大树，深植于我们的土地，蔚荫我们的下一代。"⑱

　　各县市还推出了各种文学季活动，如 10 月 8 日至 23 日举办的"2016 台北诗歌节"，策展人鸿鸿、杨佳娴以"亚洲的滋味"为题，邀请来自韩国、日本、中国大陆地区、香港地区、缅甸、菲律宾、法国及西班牙的诗人、翻译家赴台，并首度加入驻市诗人计划，邀请中国大陆地区诗人树才进驻台北。⑲10 月 18 日举办的"2016 台南文学季"，以"南方想象"为主题，设计"台南文学沙龙""台南文学散策""南宁文学教室""台湾海洋文学特展"及"台南文学作家主题书展"等活动，深入台南文学与历史脉络。⑳

## 二、2016 年度台湾文艺奖项观察报告

　　每年台湾艺文奖项的公布都会对艺文界产生强劲的推动力，吸引更多的关注。第 24 届"台北国际书展"重视台湾文艺图书的推广。各类文艺奖项在活化艺文环境、推介文坛新人新作、推动文艺作品出版、分享创作经验等方面起到重要作用。

### （一）第 19 届台湾文艺奖颁奖典礼举行

3 月 25 日,第 19 届台湾文艺奖颁奖典礼举办,获奖者分别是作家李永平、艺术家吴玛悧、舞蹈家何晓玫、北管艺师庄进才和建筑师潘冀。李永平是第一位以马华文学获得文学类奖项的得主。生于马来西亚的李永平表示,自己获奖可知"台湾社会开放多元、台湾文学宽大而包容"。㉑李永平的代表作品包括《海东青》《大河尽头》等书,有"文字炼金师"之誉,近年完成《朱鸰书》,"写作视野不仅放眼台湾,更扩大场域至婆罗洲热带雨林,在原乡与他乡、故乡与异乡,纵横于时间与空间的交错点,充分发挥作家的文学想象力。他的作品反映一部分海外华裔文学青年对于中国情怀、中华文化母体的追寻与渴望。"㉒美术类得奖者吴玛悧是美术类第一位女性得主,2005 年起陆续推动"北回归线环境艺术行动""人在江湖:淡水河溯河行动""还我河山:基隆河上基隆河下"和"树梅坑溪环境艺术行动"等计划,"与艺术家深入小区与民众互动,建立艺术走入生活、社会底层及历史现场的模式,扩大艺术创作的视野及文化包容力"。㉓2013 年,何晓玫曾与艺术家吴耿祯合作《亲爱的》,获得第 12 届台新艺术奖,2010 年起推动《纽扣计划》,"为旅外优秀舞蹈人才搭建平台,创造新联结,此一创举有助于国内外的舞蹈生态交流"。北管艺师庄进才创立"汉阳北管团",是北管表演艺术翘楚,精擅各项乐器操作,也是跨界于歌仔戏的全能艺师,㉔至今仍创作、演出、教育传承不辍。建筑类得主潘冀因为长期致力绿建筑、展现人文价值而获肯定。该奖项自 1997 年开办至今,主要为奖励具卓越艺术成就且持续不断创作或展演的杰出艺文工作者,2016 年起则改为每两年一次受理推荐,并于 25 日举行颁奖典

礼,邀请与每位得奖有密切关系的文化界人士如林怀民、黄春明等人担任赠奖人。㉕

### (二)2016年台湾文学"金典奖"

台湾文学金典奖在台湾文坛具有指标性意义。11月16日,2016台湾文学金典奖公布,图书类长篇小说金典奖由陈耀昌《傀儡花》(INK印刻出版)摘下;散文金典奖由郭琼森《何不认真来悲伤》(天下文化出版)、陈芳明《革命与诗》(INK印刻出版)共得;创作类剧本金典奖由太阳卒《闭上双眼是种罪》获得;创作类"原住民"新诗金典奖得主为沙力浪《从分手的那一刻起——南十字星下的南岛语》。陈耀昌是台大医学院名誉教授、台湾细胞医疗促进协会理事长,为国际知名细胞研究学者,跨行从事文学创作。㉖评审委员平路表示:"陈耀昌以一本书来建立史观,具有开创与困难度,虽非职业小说家出身,却能有如此创新的表现,值得肯定。"㉗评审委员张瑞芬认为,《何不认真来悲伤》讲的是大时代所葬送的理想,提到自身伤害的部分,书写点到为止,直指人性,无炫耀性文字,简洁节制,充满真诚的感伤。㉘评审委员颜昆阳说,《革命与诗》将个人与时代结合,探讨两者间的辩证性,在矛盾与冲突中如何自处,内容主题具有庞大格局,体现文学家超越衣食住行所需的关怀与思考。㉙创作类剧本金典奖由太阳卒《闭上双眼是种罪》获奖金30万元。评审委员邱坤良认为,作品以未出场的人物"表哥"作为剧本悬念,以虚线形式贯穿全剧,浅浅淡淡,却有一定力道。㉚

### (三)第40届"金鼎奖"

5月4日,第40届金鼎奖文学图书奖颁给《邦查女孩》《朱鸽书》《何不认真来悲伤》《消失的国度》。文学杂志《联合文学》因联结年轻世代成功转型,获人文艺术类杂志奖。特别贡献奖颁给唐山书店创办人陈隆昊。上一年以长篇小说《邦查女孩》获得台湾文学金典奖的作家甘耀明,再获第 40 届金鼎奖文学图书类奖的肯定。作者甘耀明以精确的史料考据、丰富的台湾山林及少数民族生活知识,实践写实主义美学。[31]甘耀明也花了很多时间深入研究 70 年代的社会。虽然小说背景围绕“摩里沙卡”,甘耀明不只寻访早年在山上工作的伐木工,深入了解林场生活的样貌,也借由书写山林、写老兵、写少数民族、写台湾当时在国际政治处境之下的社会气氛,拉出了整个时代的纵深。[32]而曾以长篇小说《惑乡之人》得到第 37 届金鼎奖的作家郭琼森,则是再以书写家族记忆的散文集《何不认真来悲伤》获得今年的金鼎奖。[33]《何不认真来悲伤》则是一本承载郭琼森家族记忆的散文集,缘于 2014 年到 2015 年间在《中国时报》人间副刊三少四壮集的专栏文章。“原本不是连载设定的方向,但那年生命中接二连三发生了很多现实和回忆的冲击,后来一边写,就变成是在对自己说话,每周一次的书写,也成为那段时间的精神支柱。”[34]郭琼森过去曾写小说《惑乡之人》构筑出日据时代台湾家庭的“幻想家族史”,后又写下自己家族记忆的《何不认真来悲伤》。他表示,作家之所以书写,是为了处理对自己生命有意义的问题。评审委员指出,新版联合文学寻求与年轻世代对话,在维持文学深度的同时,又能兼具活泼多元,因此得奖。[35]陈隆昊表示,他一直在做“小众的工作”,还能在这个年代被接受与肯定。金鼎奖是台湾出版界最高荣誉,得奖作品常常被列入学校和家长选择课外读物的书单范围。

### （四）第 24 届"台北国际书展"大奖六位作家获奖项

2 月 16 日至 21 日，"台北国际书展"开展，本次书展有六十六个参展国家与地区、六百二十六家出版社，主题国匈牙利。本届书展大奖小说类获奖者为王定国《敌人的樱花》、甘耀明《邦查女孩》和刘大任《当下四重奏》，非小说类获奖者是詹宏志《旅行与读书》、杨朝景和辛永胜《老屋颜》、詹正德《看电影的人》。评审团表示："从得奖名单中可看到，去年是长篇小说的丰收年，非小说类部分除报导文学居多外，也是'旅行的一年'"。㊱现场有几米 VR 体验，适逢张爱玲逝世二十周年，由作家张曼娟策展的"张爱玲特展：爱玲进行式"，"台湾的文学家庭们"特展。㊲还有大师系列讲座及泛学术系列讲座，尝试结合文化议题与社会脉搏，从学术视角探讨民众所关注的话题。

### （五）首届台湾历史小说奖颁奖

3 月 21 日，新台湾和平基金会"第一届台湾历史小说奖"公布：首奖从缺，李旺台《播磨丸》与朱和之《逐鹿之海》分获佳作。㊳作家李旺台从一艘前往东南亚岛屿的船只出发，融会台湾、大陆、日本历史而成《播磨丸》，一群被日本人带去海南岛工作的台湾工人，搭乘一艘名叫"播摩丸"的船，返回台湾的艰辛旅程；文字工作者朱和之则以《逐鹿之海》描绘台湾明郑时代，社会面临荷兰人、汉民族、少数民族等多元种族的文化冲击。㊴作家李乔指出：历史小说者，应该精心研读史料，更要详细做田野调查。"没有经过田野调查的史料，往往不尽真实，或是仅呈现一面。""台湾文化现在面临浑沌的困境，由于长期的文化殖民，让台湾文化总是被看不见的压力笼罩，历史小说是一条艰辛的道路，但却能冲破既有困境。"㊵长期关心台湾历史与文学的作家李敏勇认为,历史小说也是台湾文化工程的重要一块,"历史小说是以体制外的方式,让国民从中去认识土地的故事。"[41]该奖项的设立亦可看作台湾文化界人士有意识地以小说等艺术形式,从精神领域构筑台湾主体精神,重新塑造历史记忆,由此,亦可探知台湾文化主体意识构筑已经渐渐深入奖项、创作、阅读、出版等精神层次的创造。有些作品则过度强调台湾的"主体性"。

此外,台湾各县市也纷纷推动各县市文学奖,以县市文学奖推动地域文化的提升与再现。如台北文学奖已经举办至第18届,今年以台北狂想曲为主题,邀请全球华人以自身台北经验进行创作。多元体裁的文学奖项设置,为彰显城市文化魅力留下文学印痕。上述文学奖项的颁布,引发了台湾文坛的繁盛局面,开拓了创作与出版市场。值得注意的是,于1988年创刊的《开卷》本年度再度改版,仅由内部记者供稿,创始于1989年的"开卷好书奖"也宣布停办。

# 三、台湾重要艺文出版社、艺文家与评论家相关文化活动

## (一)洪范书店40周年

1976年叶步荣、杨牧、痖弦、沈燕士开办洪范书店,以出自《尚书》的"洪范"为名。在台湾出版史上,洪范书店四十年,为台湾的文学出版做出了:"一、文人出版的风格与形塑;二、文学经典的挖掘与再造;三、书籍质量的守门与提升。"[42]亦因其"所树立的文人办社的理念,不以营利为唯一追求的目标,而是汲汲

营营建立一个出版众多被读者、大众媒体肯定为经典读物的典
范出版社"。⑬在文学市场相对热络的 20 世纪 70 年代,洪范书
店(1976 年)和纯文学出版社(1968 年成立)、大地出版社(1972
年成立)、尔雅出版社(1975 年成立)、九歌出版社(1979 年成
立),以它们的文学出版实绩表现被誉为"五小"。

**（二）钟肇政庆生**

　　1 月 20 日,被称为"台湾文学之母"的钟肇政欢庆 92 岁生
日,钟肇政被誉为"大河小说"的开山鼻祖,完成两部大河小说
《浊流三部曲》《台湾人三部曲》,他之所以被称为"台湾文学之
母",是与"台湾文学之父"赖和区隔。⑭钟肇政参与多项台湾社
会运动、客家运动,曾提出"新客家人"主张,获颁台湾第 35 届
"行政院文化奖"。《钟肇政全集》38 册已完成出版,收录约两
千万字作品。⑮

**（三）台湾歌谣之父邓雨贤 110 岁冥诞相关纪念活动**

　　邓雨贤是台湾歌谣的先驱者,被称为"台湾歌谣之父"。新
北市立图书馆总馆纪念台湾歌谣之父邓雨贤 110 岁冥诞,推出
"四月望雨——台湾歌谣的春雨"系列展演活动,展出邓雨贤的
虫胶唱片、珍贵手稿曲谱等。邓雨贤的代表作《四季红》《月夜
愁》《望春风》《雨夜花》4 首歌,合称"四月望雨"。此次展出还
有邓雨贤手稿曲谱,有邓雨贤在日本手写《何日君再来》曲谱及
世界仅有的《闲花叹》一曲 8 种乐器完整收藏的曲谱。⑯还有音
乐布袋戏、音乐文学讲座及沙龙音乐会等演出。

**（四）杨逵 110 岁冥诞相关纪念活动**

　　10 月 18 日,纪念杨逵 110 岁冥诞。"台湾人权博物馆"筹
备处邀杨逵孙女杨翠策划"春光关不住:杨逵纪念特展"。杨翠

指出,特展名称之所以选择"春光关不住",是因为光比起扎根在泥土的玫瑰更能展现"扩散性",也能显现杨逵以文学与社会实践带给后世的影响。"光具有向旋光性,刺激每个世代的台湾人,让生命从黑暗站出光芒,也穿向台湾的天空。"㊼杨逵在《送报夫》与《压不扁的玫瑰》(原名《春光关不住》)中,生动地写出了台湾底层小人物挣扎与辛酸。本次冥诞纪念还包括杨逵家族艺术联展——"我们在'东海花园'的那些日子"。㊽本年度杨逵绿岛家书完整复刻出版。台文馆合办的"用铁锹在大地上写诗——《永不放弃》暨《绿岛家书》复刻发表会",杨逵于1906年出生于台南新化,台文馆典藏包括手稿、照片、报纸杂志等并设置专区,让更多人了解和阅读杨逵作品。

**（五）著名作家陈映真逝世**

11月22日,小说家陈映真(1937—2016)逝世,享寿八十岁。陈映真是"海峡两岸最具影响力的台湾著名乡土文学作家""台湾爱国统一运动的重要领袖",曾被视为台湾知识分子的良心。重要著作《面摊》《我的弟弟康雄》《将军族》《唐倩的喜剧》《归乡》《铃铛花》《忠孝公园》和《山路》等。吕正惠认为,陈映真的小说字里行间表现出社会主义、人类追寻理想的独有魅力,而为各世代知识分子,乃至各界人士所向往。㊾陈映真,本名陈永善。1959年,在文学杂志《笔汇》发表处女作《面摊》,聚焦底层民众生活。20世纪60年代,《将军族》等作品描写外省人在台湾以及知识分子的失落。1968年,因参加"民主台湾联盟",以"为共产党宣传"为由入狱七年。20世纪80年代,一方面《夜行货车》《华盛顿大楼》等系列开始探讨第三世界的经济、文化侵略和台湾历史等议题;另一方面《赵南栋》《山路》等小说描写白色恐怖时期的生命状态。陈映真曾积极参与"乡土文学论战"。1985 年，创办文学刊物《人间》，聚焦社会弱势群体，开创关注底层民众和环境保护等议题的台湾报导文学先河。1988 年，陈映真与胡秋原等筹组并担任"中国统一联盟"主席。2006 年受聘中国人民大学客座教授，定居北京。2010 年受邀担任中国作协名誉副主席。

### （六）作家、政治人物王拓逝世

8 月 9 日，王拓（1944—2016）逝世。曾创办《春风》杂志，投身政治，曾担任夏潮联谊会会长，曾任"行政院文化建设委员会"主任委员。王拓作品以论述和小说为主。著有《金水婶》《望君早归》《街巷鼓声》《张爱玲与宋江》等。其作品是以"贫穷的生活经验与因为贫穷而被歧视的经验"（《自叙》）息息相关，着力表现个体的精神挣扎与勤俭奋斗。其中发表于 1975 年描写渔村的《金水婶》在台湾乡土文学史具有指标意义。

**注释：**

①　施春瑛：《台文馆庆 13 岁 回顾台湾文协》，《中华日报》2016 - 10 - 18，B01N。

②　林雪娟：《文学馆里遇见文学家庭 文学基因会遗传 45 组夫妻、手足、亲子档书香一脉传承 展期至 9 月 25 日》，《中华日报》2016 - 03 - 25，B03N。

③　王善嬿：《文学行动博物馆 进驻桧意森活村》，《自由时报》2016 - 04 - 20，A14E。

④　陈俞霈：《台湾文学行动博物馆 桧村开幕》，《中国时报》2016 - 04 - 20，B2Y。

⑤　《台湾文学改编戏剧〈阅读时光 2〉经典再现》，《台湾英文新闻》

（汉文新闻）2016 – 08 – 31。

⑥　林欣谊:《听障、视障和专业演员同台 鱼·猫手语同步 黄春明大呼感动》,《中国时报》2016 – 08 – 05,A16。

⑦　吴敏菁:《歌仔戏、文学跨界 明华园搬演散戏》,《中国时报》2016 – 03 – 04,B2Y。

⑧　《明华园散戏 跨界创作新亮点》,《民众日报》2016 – 03 – 04,B15。

⑨　《〈牯岭街少年杀人事件〉25 周年复刻纪念》,《联合文学》2016 年 11 月,第 54 页。

⑩　《在我们生存的这时代,说自己的故事》,《印刻》2016 年 12 月,第 120 页。

⑪　《2016 文学备忘录》,《自由时报》自由副刊 2016 年 12 月 28 日,D09。

⑫　李欣恬 李忠一:《宜兰红砖屋 永不熄灯 "黄春明留下的种子会开花结果"》,《中国时报》2016 – 01 – 01,A2。

⑬　简惠茹 朱则玮:《黄春明红砖屋 会再亮灯 莎哟娜啦告别趴 民众喊不要走》,《自由时报》2016 – 01 – 01,A01。

⑭　李欣恬 李忠一:《宜兰红砖屋 永不熄灯 "黄春明留下的种子会开花结果"》,《中国时报》2016 – 01 – 01,A2。

⑮　《2016 文学备忘录》,《自由时报》自由副刊 2016 年 12 月 28 日,D09。

⑯　黄美娥:《新技术、新视野、新方法——〈文讯〉杂志知识库对于台湾文学研究的意义》,《文讯》2016 年 2 月号,第 32 页。

⑰　《2016 文学备忘录》,《自由时报》自由副刊 2016 年 12 月 28 日,D09。

⑱　许文贞:《文化广告牌 台湾文学学会成立》,《中国时报》2016 – 11 – 07,D4。

⑲　《2016 文学备忘录》,《自由时报》自由副刊 2016 年 12 月 28
日,D09。

⑳　《2016 文学备忘录》,《自由时报》自由副刊 2016 年 12 月 28
日,D09。

㉑　《2016 文学备忘录》,《自由时报》自由副刊 2016 年 12 月 28
日,D09。

㉒　赵静瑜:《首位以马华文学获奖作家 李永平感谢台湾 下一步打
算写武侠》,《中国时报》2015 - 12 - 16,A16。

㉓　赵静瑜 李欣恬 吴垠慧:《美术类首位女性得主 艺术走入小区 吴
玛悧获国艺奖》,《中国时报》2015 - 12 - 16,A16。

㉔　杨媛婷:《第 19 届国家文艺奖公布 李永平、吴玛悧、何晓玫、庄进
才、潘冀获奖》,《自由时报》2015 - 12 - 16,D07 版。

㉕　《侨生获国艺奖:台湾是宽容的!》,《台湾英文新闻》(汉文新闻)
社会 2016 - 03 - 27。

㉖　洪瑞琴:《行医兼写作 陈耀昌获台湾文学奖》,《自由时报》2016 -
12 - 11,B03。

㉗　郑维真:《台湾文学金典奖 得奖名单出炉》,《联合报》2016 - 11 -
17,B2N。

㉘　郑维真:《台湾文学金典奖 得奖名单出炉》,《联合报》2016 - 11 -
17,B2N。

㉙　郑维真:《台湾文学金典奖 得奖名单出炉》,《联合报》2016 - 11 -
17,B2N。

㉚　郑维真:《台湾文学金典奖 得奖名单出炉》,《联合报》2016 - 11 -
17,B2N。

㉛　陈宛茜:《老牌杂志转型 与年轻世代对话 联合文学获金鼎奖》,
《联合报》2016 - 05 - 05,A10。

㉜　许文贞:《〈何不认真来悲伤〉书写家族记忆 郭琼森再获金鼎

奖》,《中国时报》2016 – 07 – 14,A12。

　　㉝　许文贞:《〈何不认真来悲伤〉书写家族记忆 郭琼森再获金鼎奖》,《中国时报》2016 – 07 – 14,A12。

　　㉞　许文贞:《〈何不认真来悲伤〉书写家族记忆 郭琼森再获金鼎奖》,《中国时报》2016 – 07 – 14,A12。

　　㉟　陈宛茜:《老牌杂志转型 与年轻世代对话 联合文学获金鼎奖》,《联合报》2016 – 05 – 05,A10。

　　㊱　杨媛婷:《2016 台北国际书展大奖 6 作家获肯定》,《自由时报》2016 – 01 – 13,D08。

　　㊲　《2016 文学备忘录》,《自由时报》自由副刊 2016 年 12 月 28 日,D09。

　　㊳　《2016 文学备忘录》,《自由时报》自由副刊 2016 年 12 月 28 日,D09。

　　㊴　杨媛婷:《首届台湾历史小说奖颁奖 李旺台 朱和之同获佳作》,《自由时报》2016 – 03 – 22,D06。

　　㊵　杨媛婷:《首届台湾历史小说奖颁奖 李旺台 朱和之同获佳作》,《自由时报》2016 – 03 – 22,D06。

　　㊶　杨媛婷:《首届台湾历史小说奖颁奖 李旺台 朱和之同获佳作》,《自由时报》2016 – 03 – 22,D06。

　　㊷　向阳:《为文学出版树立典模——洪范书店成立 40 周年的意义》,《文讯》2016 年 8 月号,第 370 期,第 71 页。

　　㊸　陈信元:《洪范——台湾出版业的典范》,《文讯》2016 年 8 月号,第 370 期,第 75 页。

　　㊹　周敏鸿:《台湾文学之母 钟肇政庆 92 岁大寿》,《自由时报》2016 – 01 – 21,A11。

　　㊺　《2016 文学备忘录》,《自由时报》自由副刊 2016 年 12 月 28 日,D09。

㊻　魏莨伊:《台湾歌谣之父 110 岁冥诞 邓雨贤的留声机 再奏一曲月夜愁》,《联合报》2016 - 03 - 19,B3。

㊼　杨媛婷:《杨逵 110 岁冥诞 人权馆筹备处推特展》,《自由时报》2016 - 10 - 19,D07。

㊽　《我们在"东海花园"的那些日子》,《印刻》2016 年 10 月,第 142 页。

㊾　赖廷恒:《等不及 80 大寿 陈映真全集成追思》,《旺报》2016 - 11 - 23,A13。

（作者单位:厦门大学台湾研究院）

# 2016 年台湾军事发展综述

白　纯

**摘　要**:2016 年,马英九主政期间,台军继续以"防卫固守、有效吓阻"为战略指导,蔡英文主政后,其"多重吓阻"的战略构想已初见端倪。全年,台湾地区着力拉近台美、台日军事关系,全面推进军事演习训练、武器装备升级改造、东海南海维权、非战争军事行动等任务。总的来看,台军始终没有放弃"大陆威胁"论、以"解放军为假想敌"、"以武拒统"等惯性思维,武器性能虽有所提升,但官兵士气低迷,自身形象大打折扣。

## 一、注重加强与美日合作,拉近双方军事关系

台美、台日关系是历届台湾当局处理"对外关系"的两大重点,2016 年,台当局也一直竭力进一步拉近台美与台日军事关系。

台美关系:早在 2015 年 5 月,民进党候选人蔡英文就赴美进行了为期 12 天的"访问",被台湾媒体定义为赴美"面试"之

旅。台美军事关系是双方关系的重要组成部分,台美紧密的军事合作,既包含美对台军售,还包括建立了多层次的常态化合作互动机制。具体来说,台美军事交流形成了"国防安全""国防战略"和军事战略等三层架构,以及政策交流、军售管理、学术交流、情报交流、战训交流、后勤交流、通资电交流、军备交流、防卫评估和教育训练等十大类别,建立了包括蒙特雷会谈、防务工业会议、政军会谈、防务评估会谈、安全合作会谈等在内的十余个沟通机制。①2016 年台美双方主要进行了两项重要的军事交流活动。5 月 18 日,美众议院通过了 2017 年度国防授权法案,该法案中有多项与台湾有关的条文。具体包括:美国国防部长得以授权,向台湾的部队提供观察员身份,参与环太平洋军演(RIMPAC)中的任何海上作业,法案生效后即施行;美国国防部长应进行美台资深军事人员交流计划,其目的为改善美台军事关系与促进合作;2017 年 2 月 15 日前,国防部长与国务卿需向众议院拨款委员会提交,依据"与台湾关系法",美国已经计划并准备向台湾提供的防卫装备,等等。2016 年 10 月初,台美"国防工业会议"在美举行,此次会议由台美商业协会举办,是蔡英文主政后的首次台美军事工业会议。会议重点讨论台湾如何采办战机、潜艇等新装备以及如何使台湾的军工企业与美国军工企业对接。美国方面派出国防部负责亚太安全事务的副助理部长大卫·海维参会并发表主题演讲,阐述美国对台的政策主张和建议,台湾方面由"国防部副部长"李喜明带队,他会前表示,希望美国向台湾出售更多先进装备及技术。②12 月 2 日,蔡英文更与特朗普直接通话,祝贺其当选美国总统,这是台美"断交"后,台湾地区领导人首次与美总统当选人直接通话,创下历史先例。

台日关系:蔡英文的亲日立场众所周知,而日本首相安倍晋三则被称为 1972 年以来最亲台的日本首相。从现实政治利益出发,台日对彼此都有所期待,正如日本《读卖新闻》所言,台日寻求加强合作正是由于"抗中需要彼此的力量",安倍内阁更是宣称日台在安全保障领域共享战略性利害关系。在蔡英文当选后,日本外相岸田文雄、官房长官菅义伟分别公开向蔡英文表示祝贺,称日本非常重视台湾这个有着共同价值观、密切经济联系与人员往来的重要合作伙伴和友人。目前,台日已经在非传统安全合作方面建立了密切关系,未来还会继续以人道救援等内容为核心,强化安全合作。其中,每年 10 月固定在日本举行的台日军事情报交流会议是双方军事情报交流的重头戏,而美日台三方还固定召开所谓的安保会议,协调相互之间的军事战略和策略。总体而言,台日军事安全合作将日趋密切和公开化。11 月 5 日,蔡英文出席在高雄举办的"征战属谁——追思纪念台籍老兵秋祭活动",这是台湾地区领导人首次参加这种类型的纪念活动。报道称,这些台籍老兵包括"台籍日本兵"(约 20万人)、"台籍国军"(约 1 万 5 千人)、"台籍解放军"(不详)。从这些不同属性台湾老兵的数量和秋祭活动内涵来看,绿营主要纪念的是"台籍日本兵"。蔡英文出席活动,既可深化"台独史观",又得以向日本献媚,可称一举两得。

## 二、"汉光 32 号"演习规模空前,特点鲜明突出

2016 年"汉光 32 号"演习被台媒评价为史上最大规模军事

演习。此次演习模拟台湾本岛、外岛重要军政设施均遭解放军攻击，台军展开先期战力转移保存、海空联合截击、登陆及反登陆作战以及最后的本岛城镇保卫战等不同阶段的演练，台军部分新兴战力也加入了实兵演习。为强化三军联合作战效能，"汉光 32 号"演习在 4 月的"计算机辅助指挥所演习"、8 月的"实兵演练"之后，又增加了 10 至 11 月间的"军种对抗操演"，共分为三个阶段实施。同时，部分年度"联字"操演科目，也整并在"汉光 32 号"演习中实施。

一是执政当局高度重视，马、蔡先后到场视导。4 月 26 日，台湾地区领导人马英九，在"总统府秘书长"曾永权、"国安会秘书长"高华柱等人陪同下，以三军"统帅"身份进入"国防部"，首先到达联合作战演训中心，听取演习统裁部简报，并视导攻击军操演室，了解攻击军的当前状况。随后在"国防部长"高广圻陪同下，前往联合作战指挥中心，听取防卫军简报，并对参与演习的官兵进行精神讲话。这是马英九 8 年任期内对"汉光"演习的最后一次视导。8 月 25 日上午，蔡英文首度以"三军统帅"身份，前往屏东县恒春地区视导空地整体作战操演。她在听完第八军团装甲 564 旅旅长黄忠实简报后，观看整场演习。

二是验证新兴兵力作战效能，注重提升资电作战能力。军事演习中将台军近年来引进的 AH－64E、UH－60M 直升机、P－3C 反潜机、爱国者三型飞弹以及自主研发的 UAS 无人飞行系统、云豹甲车、沱江及盘石军舰等新兴武器装备，纳入实兵演练课目验证，并在"联勇操演"中首次以 AH－64E 攻击直升机实施火力射击，同时运用 UH－60M 直升机吊挂特战突击车支持地面作战，以展现台军新兴战力训练成果。通过开展"弱点扫描""网络入侵""网页置换""钓鱼邮件""通信与雷达遭阻断干扰"及"系统瘫痪"等资电攻防课目演练,进一步整合台军、"中科院"及民间科技人才,验证台军在网路及电磁空间预警、防护与反制能力,强化各单位在处置突发事件中状况通报、系统复原、灾损管控等方面的应变机制,验证了"中科院"自力研发的资电作战系统能力。

三是强化联合防空作战能力,厚植三军联合作战默契。军事演习全程共计编组各型战机 215 批 578 架次,整合防空飞弹、海军作战舰艇、陆军野战防空等部队,演练战机战备转场、机动雷达、飞弹车组分散部署、联合防空、海空联合截击作战等 66 项课目,磨练了整体防空和战力保存能力,提升了台军远距精准打击和联合作战能力。台军为创造战场局部优势,发展创新战术战法,有效发挥"三军"不对称作战战力,8 月 23 日由第三作战区在桃园地区演练"联合泊、滩岸布雷",空作部在澎湖地区演练"制压作战",各战略执行单位全程演练"战略沟通机制运作"等课目,以阻滞或瘫痪敌作战节奏,形成防卫作战的有利态势。为增进"三军"部队联合作战指管效能,8 月 25 日由联合空降特遣部队和第四作战区守备部队,在屏东地区演练"联合空降与反空降作战",并在昌隆农场成功空投悍马车,协力空中突击作战;另由两栖特遣部队在加禄堂,演练"联合登陆与反登陆作战",首次运用 UH – 1H 直升机搭载陆战队兵力,遂行三栖突击作战,以进一步增强"三军"联合作战的默契。

四是验证后备动员整体战力,发挥全民防卫动员效能。军事演习中,结合"同心 28 号、自强 34 号"演习,共计动员后备部队 41 个单位 7822 人,征购征用军需物资 14 项 9 万余件,各型车辆 152 辆,工程机械 17 部和民间工厂 5 家,验证后备部队编成、配合常备部队防卫作战、外岛渗透运补和军需工业动员等课目,有效支持了军事任务顺利达成。为验证"全民"防卫动员支持军事作战效能,台军还纳编相关动员部门编成"行政院协调管制中心",并成立各县市"联合应变指挥管制中心"共同配合演练。实兵演练除整合"经济部"及"交通部"年度动员演习外,还首度将"内政部"空勤总队 UH－60M 直升机纳入台军航空部队作战序列,配合执行台中港重要目标防护、宜兰雪山隧道封阻作业和兵、火力部署演练等任务,充分发挥了跨部会联合作战效能。

## 三、武器装备升级改造,局部领域有所突破

2016 年台军以遂行"国防自主"为目标,以外购武器与自行研制方式并举,继续大力更新武器装备,并且在一些方面有所突破和进展。

台陆军武器装备以实施渡海装甲强化计划和改善单兵战斗个人装备为主。2016 年,台陆军实施了渡海装甲强化计划,包括采购一百多辆 M1A1 型一手战车和计划给战车装备新型弹药等,以进一步增加射程和穿甲能力,提升现役渡海战车能力。另外,台陆军还秘密模仿以色列技术,加装了类似以色列主动防卫装备,增加台军渡海战车的防护能力;同时改进了最新战车的可靠攻击力,确保能够有效地对付包括解放军 05 式两栖突击战车在内的两栖渡海战斗车辆。2016 年台陆军首先使用由台湾地区 205 厂自行研发的新式单兵 13 项战斗个人装备。台陆军包

括机步、反装甲、特战及外岛步兵守备部队,已首先采用这套战斗个装,将从 2017 年起陆续分四年编列预算采购。如果能顺利换装,台陆军单兵装备将提升到海军陆战队的水准,彻底摆脱"乞丐兵"恶名。但近年来台陆军武器装备质量堪忧。台陆军 2011 年高装检不合格单位是零,2012 年也只有 2 个单位,但 2013 年不合格单位比例飙高到 6 成,2014 也超过 5 成,2015 年则有 4 成 5,2016 年几乎与上年持平。

台海军武器装备围绕聚力推动"国舰国造"项目和构建海上防空反导体系展开。台湾防务部门表示,2016 年预算投入 57.6 亿元新台币军用研发费用,比 2015 年增长 211% ,主要用于军舰、潜艇等自主生产,以持续推动自主研发能力。台海军计划建造 8 艘潜艇,并在 2016 年防务预算中,首度为海军编列 5 亿多元新台币,正式启动潜艇建造的合约设计程序。但是,潜艇研制的技术门槛高,经费投入庞大,况且台军目前还没有任何自行设计潜艇的经验,在常规动力潜艇的建造材料、建造工艺和动力系统、火控系统、武器系统、救生系统等方面也都是一片空白,要想独立自主研制潜艇可谓天方夜谭。2016 年台军还加紧构建海上防空反导体系。台海军为发展新一代"海基型防空导弹系统"专门制订了代号"迅联"的专案计划。2016 年 6 月,台湾与美国达成引进 MK-41 导弹垂直发射系统合约,预计将于 2019 年首套 MK-41 到货后即启动迅联系统测试工作(该系统由台湾"中科院"研发的相控阵雷达、电子战系统、声呐系统以及 MK-41 垂发系统构成),届时"天弓-3"舰空导弹、"天剑-2"舰空导弹也将同时展开测试。台军若能有效整合上述武器系统,其海上防空反导能力将实现一定的提升。

　　台空军武器装备以推进"国机国造"项目和对外采购并举。在"国机国造"项目中,台空军原计划依托汉翔公司引进意大利M346型高级教练机的制造技术,在台湾本土制造,即所谓"洋机国造"。但是,民进党上台后,蔡英文以"借此培养我研发第三代垂直起降战机的能力"为由,主张自行研制高级教练机而反对外购,明确要求台军新一代高级教练机必须"自研自制"。目前,台湾空军与汉翔公司的初步计划是以改良自"经国"号战机的 XAT‑5 为基础进行研制。但是,汉翔在完成"经国"号战机量产任务后,早已关闭相关生产线,参与研发的工程师也陆续离职。因此,要重启 AXT‑5 研发困难重重。在台湾地区领导人选举前,赴美国接受"面试"的蔡英文已经与美方"交换意见",并计划 2019 年开始求购"鹞"式战斗机。美国防部国防合作局考虑通过剩余物资项目(EDA)向台湾出售 AV‑8B"鹞"式垂直/短距起降战斗机。据称,台空军之所以求购这种老旧战机,是因为台空军预计至少要 20 年后才能买到美国 F‑35B 战斗机。

　　网络攻击、飞弹等其他武器研制也有所进展。近年来,台军整合现有信息、通信与电子等相关单位,组建了网军。至 2016 年下半年台军已成功研制出数千种针对大陆军民网络系统的计算机病毒、木马程序、逻辑炸弹等网络攻击武器。为进一步提升网络战能力,台军还精选了一批擅长编写、破解、破坏程序及瘫痪计算机网络的专业人员,组建了一支代号为"老虎部队"的专业"黑客"力量。2016 年 8 月台军方权威人士透露,台"中科院"将建案研制量产射程更远的雄三增程飞弹。台湾军方已要求"中科院"做防密处置,除非舰长同意,否则永远是在训练模式,不会转到发射模式,以避免误射事件再次发生。

## 四、在东海、南海开展相关护渔、护航任务

东海问题和南海问题均是台湾当局进行"主权"与"领土"宣示以及展现涉外事务能力的重要领域。[③]2016 年,东海和南海形势更加复杂多变。在东海方面,4 月 25 日,台湾屏东琉球籍渔船"东圣吉 16 号"在冲之鸟礁外海 150 公里处被日本公务船扣押,在"5·20"前夕挑起台日、蓝绿敏感神经;在南海方面,7 月 12 日荷兰海牙国际仲裁庭单方面裁决中国大陆在九段线范围内主张的历史权利没有法律依据,包括太平岛在内的南沙群岛所有海上地物均为礁岩。面对东海、南海面临的现实挑战,台湾当局用实际行动向外界宣示捍卫争议岛屿主权的决心。

东海方面:针对日本公务船在西太平洋冲之鸟礁附近公海海域扣押台湾渔船"东圣吉 16 号",马英九先后于 4 月 25 日、27 日召开"国安高层会议",研商因应策略。在 4 月 27 日的会上,马英九宣布了捍卫公海捕鱼自由、反对日本违法扩权、强力维护渔民权益等三项主张。台"海巡署"决定自 5 月 1 日起,派遣"海巡署"远洋巡护船"巡护九号"及农委会渔业署"渔训二号",从高雄港出发,共同执行为期 3 个月的护渔任务。如果日本船舰采用广播、喷水、造浪等方式干扰台湾渔船,台方都会采取相对应的反击;如果日本舰艇要登上台湾渔船临检,"海巡署"的舰艇会加以阻挡。同时,台湾海军还派出一艘拉法耶特级护卫舰前往当地水域侦巡。

南海方面:对于荷兰海牙国际仲裁庭单方面裁决结果,台当

局第一时间发表声明"绝不接受"。卸任前,马英九当局在南海问题上动作频频,一再强硬表态,受到两岸各界人士欢迎。1月底马英九顶着美国巨大压力前往太平岛视察,宣示对南海主权;3月下旬台涉外部门首邀包括 CNN、半岛电视台、华尔街日报、金融时报、美联社、法新社、路透社、彭博社、日本共同社等在内的多家外媒记者登岛考察,强化国际舆论宣传效果;4月7日马英九在接见到访的菲律宾前总统拉莫斯时,重申"太平岛符合国际法对岛屿的定义";4月8日马英九又出席"南海议题及南海和平倡议"讲习会,详细论证太平岛、南海自古就是中国的领土。7月13日,蔡英文在即将前往南海执行巡航任务的迪化舰上发表谈话,表示南海仲裁的判断,特别是对太平岛的认定,严重损害台湾对南海诸岛以及相关海域的权利,迪化舰代表"中华民国",各位官兵身上的制服,就代表"国民"的托付,这次巡航任务,就是要展现台湾人民捍卫"国家利益"的决心。④但不可否认,台湾对太平岛的控制力一般,主要表现在驻岛人员战斗力不足和武器装备水平提升缓慢,目前台驻守太平岛的人员共计250人,包括220名左右的海巡人员、19位"空军"基地维修人员及气象、航管人员,另有1名医生、3名护士;在武器装备方面,蔡英文主政后,立刻把两艘100吨级的巡护舰撤回台湾本岛。11月29日,台"海巡署"和海军在太平岛举行人道救援操演。这是"南海仲裁案"后,台湾首度在太平岛海域实施军警联合操演。为扩大影响,此次演练还邀请了多家国际通讯社和日本媒体登岛采访,这也是蔡英文主政后首次邀请国际媒体登上太平岛。12月12日,台当局举行"收复"南海诸岛70周年纪念活动,台"内政部"和"国史馆"联合举办纪念特展,蔡英文出席开幕式,并与南海指挥官连线通话。

## 五、高度重视非战争军事行动,
## 持续加强军民合作

3月3日开始,台"国防部"在连江县等11个县市先后组织"全民防卫动员暨灾害防救演习",即"民安2号"演习。此次演练主要是针对辖区潜势灾害特性,拟定地震、风、水灾及重大灾难等复合式灾害类型为想定,以强化各县市领导与政府机关及台军指挥应变调度能力,并纳入"0801高雄气爆"工业管线地下掩埋石化管线气爆、"0627八仙粉尘爆燃"大量伤病患灾害抢救等科目。3月24日,在南投组织演练,马英九亲临现场主持,演习声势浩大,除了邀请台"内政部"等相关"部会"、中部地区各县市政府、学校、救难团体及台军部队代表等1000多人观摩外,还邀请了包括美、日、东南亚等45个国家在内、100多位驻台各国"使节"、灾防机构负责人现场参访。本次演练分为"兵棋推演"和"综合演练"两个阶段实施,还将"苏迪勒"台风期间乌来孤困山区抢救及"0206"台南震灾经验纳入想定及演练科目,台第五作战区派遣陆军第58炮兵指挥部、化学兵、工兵、通资电部队、空军第455联队、海军陆战队、陆军航特部、南投后备指挥部、宪兵队等14个单位、815名官兵参演。台军还出动了悍马车、救护车、机动照明车等各类型车辆支持灾防演练,因为天气原因,原计划出动的CH–47SD、EC–225、UH–60M直升机都没有上场。

2016年8月5日,台湾当局为提升各机关之间合作应变能力,保障海洋权益及渔民作业安全,在高雄港西北方结合台军、海巡等单位实施护渔操演,操演科目包含"海巡署"苗栗舰以水炮拦截违法渔船,海军"班超"舰在旁进行策护等。台湾"海军司令"黄曙光上将偕同"海巡署副署长"龚光宇等相关单位代表指导演练,由"海巡署""高雄舰"担任视导舰,协同海、空军、"海巡署""空中勤务总队""渔业署"等单位,前往高雄港西北海域实施"取缔越界作业外国渔船""我渔船遭不明船舶干扰与追逐""海上反挟持""海难救助"等操演项目,共出动海军成功级、锦江级军舰及"海巡署""高雄舰""苗栗舰"等十余艘舰艇;另空军出动 P-3C 反潜机、S-70C 救护直升机,空勤总队则出动AS-365 海豚直升机及新成军的黑鹰直升机执行演训,由海、空军兵力及"海巡署"任务舰艇执行联合护渔操演。

9 月下旬,强台风"鲇鱼"挟强风暴雨侵台,造成巨大经济损失和人员伤亡,台防务部门表示,为参加抢险救援活动,台军待命兵力共 35315 人,各式装备包括航空器 14 架、舰艇 111 艘、装甲车 282 部、轮车 2153 部、工程机具 1301 部等 36 类 3861 部;同时,陆军航特部及海军陆战队还制定了特战小组预置兵力派遣规划,进驻新北乌来、宜兰南澳等山区。

## 六、丑闻、弊案接二连三,台军形象广受质疑

2016 年台军力图重塑自身形象,重拾民众信心,但军内丑闻、弊案接二连三,不仅让外界看得眼花缭乱,更使台军形象跌至谷底。

一是军事演训"状况"频出。7 月 1 日,台海军"锦江"级大

型导弹舰"金江"号,在进行"操演验收"时,发生"雄风－3"反舰导弹误射命中澎湖外海渔船,造成当地渔民 1 死 3 伤的重大事件。⑤8 月 16 日,一辆台陆军 564 旅 CM11 战车在进行"汉光32 号"预演时,因刹车突发故障无法操控履带,翻覆落入网纱溪,造成 4 人死亡。8 月 22 日上午,一辆台军悍马车行经屏东县枋寮乡沿山公路时,因驾驶士兵精神不济,会车时恍神,导致连人带车翻落于沿山公路右方一处芒果园内,造成 1 人受伤。8月 31 日,台湾陆军 542 旅一辆 CM11 勇虎战车在新竹县湖口乡北测中心营区进行测试时,发生炮口爆炸,驾驶员眼睛受伤。"汉光 32 号"演习中,为达成预期目的,在兵器推演阶段对过程和结果评估数据肆意进行修改,不准己方军舰被击沉以免海军脸上无光,被击落的战机起死回生重返战场,参演人员身着迷彩服,佩戴演习臂章,清晨在早餐店中悠闲看报吃早饭等事件。

　　二是虐待动物事件接二连三。据台湾《联合报》报道,台"防务大学"中校教官林某被前女友指控长期虐待其饲养的猫,台湾动物紧急救援小组呼吁校方正视。距该事件发生仅仅不到一周,6 月 27 日高雄军中又传出集体虐狗事件,海军陆战队"宪兵"连柴山哨所队员张峰瑜、胡嘉玮等队员涉嫌虐狗。⑥台当局对于集体虐狗事件的处理更是让人大跌眼镜。虐狗事件,原本属于个别士兵所为,但从台当局最高领导人蔡英文到"行政院长"林全都参与到此事中来,台防务部门负责人冯世宽更是同一天内先后两次率领众将官鞠躬道歉并献花。但台军并没有吸取教训,11 月 2 日,台陆军花东防卫部第二支援指挥部补给油料库又发生士兵用木棍殴打和勒小狗脖子事件,再次引发民众批判。近年来,台军一出意外就遭网民痛殴,跟部队中表里不

一、官僚作风等恶习有着直接的关系,这些负面印象的种子,遇到机会就会萌发恶果。

三是装病退伍、逃避兵役频频出现。自2012年至2016年4月,台军因"精神疾病"而申请退役的军官多达661人,且数字节节攀升,台当局"国防部"已挡不住这种趋势蔓延,台军部队信心面临崩裂危机。据悉,在过去4年多里,众多台军军官因"精神疾病"退役,光是退伍金就耗费3.3亿新台币。⑦今年上半年,台湾检方在侦办一家传销公司违法吸金案时,发现不少公司干部是刚退伍的年轻军官,于是推测台军中有人装病换取自由身。目前,台湾检方已掌握至少9名台军军官,涉嫌装病退役,大淘传销财。近年来,台军一些负面事件通过口耳相传和网络分享不断发酵,导致形象持续下跌,使得台湾许多年轻人不愿意参军入伍,民间也流传着"好男不当兵、好铁不打钉"的打油诗。台军形象与士气低落,就争取不到理想的人才与资源投入;人才与资源不足,形象与士气就会更差。恶性循环导致劣币驱逐良币现象在军队越来越多。

四是挪用公款、自杀轻生屡见不鲜。仅仅在蔡英文就职前的一个月之内,台军就发生数起自杀事件:海军陆战队吴姓女中尉4月20日在部队自缢身亡,家属怒指女儿遭2名督导军官言语霸凌而寻短;5月1日,海军陆战队工兵连陈姓中尉也在部队上吊自杀送医后不治身亡。6月中旬,台防务部门电讯发展室蔡姓女少校在家中自缢身亡。8月30日,台湾新竹县湖口乡装甲兵训练指挥部一名古姓上士在营区内的树下上吊,死者上吊前曾传讯息给家人,警方获报后立即赶抵现场采证,并通知家属到场。⑧台军中自杀案频传,防务部门负责人柏鸿辉中将表示,过去 10 年因精神压力、工作情绪等就诊官兵近 5 万人,他坦承台军心理卫生辅导的三级防处机制确实需要检讨。据华夏经纬网报道,台陆军 10 军团 302 旅志愿役周姓中士,去年 8、9 月间陆续约同乡、长官到台中金丽都酒店喝花酒,但他竟拿盗盖前营长的公库支票付账,他先后盗开 65 张支票并将 8.6 万元的采购费用据为己有。

**注释:**

① 张华:《美台军事交流"常态化"?》《世界知识》2015 年第 10 期。

② 《美台召开"国防工业会议"加强军事合作》《国防科技要闻》,2016 年 11 月 3 日。

③ 郑碧强、许川:《台湾当局东海南海政策:同质性与异质性的比较分析》《台湾研究》,2016 年第 5 期。

④ 《蔡英文登迪化舰谈话》,2016 年 7 月 13 日,网易新闻 http://news. 163. com/photoview/00AN0001/2188865. html#p = BRS2K9RJ00AN0001。

⑤ 《台湾军队演训事故频发 凸显军纪涣散战斗力不足》《中国青年报》,2016 年 08 月 05 日。

⑥ 《高雄四名"宪兵"集体虐狗 铁链捆绑拖到堤防吊死》,凤凰网 2016 年 6 月 27 日,http://news. ifeng. com/a/20160627/49250191 _ 0. shtml

⑦ 《台媒爆料:多名台军军官集体装病退役 下海捞金》,人民网台湾频道 http://tw. people. com. cn/n1/2016/0518/c14657 – 28360246. html.

⑧ 顾此:《"5.20"之后,台军越来越"蔡"or"菜"?》《环球军事》,2016 年 6 月上。

(作者单位:南京政治学院)

# 2016 年台湾两项选举评析

金 奕

**摘 要:**2016 年 1 月 16 日,台湾地区领导人和"立委"两项选举结束,民进党在此役中不但夺回执政权,还控制了"立法院"的多数席次,实现首次全面执政,台湾蓝绿政治板块发生重大变化。而国民党由于执政包袱、内部矛盾等原因,败选本在意料之中,但如此大败还有深层次原因。"第三势力"在本次选举中十分活跃,显示出民众对传统政党政治的厌恶,"时代力量"的崛起,就是此一脉动的具体体现。本次选举,是台湾政局和两岸关系的重要分水岭,将产生深远和重大影响。

2016 年 1 月 16 日,台湾地区领导人和第九届"立委"选举同时举行,民进党在两项选举中获得大胜。民进党蔡英文以689 万 4744 票、56.12% 得票率当选地区领导人,成为台湾地区首位女性领导人;国民党朱立伦得到 381 万 3365 票,得票率为31.04%;亲民党主席宋楚瑜得到 157 万 6861 票,得票率12.83%。此次选举投票率仅 66.27%,第一次低于 70%,创下史上最低,有效票数为 1228.5 万票。<sup>①</sup>在选举中,民进党得票率比国民党高出 25% ,多得 300 多万票,而 2012 年民进党输国民党 80 万票,等于国民党流失了约 380 万票。

"立委"选举方面,在总计 113 个"立委"席次中,民进党获 68 席,国民党获 35 席,"时代力量"获 5 席,亲民党获 3 席,无党团结联盟获 1 席,未经政党推荐者获 1 席。在 73 席"区域立委"中,民进党拿下 49 席,国民党仅 20 席,"时代力量"拿到 3 席。[②]在 34 席"不分区立委"中,民进党获 537 万票,得票率 44.0% ,取得 18 席,较上届 456 万票、34.6% 得票率、13 席的成绩明显上升;国民党获 328 万票,得票率 26.9% ,取得 11 席,较上届 586 万票、44.6% 得票率、16 席的成绩大幅滑落;亲民党获 79 万票,得票率 6.5% ,取得 3 席,较上届 72 万票、5.5% 得票率、2 席的成绩有所上升;首次参选的"时代力量"获 74 万票,得票率 6.1% ,取得 2 席。新党未获席次,但因跨过政党补助门槛,可获得每年 2550 万新台币补助。"台联党"则失去原有的"立法院"席次,走向泡沫化。

从上述数据看,民进党在两项选举中获得压倒性胜利。在"立委"选举中,2012 年第八届"立委"选举,国民党赢得 64 席,民进党得到 40 席,民进党比国民党少 24 席,但本届选举民进党反超国民党 33 席,68 席"立委"加上"时代力量"5 席,绿营已达 73 席,远超过 57 席的半数门槛,足以主导"立法院"议事进程和结果。民进党手握行政和"立法"权,首次实现全面执政。而国民党席次不及三分之一,虽保有对"修宪""领土变更"等重大议题的否决权,但制衡能力变得十分薄弱。加上民进党在 2014 年"九合一"选举中获 13 个县市执政权,"绿色执政"人口占全台 61.67% ,[③]实现了从"中央"到地方的双执政,几乎垄断了全台

高层次的权力资源,政治实力、"民意"基础达到建党以来的最
高点。

## 一、蓝绿板块出现重要变化,深刻　　影响岛内政治结构

本次结果反映出两项选举不是简单的政党轮替,而是台湾
政治板块发生了重要变化。从地区领导人选举看,全台 22 个县
市,朱立伦仅在后山的台东、花莲和金门、连江得票率超过蔡英
文,在其他 18 个县市都落后对手。④即使将宋楚瑜的得票全部
算作蓝营,国、亲两党总得票率仅为 43% ,与蔡相差 13 个百分
点。虽然 2016 年投票率比 2012 年"大选"(74% )少 8% ,许多
蓝营选民没有投票,但是蓝绿板块已经基本相当,或蓝开始小于
绿已是不争的事实。特别是据媒体估算,129 万的"首投族"中
的 80% 选票投给了绿营,而年轻族群的政治倾向,决定了未来
蓝绿政治版图的消长。

从"立委"选举结果分析,民进党在作为传统蓝绿政治势力
分野的浊水溪以南实现"全垒打",囊括云林县、嘉义县市、台南
市、高雄市、屏东县的全部 22 席"区域立委";国民党上届曾占
据云林县、嘉义县、屏东县各 1 席、高雄市 2 席,共 5 席,⑤此次全
军覆没,说明绿营在南部的势力已牢不可破。台湾中部一直是
蓝绿势力拉锯地区,本届选举,浊水溪以北至大安溪以南的台
中、彰化、南投地区原本"蓝大于绿",是蓝绿"决战"的前沿阵
地,共 14 席"立委",上届比数"蓝 10 绿 4",本届翻转为"蓝 6 绿
8"。大安溪以北的台北、新北、基隆、宜兰、桃园、新竹、苗栗原

是国民党的"大后方",北台湾共计 32 席"立委"中,民进党上届仅得 4 席,本届实现历史性突破取得 17 席,加上"礼让"给"第三势力"的席次,绿营总数达到 20 席,国民党仅保住 12 席⑥。具有指标意义的新北市共 12 席"立委",却由"蓝 10 绿 2"翻盘为"蓝 2 绿 10"⑦。就连后山花莲,民进党也打破 20 多年不胜纪录,全取 2 席。

检视过去的选举历史,绿营一旦在某一地区赢得执政权,这一地区就有固化为绿营版图的危险。以高雄市为例,1998 年国民党失去市长宝座时,吴敦义的得票率是 48.13%,谢长廷为 48.71%,蓝绿旗鼓相当。但民进党从此在高雄站稳脚跟,连续执政 16 年。2014 年,陈菊代表民进党在高雄拿到 68.09% 的选票,国民党杨秋兴只得到 30.89%⑧,双方差距拉大到两倍以上。与此同时,长期掌握执政资源也让基层的绿化加剧,原本在市议员层面占优的国民党在 2010 年"高雄直辖市议员"选举中仅获 29 席,民进党追至 28 席;2014 年民进党上升至 34 席,国民党仅得 25 席。此次民进党在两项选举中大胜,显示其在执政县市的经营颇为见效,而两项选举的结果将进一步扩张绿营基本盘,巩固地方执政的成果,在未来蓝绿竞争中,蓝营将失去长期以来"蓝大于绿"的基本盘优势,选举变得更为艰难。

## 二、国民党败选的主要原因

首先,马英九八年执政废掉了国民党的"政绩牌"。国民党在 2008 年能够夺回政权,其中一个重要原因,就是扁当局执政八年使台湾经济陷入危机,当时民众对国民党擅长搞经济印象仍深,对其寄予厚望;国民党对此也相当自信,马在竞选时还提出"六三三"承诺(经济成长率6%、人均GDP 3万美元、失业率低于3%)。但是,马当局执政八年,无法应对国际经济大环境不佳、台湾经济结构长期累积的问题,加之大陆经济增速放缓对台湾的影响,台湾经济节节衰退,2015年更是面临"保1"考验,民众薪资收入倒退到16年前。中产阶级贫困化的压力,世代不均引发的青年人不满,贫富差距扩大造成的社会矛盾等,都令民众对国民党拼经济的成果极为失望。另一方面,马当局的一些改革政策缺乏通盘考虑,朝令夕改,也引发社会反弹。例如马当局推动"油电双涨",开征证所税,却没有相关配套措施,结果造成民生物品价格大涨,股市重挫;而进口含瘦肉精的美牛、美猪,出台"十二年国教改革措施"等政策,由于没有做好与社会的沟通工作,引发农民和家长的抗议。削减"军公教"团体福利等"改革",更是重伤国民党的铁票部队。种种政策失误,不但未让马当局从改革中获益,反倒流失了大量选票,还落得"执政无能"称号,导致"换人做做看"逐渐成为民意主流。所以当朱立伦再次以"拼经济"为号召、打国民党的"政绩牌"时,显然毫无说服力。

其次,国民党的"两岸牌"优势不再。由于马英九当局执政八年,没有在意识形态领域拨乱反正,加上民进党利用台湾民众对大陆崛起的不安,煽动"恐中""反中"情绪,致使岛内倾"独"民意大幅提高。据2016年3月14日台湾《联合报》所做民调,岛内民众自认是"台湾人"的比率上升到73%,创调查以来的新高;自觉是"中国人"的比率则持续探底,仅剩11%;另有10%受访者认为自己既是"台湾人"也是"中国人"。另外,有19%

的民众希望尽快"独立",17% 倾向维持现况以后再"独立",两者相加已达 36% ,其中 30 岁以下年轻人倾"独"的已占 54% 。这一民调结果与其他许多民调的结论一致,即国民党基本支持者在逐渐流逝,支持"两岸一中"的民众已经低于支持"两岸一边一国"的民众,特别是年轻一代越来越倾向民进党的主张。"周子瑜事件"之所以能在选前被绿营操作为"中国人打压台湾人",从而一定程度影响选情,与岛内意识形态的绿化有相当大的关联。因此,国民党在选举中打擅长的"两岸牌",却没有产生预期的效果。

第三,国民党的败选与全球性民粹思潮有关。由于全球化带来的贫富分化等问题日益严重,导致民众对传统的政治体系、官僚制度、精英统治充满不信任,期待出现打破现状的重大改变。英国脱欧,美国特朗普当选,就是这种"反体制、反权威、反精英"的民粹政治体现。2014 年柯文哲当选台北市市长就是最为生动的例证,国民党作为传统、权威、体制、精英的代表,当然首当其冲。民进党则煽动民粹情绪,把国民党打成"权贵政治"、政商勾结,暗合了台湾社会的脉动,可以说是坐享其成。

## 三、"时代力量"崛起,冲击现有政党格局

虽然在本次"立委"选举中,"第三势力"参选爆炸造成严重分票,以致获得席次有限,未能突破蓝绿二元政治格局,但"时代力量"仍能在乱军中崛起,显示其一定的政治实力。

"第三势力"在本次选举中异常活跃,史无前例地出现 18 个政党争夺不分区席次,这是民众对传统政党不信任,所谓"新

公民运动"兴起的重要表现。不过,参选爆炸也造成分票效应严重,14 个未跨过政党票 5% 门槛的小党总共获 200 万票,其得票率加总高达 16.4% ,远超过 2012 年的 84 万票、6.4% 得票率⑨。将这 200 万张政党票换算成"立委"席次,"第三势力"可增加 7 席,加上总共获得的 10 席,"第三势力"有 17 席的潜力。

　　新成立的小党"时代力量"在乱军中突围,主要是因为该党的核心人物都是台湾近些年来反当局运动的主角,收割了社会运动成果,特别是得到年轻世代的支持。如黄国昌、林昶佐等是"反服贸运动"的头面人物、洪慈庸是"洪仲丘事件"受害人的姐姐,他们身上积聚了社会上不信任当局、不信任传统政治人物的力量,分别以"政治素人"身份打败国民党籍资深"立委"林郁方、杨琼璎、李庆华,该党同时以 6.1% 得票率取得 2 席"不分区立委"席次,使其在"立院法"拥有 5 名"立委",成为"立院"第三大党,有资格成立"党团"参与政党协调。在民进党稳定过半形势下,即使"第三势力"10 席全部与国民党结盟,也无法撼动民进党席次优势。假若其与民进党联手,总计 78 席也仅仅跨过三分之二的罢免"总统"门槛,距离"修宪"的 85 席门槛还有一段距离。因此"时代力量"的实际影响力有限。尽管如此,"时代力量"仍对现有政党格局带来冲击。

　　对民进党带来挑战。"时代力量"意识形态为深绿,"反中"意识强烈,不但得到"台独行动党""自由台湾党"等老牌"台独"势力的支持,同时吸引年轻族群中的倾"独"人员。"时代力量"主张推动"台湾国家正常化",与大陆建立正常的"外交"关系,要求以台湾身份参与国际事务、履行国际义务,与同为绿营的民进党在意识形态上争"谁更爱台湾""谁的政治更正确"。

然而民进党当政,必须为自己的言行负责,而"时代力量"在野可以信口开河,可以用更为激进的政策争取绿营选票。另外,"时代力量"以弱势群体代言人自居,对统治阶层、"权贵"进行挞伐,致力于发动自下而上的阶层革命,这不但抢了民进党的饭碗,还利用攻击执政的民进党,与其争夺中下阶层的选票。特别是"时代力量"脱胎于社会运动,对年轻人的影响力甚至超过民进党。台湾智库 2016 年 12 月 27 日公布最新民调显示,在 20 到 29 岁的年龄层,"时代力量"以 24.3% 的支持度居冠,国民党次之19.8%,民进党16.9% 掉到第三[⑩]。民进党执政不佳,支持度下降,但"时代力量"的支持度却不断上升。目前民进党"立委"已经感受该党的压力,绿营两党竞争越来越激烈。

"时代力量"同时给国民党带来威胁,使其无法再凭借民进党执政失败而轻松当选。民进党执政后支持度不断下滑,国民党虽然在反对"一例一休"、抗议"开放日本核灾地区食品进口"、支持军工教维护自身权益等议题上站在民众一边,对抗民进党也最为激烈,但是其支持度始终在低谷徘徊,反而让在这些问题上态度暧昧的"时代力量"坐收渔利。围绕社会民生问题在中间和浅蓝选民板块,"时代力量"是国民党重要竞争对手。在岛内倾"独"民意上升、国民党"政绩牌"失效的情况下,中间选民对民进党的不满并未转为对国民党的支持,"时代力量"为他们提供了第三种选择。据台湾民意基金会"2016 台湾政党认同与形象"民调显示,在政党偏好方面,30.4% 的民众喜欢民进党,16% 喜欢国民党,14.9% 喜欢"时代力量",大有超越国民党之势。[⑪]

如果"时代力量"能有效整合第三势力,即使在"区域立委"

中无法扩张地盘,也可再多添几席"区域立委"。颇具危机意识的民进党评估,"时代力量"此役后或将站稳地方滩头堡,并在2020年乘胜蹿升2至3倍的"立委"席次,成为三党不过半的关键少数,国民党的执政县市和386席县市议员也恐受波及,岛内政党格局有可能向"一大两中"的方向发展。

## 四、两项选举对岛内政局和两岸关系的影响

一是民进党将全面主导政局,同时也将全面承担责任。民进党一直将上次执政失败的原因,归咎于"朝小野大",在"立法院"的席次少于国民党,政令无法推动。此次选举,民进党以压倒性优势"双过半",又掌握13个县市执政权,可以说未来其执政基本不会有太大阻力。但是,全面执政意味着全面负责,民进党也将失去转嫁责任的借口。国民党执政时面临的问题,民进党依然要面对,而且比国民党执政时期更为严峻。首先,岛内结构性问题短期内难改,台湾现面临经济增长停滞、产业结构转型升级滞后、贫富差距扩大等结构性困局以及岛内能源短缺和电价上涨等现实问题,民进党仅凭"空中楼阁"的五大创新研发计划及重分配的"左"倾经济政策,是难以扭转岛内经济下行态势的。其次,国际经济和政治大环境存在诸多变数。一方面全球经济复苏乏力,以出口为导向的岛内经济受制于国际经济整体状况。而特朗普上台后的贸易保护主义也将对台湾经济产生负面影响,蔡当局"摆脱中国影响"的经济政策,势必伤害两岸经贸关系,给台湾经济雪上加霜。另一方面,特朗普上台后,国际政治发生变化,美国和日本对中国打"台湾牌",台湾极易卷入

大国的权力角逐之中,后果将十分严重。同时,台湾民众对执政当局的期待越来越高,但耐性却越来越少,而民粹主义的泛滥必将对民进党形成反噬。所以,民进党执政后遇到的问题比国民党还多,以其治理能力和经验,根本无法有效解决,很快就会引发民众的失望和不满,从而动摇执政基础。

二是国民党制衡能力薄弱,短期内难以走出困境。两项选举大败,重伤国民党元气,使其群龙无首、士气低迷、路线分歧、山头林立,至今找不到前进方向,陷入退台后最为严重的危机。在本次选举中,国民党暴露出的缺乏政治理念、内斗不断、各自为政、自私短视、人才匮乏、与民意脱节等问题,选后并没有任何改变。民进党执政后凭借"立法院"多数席次制定"不当党产条例",斩断国民党最后经济基础——党产,并动用资源拉拢国民党地方派系,诱使"立委""带枪投靠",绿化既有政治版图,国民党政治势力与基本盘继续被蚕食。而国民党也没有能力在"立法院"有效阻挡民进党不当法案,制衡能力严重削弱,民众对其失望日深。短期内该党很难振衰起弊,东山再起。

三是对两岸关系和平发展造成威胁。选前,民进党以"维持两岸现状"、遵循"中华民国宪政体制"等模糊说法骗取选票;选后,民进党又以所谓"新民意"为由,拒绝接受"九二共识"和一中原则,企图以此逼迫大陆让步。目前,两岸关系陷入僵局,蔡当局虽不敢明目张胆搞"法理台独",但是以"转型正义"为名的"去中国化"动作不断,这种"柔性台独"将是蔡当局未来处理两岸关系的主要策略,通过"文化台独"和"去中国化"进一步淡化台湾民众的中国认同,加快分离意识塑造;同时不排除蔡未来在政绩不佳、为巩固权位和谋求连任,走回操弄统"独"之争、恶化两岸关系的老路。

**注释：**

① 2016 年 1 月 17 日台《联合报》,《2016 大选选举结果》。

② 2016 年 1 月 16 日台《自立晚报》,《蓝绿消长 民进党 68 席 取得"国会"过半》。

③ 2014 年 11 月 29 日台"中央通讯社",《绿返执政地方 包围"中央"态势起》。

④ 2016 年 1 月 16 日台《苹果日报》,《蔡英文各县市赢多少》。

⑤ 2016 年 1 月 16 日台钜享网,《南市绿委 5 虎将全垒打》。

⑥ 2016 年 1 月 17 日台"中央通讯社"《蓝北北基桃掉 15 席立委席次大幅缩减》。

⑦ 2016 年 1 月 16 日台钜享网,《新北市立委蓝绿翻转》。

⑧ 2014 年 11 月 30 日台《联合报》,《99 万! 陈菊全台最高票》。

⑨ 2016 年 1 月 16 日台《自立晚报》,《"国会新势力""时代力量"排挤"台联"》。

⑩ 2016 年 12 月 27 日"多维",《台湾 29 岁以下政党支持"时代力量"居冠》。

⑪ 2016 年 7 月 26 日《中国评论》,《民调:蔡声望 5 成 5》。

（作者单位：中国社会科学院台湾研究所）

# 台湾大事记

刘匡宇　郑育礼

# 2016 年台湾大事记

## 1 月

**1 日** 国民党地区领导人选举候选人朱立伦与马英九一同参加升旗典礼。马英九以"8 年兴革、台湾升格"为题发表元旦谈话,内容谈及执政 7 年多来达成的 3 项重要成果,包括"外交跃进,友善国际""两岸搭桥,和平永续""照顾弱势,实现公义";并对台湾未来提出 3 项提醒及思考,即两岸方面的"团结台湾,和平两岸"、台湾经济方面的"相信台湾,投资创新",能源方面的"阳光理性,勇闯未来"。这是马任内最后一次元旦致辞。

台湾"驻韩代表"石定元旦在首尔称,韩国前"驻台湾大使"金信主导的"金九财团"决定在台湾大学设置"金九论坛"。

**2 日** 第 2 场选举候选人电视辩论会在三立电视台举行,辩论发言顺序,依次为国民党朱立伦、亲民党宋楚瑜、民进党蔡英文。辩论形式依序为"申论、公民提问 6 题、交互诘问、结论",此次也是最后 1 场辩论会。

**4 日** 台"中央选举委员会"主办的唯一一场地区副领导人选举候选人电视政见发表会在公视举行,会前经抽签发言顺序为陈建仁、徐欣莹、王如玄。

**5 日**　国台办发布新闻稿宣布，大陆有关方面拟试点开放大陆居民经台湾桃园机场的中转业务，南昌、昆明、重庆为首批试点城市；海协会将与台海基会联系，有关准备工作完成后即可实施；届时，大陆居民在上述三市可持旅行证件及联程机票和赴第三地的登机牌，经台湾桃园机场进行不出机场的中转。

**6 日**　国台办主任张志军在北京出席两岸及香港记者新年联谊活动时，回顾 2015 年两岸关系发展提出三大感受，即"更加坚信两岸关系和平发展道路是一条正确的道路"；"更加坚信'九二共识'共同政治基础的重要性"；"更加坚信两岸中国人有智慧、有能力解决两岸之间的问题"。

商务部与台"经济部"在北京举行第 13 轮货贸会前会，台方由"经济部工业局长"吴明机担任主谈人，大陆则由商务部台港澳司司长孙彤主谈。台"经济部长"邓振中表示，不会对大陆全面开放农产品。

**7 日**　吴明机在台召开记者会强调这次技术性沟通对于后续谈判"有促进效果"。

**8 日**　台湾"大选"候选人举行第三场电视政见发表会，本次是投票日前三党候选人最后一次正面交锋。

**11 日**　美国智库"美中关系全国委员会"举办座谈会，美国 4 位前国防部长布朗（Harold Brown）、科恩（William Cohen）、佩里（William Perry）、黑格（Chuck Hagel）表态称希望选后两岸冷静对话，避免冲突，主张以发展两岸经济关系遏制军事冲突，但同时坚持对台军售。

**13 日**　美国白宫副国家安全顾问罗兹在白宫外籍记者中

心的简报会上对台湾"大选"表示会在"一个中国"政策的大背景下尊重台湾选举结果。

**15 日** 台湾长居大陆艺人黄安曾于 1 月 8 日指责 JYP 公司旗下台湾艺人周子瑜是"台独"分子,此事于台湾选举前一天引爆媒体话题,进而引发 20 日晚两岸网民网战。

**16 日** 国台办回应"周子瑜事件"为"某些政治势力"挑拨的事件,重申"坚持九二共识、反对台独"的立场。

马英九与蔡英文、朱立伦、宋楚瑜一致公开谴责黄安,支持周子瑜。

台"中选会"完成地区领导人选举投开票工作。选举投票率为 66.27%,蔡英文以 6894744 票、56.12% 得票率当选地区领导人,成为台湾地区首位女性领导人。朱立伦得到 381 万 3365 票,得票率为 31.04%。亲民党主席宋楚瑜得到 157 万 6861 票,得票率 12.83%。台第九届"立委"113 个席次中,民进党获 68 席,单独过半;国民党获 35 席;"时代力量"党获 5 席;亲民党获 3 席;无党团结联盟获 1 席;未经政党推荐者获 1 席。

民进党当选人蔡英文召开国际记者会重谈"没有挑衅、没有意外"等两岸关系主张,并提出依照国际法解决南海主权问题、巩固台日美三方关系以及加入 TPP 等事宜。

国民党主席朱立伦发表败选声明,表示他努力不够,宣布辞去党主席。此后朱立伦于 18 日向国民党中常会报告,正式请辞党主席,宣布未来党务工作由副主席黄敏惠暂代,完成未来所有补选工作。

"行政院长"毛治国表示已向马英九请辞,不接受慰留。其后于 18 日,台"行政院"召开临时"院会",完成总辞程序,毛治国与"阁员"合拍毕业照。"经济部长"邓振中表示,"内阁"总辞后,不会推动新的政策,因此有关货贸谈判等两岸协商议题全面暂停。

**18 日**　美国前副国务卿伯恩斯以特使身份访问台湾,分别会见了马英九、蔡英文、朱立伦,传递美方对未来台美关系、两岸稳定和政权平顺交接的关切。外交部在回应此事时表示,中方要求美国不要插手中国内政。

民进党秘书长兼"驻美代表"吴钊燮下午起程赴美,19 日在华府智库国际暨战略研究中心(CSIS)与布鲁金斯研究所(Brookings Institution)共同举办的"台湾选举结果与涵义的评估"研讨会中进行演说,解读台湾 2016 年大选及两岸关系,并就南海问题、两岸关系、国际空间、九二共识、对大陆期待以及民进党执政阻力等表达了看法。

**19 日**　国民党新生代中常委曾文培、侯佳龄、萧敬严、徐巧芯召开记者会,发表由"草协联盟"发起的"革新游击计划",提出"党内民主""青年参政""改革党务""解决党产问题""主体论述""青年行动"等 6 大诉求。

**20 日**　国民党中常会通过"2016 年党主席补选作业细则"暨"2016 年党主席补选海外地区党员投票实施要点",2016 年党主席补选将于 3 月 26 日投开票,并通过将原订两百万元新台币选务作业费,调降为一百六十万元新台币。洪秀柱于下午 5 时许率先在"立法院"宣布角逐国民党主席补选。

民进党"立法院"党团举行记者会表示,2 月 1 日新"国会"以后,会将"总统职务交接条例"列为优先法案,以求顺利通过,让民进党当选人蔡英文就职前就能适用。

台"立法院长"王金平重要助手"立法院秘书长"林锡山,被控利用职务之便,主导多起"立法院"内信息处计算机信息采购弊案,被羁押禁见。

台湾著名企业家、长荣集团总裁与创办人张荣发于台湾家中去世,享年89岁。

**21日** 郝龙斌在国民党智库、"国家政策研究基金会"举行记者会宣布参选党主席。

台南市议长李全教被控涉嫌贿选,台南地方法院一审判决其市议员当选无效,全案可上诉。

**23日** 就选后马英九就曾致电蔡英文提出"多数党组阁"的建议,"总统府"发言人陈以信表示,秘书长曾永权邀请民进党前秘书长林锡耀会面,针对"国会多数接受人选组阁"与"交接小组"交换意见。林锡耀代表民进党当选人蔡英文正式回绝。

台"外交部"对菲律宾称太平岛为"岛礁"的言论表示,经过22日、23日带领调查团实地勘察,证实太平岛确实是岛屿。

**25日** 马英九批准"行政院长"毛治国辞呈,并任命"行政院副院长"张善政2月1日起接任"行政院长",张善政随后宣布"副院长"由"国发会主委"杜紫军接任,并公布新"阁员"名单:"国发会主委"由陆委会副主委林祖嘉接任;"金管会主委"由"金管会副主委"王俪玲接任;"农委会主委"陈保基学校借调期满,由"农委会副主委"陈志清接任;"科技政务委员"颜鸿森届龄退休,由"科技办公室执秘"钟嘉德接任;"政务委员"叶欣诚借调期满,接任人选待补。

新党主席郁慕明称参选国民党主席,呼吁国民党应欢迎他

和亲民党主席宋楚瑜一同参选党魁。国民党秘书长李四川回应
称，依现行党内选举办法，郁慕明参选党主席资格不符，但欢迎
郁"带着新党回到国民党"。

国民党由秘书长李四川、副秘书长江政彦共同张贴党主席
补选公告，党主席选举订于 3 月 26 日举行投开票，3 月 27 日公
告当选名单。

国民党"立委"陈学圣宣布参与国民党主席的补选。

**26 日**　台海基会副董事长周继祥表示，陆客中转已经与大
陆达成 3 项共识，包括"不入境、不验证、不盖章"。

国民党籍台北市议员李新到国民党中央党部完成领表作
业，参与国民党主席补选，并呼吁社会不分党派、颜色，共同促成
国民党改造。

国民党举行新科"立法委员"座谈会并召开党团大会，决定
推出国民党"立委"赖士葆、准新科国民党"立委"曾铭宗角逐 2
月 1 日"立法院长""副院长"选举。

新北市议员陈仪君、彰化县议员曹嘉豪、新竹市议员郑正钤
以及数十位中央委员与党代表等国民党青壮世代成员组成"制
度者联盟"，要求党内建立真正健全的制度。

无党团结联盟"立委"高金素梅宣布，从"立法院"新会期开
始将加入亲民党"立法院"党团运作，双方也取得共识，要将少
数民族狩猎文化相关法案列为优先法案。

**27 日**　外交部长王毅在北京同来访的美国国务卿克里举
行会谈，克里强调，美方坚持"一个中国"政策没有变化，不支持
"台湾独立"，支持台海两岸继续保持对话。

国台办发言人马晓光表示，蔡英文当选之后，大陆已表达了

态度:1949 年以来,海峡两岸虽然尚未统一,但大陆和台湾同属一个中国的事实从未改变,也不可能改变。

国民党党主席补选领表截止,黄敏惠、洪秀柱、"立委"陈学圣、台北市议员李新、前新北市议员陈明义、中常委林荣德等 6人完成领表程序。但陈明义于 29 日宣布退选。

**28 日**　马英九前往南沙太平岛访视并慰劳驻岛人员,提及实践"南海和平倡议"路径图,包括"三要三不要"架构,并以"一条可行途径,两项必要说明,三个推动进程"说明路径图具体内涵。

美国联邦参议院外交委员会审议通过参院第 2426 号法案,支持台湾成为"国际刑警组织"观察员。

**29 日**　民进党"立法院"党团大会决议由民进党前秘书长苏嘉全、"立委"蔡其昌搭档参选"立法院正副院长"。

# 2 月

**1 日**　台湾第 9 届"立法院"第 1 会期开议,新科"立委"当天报到、宣誓就职,民进党推出的正副"立法院长"人选苏嘉全、蔡其昌,顺利成为新"立法院"的正副龙头,揭开了"国会"史上首次政党轮替的序幕。

陆客在台中转正式启动,来自南昌、重庆和昆明的八名大陆游客,在桃园机场以"不入境、不查验、不盖章"的方式,搭乘台湾华航公司的客机分赴曼谷和洛杉矶。截至本月 16 日,大陆游客经台湾桃园机场中转至世界各地共计 17 人。

由台交通大学"前瞻火箭研究中心"师生团队研制的"AP-

PL－9C 双节小火箭"在新竹试射,火箭成功分节推进飞行一公里后完整回收。研究团队确定,这项技术应可转换到 HTTP－3 大型混合式双节火箭使用。

**2 日**　AIT 台北办事处处长梅建华表示支持新的台当局延续目前交流成果,建立一个健全的、有建设性的对话机制。4 日,梅建华还在与"立法院长"苏嘉全的会谈中,表示了对"两岸协议监督条例"的关切。

**3 日**　中共中央 2016 年对台工作会议在京召开,中共中央对台领导小组副组长、政治局常委俞正声在会上强调,"两岸关系和平发展是一条正确道路,两岸关系向前发展的大趋势谁也挡不住",要毫不动摇地坚持中央对台工作大政方针,坚持一个中国原则,加强"与台湾所有认同两岸同属一个中国的政党和团体接触交流",与两岸同胞一道,维护两岸共同政治基础。会议由国务委员杨洁篪主持,国台办主任张志军做工作报告。

"行政院长"张善政拜会"立法院长"苏嘉全,双方与民进党、国民党、时代力量"立院党团"闭门会谈后达成共识:争议法案或政策在"5·20"前暂缓送案;并尽快汇整经济、福利相关法案送审。

国民党召开中常会检讨分析败选原因,并提出选务、党务改革与重返执政参考,会后并公布第一阶段辅选工作检讨报告,列出 5 大败选原因和 4 个努力方向。但耗时近一月的败选检讨被批是"坐在办公室写出来的",未获认可。

台"经济部投资审议委员会"正式批准台湾积体电路制造股份有限公司赴南京设 12 寸晶圆厂,初步投资约 30 亿美元,创下台湾企业赴大陆单一投资最大金额的纪录。

台"行政院"修正通过"公职人员利益冲突回避法",把各级民代公费助理纳入"公职人员关系人"范畴予以规范,规定多种回避情形,并对"立法院"盛行的"关说""乔事"予以明文限制。

**5日** 两岸热线电话开通后第二次启用,国台办主任张志军和陆委会主委夏立言于今年选后首次通话。张志军在电话中强调"九二共识"的历史事实与两岸同属一中的核心意涵,陆委会则提出"两岸关系和平稳定发展是台湾"朝野"各界及区域间的最大公约数"。

国台办与国家开发银行在北京签署《促进两岸经济融合发展合作协议》,规定,国开行将在两岸产业合作、大陆台资企业投资与转型升级发展、陆资企业赴台投资等领域,加强综合金融服务,提供融资支持。

**6日** 农历腊月二十八的凌晨3时57分,台湾发生里氏6.4级强震,重创南台湾,共造成116人遇难,550人受伤。台当局及社会各界迅速投入救援,大陆和国际社会也给予高度关注和支援,灾后重建和检讨也陆续展开。

**11日** 美国众议院外交委员会亚太委员会召开听证会,探讨美国对台湾选举后两岸情势及台美关系的应对之策。总体上看,听证会传达的信息是维持台海稳定的同时,倾向支持蔡英文。

**11日—22日** 享誉岛内外的平溪天灯节第18次点燃,分别以童趣、爱情和幸福为主题举办三场,朱立伦、柯文哲等多位政要人士参加。

**14日** 海协会会长陈德铭致电海基会,除再度表达对台南地震的关心和帮助外,也表示海基会到大陆的参访交流会持续推动,"5·20"前大陆已有若干邀访项目正在规划中。

**15 日**  两岸热线第三次启用,针对岛内地震灾害,国台办主任张志军转达了国家主席习近平和国务院总理李克强对受灾台湾同胞的亲切慰问和对不幸遇难台湾同胞的沉痛哀悼,夏立言代表台湾和马当局对大陆各界的关心慰问以及来自大陆各界的 9000 万(新台币,下同)捐款表示感谢。

2 月上中旬,台北市政状况不佳,连绵数日的交通拥堵引发民怨沸腾,暴露出整体交通规划的缺失,市长柯文哲遭批"外行执政,有勇无智,刚愎自用"。旺旺中时民调显示,柯满意度首度跌破五成,至 47% 。

李登辉新书《余生》在台湾出版发行,重发"钓鱼台列屿不归属台湾""中华民国是第二共和国"等妄言谬论,再露其媚日丑态、"台独"嘴脸,遭各界口诛笔伐。

台北市副市长周丽芳此前请辞留下职缺,该职务将由 1956 年生、曾任"立法委员"与陈水扁时期"行政院秘书长"的陈景峻接任。陈景峻称,感谢台北市市长柯文哲不嫌弃愿给机会,将全力以赴。

台湾新学期开学,而岛内某出版公司出版的高中教材竟编入"太阳花学运"事件,此举引起 Facebook 粉丝团"台湾妈妈联盟"炮轰,家长们愤怒表示:"违法暴力变教材!教学生只要我不爽就霸占政府机关?"

**17 日—21 日**  国台办副主任陈元丰访台,分别拜会国民党前主席连战、吴伯雄、代理主席黄敏惠、陆委会主委夏立言等人。双方确认,国共两党从领导人到地方党部的多层次交流有利于两岸和平稳定,不因"5·20"民进党执政有所改变。

　　台湾"主计总处"公布经济景气预测称,台今年全年经济增长率为1.47%,较去年11月的2.32%的估值下修0.85个百分点,实际缩减1826亿元,上半年经济成长动能尤其低迷。截至目前,台湾出口连续12个月负增长。

　　**18日**　民进党"立院党团"总召柯建铭称,民进党版"两岸协议监督条例"名称将不用"台湾、中国"等字眼。25日,李应元等17位"绿委"连署的"台湾地区与大陆地区订定协议处理及监督条例"付委送审。

　　**19日**　台新"立法院"正式开议,国民两党各自确立了优先法案,"常设委员会"基本就位,新手"立委"问政引发各界关注。绿营虽然声称"蓝绿和解",但在"立院"甫一开议就提出废除"国父遗像"等一系列争议法案,引发各方挞伐。民进党"立院党团"提出的"总统职务交接条例草案"在"立法院"通过"付委"动议,因多处限缩现任领导人"合宪"权利,引起较大争议。

　　"接卸任政府交接小组第一次会议"在台北举行。会中建议3月到4月底为前置期,5月进入正式交接,但接任方认为各"部会"业务繁杂不一,无法短时间针对29个单位全面性兼顾,希望针对时间、形式、单位选择与内容等方面保持弹性。"行政院副院长"杜紫军表示"行政院"将尊重接任方做法。

　　**22日**　民进党"政权交接小组"针对第一次"政权交接"会议相关议题,书面回复"总统府",表示"总统职务交接条例""立法"实属必要,非"交接作业实施要项"可以取代。

　　民进党智库"国防小组"召集人陈文政在华盛顿智库新美国安全中心(CNAS)表示,未来蔡当局对外政策将继续向美倾斜,蔡定位台湾"不是麻烦制造者",并会"根据'装备自主'的作业需求和新武器系统研发"增加"国防预算"。

**21日**　高雄佛光山藏经楼举行"金身合璧　佛光普照——星云大师捐赠北齐佛首造像回归启程典礼",标志着1996年被盗往海外的河北幽居寺北齐汉白玉释迦牟尼像佛首即将启程回归大陆。

**23日**　马英九诉民进党籍"立委"段宜康"政治献金"诽谤案一审定谳,台北地方法院认为段宜康"不实爆料",判其赔偿马60万元并登报道歉。

**24日**　蔡英文在民进党中常会表示,"寻求加入 TPP 的过程,做好各种提振经济的结构改变"将是其主要课题,并期望结合"新南向政策"等布局,为台湾的生存与发展奠定基础。此前,她还启动"产业之旅",与多个行业协会和企业座谈。

蔡英文政策办公室执行长张景森表示,"5·20"后民进党要"全面开放旅游业",并重申民进党及其执政县、市欢迎两岸观光发展。他认为,观光是"两岸最大规模的文化互动与沟通,是两岸未来能和平稳定发展的基石"。

台湾数字汇流发展协会调查显示,78%的台湾民众认为媒体垄断严重,但对于导致大型媒体购并案寸步难行的"广电三法党政军条款",逾五成民众认为有放宽空间。

**25日**　外交部部长王毅在访美期间表示,"希望台湾新的执政者愿意接受'他们自己的宪法'所规定的大陆和台湾同属一个中国",引起各方高度关注。国台办主任张志军强调,不要错误解读王毅谈话,大陆对台大政方针没有改变。

统计显示,台北市市长柯文哲上任一年来,台北市设籍人口出现六年来首度负成长。但大台北生活圈的新北和桃园市仍是正成长,基隆市迁出人口数渐少、迁入愈来愈多,力拼今年正成长。

**26 日**　国民党公布党主席补选联署审核结果,前"立法院副院长"洪秀柱、代理党主席黄敏惠、桃园市"立委"陈学圣、台北市议员李新通过 9600 份党员联署门槛,取得国民党主席补选入场券。

高雄市至今积欠台当局约 270 亿元劳保费,去年亦未依还款计划偿还欠费,遭"劳保局"会同相关单位登门讨债,目前已扣押高市 47 笔土地,并有可能从交通罚款或停车费收入中强制执行债权。

台媒爆料称蔡英文胞兄蔡瀛阳是浩鼎第五大股东,质疑蔡英文在皓鼎股票风波和生技产业中存在利益回避和政商勾结问题。

**29 日**　在与台达电座谈中,蔡英文提出"10 年不涨电价",推行节能、绿能和电、网分离。台达电创办人郑崇华直言"做不到";马英九则表示,再生能源发电量无法弥补"废核"后的缺口,工商界要做好"未来缺电 400 亿度"的准备。

# 3 月

**1 日**　外交部部长王毅表示,希望台湾新的执政者愿意接受他们自己"宪法"所规定的大陆和台湾同属一个中国的规定。国台办主任张志军表示,希望外界能正确解读王毅讲话内容,王毅要强调的核心是一个讯息,即是"两岸同属一中"。

美国前副总统奎尔低调访台,行程 3 天。

**2 日**　全国政协主席俞正声出席 2016 年对台工作会议并做重要讲话,他表示,坚持"九二共识",坚决反对和遏制任何形式的"台独"分裂活动,坚决维护国家主权和领土完整,维护两岸关系和平发展和台海和平稳定。

"立院委员会"选举"召委",因民进党"立委"杨曜误投,国民党意外夺得七席"立法院召委",民进党获得 9 席。

"旺旺中时民调中心"公布"台湾社会对大陆态度"民调,结果显示,43.6% 认为"台湾对大陆友善",60.7% 认为对大陆友善有利于台湾发展。有高达 63.1% 和 75.1% 的民众不赞成"反中才是爱台""对陆友善就是出卖台湾",其中以年纪轻、学历高、接触过大陆的北部泛蓝受访者居多。

**3 日**　"海巡署"最大吨位巡防舰"台南舰"爆发重大贪渎弊案,士林地检署指挥新北市调查处搜索中信造船厂及多名官员住家,并约谈 9 名官商到案。台南舰造价 15 亿元(新台币,下同),成军时是"海巡署"吨位最大的巡防舰。

**5 日**　国家主席习近平参加第十二届全国人大四次会议上海代表团审议时发表对台重要讲话,指出对台大政方针是明确的、一贯的,不会因台湾政局变化而改变。我们将坚持"九二共识"政治基础,继续推进两岸关系和平发展。

台湾一民众在网络表示因父亲收藏白色恐怖相关文件,住宅遭到"宪兵"在未出示搜查证情况下搜查。台湾"宪兵搜索案"事件持续在岛内发酵。

**8 日**　美国国务院国际组织局副助理国务卿奈瑞莎·库克(Nerissa J. Cook)8 日至 10 日访问台湾,进一步加强台美在实质议题方面的了解,并就全球政经情势发展及环境等议题与相关部门交换意见。

蔡英文会见日本交流协会评议会长佐佐木干夫等人，表达台日签署自由贸易协定（FTA）的决心，希望可以尽快展开协商。

台北市市长柯文哲展开上任后首次赴美访问，重点参访了生技和科技产业，并与"美国在台协会理事主席"薄瑞光举行会晤。

**9日** 蔡英文开启"国政请益之旅"，首站与亲民党主席宋楚瑜在台北长荣酒店举行了闭门会谈。会后，蔡表示，与宋谈及年金改革、司法改革和教育等多项议题。宋表示，未来要放下蓝绿，以务实态度妥善处理关系。

马英九在海基会成立25周年庆典上提出了两岸关系未来的4点期许："巩固两岸和平，维持台海现状"；"九二共识、一中各表"是两岸共识，不能"一中乱表"；希望两岸"服贸、货贸协议"及两岸互设办事机构早日完成。

**11日** 就路透社称美国国务院10日宣布已受权向台湾出售2艘总价值1.9亿美元的海军护卫舰并已提交国会审批一事，外交部发言人洪磊表示，中方已就有关报道向美国国务院提出交涉，要求美方做出澄清。美国国务院表示，近期没有出台售台武器的计划，也未发表任何有关售台武器的声明。他强调，中方坚决反对美售台武器，这一立场是一贯、坚定、明确的。

国民党"立法院党团"举行"党团大会"讨论党产争议，决议将党产扣除依法应给付党工退休金的结算金额后全部捐出，并公布党产变迁报告，称截至去年12月总计剩余166亿元。

**12日** 国民党主席补选首场电视政见会在台湾中视电视台举行，洪秀柱、黄敏惠、陈学圣、李新四位候选人围绕党务改革、两岸政策、党产等议题轮番推出政见。

**13 日**　马英九率访问团搭乘专机出访中美洲"友邦"危地马拉与伯利兹，来回过境美国休斯敦和洛杉矶，全程 7 天 6 夜。随团成员 70 余人，包括"国安会秘书长"高华柱等。这是马任期内第 12 次也是最后一次出访"友邦"。

**14 日**　美国众议院通过支持台湾以观察员身份参与国际刑警组织法案。奥巴马 18 日批准了国会参众两院议案。国台办发言人安峰山 21 日表示，大陆坚持一个中国原则处理台湾涉外活动，"坚决反对外国势力插手"。

《联合报》最新"台湾认同度"民调显示，民众"台湾人认同"由 20 年前的 44% 大幅成长为 73%，其中年轻族群的比例为 85%；46% 主张"永远维持现状"；主张"急独"与"缓独"的人较去年增加 8%。但在"台独代价"上，仅 20% 愿上战场，16% 可承受经济封锁，23% 不愿付出代价。同时，台湾"指标民调"称，"超 8 成民众不接受'两岸同属一中'"，包括 75% 的泛蓝民众和多数青年民众。

**15 日**　蔡英文在记者会上公布第一波"内阁"名单，林全出任新当局"行政院长"。蔡表示，选择林的原因主要是两人工作默契、林具良好沟通能力、熟悉其施政理念、过往表现获社会肯定等四个原因。

台"经济部"召开"电价费率审议会"正式会议，决议 4 月 1 日起全台电价降价 9.56%，这是台电成立 70 年来单次最大降幅。

美智库学者卜睿哲（Richard Bush）、葛来仪（Bonnie Glaser）和容安澜（Alan Romberg）等抵台，拜会了蔡英文、吴敦义和陆委会主委夏立言等人,并就两岸形势交换了意见。

**16 日** 十二届全国人大四次会议闭幕,国务院总理李克强在记者会上表示,两岸和平发展造福了两岸民众,会在"九二共识"的基础上继续推出有利于两岸经贸合作的举措,对两岸关系和平发展的前景表示乐观,"我们之间的血脉是分不开的"。

蔡英文会见了日本交流协会会长大桥光夫,二人就观光议题及双方自由贸易协定交换了意见,共同商讨台日合作的方向。

**17 日** 中华人民共和国与已在 2013 年与台湾"断交"的冈比亚复交。外交部部长王毅与冈比亚外长盖伊举行会谈,并签署《中华人民共和国和冈比亚伊斯兰共和国关于恢复外交关系的联合公报》。冈比亚政府承认世界上只有一个中国,中华人民共和国政府是代表全中国的唯一合法政府,台湾是中国领土不可分割的一部分。

**21 日** 民进党"立法院党团总召"柯建铭赴翠山庄拜会李登辉,李登辉邀请柯建铭担任李登辉基金会的董事。

民进党"新潮流系"改组的"台湾新社会智库"称,因洪奇昌近年来与智库运作疏离,不再邀请洪奇昌担任智库会员,将其"除名"。

**22 日** 由全国台湾研究会主办的第八届两岸青年学者论坛在广西南宁召开,全国台湾研究会执行副会长兼秘书长、中国社科院台湾研究所所长周志怀率团参加会议。会议围绕岛内"天然独"现象、两岸青年"体验式交流"和"中华民国宪法"等议题提出新观点、新理念。

民进党在蔡英文的主持下召开党政协调会议,讨论"两岸协议监督条例",会议决定以"两岸协议监督条例"为名,分协议前中后三个阶段强化"立法院"监督,由"民进党立法院党团"于3月底提出草案。根据此原则,"服贸协议"将不回溯补程序,可以直接在"立法院"采取"逐条审查,全案表决"的方式进行审查;"货贸协议"将会重新检视。

**23 日**　为驳斥菲律宾声称"太平岛是岩礁"的谬论,让舆论见证太平岛是岛屿,马当局安排国际媒体团登岛,这是太平岛60余年来首度开放国际媒体采访。

**24 日**　台湾两岸共同市场基金会荣誉董事长萧万长率团出席 2016 年博鳌亚洲论坛。国务院总理李克强在论坛开幕后会见了萧一行。李克强重申"九二共识",并强调"两岸同属一个中国,这是不可改变的事实"。他还提到,"台独"没有前途,两岸同胞的血脉关系是割不断的。国台办主任张志军也于当晚设宴款待萧一行,并用 16 个字寄语两岸关系的过去和未来发展,即"珍惜成果、维护基础、抓住机遇、共创未来"。

**25 日**　巴拿马外交部发言人莫妮卡·德莱昂(Monica de Leon)答复英国广播公司时称,将会邀请中国国家主席习近平参与巴拿马运河扩建竣工仪式。此外,巴拿马"驻台湾大使"马缔斯(Alfredo Martiz Fuentes)递送邀请函,邀蔡英文出席巴拿马运河扩建工程竣工仪式。蔡英文感谢巴拿马总统的诚挚邀请,表示会将巴拿马的邀请列为优先考量。

"时代力量"举行第二届主席团第一次会议,同时选出第二届执行党主席,由第一届执行党主席、"立法委员"黄国昌连任。

**26 日**　国民党主席补选结果出炉,洪秀柱以总得 78829票、得票率 56.16% 取得党主席补选的胜利,成为国民党历史上首位女性党主席。

**28 日** 在"海峡两岸共同打击犯罪及司法互助协议"架构下,台"法务部长"罗莹雪应最高人民检察院邀请,率领相关官员抵上海、北京交流访问 5 天 4 夜。她是首位以公务身份登陆访问的"法务部长"。

马英九特批,抗日战争中三位在大陆阵亡的国民党将领郝梦龄、唐淮源、陈蕴瑜的后人赴台湾参加"三二九春祭大典"。

**29 日** 美国国务院经济暨商业事务局首席副助卿唐伟康(Kurt Tong)29 日和蔡英文会面,但并未回应所谈议题。唐于 28 日至 30 访问台湾讨论台美双边关切的经济事务。

**30 日** 马英九与蔡英文于台北宾馆会晤,双方就"外交"、年金改革等多项议题交换意见。此前 28 日,"总统府秘书长"曾永权与吴钊燮分别率各自幕僚举行"双英会"会前会,就会议地点、时间及记者会方面达成多项共识。

洪秀柱正式就任国民党党主席,并主持首次中常会,回应人事、党务改革等议题。马英九、吴敦义、连战、吴伯雄、王金平等人出席观礼,朱立伦提早抵达会场致意后先行离去。

"立法院秘书长"林志嘉表示,"台日国会议员联谊会"与"台日交流联谊"将整合为单一组织,由王金平担任荣誉会长,"立法院长"苏嘉全担任会长,强化"国会外交资源与力量"。

翁启惠向马英九请辞"中央研究院院长"职务,也向"立法院教育及文化委员会"请假不出面报告,31 日"教委会"通过国民党籍"立委"提案,谴责翁启惠藐视"国会"、规避监督的行为。

**31 日** 马英九接见欧洲议会议员访问团,针对比利时布鲁塞尔恐怖攻击表达慰问,并重申希望与欧盟签双边投资协议,盼能与《两岸经济合作框架协议》彼此间产生相辅相成效果。

# 4 月

**1 日**　民进党"立院党团"推出"两岸协议监督条例"草案。该草案监督强度号称"举世罕见",甫一出炉即引发各界关注,被批对大陆"毫无善意可言"。

台统一集团创办人高清愿辞世,享寿 88 岁。

**5 日**　历经一年多协调,台美双方签署"台美发展国际旅客便捷倡议合作联合声明",台湾加入美国"全球入境计划",未来入境美国享受便利通关待遇。

洪秀柱公布第一波党务干部名单。20 日,国民党中常会通过蔡正元任政策委员会执行长,副执行长为苏清泉、吴育升与庄隆昌。

**6 日**　就国民党前秘书长李四川离职前在"党务革新报告"中建议取消"国共论坛",洪秀柱在中常会上表示,"国共论坛"有其必要性,不可废,但表现方式和内容可再调整,希望以议题导向为主,让民众感到是为他们争取利益。

"立院外交与国防委员会"通过决议,在审查涉外部门修正"护照条例施行细则"草案时删除"不得擅自增删涂改或加盖图戳,也不得擅自在护照封面及内页为影响护照原状"的细则并提报"院会"处理。27 日,草案在"立院"遭国、亲两党"党团"反对,全案交付"立院党团"协商处理。

美国前副国务卿阿米蒂奇、白宫国安会亚洲事务前资深主任麦艾文、国务院前亚太副助卿薛瑞福等人组团访问台湾,先后会见了马英九和蔡英文。

**7 日** 准"行政院长"林全公布其第一批"内阁"人事安排："副阁揆"林锡耀、"行政院发言人"童振源、"政务委员"包括张景森等。12 日公布第二波"内阁"人事安排："法务部长"邱太三、"农委会主委"曹启鸿、"国发会主委"陈添枝等。18 日公布第三波"内阁"成员："总统府秘书长"林碧照、"国安会秘书长"吴钊燮、"外交部长"李大维、陆委会主委张小月等。20 日公布第 4 波"内阁"人事安排："教育部长"潘文忠、"主计总长"朱泽民等。28 日公布最后一波人事安排："交通部长"贺陈旦、"内政部长"叶俊荣、"国军退辅会主委"李翔宙等。

**8 日** 高雄市议会通过民进党团特赦陈水扁案。民进党地区副领导人当选人陈建仁低调南下探扁。10 日，柯文哲也南下探扁，并盼马英九特赦扁。11 日，台北市议会民进党团也提案特赦扁，并提出"蓝绿和解"等三理由。13 日，国民党中常会决议，"建议马当局不能'特赦'陈水扁"。

两岸著名的佛教领袖、中台禅寺开山方丈惟觉长老安详示寂，享寿九十岁、僧腊五十三年。

**9 日** 肯尼亚警方打掉一个台湾电信诈骗犯罪团伙，其中有 32 名大陆犯罪嫌疑人和 45 名台湾犯罪嫌疑人。鉴于一中原则，肯方将所有嫌犯移交中国大陆，引起岛内"朝野"强烈反弹，民进党更上纲上线到"主权"层次。

马英九偕同"外交部长"林永乐、"内政部长"陈威仁等，与岛内外记者与学者、多位"老保钓"等百余人赴彭佳屿视察，主持"和平东海、国疆永固"纪念碑揭幕仪式，重申钓鱼岛"主权"。

**11 日** 台"主计总处"公布今年 3 月进出口数据，自去年 2 月起，台湾出口已连续 14 个月同比负增长，追平 2008 年"金融海啸"时连续衰退 14 个月的纪录,且已连续 10 个月出现两位数降幅。

**12 日**　就亚投行行长金立群表示台湾若想加入亚投行,需通过财政部申请的说法。台"财政部长"张盛和表示,金立群谈话涉及"矮化台湾""有损台湾尊严",不符合"立院""谈判平等"规定,拒绝以此形式加入亚投行。

**13 日**　就虱目鱼契作停办一事,国台办发言人安峰山指出,"台湾虱目鱼养殖协会的负责人日前表示,因为受寒流影响,今年岛内鱼苗价格飙涨,以往契作的价格难以为继,因此台湾的契作方宣布今年停止虱目鱼的契作。同时对大陆有关方面为了改善学甲渔民的生活所做的努力表示感谢。我们将继续在互利互惠的基础上来推动两岸的农渔业合作。"

**14 日**　台北市政府与远雄集团商定,"大巨蛋案"朝"解约"方向研商。据悉,若台北市政府解约需支付 370 亿(新台币,下同),台北市民平均需赔偿 1.37 万元。

**15 日**　针对菲律宾方面提出的"南海仲裁案"可能在 5 月有结果,马英九希望国际仲裁法庭不要误将太平岛降格为"岩礁",并授意安排国际法庭法官与国际法学者近 30 人登上太平岛。

民进党"两岸订定协议监督条例"草案 12 日经过部分修正后排入"程序委员会",15 日交付"内政委员会"审查。

马来西亚警方将涉嫌电信诈骗的 52 名台湾籍嫌疑人中的 20 人遣送回台湾,嫌疑人抵达台北桃园机场后接受台警方简短询问,16 日凌晨被全部释放,引发两岸社会哗然。20 日,台中地检署自马方取得照片等证据后,传唤 20 名嫌犯,侦讯后向法院声请羁押,21 日凌晨,法院裁定涉案 16 男 2 女羁押禁见,2 人限制出境。

深陷"浩鼎案"风波的翁启惠返台,并发表四点声明,称未涉及内线交易,并于第一时间向马英九说明。18 日翁启惠到"立院"接受质询,决定不再辞职,质询中爆出"借名持股"风波。

**18 日**　在比利时召开一场限政府代表参加的国际钢铁会议中,因大陆代表团提议,比利时副总理彼德斯要求台湾代表离场。台陆委会 19 日向大陆表达抗议,国台办指出"尊重相关国际组织与机构,按其章程及规定处理涉台问题"。此外,因今年世界卫生大会(WHA)邀请程序已经结束,台湾尚未收到邀请函,引起岛内各界关注。

民进党"立委"郑丽君召开记者会,呼吁台"教育部""顺应新民意",自行撤销"微调课纲"。台湾教育深耕联盟在"立院"召开记者会,要求林全立即做出政治宣示,"5·20"当天宣布撤废"微调课纲"。准"政务委员"林万亿也表示,新"政府"上任后会尽速中止目前实施的高中微调课纲,回到"101 课纲"。29日,民进党在"立院"通过暂缓 14 年课纲,留待新"政府"通盘检讨。

**20 日**　由台湾"法务部"、"刑事局"、陆委会、海基会等代表组成协商代表团抵达北京,与大陆公安机关就肯尼亚案、马来西亚案以及两岸共同打击犯罪进行通盘协商,希望达成协议,对类似案件订立司法互助原则。

"两岸及香港《经济日报》财经高峰论坛"在香港会展中心举行,与会嘉宾对未来两岸经贸关系的发展寄予厚望并提出建言。

士林地检署认为翁启惠涉犯"刑法背信罪",大规模搜查"中研院长"办公室和翁两处住宅,创下"中研院长"办公室首遭搜查的纪录,翁更以涉嫌贪污、背信罪被列为"浩鼎案"被告,并被限制出境。

**21 日** 准"农委会主委"曹启鸿"哪有能耐不接受美猪"的说辞让"美猪"议题再度浮上台面,引发岛内批评民进党"换位置换脑袋"。

**22 日** "立院"成立"中华民国与韩国国会议员友好协会",由国民党"立院党团书记长"林德福担任会长,并邀请"驻台北韩国代表部代表"赵百相及前"立法院长"王金平与会。

台"外交部"根据 4 月统计指出,台民众因"护照""台湾国"贴纸被新加坡及港澳境管单位拒绝入境并遣返的案例已有 21 件。

台南市议会议长李全教被控议长贿选案,台南地方法院判决李全教有期徒刑 4 年、褫夺公权 5 年,并停止议长职务。李全教涉及的议员选举贿选案尚由台湾"高等法院"台南分院审理中。

**24 日至 25 日** 全国台湾同胞投资企业联谊会在北京举行第四届会长交接暨会员代表大会,经协商和民主选举产生了第四届理监事会,王屏生当选为会长,张文潭当选为监事长。俞正声和张志军在会上发表重要讲话,肯定台商对大陆经济发展的贡献,指出大陆对台商扶持政策不变,希望台商抓住"一带一路"机遇,为两岸关系和平发展继续贡献力量。

**25 日** 因日本主张冲之鸟礁是岛屿,享 200 海里经济区,台湾屏东渔船"东圣吉 16 号"在"冲之鸟"礁东南偏东方向 150

海里海域遭日本海上保安厅公务船追赶,人船均遭到日本扣捕,在船主缴纳600万日元保证金后获释。马英九要求"外交部"向日本政府表达"捍卫公海捕鱼自由""反对日本违法扩权""强力维护渔民权益"的严正立场,并积极交涉。"立法院长"苏嘉全表示,如果冲之鸟未确定是岛还是礁,日本不应强行扣押台船。

美国海关及边境保护局发言人鲁兹指出,前来美国旅游的游客持有的文件若是经由政府以外的个人改变及变造,包括护照贴纸,将视为文件无效,境管人员有权拒绝对方入境。

**26日** 为落实《海峡两岸医药卫生合作协议》,进一步加强两岸药品研发领域合作,两岸成立的药物临床试验专项工作小组共同评估决定,两岸共8家医院彼此承认临床研究数据。

受韩国国会邀请,林德福将代表苏嘉全率"朝野""立委"访问韩国,预计5月9日启程、13日返台。这是台韩"断交"后,韩官方首次正式邀请台"立院"访问韩。

前"行政院长"谢长廷确认其将就任台"驻日代表"。谢表示,钓鱼台是台湾"领土",不会与大陆站在同一阵线。

为了塑造台湾不支持"九二共识"的民意,"新台湾国策智库"公布民调,结果显示受访民众中有76.2%不清楚"九二共识"内容诉求,52.3%不同意以"九二共识"作为与大陆往来基础,62.1%反对蔡英文被迫接受以"九二共识"作为两岸继续互动的前提。国台办发言人安峰山27日指出,"对具体的民调不做评论","但是那个所谓的民调机构的立场和背景,大家都十分清楚"。

**27日** 蔡英文与陈建仁前往陆委会听取业务简报,并与陆委会主委夏立言等处长级以上官员交流意见。蔡英文致辞称，其"维持现状"和过去 8 年最大的不同在于未来两岸关系推动必须基于"民主原则和普遍民意"，并超越党派的立场，唯有如此才能让两岸关系可长可久，"维持现状"才有真正的意义。

国民党发布 12 位地方党部主委名单。

**29 日**　马英九出席在金门和平纪念园区的"两岸和平纪念碑"揭碑仪式，马致辞肯定"汪辜会谈"对于两岸和平的贡献。马称，"九二共识"是两岸都承认"一个中国"，但双方表达方式不同。

"外交部长"林永乐召见日本交流协会台北事务所代表沼田干夫，就"东圣吉 16 号"事件对日方表达严正抗议，重申不承认冲之鸟礁是岛的立场。"立法院"也发表"共同声明"指出，根据《联合国海洋公约法》第 121 条规定，冲之鸟是礁非岛，要求台"外交部"向日方表达抗议，强力交涉。

# 5 月

**1 日**　台准"阁揆"称对于全年经济增长"保 1 不容易，恐怕是做不到的"。

**2 日**　在马来西亚被捕原定遣返台湾的 32 名涉及电信诈骗的台湾人被送往大陆后，准"行政院发言人"称，民进党认为跟大陆的关系不是强烈对峙，希望两岸合作解决犯罪问题，但很多政治议题需要更高层次化解。

台"立法院前秘书长"林锡山因涉贪遭台北地检署起诉。林案还爆发案外案，林的亲信兼账房陈亮吟自爆在去年选举期间,曾捧2000万新台币现金,替林锡山及企业向蔡英文阵营捐款,被对方拒绝。

**3 日** 台"高检署"召集桃园、台中地检署与刑事局等单位,召开侦办跨境电信诈欺督导小组会议,决议称,为不让返台嫌犯就地解散的窘状再次发生,要求嫌犯返台即可拘提讯问。

**4 日** 国民党主席洪秀柱宣布现任"移民署长"莫天虎出任国民党秘书长。

**5 日** 为强化南海主权,马英九安排郝柏村、毛治国及苏起等历任"国安"及"行政首长"等20人登太平岛,遭绿营"立委"批评这些前高官要自费登岛。

**6 日** 国民党主席洪秀柱表示,会对2018年县市长选举负责。国民党内人事布局或县市长人选以提拔有能力、能胜选的人为原则,2018年若选不好,她自己会"打包回家"。

**7 日** 世界卫生组织(WHO)致函台"卫福部长"蒋丙煌,邀请台湾方面以"中华台北"名义、观察员身份参加今年世界卫生大会。邀请函提及"联合国大会第2758号决议""WHA第25.1号决议"以及上述文件中之一个中国原则。台当局表示,对此正面看待,并相信这封邀请函,意味两岸过去8年来基于"九二共识"善意互动的延续。蔡英文拒绝发表看法。

台当局"海巡署"称其与台"农委会"组成的联合巡护船队前往冲之鸟礁周边公海执行护渔任务。7日下午在冲之鸟礁西南方140海里附近,与日本4艘海上保安厅巡视船对阵,但双方都没有进一步动作。

**8 日** 台"国防部"宣布,蔡英文的首任"侍卫长"人选由台"海军司令部参谋长"刘志斌担任。

**9日**　针对WHA邀请函,马当局"卫福部"和"外交部"研拟完毕回函并寄出。对于邀请函内附注的一中原则,马当局称将秉持8年来一贯立场。而代表团团员名单与新当局主张,则以准"卫福部长"林奏延名义另外提供寄件。民进党称,"台湾参与国际事务不该被强加任何政治框架,参与WHA也不代表接受一中原则"。

台"财政部"数据显示,台4月出口比上月衰减2.1%,比去年同月缩水6.5%。今年前4个月,台出口贸易较去年同期大减10.7%,仅为849.2亿美元。

**10日**　国民党主席洪秀柱敲定国民党第二波7县市党部主任委员人事安排。

台当局表示,为维护"中研院"声誉,马已命秘书长曾永权向"中研院长"翁启惠转达,同意翁于3月29日所提的辞呈。

1艘台湾渔船在冲之鸟礁200海里附近作业时,4艘日本海上保安厅巡视船出现,并不断广播"此为日方领海"。台湾方面由"宜兰舰"组成的巡护舰队则以广播回应,强调此处是公海,台湾渔船有权自由捕鱼。

台北捷运杀人案凶手郑捷,在死刑判决定谳18天后,于10日晚被枪决。

**11日**　台"立法院内政委员会"审查"公民投票法"修正草案,初步达成共识,将全台性"公民投票"适用事项增列"领土变更案之复决",并新增两岸政治协议事前、事后都必须经由"全民公投"才能换文生效。

**12日**　涉"台湾国护照"贴纸的"'护照'条例施行细则"修法,日前被国民党以及亲民党合力阻挡,并要求启动协商,民进党"立法院党团总召"柯建铭表示不会撤案,留待 5·20 后新当局处理。

台当局"卫福部"公布世界卫生大会代表团名单,由准"卫福部长"林奏延领军,"疾管署署长"郭旭崧、"国健署长"邱淑媞、"医事司司长"王宗曦等与会。

**13 日** 还有将近两年任期的海基会董事长林中森与副董事长周继祥、施惠芬提前请辞。依照陆委会建议,董事长一职由陈德新暂代,直到新董事长产生。

台湾 TVBS 民调显示,马英九施政 8 年的满意度为 23%(58% 表示不满意,19% 没有意见),较去年时上升 7% ,是这届任期内的最高点。满意度最高三项分别为"处理两岸关系"47% 、"族群融合"44% 及"交通建设"43% 。此外,马办表示,未接到"推荐马英九参评诺奖"的函文。

民进党发布相关人事,"国安会副秘书长"为陈俊麟、陈文政;"咨询委员"为李德财、姚人多等 4 人。蔡英文办公室副秘书长为刘建忻和曾厚仁;黄志芳将筹设"新南向办公室"并担任主任;张天钦将任陆委会副主委。

**16 日** 美国众议院通过一项"支持台湾"的决议案,重申"与台湾关系法"及对台"六项保证"是"美台关系的基石"。这次美国众议院首度以共同决议案的形式将其"书面化"。台当局第一时间表示"感谢与欢迎"。

**18 日** 国民党中常会通过洪秀柱提议的人事案,任用胡志强、郝龙斌、林政则为国民党副主席。

陈水扁办公室发新闻稿称,陈水扁夫妇决定"婉拒"出席蔡英文"就职晚宴"。

**19 日**    蔡英文"就职"活动彩排出现"明天拆政府"等抗议标语,"关厂工人连线"等社运团体在凯达格兰大道前抗议民进党"将人民辛苦抗争作为踏脚石","收割自主社运成果"。

台北地检署称,系属于台北检方有关马英九因刑事豁免权而暂时签结的案件,包括现侦办中及暂时签结的案件,总计 24 件,暂时签结部分将于 5·20 政权交替当天依法重启侦办。

**20 日**    蔡英文、陈建仁在"总统府经国厅"正式宣誓就任地区正副领导人,并发表 30 分钟"就职演说"。整个演说分经济结构转型、强化社会安全网、落实公平正义、区域和平稳定发展与两岸关系、"外交"与全球五大面向,对两岸关系仍采模糊说辞,未承认"九二共识"。国台办重申"九二共识"是两岸政治基础,指出"这是一份未完成的答卷"。

**21 日**    台"教育部长"潘文忠宣布近日将以行政命令废止 2014 年通过的"课纲微调"。国民党批"不要让政治染指教育"。

**23 日**    蔡英文任命高硕泰接替原台"驻美代表"沈吕巡,并称"驻美大使"。对此,国台办和外交部予以严正批驳。美国国务院 24 日仅以"高先生"相称。

民进党举行首次"行政立法政策协调会报",达成废除"红十字会法"、保留红十字组织的共识。同时,台"行政院"宣布,撤回对 126 名"反服贸学运"人士"进入行政院一事"的提告。

台《联合报》民调显示,四成民众赞成蔡英文承认"九二共识",比反对者高出一成。蔡英文上台之初的支持率明显低于同期的马英九和陈水扁。

**25 日**    蔡英文在民进党中执会宣誓就职党主席。新任党部主管也同时报到,民进党秘书长由洪耀福接任,副秘书长由李俊毅、徐佳青及高幸雪接任。

台"卫福部长"林奏延率代表团参加第69届世界卫生大会(WHA),并于当地时间25日上台发言。林全程以"中华台北"称呼台湾,并未触及敏感话题。

针对媒体称冲之鸟海域护渔舰船将撤回,台"行政院"表示,台"海巡署"及"农委会"自5月1日起,共同派遣舰船前往冲之鸟海域,执行为期一个月的联合巡护任务,护渔舰船并未撤回。

**26日** 陆委会举行5·20后首场记者会,称维系台海稳定是"两岸共同责任",两岸"应共同珍惜过去20多年来协商交流的成果,在既有基础上,维系陆委会与国台办联系机制与制度化协商机制"。

"立法院"多个"委员会"审查了"促进转型正义条例""不当党产处理条例草案"等针对国民党的法案。

国民党智库"国家政策研究基金会"改选,林祖嘉、蔡正元和林郁方等多位卸任"立委"、政务官入列。洪秀柱兼任董事长,副董事长由前"副行政院长"杜紫军、友嘉总裁朱志洋两人出任,杜紫军兼任智库执行长。

台"行政院长"林全主持上任后第一次"院会",会中通过"施政方针报告",其重点包括经济增长动能趋缓、青年高失业率等。此外,报告提到将依"两岸协议监督条例"规定,协商"服贸""货贸"。

主导台当局对日事务的"亚东关系协会"完成改选,由陈水扁执政时期的"国安"机构负责人邱义仁接任会长。

台"立法院"三读通过被视为"赖清德条款"的"地方制度法"修正案,未来"直辖市"、县市议会正副议长选举、罢免,将改记名投票,杜绝贿选等歪风。不过,"国民党团"直指"违宪",虽无力以表决否决,但将发动"释宪"反制。

台"主计处"将今年经济增长率预测数由 1.47% 调降至 1.06% ,全年勉强"保一"。

**30 日**    日媒报导,台将在 7 月放宽日本福岛核灾区县市的食品进口。岛内舆论质疑蔡当局拿渔权及开放食品进口做利益交换。

台《远见》杂志公布 2016 年台湾"县市长施政满意度调查"结果,台北市长柯文哲施政满意度居"六都"之末。

针对"行政院"对 126 名"反服贸学运"学生被告撤告,国民党"立委"陈学圣向台检方"特侦组"检举林全涉渎职。"特侦组"收受告发状后,将依法侦查。

"行政院"召开第二次"行政立法政策协调会报","行政院发言人"童振源表示,会中共识达成经济类、社会类、政治类及两岸类等 4 大类 22 个优先法案。

**31 日**    林全率"内阁阁员"首度赴"立法院"报告施政方针,因国民党"立委"霸占议场发言台,坚决要求民进党对瘦肉精美猪进口、日本辐射食品及渔民权益问题等议题做出书面报告,林全全天未能进行首次施政方针报告。

"行政院"正式宣告"教育部废止令",废止 2014 年 2 月 10 日的"普通高级中学课程纲要"中语文、历史、地理、公民与社会"课程纲要"。公报指出,2016 学年度恢复过去"课纲"版本,其中,地理及公民与社会回到 2008 年 1 月 24 日公告版本、历史

"课程纲要"回到 2011 年 5 月 27 日公告版本、语文"课程纲要"回到 2011 年 7 月 14 日公告版本。

台当局特任海军"二级上将"李喜明为"国防部副部长";海军"中将"黄曙光晋任为"二级上将",并任"国防部海军司令部司令",自 2016 年 6 月 1 日生效。

# 6 月

**1 日** 马英九证实已向蔡当局申请赴港参加"2016 年度卓越新闻奖"颁奖典礼晚宴并发表演说。

**2 日** 台当局表示"收到马申请"。蔡英文指示"总统府秘书长"林碧炤、"国安会秘书长"吴钊燮共同召集专案小组,依"国家机密保护法"进行审慎评估。

**3 日** 台"行政院长"林全因称慰安妇中"很多人当时可能是自愿"遭批,发布致歉新闻稿,承认自己对相关事实缺乏了解,发言不够完整、谨慎,但仍称"相信绝大部分慰安妇"是被强迫的。

蔡英文圈选旅美学者廖俊智为新任"中研院长",廖将于 7 月 1 日返台就任。廖目前任加州大学洛杉矶分校化学与生物分子工程系以及生物工程系两系主任,关注台湾绿色能源发展。

台"经济部""资策会"与无店面零售商业同业公会率团赴大陆昆山参加两岸跨境电子商务产业发展交流会,与昆山花桥经济开发区签署 3 项合作意向书,期望开拓大陆市场。

**4 日** 保外就医的陈水扁参加"凯达格兰基金会"募款餐会,虽然在各方压力下未公开上台致辞,但仍在个人休息室内和支持者们会面。台中监狱评估,扁的行为"未违反相关规定"。

**5 日**　在"立法院外交及国防委员会"中,台"国安局长"杨国强称,目前大陆对台湾"观行重于听言",两岸目前处于"互测底线的磨合阶段",台湾应秉持"沟通、不挑衅、零意外"的原则应处,并寻求建立两岸互信与沟通桥梁。

**6 日**　台"国防部长"冯世宽在"立法院外交及国防委员会"答询时称,不会承认大陆可能划设的"南海防空识别区",会"搁置它,不会接受、不承认、不会报到、不会报名"。他还表示台军将加强东沙、南沙等外岛的运送和补给,并透露将在 6 月底、7 月初运送 4 万枚弹药至太平岛,作为"应急备战"之用。美国务院就此"敦促所有声索方降低紧张,而非采取可能升高紧张的行为"。

台新任"驻美代表"高硕泰抵美履任。他表示,台美是分享"共同的价值"的"区域和平与安全盟友",台美关系是台湾"对外关系"的"重中之重",所以要"精准反映台湾对于各种议题的立场"。

**7 日**　蔡当局因世界卫生大会邀请函加注一中原则而向大会递交"抗议信"的主要内容曝光。台"行政院长"林全在"立法院"被询及以 Chinese Taipei(中华台北)名称参与大会是否满意时表示,"虽不满意但可接受",并称"Chinese Taipei 就是中华民国"。

蔡英文出席欧洲商会的"欧洲日晚宴"时表示,欧洲是台湾最大的外资来源和重要的贸易伙伴,当前台湾面临艰巨经济困难,"强化与欧盟合作关系正是时候"。此外,蔡重申"将致力维持和平稳定的现状,并建立具一致性、可预测和可持续性的两岸关系"。

国民党文传会主委周志伟表示将展开"重大政策辩论",以意见交换、头脑风暴凝聚新的内部共识,并争取更广泛的支持。

**9 日** 自称"公民记者"的洪素珠发布辱骂老荣民视频,其行径在岛内引发轩然大波,洪本人及其所属的"台独"组织遭到各界谴责、挞伐。

**10 日** 第五届云台会在云南省昆明市开幕。国民党副主席郝龙斌应邀参会。来自海峡两岸共 700 余人就两地产业对接,以及利用"一带一路"共拓南亚、东南亚市场等展开研讨,取得丰硕成果。

**11 日** 第八届海峡论坛在福建开幕。中共中央政治局常委、全国政协主席俞正声出席论坛开幕式并致辞。本届论坛由国台办、商务部、文化部、全国总工会、全国妇联和台湾青年创业协会总会、中华两岸劳动关系发展协会等两岸 77 家机构共同主办。国民党副主席胡志强、新党主席郁慕明均率团与会。

**12 日** 蔡当局以"马高度涉密""国安考虑""香港为敏感地区""两地无合作先例"等四点理由驳回马英九赴港申请。马对此表示遗憾并质疑"府方"决定不合理、不合法。

民进党 32 名党代表酝酿联署提案,欲在下个月的民进党"全代会"上,将蔡英文两岸"维持现状"论述列为新党纲,取代过去的"台独党纲"和"台湾前途决议文"。

**13 日** 台"立法院内政委员会"攸关大陆配偶取得"台湾身份证"年限"6 改 4"的"两岸人民关系条例"修正案,在民进党的阻挠下被迫择期再审。

台"劳动部"称,台"劳保基金"在今年 4 月底前余额为 6519

亿余新台币,随着人口老化、少子化,按照最新精算结果,基金将
于 2027 年用罄。

**15 日**　蔡当局"新南向政策办公室"正式成立,主要任务是
研议"新南向政策"的相关策略与方法,适时提供相关咨询与建
议。同时,台中市在"新南向"率先行动,与新加坡工商联合总
会建立"定期互访与产业交流共识",寻求产业贸易合作机会。

洪秀柱在听取国民党大陆事务部主任黄清贤向国民党中常
会报告"第 8 届海峡论坛参加情形与成果"后表示,"两岸增进
互信重要的是要诚信"。国民党将在"九二共识"的基础上继续
强化两岸互信;希望蔡不要言行不一,民进党赶快回到"中华民
国宪法"的内涵上。

洪秀柱发布国民党中央人事安排,由国光生技董事长詹启
贤接任首席副主席。

**16 日**　"美国在台协会"前执行理事施蓝旗(Barbara
Schrage)表示,"如不公开挑战北京,台湾现有国际空间应能维
持";但"扩大参与"将会更困难,而"推动成为联合国一员机率
是零",台若继续为此投入则毫无意义。

**17 日**　由"时代力量""立委"黄国昌等人提出的"下修投
票年龄至 18 岁"的"宪法修正案",在台"立法院院会"一读通
过,并交付"修宪委员会"审查。

国民党秘书长莫天虎表示,"九二共识、一中各表"是国民
党一贯的政策,洪所提出的理念就是深化"九二共识"、洽签和
平协议,这也是未来国民党努力方向。

**19 日**　海协会长陈德铭率领台商"一带一路"考察团第二
梯次出访,目的地为青海、新疆两省,走访多个城市,协助台商探

索边境贸易商机。

第七届海峡两岸电机电器博览会("电博会")在福建宁德市落幕。展会集聚"智能制造""互联网＋"等高新前沿科技产品,达成62个签约项目,总投资363亿元人民币,其中港台项目占7成。

**22日** 台前"行政院长"张善政接任台"生技医疗产业策进会"会长。

"海峡两岸郑成功文化节"在厦门开幕,超6成参与者为台湾同胞。

**23日** 在民进党"立院党团"要求下,台"行政院"将马当局时期"行政院"送"立法院"审议而尚未进入审查的"两岸协议监督条例""两岸人民关系条例第十七条修正草案"和"陆生纳保法案"等116项提案全部撤回。

蔡英文出席"将官晋升授阶典礼"并核定晋升37名"将官",其中"中将"7人,"少将"30人,打破了马当局"晋升不超过30人"的限制。此次晋升人员分属"总统府""国防部""国安会"和"海巡署"等4个单位。

台"行政院长"林全任命曾任民进党"大党鞭"柯建铭办公室主任23年的何佩珊为"行政院政务副秘书长",作为"内阁"与"立委"沟通的桥梁。

**24日** 由于华航管理层未能有效应对劳资纠纷,引发空服员全体大罢工,导致华航航线全面瘫痪。在蔡当局的干涉下,华航高层大换人,罢工以资方全面妥协,劳方全面胜利而告终。

**26日** 蔡英文出访中美洲"邦交国"巴拿马、巴拉圭,往返将过境美国迈阿密和洛杉矶。这是蔡上任后的首次出访活动,全程九天八夜,行程包括蔡出席巴拿马运河扩建竣工仪式,会面巴拉圭总统并在巴拉圭国会发表演说,重头戏是过境美国。

**27 日**  台湾"立法院内政委员会"初审通过民进党版"两岸人民关系条例"第 17 条修正动议,大陆配偶取得"身份证"除维持 6 年年限,还需参加"认定测试"。

**28 日**  民进党"立委"蔡易余、高志鹏主张焚烧"国旗"是"言论自由",提案删除台湾"刑法"第 160 条的"侮辱'国旗'、'国徽'、及'国父'遗像罪",以落实所谓的"转型正义"。

"行政院长"林全称"如果能够拉低尖峰用电量,台湾不见得需要建那么多电厂",被批"空想"。

民进党"立委"段宜康因前年彰化县长选举期间不实爆料,遭无党籍参选人黄文玲提告。台北地院认定段宜康违反"选罢法",判段有期徒刑 4 月,可易科罚金,褫夺公权 1 年。若段上诉后维持原判,将影响其"立委"资格。

**29 日**  国民党中常会通过考纪会决议,予以"国民党前发言人"杨伟中开除党籍处分。杨因近来频繁公开猛批国民党、逢蓝必反,而被深蓝视为"蓝皮绿骨"的"史上最贱党工"。

台多家机构相继下调今年 GDP 预测,显示台"保 1(1%)"希望渺茫。"中研院"估值下修至 0.52%,较去年底的预测大幅下调 1.22 个百分点,为目前各机构最低估值。

**30 日**  台"外交部亚东太平洋司司长"常以立表示,两周前已与"新南向政策办公室主任"黄志芳完成了简报和分工,"外交部"将依此规划提出"四大愿景"及"三大目标",并与该办公室密切配合推动"新南向政策"。

在劳工团体抗议声中和资方压力下,台"行政院"通过攸关

"周休二日"的"劳基法"修正草案,确认采"一例假(规定休假日)、一休息日"制度,若此案经"立法院"三读通过,先前恢复的七天规定假日将再取消。

# 7 月

**1 日** 台湾巡逻舰向大陆方向发射一枚"雄风－III"反舰导弹,击中一艘台湾渔船,造成一死三伤。当天,国台办主任张志军表示,此事影响非常严重,台湾方面要"对这件事作出一个负责任的说明"。24 日,台"国防部"与海军调查之后表示,"雄三事件"是由于"连串错误酿成的'误射'"。

台南市虱目鱼养殖协会召开理监事暨会员大会,呼吁台当局承认"九二共识"。

**2 日** 台南市 37 区里长联谊会会长举办端午节座谈餐会,指出"虱目鱼产业不适用于南向政策,大陆市场才是首选",要求"农委会"立即对大陆警讯释出善意。

**3 日** "趋势民意调查公司"民调显示,51.9% 民众不满意"交通部"在处理台湾中华航空公司空服员罢工时全盘接受工会条件的做法,仅 28.7% 民众满意。

**5 日** 台"立法院院会"对"通讯传播委员会(NCC)委员"6人候选名单行使同意权,由詹婷怡接任新"NCC 主委"、翁柏宗接任"副主委","委员"有洪贞玲、陈耀祥、郭文忠及何吉森等。

台红十字会会长王清峰发动 600 余人到"立法院"抗议"绿委"提案废止"红十字会法"。12 日,"立法院"三读通过"中华民国红十字会法"废止案。27 日,"总统府"公布"总统令"废止

"中华民国红十字会法",该法自"总统令"公布之日起算至第三日起失效,未来红十字会将回归"人民团体法"相关规范,不再另立专法。

台湾高校 2016 学年度学士班招收大陆学生发榜,录取人数较去年大幅减少。

**6 日**　台"监察院"称,截至 2015 年底,台当局及地方累计债务余额超过 6 万亿元(新台币,下同)。

**7 日**　台"卫福部食药署"宣布恢复加拿大疫区牛肉进口。

台湾竞争力论坛发布 2016 年上半年"台湾民众国族认同"民调:88% 民众认为两岸关系影响台湾经济;47.5% 认为蔡英文应接受"九二共识",高出不支持者 15.2 个百分点。此外,84%民众认同自己是"中华民族一分子"。

台富邦金大陆子银行"富邦华一银行"宣布天津自贸试验区支行开业,是唯一同时在大陆四大自贸区均设有分支机构的台资银行,也是登陆的台资银行中规模最大者。

国民党举办"党团大会"暨首届"党团总召"直选第二次投票,前"书记长"廖国栋以过半数支持当选。

**8 日**　台"特侦组"表示,美国政府拍卖陈水扁与其子陈致中以贪污所得在美购买的 2 处不动产所得的 150 万元美金将返还台湾,创下首例"台美司法互助"追赃案例。

台风"尼伯特"对台东部沿岸及南部地区造成较为严重的人员伤亡及财产损失,蔡当局在救灾时暴露的问题引发民众不满。

**11 日**　台"司法院"表示,原"院长"赖浩敏、"副院长"苏永钦向蔡英文请辞。蔡批准二人辞呈并提名谢文定、林锦芳接任正副"院长"。

台"金管会主委"丁克华表示,"金管会"拟放宽大陆投资人及在台陆资投资基金与外币债券。丁并称"没有与大陆磋商的必要"。

**12日** "南海仲裁案"结果出炉,声称中国大陆在九段线范围内主张的历史权利没有法律依据,包括太平岛在内的南沙群岛的所有海上地物均为礁岩,该结果招致两岸及国际舆论一致反对。

**15日** "立法院"通过共同声明,表示南海诸岛及其周遭海域属"中华民国固有领土及海域",任何国家无论以任何理由或方式予以主张、占据,或任何国际仲裁之片面决定,"中华民国"一概不予承认。

**17日** 国务院台办主任张志军出席第五届世界和平论坛并发表演讲,强调一个中国原则是两岸关系的定海神针,只有坚持这一原则,两岸关系才能稳定发展、台海才能保持和平安宁。

民进党举行第十七届第一次"全国党员代表大会"("全代会"),改选了民进党中常会,被视为"2018地方县市选举卡位战"。

台"保钓团体"联合来自港澳的"保钓"人士前往钓鱼岛宣示"主权",在途中遭到台"海巡署"多次阻挠而夭折。

**18日** 台"行政院主计总处"数据显示,2016年上半年台湾通货膨胀率升至1.54%,失业率升至3.88%,评估上半年痛苦指数为5.4%,创下近4年新高。

**19日** 台一游览车在桃园高速公路行驶中起火,包括台湾导游、司机以及24名大陆游客总计26人全部遇难。此事故引起两岸高度关注,李克强总理做出重要批示,要求国台办、国家旅游局等部门尽速了解情况,妥善做好善后工作。国台办发言人表示,此次事故造成多人罹难,深感痛心。台湾有关方面应当尽快查明事故原因和责任,维护遇难者权益;采取有效措施,杜绝安全隐患,保障赴台游客生命财产安全。截至 7 月底,据台湾方面披露可能的事故原因有四点:一、电线老旧、电器过度使用造成短路;二、游览车擅自增设安全门暗锁;三、游览车驾驶人疑似酒后驾车;四、游览车驾驶人于车上放置易燃物品。但事故最终调查结果仍未出炉。

美国共和党全国代表大会公布 2016 年党纲称,"反对两岸任何一方片面改变台海现状",台湾问题"必须透过对话和平解决",并"需要台湾人民同意";否则"美国将帮助台湾自卫"。党纲也重申了美对台"六项保证"。

TVBS 民调中心发布民调显示,45% 受访民众不满意蔡当局应对"南海仲裁案"的做法,且 69% 受访民众认为蔡应登太平岛宣示"主权"。

台北市 133 位里长自费前往上海市,展开 6 天 5 夜沪台里长与居委会主任的深度座谈。

**20 日**　国民党"立委""外交及国防委员会召委"江启臣经"国防部"安排,协同蓝绿"立委"前往太平岛。

屏东渔民"海吉利号"船主郑春忠发起"保南海、护渔权、保祖产、护主权"渔民登太平岛活动,25 日深夜渔船在太平岛靠岸,31 日渔船返航。台"渔业署"称渔民违规,将视违规情况提出惩处。

**21 日**　《华盛顿邮报》网站发表蔡英文外媒专访全文。蔡表示,台当局不会"违背台湾人民意愿"接受大陆限期要台承认"九二共识"。蔡还称,"我们认为我们(台湾)是一个国家",再次暴露蔡的"台独"本质。

**23 日** "日本交流协会"委托在台进行的 2015 年度舆论调查显示,台湾人"最喜欢的国家"中,56% 的民众选择日本,"喜爱度排在第二的是中国大陆,为 6% ";其后是美国 5% 和新加坡 2% 。此外,20—30 岁人群有 60% 以上"最喜欢日本"。关于"对台湾影响力最大的国家"结果显示,"中国大陆占 50% ,居于首位";之后是美国 31% 和日本 11% 。

**25 日** 台湾"立法院"三读通过"政党及其附随组织不当取得财产处理条例",国民党抗争的条例名称、认定年限和主管机关等问题均未能在民进党优势人数下获得翻转。

美国民主党全国代表大会通过 2016 年民主党党纲,重申对一个中国政策和"台湾关系法"承诺,并表示"继续支持以符合台湾人民意愿及最佳利益之方式和平解决两岸问题的方案"。

"台湾经济研究院"公布最新经济增长预测,在未对两岸关系与陆客赴台人数下降等因素进行分析的情况下,将台湾 2016 年 GDP 下修 0.5 个百分点,降至 0.77% 。

**26 日** 倾绿的"台湾民意基金会"民调显示,上任超两月的蔡英文声望为 55.9% ,较上月下降 12% ;较 5·20 下降 14% 。

台北市长柯文哲表示,"愿意在既有政治基础上维护两岸已签署协议再往前走",并坚持"互相认识、互相了解、互相尊重、互相合作"及"两岸一家亲"的"善意基础",为"双城论坛"解套。国台办同天回应,"坚持体现一个中国原则的'九二共识'这一政治基础,两岸关系和平发展就可以得到维护。只要对两岸关系的性质有正确认知,我们对两岸城市交流持积极、开放的态度",上海与台北的交流"由两市进行沟通"。

新党公布民调显示,约 45% 受访者认为美国是"南海仲裁案"的幕后推手,约 70% 认为台湾被出卖了,51.6% 认为台当局无法保障渔民,另外有高达 75% 民众认为在此议题上,当"台当局无能力时",可接受大陆的援手,并有四成受访者认为两岸应联手维护南海主权。

**27 日**　国民党文化传播委员会副主委胡文琦表示,洪秀柱已向"国防部"申请登太平岛。31 日,台"国防部"表示,由于洪不是公务员且未获邀参与从事"国防安全"等相关事务,不符合审查核可对象,拒绝洪登岛。

**28 日**　蔡英文接见台湾"工业总会"全体理、监事。"工总"理事长许胜雄向蔡递送"工总白皮书",提出包括建立信任感、能源、环保、税制、青年及"新南向政策"等 6 大问题。蔡表示,"'新南向政策'和中国市场是一样重要",但并未就 6 大问题提出具体措施。

**29 日**　美国智库布鲁金斯学会发布"盟友与伙伴:美国在亚太承诺"的最新亚洲盟友系列工作报告,其中"美国与台湾安全伙伴关系"由布鲁金斯学会东北亚政策研究中心主任卜睿哲撰写。卜指出,"美台安全伙伴关系将更多地经受解放军持续现代化的考验,台湾自己做什么是个关键变量"。"两岸政治关系恶化导致危机并非不可避免,华府决策者应在认识到中国军力继续增长的情况下,祭出警告与保证混合的'双重威慑'剧本。"

第 9 届第 1 会期的"立法院第一次临时会"闭会。

　　台湾"国史馆"表示,根据"政府信息公开法",将于 8 月 1 日起拒绝陆港澳学者调阅馆藏资料。

　　**30 日**　"台湾智库"发表民调,蔡英文满意度 49.1%、不满意度 36.0%,对蔡不满意较上次增加 13.4 个百分点。对"内阁"满意度为 45.1%、不满意度 39.5%,不满意提升了 5.8 个百分点。政党认同方面,民进党的满意度从 75.9% 上升至 83.3%,不满意从 7.3% 下降至 6.7%,无明确意见者从 16.8% 下降至 10.1%。

　　李登辉搭机抵达日本石垣岛访问,这是李登辉卸任台湾地区领导人以后第 8 次访日,也是其连续 3 年访日,本次他首度到冲绳的石垣岛活动。

　　蔡英文任命义美董事长高志尚、网络家庭董事长詹宏志与台湾工业银行副董事长骆怡君为新任 ABAC 代表,出席 8 月 1—4 日在深圳举行的 APEC 工商咨询理事会第三次会议(ABAC 3)。

# 8 月

　　**1 日**　台"立法院长"苏嘉全在"副院长"蔡其昌随行下,率 23 名"立委"赴日本访问。此次访问为历来台方层级最高、规模最大的访日团体。分别拜会了日本交流协会会长大桥光夫、自民党人士、日本友台议员、日华恳和新当选的东京都知事小池百合子等日本政要,并向熊本赈灾善款 2445 余万元(新台币,下同)。

　　"原住民日"当天,蔡英文当局邀请少数民族代表到"总统

府"举行"道歉仪式"。整个仪式包括承认错误、揭露真相、和
解、具体做法等元素。亲民党主席宋楚瑜、"时代力量"党主席
黄国昌、民进党秘书长洪耀福、"行政院长"林全等出席观礼。

国民党恢复中断 13 年的"总理纪念月会"。国民党主席洪
秀柱称,希望国民党借此"找回党德、党魂",未来将每月召开一
次,邀请专家学者在中央党部进行演说。当日,国民党成立了
"客家事务委员会""原住民族工作委员会""妇女工作委员会"
与"新住民工作委员会",表露深耕不同族群的决心。

日前,因台塑集团 2008 年投资 3 千多亿所设的越南河静钢
厂,被越政府指控污染而开罚 5 亿美金。"绿委"苏治芬赴越
"监督"台塑,但被越方扣押"护照",遭越警方监控并被困河内
机场。

**3 日**　民进党中常会通过成立"2018 地方公职人员选举对
策委员会",委员涵盖各派系并以英系及新系为多,召集人为中
常委陈明文。党部希望以此机制因应 2018 年"九合一"选战,
强化辅选机制并提前规划布局。

**4 日**　陆委会发布新闻稿并召开记者会表示,希望能就参
加国际民航组织(ICAO)大会和陆方协商,并呼吁陆方"释出善
意"。陆委会副主委兼发言人邱垂正说,目前尚未和陆方进行
正式交换意见,而台方已表达"最大善意",希望能"有尊严地参
加 ICAO 大会"。

"台联党"赴海基会董事会抗议,呼吁蔡当局裁撤海基会,
否则就等于承认"九二共识","台联党"将会强烈反对。对此,
陆委会发言人邱垂正回应称,海基会"功能与地位目前无法取
代"。

**8 日**    就肯尼亚将 5 名台湾诈骗犯移交大陆遭台陆委会抗议一事,国台办发言人马晓光表示,此案与今年 4 月肯方遭陆的 37 名台籍嫌犯系同案。因台当局未能确认"九二共识"这一体现一个中国原则的共同政治基础,国台办与台湾方面陆委会、海协会和台湾海基会的联系沟通和商谈机制已经停摆。台方应正视这一事实并为恢复机制运作做出切实努力。陆委会副主委邱垂正随后称,台当局要做好"一轨的官方沟通互动",全力维护两岸现有机制。

**9 日**    台陆委会公布今年第 2 次例行民调结果,89.1% 的民众支持维护两岸关系和平稳定,近 9 成民众支持两岸应持续通过协商机制处理两岸事务。与陆委会 3 月民调比较,民众在 5·20 后对统"独"看法有所变动,赞成"独立"的比例降至不到两成,支持"维持现状"的比例明显上升。

美智库"2049 项目研究所"(Project 2049 Institute)研究员伊斯顿(Ian Easton)表示,美国防部对协助台湾自造潜艇的美国业者核发许可设限,是美国对台政策的体现。

台"外交部"表示,"驻新加坡台北代表处代表"江春男因酒驾请辞,新任"代表"人事将另做安排,相关信息已经通知新加坡方面。

**10 日**    台"国安体系"外围智库"亚太和平研究基金会"及"远景基金会"召开董事会,分别选出民进党前主席许信良与前"总统府秘书长"陈唐山担任董事长。"亚太基金会"董事一改马当局时期选聘学者专家的做法,由"各部会副首长"出任。

**11 日**    "法务部长"邱太三称,过去对"特侦组"有"太美丽的期待",但"特侦组"设在"最高法院检察署","在体制上有冲突与矛盾"。并在回复质询时公开表示将"废除特侦组"。

**12 日**　"不当党产处理条例"生效,民进党当局对国民党党产的追讨正式启动。甫就任"不当党产处理委员会主委"的顾立雄称,会尽力在年底实现"党产归零"目标,"不希望再有任何'隐藏性'党产挹注特定候选人"。

**13 日**　一辆载有 21 名台湾游客的旅游大巴在福建省龙岩市突遇道路塌方而引发坠落翻车事故,造成 1 名台胞遇难,22人受伤。事故发生后,国台办、国家旅游局等有关部门高度重视,指导有关方面做好善后工作。

**14 日**　蔡英文提名谢文定、林锦芳任"司法院正副院长"争议人事案告一段落,谢、林恳辞,蔡同意撤销咨文并表态重提人选。

**15 日**　台指标民调发布民调显示,蔡英文信任度和满意度分别为 49.2% 和 45.5%,逼近"死亡交叉";而岛内民众对林全的表现是 37.3% 满意、40.4% 不满意。

蔡英文前往兰屿就核废料贮存场问题与民众展开讨论。民众认为核废料对兰屿造成了永远无法抚平的伤害,并向蔡提出了包括"立即迁出兰屿核废料"等诉求。

**16 日**　台"内政部长"叶俊荣、"海巡署长"李仲威等官员与岛内长期关注气候变迁议题的专家学者,借台军例行的运输补给任务,搭军方运输机前往太平岛实地视察,具体落实蔡对太平岛新角色的规划。

蔡英文召集"对外经贸战略会谈",通过"新南向政策纲领",在"行动准则"中特别提及"两岸善意互动及合作"。台"总统府"发言人黄重谚称,未来"不排除在适当时机,与大陆就相关领域议题展开协商对话"。

台陆军 564 旅一辆 CM11 战车在屏东恒春三军联训基地参加"汉光演习—联勇实弹射击"预演返回部队途中,疑似刹车失灵翻覆坠入 5 米深的网纱溪,造成 3 死 2 伤。

**17 日** "台独"团体"台湾联合国协进会"理事长蔡明宪再次游说民进党"以台湾名义申请入联合国"。民进党副秘书长李俊毅称,民进党"不会缺席",蔡当局各单位将就"总体战略、角色分工"进行商定,并在一周内公布策略。

据台"观光局"报告,今年上半年大陆游客赴台人次仍成长 3.07%,但是 5、6 月降幅均在 10% 以上,并预估今年大陆游客赴台人数约衰退 1 成,减少 40 万人次。"政务委员"张景森要求"观光局"2 周内提出大陆游客赴台优质旅游措施,期使赴台人数稳健成长。

**18 日** 国台办主任张志军表示,两岸现在没有"九二共识"这共同政治基础,"不可能再谈新协议","两岸货贸协议不可能再谈了"。

**19 日** 台兆丰金控宣布兆丰银行纽约分行去年遭美国金融服务署实地金融检查后,以违反美国洗钱防制法申报规定为由,被处以 1.8 亿美元罚款。

台"行政院主计总处"上修全年经济成长率至 1.22%,较 5 月预测大幅增长 0.16%。

**22 日** 台军"汉光 32 号"演习正式展开,这是台湾近年来最大规模的"汉光"演习。在演习最大实弹科目"联勇操演"上,蔡英文首次以"三军统帅"身份出席并致辞,称已责成"国防部"制定一套"确认方向、改变文化"的新军事战略,并会将单兵装备提升作为"优先施政项目"之一。

　　台"主计总处"公布了"人力资源调查统计",数据显示,7月失业率升至 4.02%,失业人数为 47.2 万人,创近 23 个月以来新高。

　　**23 日**　第七届"上海台北城市论坛"在台北拉开帷幕。上海市市长代表、上海市委常委、市统战部长沙海林率团赴台与会。23 日主论坛,台北市副市长邓家基及沙海林围绕着论坛主题"展现城市活力"共同发表专题演讲,论坛还分别就医疗卫生、青年交流、智慧城市、文化、交通等 5 大议题进行分论坛交流。台北市市长柯文哲于 22 日晚宴请上海市代表团,并出席23 日的论坛。邓、沙签署了"台北马拉松与上海马拉松""台北电影节与上海电影节"及"台北市文山区与上海市松江区"三项合作备忘录。此次"双城论坛"明确体现两岸城市交流"不是不同国家之间的城市交流"性质,一定程度上起到稳定两岸关系的作用。

　　台湾"工业总会"举行"工业团体领袖会议",邀请林全首次与工业界面对面沟通。"工总"理事长许胜雄递交"2016 年度工总白皮书",现场提出 53 项建言。

　　岛内专门接待陆客团的"创世纪旅行社"无预警倒闭,这是蔡当局上任迄今首家受陆客减少冲击而倒闭的旅行社。台"交通部观光局"证实,"创世纪"因财务跳票遭勒令停业,并称,今年七月陆客赴台人数较去年同期衰退 15%,为历年最大降幅。

　　**25 日**　台"行政院"通过扩大投资方案,提出 3400 亿元的"新兴投资计划",将从优化投资环境、激发民间投资、加强"国营"及公股事业投资、强化数字创新等四面向着手。

**31日** 国民党新的政策纲领草案获中常会通过,两岸政策确定纳入"两岸和平协议",将"在'中华民国宪法'基础上,深化'九二共识',积极探讨以和平协议结束两岸敌对状态可能性","扮演推动两岸和平制度化的角色,以确保台湾福祉"。

台"总统府"宣布,由李、扁时期的前"国策顾问""外交部长"田弘茂接任海基会董事长职务。受此影响,海基会顾问谢明辉1日宣布辞职。对田的任命案,国务院台办主任张志军强调,海协会与海基会恢复机制化商谈的前提,是必须要确认"九二共识"的共同政治基础和由当局授权,"问题的关键是授权商谈的政治基础,而不是人"。

台"国防部"报告称,目前解放军已具备"封锁夺取台湾外岛的登陆战力"在"远战速胜、首战决胜"作战方针及"损小、效高、快打、速决"的用兵理念指导下,解放军将采"逐步升级、递增加度"模式攻台。具体包括"联合军事威慑""联合封锁作战""联合火力打击""夺占外岛作战"等4种模式。

台工商建设研究会召开换届会议,新任第15届理事长、福寿实业公司董事长洪尧昆表示,若有机会,工商建研会愿做两岸沟通的桥梁,期盼通过交流产生更多共识。

# 9月

**1日** 蔡当局决定改任"新南向政策办公室主任"黄志芳为"驻新加坡代表",将隶属于"总统府"的"新南向政策办公室"部分与"经济部经贸谈判代表办公室"整合,在"行政院"设立"对外经贸谈判办公室"。"新南向政策办公室"保留做幕僚机关。

"总统府"公布"司法院"人事提名,拟由曾任"大法官"的许宗力出任"司法院长",引发外界"开再任大门"之质疑,但许表示"确信不违宪"。

**2 日** 台湾观光旅游"总会"发起"'九二共识',蔡英文不要,我要"联署活动。联署书称:"'九二共识'对政客而言,能编上万个理由说没有。我要'九二共识',事不关党派,不关意识形态,只是这能让久旱的台湾观光产业获得甘霖滋润、进而促成两岸签订服贸、货贸,并活络台湾的总体商机。"

民进党"国际事务部主任""立委"罗致政称,为配合"新南向政策","外交部"将推动组织再造,以精简与年轻化为目标,在资源预算不变情况下对目前约 120 个"外馆"适度整并。其中包括在柬埔寨新设"外馆"以及在美洲和欧洲裁撤部分"外馆"。

**2 日—8 日** 台湾地区副领导人陈建仁率团对梵蒂冈展开访问。此访命名为"圣和专案",借参加特雷莎修女封圣仪式会晤梵蒂冈高层官员,巩固台梵"邦谊"。随团成员包括"外交部次长"吴志中、"国安会副秘书长"曾厚仁等。

**3 日** 国家主席习近平会见出席 G20 峰会的美国总统奥巴马。习近平指出,中国坚决维护国家主权和领土完整,坚决遏制任何形式的"台独"分裂行径,努力维护两岸关系和平发展,争取国家和平统一的前景。希望美方恪守一个中国政策和中美三个联合公报原则,以实际行动维护两岸关系和平发展和中美合作大局。奥巴马表示,美国奉行一个中国政策没有改变,反对任何寻求"台湾独立"的做法。

台"监督年金改革行动联盟"在凯达格兰大道发动军公教群体游行。当日适逢台"军人节",游行人群向蔡当局呼吁"反污名、要尊严",抗议其借"年金改革"打压军公教群体,并造成世代对立和社会割裂。据警方统计,游行最高峰人数达14.5万。这是蔡上任后遇到的首次大规模街头抗议。

**4日** 国民党在台北阳明山中山楼召开第19届"全代会"第4次会议。会议以"真诚反省、勇于改革"为主题,议程主要包括党主席洪秀柱致辞、秘书长莫天虎做党务工作报告、讨论和通过新的"政策纲领案"及"党务革新与党的发展案"。大会展现锐意改革姿态,努力提振士气,并提出了较以往更为积极的大陆政策,首次将"两岸和平协议"列入政纲,但党内分歧犹存。

**5日** "行政院"推出"新南向政策推动计划",以4年为期,投入42亿元新台币,推动台与东盟10国、南亚6国及澳大利亚、新西兰等18个国家建立"经济发展的繁荣伙伴""国际联结的互惠伙伴"。舆论质疑其核心在于以"南向"对抗"西进",不看好其效果。

"时代力量""立委"林昶佐与民进党"立委"谷辣斯等在印度达兰萨拉与达赖会面。林昶佐当面邀请达赖赴台,并赴"立法院"演讲。达赖回应称,乐意再度访台。台"立法院长"苏嘉全次日称,只要"有助于民主自由的推动者","立法院"都"非常欢迎"。

**8日** 国台办表示,已与中国贸促会联合发出"台资企业利用仲裁方式解决经贸争议的通知",要求各级台办和贸促会加强沟通与配合,宣传海峡两岸仲裁中心的特色和优势,推动企业在合同中约定海峡两岸仲裁中心仲裁条款。海峡两岸仲裁中心主要解决当事人约定由其管辖的民商事合同及其他财产权益纠纷,也可根据有关部门授权受理其他纠纷。

**10日** 台湾桃园地检署公布"7·19"辽宁旅行团大巴车起火事故的最终调查报告。结果显示,这起事故是台籍司机苏明成在性侵案被判刑及家庭压力等多重因素影响下策划的纵火自杀案。台检方表示,因苏已经死亡,所涉罪嫌不予起诉。

蔡英文在金门水头码头视察港区时表示,厦金通航是两岸关系的里程碑,印证了"两岸之间只要能前瞻未来发展,展现善意互动,双方搁置争议,存异求同,放下历史包袱,展开良性对话,就能共同为人民谋求福祉,创造两岸和平新局",但未提及"九二共识",仅谈到"两会会谈历史事实"。

**11日** 云林县口湖乡举办乡长补选,总选举人数23806人,投票率50.26%。民进党征召的县议员林哲凌获3476票,以微弱优势战胜获3101票的亲绿无党籍候选人蔡孟真等人。

**12日** 由岛内旅馆、游览车、导游等11个相关产业公会组成的"百万观光产业自救会"举行"百万观光产业自救"游行抗议活动,呼吁蔡当局解决旅游业者生计,"救观光,顾肚子"。据警方统计,抗议人数一度超过15000人。此系是岛内观光产业者史上首次走上街头。

海基会召开临时董监事会,正式推举前"外交部长"田弘茂为海基会董事长,陆委会副主委张天钦任副董事长、海基会秘书长,海基会发言人由陆委会主秘兼海基会副秘书长李丽珍担任。田就任后以海基会名义发给大陆海协会函电,呼吁大陆恢复协商,但未提"九二共识",也未谈蔡主张的"尊重九二会谈的历史事实"。对此,海协会会长陈德铭重申,只有海基会得到授权,向海协会确认坚持"九二共识"这一体现一个中国原则的共同政治基础,两会受权协商和联系机制才能得以延续。

**13 日** 台湾《天下》杂志县市长施政满意度年度调查结果显示,国民党籍连江(马祖)县长刘增应夺冠,台东县长黄健庭、南投县长林明溱、新北市长朱立伦均较去年进步一个名次。绿营"明星首长"满意度出现松动,台南市长赖清德从去年的冠军滑落到第 4 名,台北市长柯文哲从去年的第 9 名落至倒数第 2。

**14 日** 国台办发言人马晓光表示:"坚决反对达赖以任何形式到台湾活动。台湾某些势力意欲与'藏独'势力沆瀣一气,蓄意制造事端,势必对两岸关系造成严重影响。"民进党方面经与达赖方面紧急沟通后表示,达赖清楚蔡目前"内外情势的结构性困境","不会给台湾困扰"。

**18 日** 全国政协主席俞正声、北京市委书记郭金龙及国台办主任张志军等会见了由八位蓝营执政县市长组成的参访团。八县市长均表示认同并将继续坚持"九二共识",国台办承诺将以"八项惠台措施"推动与八县市的交流合作。参访团由新北市副市长叶惠青、花莲县长傅崐萁、新竹县长邱镜淳、苗栗县长徐耀昌、连江(马祖)县长刘增应、南投县长林明溱、台东县副县长陈金虎、金门县副县长吴成典组成,国民党"立委"徐榛蔚随行。

"行政院"表示,"行政院发言人"童振源将转任"国安会咨询委员",其职位由民进党不分区"立委"徐国勇接任,而徐的"立委"资格则由医师邱泰源递补。

**19 日** 台"立法院"新会期 8 个常设"委员会"选举 16 席"召集委员"。民进党拿下 10 席,国民党保住 6 席。除"经济委员会"与"社福及卫环委员会"的两席均由民进党占据外,"外交及国防委员会""财政委员会""内政委员会""教育及文化委员会"、"司法及法制委员会"、"交通委员会"皆为国、民两党各占一席。

《联合报》公布"2016 两岸关系年度大调查"民调结果。显示岛内民众对于台湾前途的看法仍以主张"永远维持现状"为多数,但比例由去年的 55% 降为 47%;偏向统一的民众达 17%,创历年调查新高;倾向"独立"的民众占 31%。对于蔡英文处理两岸关系的表现,48% 不满意,31% 满意。

**20 日**  台"不当党产处理委员会"举行第二次"委员会议",决议冻结国民党银行账户并止付本票,只准存入,不准提领或汇出,还要举办听证会以界定"中投"等公司是否为国民党附随组织。

前"副总统"吴敦义启程赴美出席在波士顿举行的"全美台湾同乡联谊会年会"。国民党副主席郝龙斌也受邀参加。此行是吴卸任后首次出访,10 月 6 日返台。

**23 日**  国际民航组织表示,遵行联合国的一个中国政策,预定 9 月 27 日至 10 月 7 日在加拿大蒙特利尔召开的第 39 届大会不会依 2013 年大会前例邀请台湾参加。同日,蔡英文称"这是对台湾极不公平的待遇","表示强烈的遗憾和不满"。

**25 日**  由"台湾人权促进会""台湾反迫迁阵线"等 60 余个团体共同召集的上千民众赴凯达格兰大道举行"新政百日迫迁依旧、土地正义重返凯道"抗议活动,要求蔡当局保障民众的居住权益。此系 9 月来民进党当局遇到的第三场大规模抗议。

**26 日**  "台湾民意基金会"公布民调显示,蔡对重大事件的处理有44.7%民众赞同,与8月相比再降7.6%,与刚上任时相比,蔡声望下降25.2%。基金会董事长游盈隆形容其民调"像雪崩一般地下滑"。同日,亲绿的"台湾世代智库"公布"小英年金改革与施政满意度"民调。结果显示,满意蔡英文表现的民众占49.0%,跌破五成,不满意者达43.3%。

民进党于台北市中山堂光复厅开办为期三天的"创党30挑战30"纪念影像展。此展按时间划分为五部分:1970年到1986年党外时代、1986年创党到1992年抗争路线、1992年至2000年议会路线、2000年至2008年首次执政、2008年到2016年再度在野。

**29日**　国民党晚间发布公文,向党工告知确定无法如期发放9月份薪金,除通过司法途径寻求救济外,还将多方设法筹措财源,希望在10月底前发放。受波及的党务人员包括主管、专职党工、约聘雇人员共近800人。

陆委会副主委张天钦在"立法院"接受质询时表示,台湾面对大陆的施压"有抗压能力,也有反制手段","但详细部分无法说明"。民进党的"台独党纲"经前三次决议已有所改变,不认为民进党执政后是往"台独"方向前进。被问到"两岸有无解冻可能",张表示"随时有可能"。

在因台风而取消原订28日举办的30周年党庆活动后,蔡英文在民进党脸书主页发布《创党30周年蔡英文主席给民主进步党党员的信》,信中称:"我也要请各位相信,有些价值,我们一定会坚守。我们要力抗中国的压力,发展与其他国家的关系。我们要摆脱对于中国的过度依赖,形塑一个健康的、正常的经济关系。"

**30日**　指标民调公司公布民调显示,蔡英文执政满意度仅38.4%、不满意度达48.3%。

# 10 月

**1日**　国民党主席洪秀柱重申,"'一中各表'并没有被删掉,只要完整看完政策纲领就可以清楚明白"。2日,吴敦义表示,"原来有的东西现在变没有就是删除","看到洪秀柱正式声明没有删除'一中各表',这让所有关心此事的党员和民众都放心了"。

徐国勇取代童振源成为新任"行政院发言人",童成为自设该职以来任期最短的"行政院发言人"。

**3日**　2016年"美台国防工业会议"在美国弗吉尼亚州威廉斯堡召开。美国五角大楼负责亚太安全事务的助理部长办公室资深顾问海大卫(David Helvey)与台"国防部军政副部长"李喜明、台"立法院外交及国防委员会召委"罗致政、前"监委"葛永光等与会。这是民进党全面执政后首次举行的美台军事工业会议。

"金管会主委"丁克华因兆丰案及乐陞案处置不力请辞获准。19日,"行政院"发布由高雄银行董事长李瑞仓接任"金管会主委"。

蔡英文召开"执政决策协调会议",将"一例一休"改为"周休二日",且砍掉7天"法定假日"。5日,审议"劳动基准法"部分条文修正案。在民进党"召委"陈莹的主导下,绿营强行在"立法院社会福利暨卫生环境委员会"通过相关法案初审。27

日,"立法院社环委员会"初审有关"周休二日"的"劳动基准法"部分条文修正草案议事录,民进党利用人数优势宣布"经表决后议事录确认",现场一度爆发激烈冲突。31日,"卫环委员会"决议将国民党及"时代力量"所提的12个针对"劳基法""周休二日"修法争议的提案送"朝野"协商。

前台南市议长李全教被判当选无效后,台南市议会临时会进行议长补选投票,民进党推出赖美惠角逐议长宝座。国民党团坚持开会不合法,未入场领取选票,共有33名议员领票并全数投给赖美惠。

**4日** 蔡英文接受美国《华尔街日报》专访时表示,在两岸关系上,她的"承诺不变","善意也不变",但"不会屈服在压力之下",也"不会走到对抗的老路上去"。6日,蔡英文接受日本《读卖新闻》专访时重申,"台湾跟台湾人不会在压力下屈服"。蔡还在谈话中强调了加强台美及台日关系的重要性。

**5日** 第10届台美"贸易暨投资架构协定"(TIFA)会议在华盛顿召开。台"经济部次长"王美花表示,会议确实谈到猪牛肉及转基因食品相关议题,台当局会在充分考虑之后,再谈及开放问题。

**6日** "美国在台协会"宣布,由前美国资深外交官、前美国驻孟加拉国及驻尼泊尔大使莫健(James Moriarty)出任"美国在台协会理事主席"。

台湾《工商时报》报道,台湾拟开放福岛等5个日本核泄漏受灾县的食品进口,正式开放的时间或为2017年初。

**7日** 根据全国旅游团队服务管理系统数据显示,10月1日至7日,大陆出境跟团游客总数量约为139.9万人,同比增长

11.9% 。其中赴台湾游客仅 7915 人次,同比下降 69.29% 。

台"立法院"成立所谓"台湾国会西藏连线","时代力量""立委"林昶佐担任会长,成员包括前"立法院长"王金平、民进党"立委"萧美琴、尤美女、段宜康和 Kolas Yotaka 等,以及所谓"西藏人民议会"的"议员"。

"不当党产委员会"召开首场听证会,顾立雄强调,"党产会"已决议将分别在 12 月上旬就国民党名下不动产是否属不当取得财产以及是否应移转为"国有"、地方自治团体或原所有权人进行听证程序。

为加强与在大陆的台商沟通,台湾海基会考虑在大陆开通微博官方账号。7 日,海基会发言人李丽珍解释,由于注册微博账号时所在地区须登记为"中国台湾"等涉及"矮化"的疑虑,遭陆委会主委张小月否决。

**9 日**  台中监狱以现场设备和突发状况会影响病情为由,驳回了陈水扁要求出席"双十"活动的申请。

台媒引述岛内军方高层消息指出,在蔡英文斥责"国防部长"冯世宽"该做就做,不应受地方牵制",并出面与反对设导弹阵地的民进党"立委"何欣纯进行"沟通"后,台军方不顾民众强烈反对,暗中在台中市太平区布设导弹阵地。

**10 日**  蔡当局迎来执政之后第一次"双十"活动,蔡在演说中重申其"四不"主张,虽然宣称"只要有利于两岸和平发展,有利于两岸人民福祉,什么都可以谈",但仍拒绝承认"九二共识"。

针对台湾当局领导人"双十"讲话中两岸关系的内容,国台办发言人安峰山表示:"九二共识"及其体现的一个中国原则,符合两岸关系的法理和现实,是维护两岸关系和平发展的基石。是否接受"九二共识",是检验台湾当局领导人所谓"善意"的试金石。

**11日** 针对台"新南向政策办公室主任"黄志芳被传即将任"驻新加坡代表",台"外交部长"李大维表示,"目前并没有计划让黄志芳去新加坡",具体人选至少要在一个月后才会公布。

**12日** 国台办发言人安峰山和国民党中央各自宣布,在两岸关系新形势下,经国共两党有关方面协商决定,今年将共同支持两岸多个民间团体共同主办"两岸和平发展论坛"。

**14日** "台湾指标民调"公布民调显示,蔡英文的施政满意度为37.6%,再创新低。

福建省水利厅副厅长刘子维率领相关人员赴金门县,就金门自大陆引水后续工程与金门县长陈福海交换意见。金门县长陈福海称,盼双方携手合作,让金门引陆水为两岸创造新的合作典范。

**15日** 国台办主任张志军在《求是》杂志发表题为《维护和推进两岸关系和平发展共圆中华民族伟大复兴中国梦——深入学习习近平总书记对台工作重要思想》的署名文章,从八个方面阐述习总书记对台工作重要思想的八大亮点,也是中央对台方针政策的八大核心。

澎湖县举行第2次"博弈(博彩)公投",不同意票数26598票,同意票数6210票,反赌方以压倒性优势获胜。此次"公投",地方挺赌,蔡当局反赌,引绿营内斗。

台化彰化厂员工及云林、嘉义等地与汽电共生燃煤发电有关的电厂员工5000人到彰化县政府,进行有史以来最大规模抗争。

**16 日至 19 日** "公元 2000 论坛"在捷克举行。岛内传出蔡英文指派"远景基金会董事长"陈唐山为"特使"出席论坛,并将与达赖喇嘛单独会面。台当局 18 日证实,陈唐山确实担任"特使","会议上与各国贵宾互动是很自然的事情"。

**17 日** 台"主计总处"称,以去年大陆游客在台消费规模估算得出,若今年赴台观光的大陆游客人数少一成,将使得服务输出减少 178 亿元(新台币,下同),预计将使今年经济增长率下滑 0.1%。

**19 日** 台湾当局公布两项人事变动,"总统府秘书长"林碧炤及"国安局长"杨国强请辞获准,前"空军司令"彭胜竹将接任"国安局长"。

**20 日** 洪秀柱邀请 4 位国民党前主席连战、马英九、吴伯雄、朱立伦到党中央开会,表示国民党要团结一致面对困难。24日,洪发起"特别党费劝缴"与"仟圆捐募"活动,并带头缴交 20 万元新台币,募捐也获得党内大佬及部分党工支持,鸿海董事长郭台铭母亲郭初永珍出资 4500 万元新台币支援国民党,由洪秀柱具名无息借贷。

**21 日** 台"行政院"召开"新南向政策工作计划进度报告会议",决定将成立"新南向政策"相关的 18 个国家"一国一平台"的产业合作平台。25 日,林全召开"国际经贸策略小组会议",研拟金融措施"五路助攻""新南向"。

**23 日** 应中华台北奥委会邀请,由中国奥委会副主席李颖川率领的里约奥运会大陆金牌选手和教练交流团一行 27 人,抵台展开为期 5 天的示范交流。这是大陆迄今赴台的最大奥运金牌得主代表团。

**24 日** 蔡英文召开"执政决策协调会议",决定基于"人道考虑",允许在台陆生可比照侨生、外籍生纳入台湾健保,并取消原有给予侨生、外籍生的 40% 补贴。

"台湾民意基金会"公布民调结果显示,41.3% 的受访者不赞成蔡英文在"双十"演说中不提'九二共识'。

**25 日** 蔡提名的 7 名"大法官"人事案由"立法院"表决通过。这 7 人分别是"司法院长"许宗力、"副院长"蔡炯炖,以及"大法官"黄昭元、詹森林、黄瑞明、张琼文、许志雄。7 人中有 5 人亲绿立场明显,甚至公开主张"两国论"。

台湾省政府在其资料馆举办纪念"台湾光复节"音乐会。

遭索马里海盗劫持近五年的阿曼籍台湾渔船 NAHAM3 号幸存 26 名船员获救后,台籍轮机长沈瑞章 25 日与大陆船员一同抵达广州,与妻女团聚,并于 26 日返台。解救过程中大陆展现出的努力和善意广受称赞,与台当局被批处理不力形成鲜明对比。

台"观光局"公布 9 月赴台旅客人数统计,结果显示陆客尚不足 21.5 万人次,比去年同期减少 13 万人次,降幅达 38%,团客大减 5 成左右。为挽救低迷市场,观光局拟放宽陆客自由行条件。

**27 日** 国民党台南市议员率领 2000 民众前往台南市政府抗议调涨地价税、房屋税,并冲进台南市长赖清德办公室砸桌、摔水瓶。国民党团书记长蔡育辉表示,赖无心台南市,国民党将提联署罢免赖清德。

**30 日** 洪秀柱率团抵达南京禄口机场,开始对南京、北京两地的访问行程。30 日晚,中共江苏省委书记李强在南京会见了洪一行,中共中央台办副主任陈元丰参加会见。31 日,洪秀柱率团拜谒南京中山陵并发表演讲,表示两岸一定会携手并进,共同推动和平发展。31 日下午,洪秀柱率团抵达北京首都机场,国台办主任张志军在机场迎接。

**31 日**　"台日海洋事务合作对话"首届会议在东京登场。台由"亚东关系协会会长"邱义仁率团与会。日本由"日台交流协会会长"大桥光夫率领,涉及日本外务省、海上保安厅、水产厅等。台"外交部"表示会中言及冲之鸟礁,但"日台交流协会"公布内容完全没有涉及冲之鸟礁。

蔡英文邀集各执政县市首长召开"执政决策协调会议",就全面试办"长照2.0"政策进行意见交换,决定自 11 月起试办。

# 11 月

**1 日**　中共中央总书记习近平与国民党主席洪秀柱在北京人民大会堂会面。这是国民党在野后,两党领导人的首次会面,双方重申了坚持"九二共识"、反对"台独"的共同政治基础。习近平就两岸关系发展提出六点意见。洪秀柱则强调国民党将扮演推动两岸和平制度化的角色。

台"党产会"宣布,认定"中投"与欣裕台公司为国民党附随组织。国民党则认为其听证会程序"违宪",将提出行政诉讼。

因不满台当局强推"一例一休"及"砍 7 天假",19 名青年冲进民进党"立院党团总召"柯建铭的办公室抗议。2 日,青年代表再闯民进党中央党部,要求"砍假领导人出来面对",再次与警方发生冲突。

**2日至3日** 两岸和平发展论坛在北京举行,国民党主席洪秀柱率代表团出席。论坛围绕两岸关系中的政治、经济、文化、社会、青年议题展开热议,呼应了习近平1日会见洪秀柱时就两岸关系发展提出的六点意见,表达了两岸同胞牢牢把握住两岸关系和平发展正确方向的共同心声。

**4日** 台北高等法院裁定,要求"党产会"停止执行冻结国民党银行账户资金的处分。

**6日至8日** 以"企业创新合作、产业融合发展"为主题的2016两岸企业家峰会采金厦双门对开方式召开,吸引两岸近千名企业家和近百家媒体参与。

**7日** 陆委会主委称,从5·20至今,陆客"总入境数"减少约2/3,十一长假期间和去年同期相比减少1/3,其中团客减少约63%。

"党产会"召开"临时委员会议",决议分别对国民党、永丰商业银行及台湾银行做成暂停提取汇出及办理支票清偿提存的行政处分。

台"行政院"决定修正"全民健康保险法",规定"经许可来台就学之学位生"可依规定参加"全民健康保险";短期赴台的交换生不在纳保范围内。

台"财政部"10月进出口统计数据显示,台10月出口额为267.5亿美元,同比增长9.4%,扭转了负增长状态。

**8日** 台北地院审理柯建铭自诉控告"马英九涉泄密""教唆泄密""违反通讯保障监察法""个资法"等罪。马以被告身份出庭,法官并未接受柯羁押或境管马的请求,而是谕令明年1月

10 日再开庭。

**9 日**　海基会发言人李丽珍表示,海基会董事长田弘茂已辞去在复兴航空、康舒科技等涉陆企业的兼职,海基会与这些公司并无商业往来,不涉及利益回避。

**10 日**　台"外交部长"李大维称,台"外贸协会董事长"梁国新将出任"驻新加坡代表"。梁曾任"萧万长办公室主任"、"经济部常务次长",推动签署"海峡两岸经济合作架构协议(ECFA)"等经贸协定,是近年来台湾区域经济整合谈判的重要人物。

**11 日**　纪念孙中山先生诞辰 150 周年大会在北京人民大会堂隆重举行。习近平总书记发表重要讲话。他表示,孙中山先生是伟大的民族英雄、伟大的爱国主义者、中国民主革命的伟大先驱,一生以革命为己任,立志救国救民,为中华民族做出了彪炳史册的贡献。

蔡英文会见即将"出使"APEC 的宋楚瑜,交付"三大任务":透过国际交流,为台湾带回新的机会;关注区域经济整合的发展;向国际社会发声,表达台湾对于参与区域经济整合的期待。

**12 日**　两岸和平发展论坛与夏潮联合会针对大陆隆重举行纪念孙中山先生诞辰 150 周年大会,发表《学习和继承孙中山先生精神,完成国家统一,共同振兴中华》书面联合声明。

洪秀柱在台北"割台兴革命·民国护台湾"特展揭幕典礼上致辞,强调"孙中山是国民党永久的总理,是创党、创造中华民国的伟人","中国国民党是真正的继承者",称"我们这一代忘怀了创党的精神和理念","愧对孙中山",呼吁党员"深思应该要有作为"。

孙文学校第六个分院南院(高屏澎金马)成立。院长汪明生表示,期许孙文南院成立后,"从城市发展开始,让中华民族的伟大复兴从高雄开始"。

**12 至 14 日**　台当局 3 天内接连举办 10 场"日本食品输台公听会",欲强推日本核灾食品入岛,引发"朝野"反对、民众抗议和地方县市反弹。

**14 日**　台当局公布 20 名"资政"名单,亲民党主席宋楚瑜与吴澧培、辜宽敏等多名"独派"人士并列。

针对台军"退将"吴斯怀等人参加大陆纪念孙中山诞辰 150 周年活动,"立法院"在民进党主导下通过临时提案,建请"国防部"等单位彻查并取消退俸及其相关奖勋章。台"国安局"也表示已建议陆委会将退将出境管制期限由 3 年提升至 6 年。

**15 日至 21 日**　马英九前往马来西亚、美国,开始其卸任后首度出访。马谈到,关于两岸统一,"时机未到,但是不是百分之百不成熟"。17 日,马在出席世界华人经济峰会时,佩戴自制"中华民国(台湾)前总统马英九阁下"的名牌,称其出访全程"受到大陆的打压"。18 日,马返台后立即启程前往美国,出席"第二届亚洲领袖论坛"。

**17 日至 20 日**　亚太经济合作会议(APEC)于秘鲁利马召开第 24 届非正式会议。宋楚瑜作为台湾代表率团参会。会上,宋在各种场合与美国、俄罗斯、日本、新加坡、菲律宾等国领袖代表会面,并主动出击,制造了与习近平总书记的"寒暄"。

**17 日**　台"立法院"以人数优势通过"民进党版"的"劳基法"修正案。民进党曾在 10 月 5 日强硬通过该案,但因其遭国民党、劳工团体等各界持续抗议,被迫表态将"劳基法"修正案退回重审,并召开公听会听取各方意见。

台"立法院司法法制委员会"审查"民法修正草案",拟将婚约由"男女"订定改为由"双方当事人"自订。岛内反对同性恋的民间团体组织上万人聚集"立法院",要求"立法院"暂缓审议。

**19 日**　国民党主席洪秀柱证实,党主席选举将提前至最快明年 4 月举行。改选提前可让"继任党主席"可提前对 2018 县市长的整个选举布局准备更充分。

**21 日至 28 日**　大陆官方授权的"踩线团"赴台走访蓝营八县市,以考察农特产品为主,对绿营执政县市"只路过,不消费"。

陆委会副主委兼发言人邱垂正在"台日经济对话"研讨会上称,"对话是两岸达成共识的唯一途径",要想恢复两岸对话,"必须不设任何条件"。

**21 日**　国民党"立院党团"公布了网络数据民调,从民进党执政百日至上周,Facebook 上台湾网民对蔡明确不满意的为55.9%,明确满意的为 34%,未表态的为 9.77%;对林全则是55.16% 不表态。民众对蔡不满的主要领域为"外事"两岸、经济民生、"年金改革"、食安把关及劳工照顾。

**22 日**　国台办主任张志军在中华文化论坛表示,台湾一些势力企图在文化领域搞"去中国化",力图削弱甚至切断中华文化在海峡两岸的血脉相续,这种"刨根""抽魂"的数典忘祖、无知狂妄行为只会造成台湾社会精神缺失和错乱,严重损害台湾社会心理和肌体健康。

丧失议员资格的"青年新政"成员游蕙祯发表公开信,"建议"蔡英文"考虑收回香港、新界的主权",台当局称"将由陆委会了解并处理"。

岛内第三大航空公司复兴航空突然宣布解散,即日起停飞所有航线。

台湾著名文学家陈映真于北京病逝,享年79岁。

**23日** 全国政协主席俞正声在北京会见了饶颖奇率领的台湾民意代表交流参访团。俞正声强调,希望继续深化政协委员与民意代表交流机制,吸纳和动员更多来自基层一线和青年一代的新生力量参与到两岸交流合作中来,厚植两岸关系和平发展的民意基础。

**24日** 台军方宣布,由现任"陆军总司令"邱国正接替届龄退休的严德发,升任台军"参谋总长",打破了台军此职务由三个军种轮流出任的传统。

**25日** 台"党产会"做出行政处分,将被认定为国民党党产的中投及欣裕台公司股权移转"公有",洪秀柱表示,这是要将国民党"置于死地",并称将采诉讼缠斗和街头抗争。

**26日** 李登辉、辜宽敏等"台独"大佬向蔡英文喊话,要求其在两岸政策上放弃"维持现状","走台湾自己的路"。

**27日** 岛内50多个劳团高呼"人民要正义,戳破假转型",就劳工、教育和反拆迁等议题,发起针对蔡当局的2016"秋斗"。

**29日** "共担使命共享发展——第二届两岸青年和平发展论坛"在京举行,来自两岸的60余名嘉宾参加论坛。会上通过了《两岸青年海峡倡议》及《"两岸青年创新创业大联盟"合作规划书》。台"外交部"、陆委会证实,马来西亚警方上月会同中国大陆公安逮捕并拘留涉及跨境电信诈欺的台湾嫌犯21人及大陆6人,并全部强制遣送中国大陆。

台湾"立法院会"三读通过"公职人员选举罢免法修正案",未来的罢免案门槛从原选区选举人2%改1%,联署门槛从原选区13%降为10%。若要通过罢免案,则需同意票数高于不同意票数,并达原选区选举人总数1/4以上。随后,台民众发起了罢免蔡英文、柯建铭的连署。

台"海巡署"和台海军在太平岛举行代号"南援一号"的"人道救援操演",台方共出动3架飞机、8艘舰艇参加演练,并请多家国际通讯社和媒体登岛采访。台"海巡署长"李仲威称,"乐意与美国就此展开合作"。对此,越南外交部当日抗议"非法操演"。

前美国国家情报总监、美军太平洋舰队前司令丹尼斯·布莱尔(Dennis Blair)表示,如蔡英文仿效陈水扁做"麻烦制造者",以"取巧手段"推行"法理台独",蔡当局将"自行负责"。

**30日**　"第三届两岸智库学术论坛"在广西桂林召开。来自海峡两岸近30家智库与学术机构的40余位资深专家学者,围绕"两岸关系:启示与前瞻"主题展开讨论。中国社会科学院台湾研究所所长周志怀、台湾二十一世纪基金会董事长高育仁分别在论坛开幕式上致辞。周志怀提出,不反对在"九二共识"之外,建立具有创造性的替代性共识,形成新的共同表述;但"两岸同属一中"作为新共识的核心要素不可替代。

# 12月

**1日**　国务院台办主任张志军针对第三届两岸智库学术论

坛中提出的"两岸可建一中原则新共识"的观点表示,"九二共识"的核心是两岸同属一中,就是一个中国的原则。无论谈什么样的共识,最主要的是要体现一个中国的原则。

**2 日** 蔡英文与美国新任总统当选人唐纳德·特朗普进行了通话,这是台美"断交"37 年以来,台湾地区领导人首次与美国总统当选人进行通话。

**3 日** 外交部发言人耿爽表示,已就"川蔡通话"向美国有关方面提出严正交涉。"我们敦促美国有关方面信守奉行一个中国政策、遵守中美三个联合公报原则的承诺,谨慎、妥善处理涉台问题,以免中美关系大局受到不必要的干扰。"国台办发言人安峰山表示,我们坚持一个中国原则、反对"台独"的立场坚定不移,我们有坚定的意志、充分的信心、足够的能力遏制任何形式的"台独",持续推进国家统一进程。

国民党主席洪秀柱发起联署拒吃核灾食品。国民党副主席郝龙斌以个人名义发起"反核食公投",呼吁民众"用'公投'让民进党当局低头"。

"反同性婚姻"团体"下一代幸福联盟"串联多个民间组织,共召集约 18 万人于台北、台中、高雄分别举行抗议活动,要求"台湾若要改变婚姻定义,必须由台湾人民透过全民公投的方式决定"。

**4 日** 国民党"青年公社"举办"千人入党,生日派对"另类党庆活动,洪秀柱出席。活动现场交上 1268 份入党申请书及党费。

**5 日** 因产品质检不合格被大陆处罚,被岛内解读为"绿色台商"的海霸王集团刊登声明表示,坚定支持两岸同属一个中国,与蔡英文家族彻底切割。

**6 日**　由新华社和台湾《工商时报》共同主办的"2016 两岸新经济论坛"在京召开。国台办主任张志军表示,要努力维护两岸关系和平发展,为两岸经济合作创造良好环境。

台"立法院社会福利暨卫生环境委员会""三读"通过"劳基法"修正案,砍掉劳工七天假,确定"一例一休"。

**7 日**　台"财政部"发布 11 月进出口统计数据,台湾 11 月出口额较上年同月增 12.1%,为近 46 个月以来的最大增幅。

高雄市长陈菊表示,希望未来两岸关系有更多机会突破和协商,可以共谋发展。高雄市站在城市的角度,会积极用友善态度对待大陆。

**9 日**　特朗普顾问叶望辉(Stephen Yates)与蔡英文进行闭门会谈。叶望辉表示,"不管'一中政策'内涵是什么,(台湾)跟美国的关系还有很多努力的地方"。台媒称,叶望辉婉拒了蔡 1 月"过境"美国时与特朗普会面的提议。

台积电发布新闻稿表示,董事长张忠谋已于 11 月 22 日婉谢"资政"一职。"总统府发言人"黄重谚随后证实,张忠谋、刘金标两人因个人因素已于 11 月下旬辞任"资政"。

"台湾 2016 代表字大选"票选结果出炉,"苦"字在 51 个候选字中获选为台湾的年度代表字。

**10 日**　中国空军飞机经宫古海峡空域,赴西太平洋进行例行性远海训练,引起岛内极大关注。

**11 日**　特朗普在受访时表示,"不知道为何不得不受一个中国政策的约束,除非我们与中国就许多事情达成交易,包括贸易",称"不想中国对我发号施令"。特朗普还表示,"川蔡电话"

"是个很短的电话,我在打进来之前或许一两个小时才听说的。我认为不接这个电话我们实际上会非常失礼"。

**12 日** 外交部发言人耿爽就特朗普表态称,我们敦促美国新一届政府和领导人充分认识台湾问题的高度敏感性,继续坚持一个中国政策和中美三个联合公报原则,慎重妥善处理涉台问题,以免中美关系大局受到严重干扰和损害。14 日,国台办发言人安峰山称,坚持一个中国原则是发展中美关系的政治基础,也是台海和平稳定的基石。如果这一基础受到干扰和破坏,中美关系的健康稳定发展就无从谈起,台海和平稳定也必将遭受严重冲击。

台军实施"联翔操演",并连续数日在台东部海域进行导弹试射。尽管台"国防部长"冯世宽称是"没有针对性的计划内演习",但国民党"立委"廖国栋等指出,这显然是对大陆做出挑衅回应,也是向美国展现台湾作为筹码的价值。

**13 日** 在"南京大屠杀"79 周年纪念日当天,台"外交部长"李大维、"亚东关系协会会长"邱义仁参加"日本交流协会台北事务所"举办的"天皇诞生日庆祝酒会",赞"台日友谊极为深厚"。

国民党公布民调显示,52.9% 的民众认同应该交由法院而非"党产会"来决定"中投"与"欣裕台"是否应收归公有,另有50.5% 民众认为民进党"用多数暴力让国民党无法生存"不适当。

**14 日至 18 日** 洪秀柱赴泰国、马来西亚两国向侨界、海外党员招募党费。

**15 日** 台"立法院内政委员会"审议"公投法修正案",初审通过了下修投票年龄、降低"公投"门槛等条文,而"领土变更复决"等敏感议题被排除在外。

台湾"最高行政法院"以"有违法性疑虑"裁定"党产会"冻结国民党在永丰银行和台银账户及支票"暂停处分"。16 日,台北"高等行政法院"认定,"中投"、欣裕台案行政诉讼确定前停止执行处分。

**16 日**　奥巴马在其最后一次记者会上回答了特朗普质疑一中的相关问题。奥巴马称,一个中国是"中国大陆国家概念的核心",如果想颠覆这样的理解,必须想清楚后果,而且,中美之间存在"不改变现状的基本共识","台湾人同意,只要能以某种程度的自治继续运作,他们不会宣布独立。这虽然无法让所有人完全满意,但一直以来维系了和平"。

**17 日**　"行政院"正式宣布,暂缓开放日本核辐射灾区食品进口台湾。

陆委会取消有身份证陆配担任公务机关临时工作年限限制,副主委邱垂正对此做出详细解释。

**19 日**　国民党政策会执行长蔡正元宣布,预订 2017 年 5 月 20 日举行党主席暨第 20 届党代表选举,黄复兴党代表并入各县市党部与一般党代表合并选举。21 日,国民党"中常会"通过此提案。

台"立法院内政委员会"审查陆委会 2017 年度预算,删除陆委会经费 150 万元(新台币,下同),冻结 25%;删除海基会经费 200 万元,冻结 500 万元。

**20 日**　圣多美和普林西比政府发表声明,决定与台湾"断交",台湾"邦交国"缩减为 21 个。26 日,外交部部长王毅与圣普外交部部长博特略在北京签署《中华人民共和国和圣多美和普林西比民主共和国关于恢复外交关系的联合公报》。

"新台湾国策智库"公布"六都施政满意度民调",陈菊71.3%居首,其后为赖清德、郑文灿、林佳龙、朱立伦、柯文哲。台湾TVBS的全台县市首长满意度调查显示,傅崐萁67%居首,其后是林智坚、陈菊、陈福海、郑文灿。

**21日** 第七届台湾省咨议会咨议长交接仪式举行,蔡当局仅派任前新竹县长郑永金一人为咨议员并接任咨议长,"光杆议长"尚属首次。

**22日** 国民党副主席陈镇湘率团前往北京,23日与张志军及相关主管人员会面,此次两党对话交流活动主要探讨两党基层党际交流、两岸青年与基层交流、两岸民众权益保障等三个议题。

"大陆向金门供水工程"大陆段主体工程已基本建成,预计2017年10月具备通水条件。

**23日** 奥巴马签署了"2017财年国防授权法",提出支持美国国防部"推动美台高层军事交流以改善美台军事关系"。25日,中国外交部发言人华春莹表示,我们坚决反对美国"2017财年国防授权法案"有关涉台内容,并已向美方提出严正交涉。我们对美方签署该法案表示强烈不满。

**24日** 台湾泛蓝八县市农特产品展销暨旅游推介洽谈会在北京展览馆开幕,张志军、北京市副市长王宁,陈镇湘一行悉数到场,一同站台营销,北京市民反响热烈。

**25日** 台"交通部观光局"发布统计数字,11月赴台观光陆客约20.3万人,同比减15.5万人,减幅达43.2%,创2008年

7月以来单月第二大降幅（最大降幅为 10 月 48.3%），且减少了近 81 亿元的观光收益。

**26 日**　南非行政首都茨瓦内市长姆西曼加前往台北进行为期六天的"商务访问"，引发南非外交部的严厉批评，称其违反政府支持一个中国原则。31 日，中国驻南非使馆发言人余勇就此表示，茨瓦内市长同台湾进行官方接触明显违背了一个中国原则和国际关系基本准则，我们对此坚决反对。

台"立法院"初审通过"婚姻平权民法修正草案"。"反同""挺同"团体均有上万人齐聚"立法院"外表达诉求，更有"反同"人士试图冲进"立法院"抗议。

**27 日**　台"国防部"举行"国军"2017 年上半年"将官"晋任典礼，李宗孝等 6 人晋升中将，另有 25 人晋升少将，蔡英文等当局及军方高层到场。

**28 日**　国台办发言人安峰山就香港"自决派"议员参加 1 月"时代力量"论坛一事指出，一小撮"台独"势力妄图与"港独"相勾连来分裂国家，是不可能得逞的。

日本对台湾交流机构"公益财团法人交流协会"在官网公布，2017 年 1 月 1 日起变更名称为"公益财团法人日本台湾交流协会"。

**30 日**　中国人民政治协商会议全国委员会举行新年茶话会，国家主席习近平在会上强调，坚持"九二共识"共同政治基础，努力维护台海和平稳定。

台"立法院"第 9 届第 2 会期结束，苏嘉全宣布第 2 会期自 9 月 13 日开议至 12 月 30 日共通过 120 件议案，包括"法律"案 93 案、预（决）算案 7 案、行使同意权案 2 案以及其他议案

18 案。

国民党公布洪秀柱访美行程:1 月 13 日搭机飞往美国旧金山,16 日转往芝加哥,17 日飞往休士顿,18 日转赴洛杉矶。期间除拜访侨社,还将拜会中华会馆。

**31 日**　习近平发表新年贺词,表示"我们坚持和平发展,坚决捍卫领土主权和海洋权益。谁要在这个问题上做文章,中国人民绝不答应"。

蔡英文与媒体茶叙,表示 2017 年要做 4 件事:全力提振台湾的经济;持续推动年金制度在内的各项重大改革;在变动的国际局势中维持和平稳定的情势;严肃面对分歧性的议题。在两岸关系方面,蔡几度回避两岸关系性质与"九二共识",只强调"我们不需要跳进任何结论"。

# 祖国大陆对台重要文献

郑三　辑

# 习近平谈台湾问题

　　2016年2月6日,中共中央总书记习近平对台湾南部地区发生6.7级地震高度关注,对受灾同胞表示慰问。习近平指出:6日凌晨,台湾南部地区发生6.7级地震,造成台湾同胞生命财产的重大损失。我们对灾情表示高度关切,对受灾的台湾同胞表示亲切慰问,对不幸遇难的台湾同胞表示沉痛哀悼。两岸同胞是血浓于水的一家人,愿意提供各方面的援助。

（新华社北京2月7日电）

　　2016年3月5日下午,中共中央总书记、国家主席、中央军委主席习近平在参加他所在的十二届全国人大四次会议上海代表团审议时强调,保持锐意创新的勇气、敢为人先的锐气、蓬勃向上的朝气,贯彻落实创新、协调、绿色、开放、共享的发展理念,着力加强全面深化改革开放各项措施系统集成,着力加快具有全球影响力的科技创新中心建设步伐,着力推进供给侧结构性改革,当好全国改革开放排头兵、创新发展先行者。

　　习近平还就当前两岸关系发展发表了看法,他指出,上海及周边地区有不少台资企业,同台湾方面的人员往来和交流合作比较多。两岸同胞是命运与共的骨肉兄弟,是血浓于水的一家人。两岸同胞对推进两岸关系和平发展充满期待,我们不应让他们失望。

习近平强调,我们对台大政方针是明确的、一贯的,不会因台湾政局变化而改变。我们将坚持"九二共识"政治基础,继续推进两岸关系和平发展。"九二共识"明确界定了两岸关系的性质,是确保两岸关系和平发展行稳致远的关键。承认"九二共识"的历史事实,认同其核心意涵,两岸双方就有了共同政治基础,就可以保持良性互动。我们将持续推进两岸各领域交流合作,深化两岸经济社会融合发展,增进同胞亲情和福祉,拉近同胞心灵距离,增强对命运共同体的认知。我们将坚决遏制任何形式的"台独"分裂行径,维护国家主权和领土完整,绝不让国家分裂的历史悲剧重演。这是全体中华儿女的共同心愿和坚定意志,也是我们对历史对人民的庄严承诺和责任。两岸关系和平发展成果需要两岸同胞共同维护,开创共同美好未来需要两岸同胞共同努力,实现中华民族伟大复兴需要两岸同胞携起手来同心干。

（新华社 2016 年 3 月 5 日）


2016 年 3 月 26 日,中共中央总书记习近平致电洪秀柱,祝贺她当选中国国民党主席,希望国共两党以民族大义和同胞福祉为念,继续坚持"九二共识"、反对"台独",巩固互信基础,加强交流互动,共同维护两岸关系和平发展、台海和平稳定,同心为实现中华民族伟大复兴而努力奋斗。

　　同日,中国国民党主席洪秀柱复电习近平表示感谢,指出两岸同胞同属中华民族,期盼两党继续秉持"九二共识",进一步强化互信,深化合作,共同为两岸同胞创造更多利基与福祉。

(新华社 2016 年 3 月 26 日)

　　2016 年 7 月 1 日上午,庆祝中国共产党成立 95 周年大会在北京人民大会堂隆重举行,中共中央总书记、国家主席、中央军委主席习近平同志发表重要讲话。

　　习近平指出,推进祖国和平统一进程、完成祖国统一大业,是实现中华民族伟大复兴的必然要求。"一国两制"在实践中已经取得举世公认的成功,具有强大生命力。无论遇到什么样的困难和挑战,我们对"一国两制"的信心和决心都绝不会动摇。我们将全面贯彻"一国两制"、"港人治港"、"澳人治澳"、高度自治的方针,严格按照宪法和基本法办事,支持行政长官和特别行政区政府依法施政、履行职责,支持香港、澳门发展经济、改善民生、推进民主、促进和谐。

　　习近平强调,两岸关系和平发展是维护两岸和平、促进共同发展、造福两岸同胞的正确道路,也是通向和平统一的光明大道。坚持"九二共识"、反对"台独"是两岸关系和平发展的政治基础。我们坚决反对"台独"分裂势力。对任何人、任何时候、以任何形式进行的分裂国家活动,13 亿多中国人民、整个中华民族都决不会答应!两岸同胞是命运与共的骨肉兄弟,是血浓于水的一家人。民族强盛,是同胞共同之福;民族弱乱,是同胞共同之祸。两岸双方应该胸怀民族整体利益,携手为实现中华民族伟大复兴的中国梦共同打拼。

（人民网 2016 年 7 月 1 日）

2016 年 11 月 1 日下午,中共中央总书记习近平在北京会见了洪秀柱主席率领的中国国民党大陆访问团。

习近平对洪秀柱率团来访表示欢迎。习近平说,在历史风云变幻中,国共两党有过许多恩怨。同时,在中华民族发展的紧要关头,两党为了民族大义也几度合作,为民族和国家发展发挥了重要作用。2005 年,两党冲破历史藩篱,开启新的交往。两党领导人共同发布"两岸和平发展共同愿景",揭示了两岸关系和平发展新方向。2008 年以来,国共两党同两岸同胞一道,开辟了两岸关系和平发展道路,给两岸同胞带来了许多实实在在的利益。公道自在人心。国共两党为两岸关系和平发展做出的贡献已经写在历史上。

习近平强调,两岸是割舍不断的命运共同体。坚持体现一个中国原则的"九二共识"政治基础,维护台海和平稳定,维护两岸关系和平发展,是两岸同胞的民意主流。确保国家完整不被分裂,维护中华民族根本利益,是全体中华儿女共同意志。实现民族复兴,再创中华盛世荣景,是不可阻挡的历史潮流。习近平就两岸关系发展提出六点意见。

第一,坚持体现一个中国原则的"九二共识"。"九二共识"的核心是一个中国原则,认同两岸同属一中。台湾政局变化改变不了"九二共识"的历史事实和核心意涵。承认不承认体现一个中国原则的"九二共识",关系认定两岸是一个国家还是两个国家的根本问题。在这个大是大非问题上,我们的立场不可能有丝毫模糊和松动。国共两党、两岸双方还存在着一些复杂的政治分歧问题。这类问题终归要逐步解决。只要有决心有诚意,一定能找到解决方案。在一个中国原则的基础上,协商正式结束两岸敌对状态,达成和平协议,也是我们的一贯主张。国共两党可以就此进行探讨。

第二,坚决反对"台独"分裂势力及其活动。确保国家主权和领土完整是国家核心利益,是一条不可逾越的红线。中华儿女对近代以来国破山河碎、同胞遭蹂躏的悲惨历史有着刻骨铭心的记忆。捍卫国家主权和领土完整,绝不容忍国家分裂的历史悲剧重演,是全体中华儿女的坚定意志,是我们对历史和人民的庄严承诺。"台独"损害国家主权和领土完整,煽动两岸同胞敌意和对立,是台海和平稳定的最大威胁,只会给台湾同胞带来深重祸害。任何政党、任何人、任何时候、以任何形式进行分裂国家活动,都将遭到全体中国人民坚决反对。我们有坚定的意志、充分的信心、足够的能力遏制"台独"。国共两党应加强沟通合作,共同承担起反对"台独"、维护台海和平稳定的重责大任。

第三,推进两岸经济社会融合发展。两岸开展经济合作具有得天独厚的优势。秉持互利双赢,促进两岸经济社会融合发展,符合两岸同胞共同利益。国共两党要积极发挥交流管道作用,顺应经济发展规律,创新方式,推动扩大两岸经贸往来,加强两岸产业合作,支持两岸企业合作创新、共创品牌、共拓市场,扩大两岸中小企业和农渔业合作,扩大基层民众参与面和获益面。青少年是民族的希望和未来。要为两岸青少年教育、成长营造良好环境，鼓励他们早接触、多交往，增进亲情，了解我们大家庭，认同我们的美好家园。我们将本着"两岸一家亲"的理念，同台湾同胞分享大陆发展机遇。我们将研究出台相关政策措施，为台湾同胞在大陆学习、就业、创业、生活提供更多便利。

第四，共同弘扬中华文化。中华传统优秀文化植根在两岸同胞内心深处，是两岸同胞的"根"和"魂"。两岸同胞是中华文化的传人。国共两党要推进两岸文化交流，弘扬中华文化优秀传统，阐发中华文化的时代内涵，厚植两岸同胞的精神纽带，促进心灵契合，增强中华文化自信、中华民族自信。两岸教育各具特色，要加强交流合作，尤其要加强学校、教育工作者之间的交流。

第五，增进两岸同胞福祉。我们为推动两岸关系所做的一切，就是为了实现两岸同胞对美好生活的向往。两岸关系形势越是复杂严峻，国共两党越是要为民谋利，准确把握两岸社情民意脉动，开好解决两岸同胞尤其是基层民众需求的方子，创新方式，深入基层，带动更多民众参与到两岸交流中来。我们将一如既往为广大台湾同胞办实事、做好事。只要是有利于增进两岸同胞亲情和福祉的事，只要是有利于推动两岸关系和平发展的事，只要是有利于维护中华民族整体利益的事，国共两党都应该尽最大努力去做，并把好事办好。

第六，共同致力于实现中华民族伟大复兴。今年是孙中山先生诞辰150周年。中山先生是伟大的爱国者，他第一个响亮喊出了"振兴中华"的口号。现在，孙中山先生振兴中华的理想展现出前所未有的光明前景。两岸关系发展、台湾同胞前途系于中华民族伟大复兴。两岸同胞都是民族复兴的参与者、推动者、获益者。我相信,两岸同胞愿望不可违,民族复兴大势不可挡。只要国共两党胸怀民族复兴理想,广泛团结两岸同胞,就一定能维护两岸关系和平发展和台海和平稳定,开创中华民族伟大复兴更加光明的前景。

洪秀柱表示,国共两党应继续在"九二共识"、反对"台独"的基础上,加强沟通机制,推动扩大两岸经贸和民间交流往来,促进两岸青年交流,发扬灿烂的中华文化,支持大陆台商发展,积极探讨推动两岸和平制度化,共同维护两岸关系和平发展,增进同胞福祉,开创中华民族复兴的光明前景。

中共中央政治局委员王沪宁、栗战书等参加会见。

（新华社 2016 年 11 月 1 日）

2016 年 11 月 11 日,纪念孙中山先生诞辰 150 周年大会在北京人民大会堂隆重举行。中共中央总书记、国家主席、中央军委主席习近平在大会上发表重要讲话。全文如下:

同志们,朋友们:

今天,我们在这里隆重集会,纪念孙中山先生诞辰 150 周年,缅怀他为民族独立、社会进步、人民幸福建立的不朽功勋,弘扬他的革命精神和崇高品德,激励海内外中华儿女为实现中华民族伟大复兴而团结奋斗。

孙中山先生是伟大的民族英雄、伟大的爱国主义者、中国民主革命的伟大先驱,一生以革命为己任,立志救国救民,为中华民族作出了彪炳史册的贡献。

时代造就伟大人物,伟大人物又影响时代。150 年前,孙中山先生出生之时,中国正遭受帝国主义列强的野蛮侵略和封建专制制度的腐朽统治,战乱频发,民生凋敝,中华民族陷入内忧外患的灾难深渊,中国人民处于水深火热的悲惨境地。在那个风雨如晦的年代,中华民族从未屈服,无数仁人志士前仆后继,探求救国救民的道路,进行可歌可泣的抗争。孙中山先生就是他们中的杰出代表。

青年时代,孙中山先生目睹山河破碎、生灵涂炭,誓言"亟拯斯民于水火,切扶大厦之将倾",高扬反对封建专制统治的旗帜,毅然投身民主革命事业。他创立兴中会、同盟会,提出民族、民权、民生的三民主义,积极传播革命思想,广泛联合革命力量,连续发动武装起义,为推进民主革命四处奔走、大声疾呼。

1911 年,在他领导和影响下,震惊世界的辛亥革命取得成功,推翻了清王朝统治,结束了统治中国几千年的君主专制制度。由于历史进程和社会条件的制约,辛亥革命虽然没有改变旧中国半殖民地半封建的社会性质,没有改变中国人民的悲惨命运,没有完成实现民族独立、人民解放的历史任务,但开创了完全意义上的近代民族民主革命,打开了中国进步闸门,传播了民主共和理念,极大推动了中华民族思想解放,以巨大的震撼力和影响力推动了中国社会变革。

孙中山先生的伟大,不仅在于他领导了辛亥革命,而且在于他为了实现革命理想,与时俱进完善自己的革命理念和斗争方略,毫不妥协同逆时代潮流而动的各种势力进行斗争。他坚决反对军阀分裂割据,坚定维护民主共和制度和国家完整统一。十月革命爆发后,马克思列宁主义传入中国,为孙中山先生认识世界和中国打开了新的视野。中国共产党成立后,孙中山先生同中国共产党人真诚合作,在中国共产党帮助下,把旧三民主义发展为新三民主义,实行联俄、联共、扶助农工三大政策,改组中国国民党,推动北伐战争取得胜利,把反帝反封建的民主革命推向前进。毛泽东同志把三民主义纲领、统一战线政策、艰苦奋斗精神并称为孙中山先生"留给我们的最中心最本质最伟大的遗产",是"对于中华民族最伟大的贡献"。

孙中山先生为当时中国的积贫积弱痛心疾首,第一个响亮喊出"振兴中华"的口号。他认为,"建设为革命之唯一目的"。他坚信,革命成功以后,经过全民族努力,中国一定能够迎头赶上世界先进国家。他满怀豪情地说:"一旦我们革新中国的伟大目标得以完成,不但在我们的美丽的国家将会出现新纪元的曙光,整个人类也将得以共享更为光明的前景。"

孙中山先生为中国人民和中华民族做出了杰出贡献,在中国人民心中享有崇高威望,受到全体中华儿女景仰。今天,缅怀孙中山先生建立的历史功勋,缅怀孙中山先生为中国人民鞠躬尽瘁的光辉一生,我们心中充满着深深的崇敬之情。

同志们、朋友们!

中国共产党人是孙中山先生革命事业最坚定的支持者、最忠诚的合作者、最忠实的继承者。在他生前,中国共产党人坚定支持孙中山先生的事业。在他身后,中国共产党人忠实继承孙中山先生的遗志,团结带领全国各族人民英勇奋斗、继续前进,付出巨大牺牲,完成了孙中山先生的未竟事业,取得新民主主义革命胜利,建立了人民当家作主的中华人民共和国,实现了民族独立、人民解放。在这个基础上,中国共产党人团结带领中国人民继续奋斗,完成了社会主义革命,确立了社会主义制度。

　　新中国成立 67 年特别是改革开放 30 多年来，在中国共产党领导下，中国人民在社会主义道路上实现了一个又一个伟大飞跃，取得举世瞩目的伟大成就。今天，我们可以告慰孙中山先生的是，我们比历史上任何时期都更接近中华民族伟大复兴的目标，比历史上任何时期都更有信心、有能力实现这个目标。

　　同志们、朋友们！

　　我们对孙中山先生最好的纪念，就是学习和继承他的宝贵精神，团结一切可以团结的力量，调动一切可以调动的因素，为他梦寐以求的振兴中华而继续奋斗。

　　——我们要学习孙中山先生热爱祖国、献身祖国的崇高风范。孙中山先生最大的特点是热爱祖国，一生追求实现民族独立和发展振兴的理想，对此矢志不移、无比坚定。孙中山先生说："做人的最大事情是什么呢？就是要知道怎么样爱国"。他总是以"爱国若命"、"一息尚存，不忘救国"等鞭策自己。孙中山先生具有高度的民族自尊和民族自信，不泥古、不守旧，不崇洋、不媚外，强调"中国的社会既然是和欧美的不同，所以管理社会的政治自然也是和欧美不同"；"发展之权，操之在我则存，操之在人则亡"。他从坎坷人生经历和长期斗争实践中得出一个道理，就是改造中国必须从中国实际出发，走适合中国国情的道路。

　　古今中外的历史都告诉我们，世界上没有一个民族能够亦步亦趋走别人的道路实现自己的发展振兴，也没有一种一成不变的道路可以引导所有民族实现发展振兴；一切成功发展振兴的民族，都是找到了适合自己实际的道路的民族。今天，我们要开创中华民族伟大复兴新局面，必须大力弘扬伟大的爱国主义

精神,坚信中华民族有能力走出一条成功的复兴之路。爱国主
义是具体的、现实的。在当代中国,弘扬爱国主义就必须深刻认
识到,中国共产党领导和中国社会主义制度必须长期坚持,不可
动摇;中国共产党领导中国人民开辟的中国特色社会主义必须
长期坚持,不可动摇;中国共产党和中国人民扎根中国大地、借
鉴人类文明优秀成果、独立自主实现国家发展的大政方针必须
长期坚持,不可动摇。我们要增强中国特色社会主义道路自信、
理论自信、制度自信、文化自信,坚定不移沿着中国特色社会主
义道路守护好、建设好我们伟大的国家。

　　——我们要学习孙中山先生天下为公、心系民众的博大情
怀。孙中山先生有着深厚的为民情怀,一生坚持以"天下为公"
为最高思想境界,致力于"除去人民的那些忧愁,替人民谋幸
福",对此矢志不移、无比坚定。孙中山先生深知人民是最伟大
的力量,强调要实现革命的目的,必须唤起民众。他关心民众疾
苦,强调"国家之本,在于人民","民生为社会进化的重心","人
民所做不到的,我们要替他们去做;人民没有权利的,我们要替
他们去争"。他谆谆告诫大家,"要立心做大事,不要立心做大
官"。孙中山先生对人民的深厚感情,是他追求真理、矢志革命
的力量源泉,是他奋斗不息、永不言弃的深厚基础。

　　任何一项伟大事业要成功,都必须从人民中找到根基,从人
民中集聚力量,由人民共同来完成。违背人民意愿,脱离人民支
持,任何事业都会成为无源之水、无本之木,都是不能成功的。
今天,要开创中华民族伟大复兴新局面,我们党就必须始终把全
心全意为人民服务作为根本宗旨,始终把人民拥护和支持作为
力量源泉,坚持把人民放在心中最高位置。我们要坚持一切为

了人民、一切依靠人民，永远保持对人民的赤子之心，永远同人民站在一起，推动改革发展成果更多更公平惠及全体人民，朝着实现全体人民共同富裕的目标不断迈进，把13亿多中国人民凝聚成推动中华民族发展壮大的磅礴力量。

　　——我们要学习孙中山先生追求真理、与时俱进的优秀品质。孙中山先生眼界宽广、胸襟开阔，一生追求真理、坚持真理，对此矢志不移、无比坚定。世界上没有先知先觉的人物。孙中山先生以"世界潮流，浩浩荡荡，顺之则昌，逆之则亡"为座右铭，善于从实践中学习，包括从失败的教训中学习，因而能够"适乎世界之潮流，合乎人群之需要"。他说："我一生的嗜好，除了革命外，只有好读书，我一天不读书，便不能生活。"他从不停止探索前进的步伐，从不拒绝修正自己的思想和主张。他总是内审中国之情势，外察世界之潮流，兼收众长，益以新创，努力赶上时代潮流。无论是从社会改良主义者转变为坚定的民主革命者，还是把旧三民主义发展成新三民主义，都体现了他敢于突破局限、不断自我革新的可贵精神。

　　历史的车轮滚滚向前，跟不上的人必将成为落伍者，必将被历史所淘汰。历史只会眷顾坚定者、奋进者、搏击者，而不会等待犹豫者、懈怠者、畏难者。今天，我们要开创中华民族伟大复兴新局面，就必须树立宏大历史视野，把握世界发展大势，聆听时代声音，勇于坚持真理、修正错误，不断推进理论创新、实践创新、制度创新、文化创新以及其他各方面创新，在时代前进的洪流中书写中华民族发展新篇章。

　　——我们要学习孙中山先生坚韧不拔、百折不挠的奋斗精神。孙中山先生"致力国民革命凡四十年"，一生坚持"吾志所向,一往无前,愈挫愈奋,再接再厉",对此矢志不移、无比坚定。孙中山先生说:"以吾人数十年必死之生命,立国家亿万年不死之根基,其价值之重可知。"孙中山先生的革命生涯屡经挫折、备尝艰辛,但为了"造成独立自由之国家,以拥护国家及民众之利益",他从不因失败而灰心,也从不因困难而退缩,坚信"吾心信其可行,则移山填海之难,终有成功之日;吾心信其不可行,则反掌折枝之易,亦无收效之期也",坚信只要"精神贯注,猛力向前,应乎世界进步之潮流,合乎善长恶消之天理,则终有最后成功之一日"。任何外来威胁、内部分裂、暂时失败都不能动摇孙中山先生的革命意志,直到卧病弥留之际,他念念不忘的仍是"和平、奋斗、救中国"。孙中山先生以毕生奋斗践行了他的誓言,表现出一个伟大革命者的英雄气概和执着追求。

　　伟大的事业之所以伟大,不仅因为这种事业是正义的、宏大的,而且因为这种事业不是一帆风顺的。伟大的人物之所以伟大,不仅因为这样的人物为人民、为民族、为人类建立了丰功伟绩,而且因为这样的人物在艰苦磨砺中铸就了坚强意志和高尚人格。今天,我们要开创中华民族伟大复兴新局面,就必须冷静审视深刻复杂变化的国际形势,全面把握艰巨繁重的改革发展稳定任务,进行长期不懈的艰苦努力,什么时候都不要想象可以敲锣打鼓、顺顺当当实现我们的奋斗目标。我们要把责任扛在肩上,时刻准备应对重大挑战、抵御重大风险、克服重大阻力、解决重大矛盾,以不畏艰险、攻坚克难的勇气,以昂扬向上、奋发有为的锐气,不断把中华民族伟大复兴事业推向前进。

　　同志们、朋友们!

　　孙中山先生始终坚定维护国家统一和民族团结,旗帜鲜明反对一切分裂国家、分裂民族的言论和行为。孙中山先生说："中国是一个统一的国家,这一点已牢牢地印在我国的历史意识之中,正是这种意识才使我们能作为一个国家而被保存下来。"他强调:"'统一'是中国全体国民的希望。能够统一,全国人民便享福;不能统一,便要受害。"

实现祖国完全统一,是中华民族根本利益所在,也是全体中华儿女的共同愿望和神圣职责。确保国家完整不被分裂,维护中华民族根本利益,是全体中华儿女共同意志,是不可阻挡的历史潮流。

两岸同胞是血脉相连的骨肉兄弟。两岸是割舍不断的命运共同体。两岸关系和平发展是维护两岸和平、促进共同发展、造福两岸同胞的正确道路。我们坚持"九二共识"的共同政治基础,深化两岸经济社会融合,增进同胞福祉和亲情。台湾任何党派、团体、个人,无论过去主张过什么,只要承认"九二共识",认同大陆和台湾同属一个中国,我们都愿意同其交往。

两岸同胞前途命运同中华民族伟大复兴密不可分。两岸同胞以及海内外全体中华儿女要携起手来,共同反对"台独"分裂势力,共同为两岸关系和平发展、实现祖国完全统一而努力,共同创造所有中国人的幸福生活和美好未来。

近代以来,中国经历了长达百余年的国破山河碎、同胞遭蹂躏的悲惨历史,所有中华儿女对此刻骨铭心。维护国家主权和领土完整,绝不容忍国家分裂的历史悲剧重演,是我们对历史和人民的庄严承诺。一切分裂国家的活动都必将遭到全体中国人民坚决反对。我们绝不允许任何人、任何组织、任何政党、在任何时候、以任何形式、把任何一块中国领土从中国分裂出去!

同志们、朋友们!

国家好、民族好,大家才会好。孙中山先生毕生奋斗,就是期盼中国成为"世界上顶富强的国家"、"世界上顶安乐的国家",中国人民成为"世界上顶享幸福的人民"。孙中山先生希望"发扬吾固有之文化,且吸收世界之文化而光大之,以期与诸民族并驱于世界"。

孙中山先生在从事紧张的革命活动的过程中,一直思考着建设中国的问题。1917 年到 1919 年,他写出《建国方略》一书,构想了中国建设的宏伟蓝图,其中提出要修建约 16 万公里的铁路,把中国沿海、内地、边疆连接起来;修建 160 万公里的公路,形成遍布全国的公路网,并进入青藏高原;开凿和整修全国水道和运河,建设三峡大坝,发展内河交通和水利、电力事业;在中国北部、中部、南部沿海各修建一个世界水平的大海港;大力发展农业、制造业、矿业,等等。孙中山先生擘画的这个蓝图,显示了他对中国发展的卓越见解和强烈期盼。当时,有的外国记者认为孙中山先生的这些设想完全是一种空想,是不可能实现的。

的确,在旧中国的政治经济社会条件下,孙中山先生的这些宏大构想是难以实现的。今天,在中国共产党领导下,在全国各族人民顽强奋斗下,孙中山先生当年描绘的这个蓝图早已实现,中国人民创造的许多成就远远超出了孙中山先生的设想。祖国大地上,铁路进青藏,公路密成网,高峡出平湖,港口连五洋,产业门类齐,稻麦遍地香,神舟遨太空,国防更坚强。孙中山先生致力于建设的独立、民主、富强的国家早已巍然屹立在世界东方。

实践充分说明,只要道路正确、理论正确、制度正确、文化正确,只要坚定不移、坚韧不拔、坚持不懈、艰苦奋斗,朝着伟大目标持之以恒前进,风雨如磐不动摇,我们的目标就能够达到,我们的目标也一定能够达到!

92年前,孙中山先生这样表述他对中华民族的期盼:"中国如果强盛起来,我们不但是要恢复民族的地位,还要对于世界负一个大责任。"60年前,毛泽东同志在纪念孙中山先生诞辰90周年时指出:"中国应当对于人类有较大的贡献。"30年前,邓小平同志说:"国家总的力量就大了,可以为人类做更多的事情,在解决南北问题方面可以尽更多的力量。我们就是有这么一个雄心壮志。"中国人民不仅希望自己发展得好,也希望各国都发展得好,希望各国人民都能拥有幸福安宁的生活。我们要推动构建以合作共赢为核心的新型国际关系,推动形成人类命运共同体和利益共同体,始终做世界和平的建设者、全球发展的贡献者、国际秩序的维护者,同世界各国人民一道,共同创造人类和平与发展的美好未来。

5000多年来,中华民族在自己的发展历程中已经为人类作出了伟大的贡献。未来岁月里,中国人民和中华民族也必将为人类和平与发展的崇高事业不断作出新的更大的贡献!

同志们、朋友们!

孙中山先生当年说:"以四百兆苍生之众,数万里土地之饶,因可发奋为雄,无敌于天下。""惟愿诸君将振兴中国之责任,置之于自身之肩上。"孙中山先生在生命的最后时刻仍然嘱咐,革命尚未成功,同志仍须努力。实现中国现代化,实现中华民族伟大复兴,实现全体中国人民共同富裕,我们还有很长的路要走,还有很多困难和风险要去战胜。

我呼吁,所有敬仰孙中山先生的中华儿女,包括大陆同胞、港澳同胞、台湾同胞、海外侨胞,无论党派信仰,无论身在何处,更加紧密地团结起来,把握历史机遇,担当历史责任,把孙中山先生等一切革命先辈为之奋斗的伟大事业继续推向前进!把近代以来一切仁人志士为之奋斗的伟大事业继续推向前进!把近代以来中国人民和中华民族为之奋斗的伟大事业继续推向前进!

(新华网 2016 年 11 月 11 日)

# 李克强谈台湾问题

　　2016 年 3 月 5 日,第十二届全国人民代表大会第四次会议在北京人民大会堂开幕。国务院总理李克强作政府工做报告时介绍了今年的港澳台工作方针。

　　他说,我们将全面准确贯彻"一国两制"、"港人治港"、"澳人治澳"、高度自治的方针,严格依照宪法和基本法办事。全力支持香港、澳门特别行政区行政长官和政府依法施政。发挥港澳独特优势,提升港澳在国家经济发展和对外开放中的地位和功能。深化内地与港澳合作,促进港澳提升自身竞争力。我们相信,香港、澳门一定会保持长期繁荣稳定。

　　我们要继续坚持对台工作大政方针,坚持"九二共识"政治基础,坚决反对"台独"分裂活动,维护国家主权和领土完整,维护两岸关系和平发展和台海和平稳定。推进两岸经济融合发展。促进两岸文教、科技等领域交流,加强两岸基层和青年交流。我们将秉持"两岸一家亲"理念,同台湾同胞共担民族大义,共享发展机遇,携手构建两岸命运共同体。

（新华社 2016 年 3 月 5 日）

2016年3月24日，中共中央政治局常委、国务院总理李克强在海南博鳌会见前来出席博鳌亚洲论坛2016年年会的台湾两岸共同市场基金会荣誉董事长萧万长一行。

李克强表示，我们对台大政方针是明确、一贯的，不会因台湾政局变化而改变。我们将坚持"九二共识"政治基础，以确保两岸关系的和平发展。本着"两岸一家亲"的理念，推进各领域交流合作。我们愿意首先同台湾同胞分享大陆发展机遇，以实现两岸优势互补、互利共赢。李克强强调，"台独"没有前途，两岸同胞的血脉关系是割不断的。

李克强指出，推进两岸关系和平发展的关键在于维护共同政治基础。当前，两岸关系处于重要节点。承认"九二共识"，认同两岸同属一中，一切就都好商量。我们还是要继续走和平发展道路、共同开创美好前景，而不是相反。

李克强表示，大陆经济转型升级将给台湾企业带来重大发展机遇，给两岸经济合作创造更大利益。台湾企业有自己的独特优势，应该把握住这一难得机遇。希望在两岸关系和平发展进程中，加强宏观政策对话，尤其是产业政策协调，促进创新合作，充分发挥好两岸企业家峰会等平台作用，积极推动建立优势互补的产业合作机制，为两岸经济合作与共同发展提供新动能。

李克强强调，两岸关系和平发展成果由大家共同享有，也需要大家来共同维护。两岸工商界人士是两岸交流的参与者、推动者，也是最大的受益者，对和平之可贵、发展之重要有着更切身的感受。在当前形势下，大家要坚定维护两岸关系和平发展的政治基础，维护两岸关系和平发展大局，同时努力深化两岸经济交流合作，扩大两岸同胞的受益面和获得感，为使两岸同胞过上更美好的生活做出贡献。

　　萧万长表示,期盼两岸在过去 8 年和平发展的基础上,继续推动两岸经济合作,为民族复兴大业做出贡献。

　　中共中央书记处书记、国务委员杨晶等参加会见。

　　　　　　　　　　　　　　　　　　（新华网 2016 年 3 月 24 日）

# 俞正声谈台湾问题

2016年2月2日,2016年对台工作会议在北京举行。中共中央政治局常委俞正声出席会议并做重要讲话。

俞正声指出,过去一年,以习近平同志为总书记的党中央,准确分析和把握台海形势,主动引领两岸关系发展,两岸领导人实现66年来的首次会面,翻开了两岸关系历史性一页,具有重要的历史意义和广泛深远的国际影响。各地各部门认真贯彻落实中央对台工作方针和决策部署,迎难而上,积极作为,推动对台工作取得新进展。中央给予充分肯定。

俞正声强调,2008年以来,两岸双方在坚持"九二共识"、反对"台独"的政治基础上,建构两岸交流合作制度框架,扩大和深化了各领域的交流合作,增进了两岸同胞福祉。事实证明,两岸关系和平发展是一条正确道路,两岸关系向前发展的大趋势谁也挡不住。我们要毫不动摇地坚持中央对台工作大政方针,坚持一个中国原则,坚决反对和遏制任何形式的"台独"分裂活动,坚决维护国家主权和领土完整,维护两岸关系和平发展和台海和平稳定。

会议要求,各地各部门要认真学习、贯彻落实习近平总书记关于对台工作的重要思想,按照中央决策部署,扎实做好各项工作。加强与台湾所有认同两岸同属一个中国的政党和团体接触交流,同两岸同胞一道,维护两岸共同政治基础。促进两岸经济融合发展,推动两岸产业、金融及中小企业、农渔业合作,增进两岸同胞福祉。支持福建加快经济社会发展和自贸区建设,支持平潭、昆山等扩大对台开放。加强台商权益保护,协助台资企业转型升级。扩大深化两岸文化、教育、旅游、宗教和民间信仰等各领域的交流合作。积极为台湾青年来大陆交流、就学和创业就业创造条件。

会议强调,要大力加强对台工作系统党风廉政建设和反腐败斗争,提升对台工作干部能力,打造高素质对台工作干部队伍。

国务委员杨洁篪主持会议。中央有关领导同志出席。中共中央台办、国务院台办主任张志军做工作报告。中央党政军有关部门和各地有关负责同志出席会议。

（新华社 2016 年 2 月 2 日）

2016 年 3 月 3 日,全国政协主席俞正声在全国政协十二届四次会议开幕会上代表政协全国委员会常委会向大会报告工作时说,全国政协 2016 年要认真做好凝心聚力工作。他提出今年在港澳台侨领域的主要任务。

俞正声说,全国政协要全面准确贯彻"一国两制"、"港人治港"、"澳人治澳"、高度自治方针,严格依照宪法和基本法办事,支持特别行政区行政长官和政府依法施政,鼓励港澳地区政协委员发挥双重积极作用,为促进内地与港澳合作发展献计出力,广泛深入地参与港澳青少年工作。

他说，要在坚持"九二共识"、反对"台独"的政治基础上，继续促进两岸关系和平发展，继续发展与台湾有关社会组织和团体的联系交往，促进两岸经贸文化交流合作，开展面向台湾青少年的体验式交流，针对在大陆就读台湾学生的就业情况开展调查研究。

俞正声说，要加强与海外侨胞和归侨侨眷的团结联谊，关心海外华裔新生代的培养教育，做好归侨侨眷权益保护工作。今年要举办孙中山先生诞辰150周年纪念活动，学习、继承和发扬孙中山先生的爱国思想、革命意志和进取精神，进一步团结海内外中华儿女同心实现"中国梦"。

（新华社2016年3月3日）

2016年4月25日，中共中央政治局常委、全国政协主席俞正声在北京人民大会堂会见参加全国台湾同胞投资企业联谊会第四届会员代表大会的代表。俞正声说，广大台商和台企联为大陆经济社会发展和两岸关系和平发展做出了积极贡献。大陆高度重视并将积极创造条件支持台企台商在大陆发展。

俞正声强调，大陆对台大政方针是明确的、一贯的，不会因台湾政局变化而改变。我们将坚持"九二共识"政治基础，努力维护两岸关系和平发展的现状，继续深化各领域交流合作，推动两岸经济社会融合发展。希望广大台商继续发扬敢为人先、勇于担当的精神，为推动两岸关系发展，深化两岸经济交流合作，增进两岸同胞福祉做出更大贡献。

（新华社2016年4月25日）

2016 年 6 月 12 日，第八届海峡论坛在厦门隆重举行。中共中央政治局常委、全国政协主席俞正声出席论坛开幕式并致辞，全文如下：

各位同胞，各位乡亲：

大家上午好！

欢迎各位新老朋友出席第八届海峡论坛。首先，我受习近平总书记的委托，代表中共中央对第八届海峡论坛的举办表示热烈祝贺！向与会各位嘉宾特别是台湾乡亲表示诚挚问候！

论坛开幕前，我同两岸部分嘉宾代表见面，听取了 7 位台湾朋友对两岸关系的看法。他们都高度评价两岸关系和平发展所取得的成就，同时对两岸关系发展前景也有些担忧，强烈呼吁维护两岸关系和平发展与台海和平稳定。这 7 位台湾朋友年龄、职业各有不同，但表达了两岸同胞的共同心声。

8 年来，两岸关系在"九二共识"政治基础上沿着和平发展的道路稳步前行，取得累累硕果。两岸领导人实现了跨越 66 年时空的握手，翻开了两岸关系历史性的一页。两岸签署 23 项协议，推进了两岸经济合作及各领域交流。两岸实现全面直接双向"三通"，给两岸同胞往来创造了前所未有的有利条件。现在，每天有数万名同胞往返于海峡两岸探亲访友、观光旅游、创业兴业、交流合作。大批青年学子走进对方的课堂成为同窗好友，有的还喜结良缘。许多家庭都有两岸同胞共同研发设计、生产制造的产品。事非经过不知难。凡亲身经历两岸关系风雨的人，无不为两岸关系和平发展的成果而高兴。

今年以来，两岸关系何去何从，牵动着亿万同胞的心。两岸同胞是血脉相连、不可分割的一家人。家庭和美幸福、社会繁荣稳定、台海和平安宁、民族团结复兴,是两岸同胞的共同心愿。把这一美好的愿望变为现实,需要两岸同胞共同作出努力。

维护两岸关系和平发展与台海和平稳定,关键是要坚持"九二共识"政治基础,坚决反对和遏制"台独"分裂活动。"九二共识"之所以成为两岸关系的政治基础,就在于它明确界定了两岸关系根本性质,是两岸双方对大陆和台湾同属一个中国这一客观事实和现状的共同确认。坚持这一政治基础,两岸关系就能向着光明的前景迈进。

维护两岸关系和平发展与台海和平稳定,需要持续扩大深化两岸民众交流。两岸关系和平发展的根基在基层,动力在民间。过去两岸隔绝对峙,两岸同胞率先冲破藩篱,开启民间交流大门。两岸关系得以和平发展,民间交流功不可没。现在两岸各界人士和民众交流基础很好、潜力很大。两岸关系形势越复杂,越需要两岸民众加强交流,展现两岸关系和平发展的坚定意志和强大力量。要大力支持、积极推动两岸民间交流合作,结合各地特色和民众需求,采取灵活多样、丰富多彩的形式,尤其要多举办一些体验式交流,让两岸民众乐于参与、有所收获。我们相信,只要心心相印的手足同胞看准了方向,下定了决心,坚持不懈,两岸民众交流定会成为维护两岸关系和平发展的"锚头",成为两岸同胞共同驶向美好未来的"风帆"。

维护两岸关系和平发展与台海和平稳定,需要两岸年轻人接续努力。两岸年轻人成长的环境不同,对一些问题的看法存在差异,这不足为奇。但同为中华儿女,生活在海峡两岸,是割舍不开的命运共同体。两岸关系发展的前景与年轻朋友的未来是紧密联系在一起的。台海和平稳定,两岸融合发展,年轻朋友们才会有更好的生活环境、更多的发展机会、更精彩的人生舞台。昨天下午,我参观了一个两岸青年创业基地,听了几位台湾青年朋友在大陆就业创业的故事。他们原先对大陆都不太了解,因缘际会参与到两岸交流合作中来,很快找到了事业发展的切入点,时间不长就闯出了一片天地,书写出精彩人生。希望两岸年轻朋友多往来多交流,成为相互理解、共同打拼、携手前行的好朋友好伙伴,做两岸关系和平发展的推动者、建设者、维护者。

维护两岸关系和平发展与台海和平稳定,需要两岸同胞坚定信心、倾心投入。60 多年来,经过两岸几代人的摸索和付出,两岸关系和平发展道路被实践证明是一条光明大道。我们坚信,有中华儿女维护国家主权和领土完整的坚强意志,有支持两岸关系和平发展的强大民意,两岸同胞团结奋斗,两岸关系就没有过不去的河、翻不过的山,两岸关系和平发展道路就一定会越走越宽广。

各位同胞、各位乡亲!

我们的对台大政方针是明确的、一贯的。我们将继续坚持"九二共识"政治基础,坚决反对"台独",坚定维护一个中国原则,继续推进两岸各领域交流合作,维护两岸关系和平发展与台海和平稳定。只要是有利于增进两岸同胞亲情和福祉的事,只要是有利于推动两岸关系和平发展的事,只要是有利于维护中华民族整体利益的事,我们都会尽最大努力去做,并把好事办好。我们将不断完善政策措施,为台湾同胞在大陆工作、生活提供更多便利。积极支持大陆台资企业转型升级和参与"一带一路"建设,促进两岸产业融合发展。我们热忱欢迎广大台湾青年来大陆施展抱负,为他们在大陆学习、就业、创业、交流搭建更多平台,同时鼓励开展两岸科技研发合作,深化两岸学术交流。我们高度重视台湾同胞提出的希望在大陆出行更便捷的建议,将尽快出台实施办法。

刚才,两岸演员表演了精彩的节目,其中有个舞蹈《我想搭座桥》。海峡论坛作为两岸基层民众参与面最广、影响力最大的民间交流平台,就是要为两岸乡亲搭建起交流沟通的金桥。希望两岸同胞能搭建更多的交流沟通之桥,筑牢两岸关系和平发展的基石,拓宽两岸关系和平发展道路,共同开创美好未来,同心实现中华民族伟大复兴。

祝第八届海峡论坛圆满成功!

谢谢大家。

（新华社 2016 年 6 月 12 日）

2016 年 9 月 18 日,中共中央政治局常委、全国政协主席俞正声在北京人民大会堂会见台湾县市长参访团。

俞正声首先向参访团一行表示欢迎,对台湾县市长参访团在台海局势发生重大变化的新形势下,一如既往坚持"九二共识"政治基础,积极推动两岸县市交流,努力维护和促进两岸关系和平发展表示赞赏。

俞正声指出,今年 5 月以来,由于台湾新执政当局拒绝承认"九二共识"、不认同两岸同属一中,破坏了两岸关系和平发展的政治基础,致使两岸双方政治互信丧失,两岸关系和平发展成果遭损毁,制度化交往机制停摆,持续 8 年的两岸关系和平发展良好势头受到严重冲击，两岸同胞尤其是台湾同胞的切身利益受到损害。这是两岸同胞都不愿意看到的局面。

俞正声强调，面对新形势，我们的对台方针政策不会改变。一是坚持体现一个中国原则的"九二共识"立场不会改变。不管是哪个政党、团体或是个人对"九二共识"做出什么解释，都不能否认其历史事实，不能改变其两岸同属一中的核心意涵。在这一点上，我们的标准和态度始终如一。只要台湾当局回到这一立场上来，两岸制度化交往即可恢复。二是坚决反对任何形式的"台独"，坚决维护国家主权和领土完整的立场不会改变。我们绝不容忍任何人、以任何形式进行"台独"分裂活动。无论是搞"激进台独"，还是改头换面搞渐进、柔性"台独"，结果都只能是失败一途。三是推进两岸各领域交流合作，为两岸同胞谋福祉的决心和诚意不会改变。

俞正声指出，两岸关系形势越复杂，越需要加强两岸各领域交流。不管台湾哪个县市，只要对两岸关系和县市交流的性质有正确认知，愿意为增进两岸同胞福祉和亲情贡献心力，我们都持积极态度。两岸县市交流要为维护和促进两岸关系和平发展大局服务，努力增进两岸同胞福祉，持续密切两岸同胞感情。要通过两岸县市交流，为两岸基层民众交流往来牵线搭桥，开通渠道，建立机制，不断融洽同胞感情。台湾各县市可以根据自身情况和需求，同大陆各地加强交流合作，充分利用大陆的资源和市场，造福地方民众。

俞正声表示，希望两岸同胞坚定信心、排除干扰，精心呵护得之不易的两岸关系和平发展成果，携手建设好两岸命运共同体。

来访的台湾县市长表示,希望两岸在"九二共识"基础上继续推进各领域交流,实现互利双赢。

（新华社 2016 年 9 月 18 日）

2016 年 11 月 1 日,中共中央政治局常委、全国政协主席俞正声在北京人民大会堂会见中国国民党主席洪秀柱一行。

俞正声首先向洪秀柱一行表示欢迎,并肯定国共两党为推动两岸和平发展所做的贡献。

俞正声强调,国共两党要始终维护中华民族整体利益和增进两岸同胞民生福祉,克服困难和干扰,推动深化两岸经济以及各领域交流合作,维护和推进两岸关系和平发展。为此,应坚持以下几点:

一是坚持正确政治立场,夯实一个中国的政治基础。两岸同属一中,两岸关系不是国与国关系。"九二共识"体现了两岸关系的根本性质,是两岸关系和平发展的政治基础。台湾当局只有承认"九二共识",认同其两岸同属一中的意涵,两岸关系和平发展的局面才有可能得以维持。

二是坚定反对"台独"势力及其分裂行径。确保国家主权和领土完整,事关中华民族根本利益,是全体中华儿女的共同意志。我们绝不会容忍"台独"。当前,国共两党更应旗帜鲜明地反对"台独",维护台海和平稳定。

三是促进民生改善,增进两岸同胞福祉。新形势下,国共两党要继续努力推动两岸各领域交流合作,深化两岸经济社会融合发展,在不断增进两岸同胞福祉的过程中促进两岸同胞心灵契合。

俞正声表示，两岸关系和平发展有利于维护台海和平稳定、有利于实现两岸互利双赢、有利于增进两岸民众福祉，是一条符合两岸同胞根本利益的正确道路。希望两党共同努力，筑牢坚持"九二共识"、反对"台独"的政治基础，团结两岸同胞，推动两岸关系沿着和平发展道路继续走下去。

洪秀柱表示，国共两党应共同肩负起历史的重大责任，深化"九二共识"的政治基础，积极推进两岸各领域互惠合作，为两岸人民创造福祉。

（新华网 2016 年 11 月 1 日）

2016 年 11 月 2 日，中共中央政治局常委、全国政协主席俞正声在北京会见两岸和平发展论坛部分代表和主办单位负责人。

俞正声首先对出席两岸和平发展论坛的各界人士表示欢迎，对大家长期以来为推动深化两岸交流合作、促进两岸关系发展做出的积极贡献表示肯定。

俞正声指出，当前，台湾新执政当局拒不接受"九二共识"，两岸关系发展面临严峻挑战。两岸民间团体举办两岸和平发展论坛，两岸各界代表性人士共同探讨两岸关系发展中的重要问题，有利于汇聚两岸各界智慧、凝聚各方力量，更好地维护两岸关系和平发展。俞正声谈了三点意见。

第一，坚持"九二共识"，反对"台独"。"九二共识"核心是坚持一个中国原则，是两岸双方交往互动、沟通协商的共同政治基础。这一共识得来不易,需要两岸双方共同珍惜维护。我们坚决反对任何形式的"台独",坚定维护国家主权和领土完整。

第二,努力为两岸同胞谋福祉。我们将继续推进两岸各领域交流合作,采取积极措施维护台湾同胞合法权益。当前推进两岸经济社会融合发展面临新情况、新问题,希望大家结合新形势,深入探求深化两岸经济合作、促进两岸繁荣发展之道。

第三,努力增进两岸同胞的骨肉亲情。要扩大两岸同胞交流往来,尤其要重视基层民众和青年的交往,引导、鼓励、支持广大民众和青年朋友参与到两岸关系和平发展进程中来。我们将继续采取积极措施,着力解决台湾同胞在大陆就学、就业、创业、生活中的各种问题。要加强两岸文化教育交流,增进共同的文化、民族认同,增强中华文化自信、中华民族自信。

会见结束后,两岸和平发展论坛举行开幕式,并就政治、经济、文化、社会、青年议题进行分组研讨。本次论坛由两岸20家民间团体共同主办,两岸各界人士200多人出席。

(新华社2016年11月2日)

2016年11月7日,由两岸企业家峰会主办的2016年年会在厦门举行大会。中共中央政治局常委、全国政协主席俞正声出席大会并致辞。

俞正声表示,2008年两岸关系发生历史性转折,迈上和平发展道路,紫金山峰会应运而生,成为助推两岸经济交流合作的重要平台。8年来,峰会见证了两岸关系和平发展进程,取得了丰硕成果。

俞正声指出,由于台湾政局的变化,两岸关系和平发展面临严峻挑战。台湾新执政当局拒绝承认"九二共识",不认同两岸同属一个中国,单方面破坏两岸关系和平发展的政治基础,导致两岸联系沟通和协商机制中断,经济合作制度化进程停滞,各领域交流合作放缓,两岸同胞切身利益和感情受到损害,引起两岸各界的普遍担忧。

俞正声强调,11 月 1 日,习近平总书记在会见中国国民党主席洪秀柱时,针对两岸关系的新形势,阐述了我们的政策主张。当前两岸经济交流合作虽然面临一些困难,但已站在更高起点上。我相信,只要两岸企业家携起手来,锐意进取,奋发拼搏,就一定能够克服一切困难和挑战,推动两岸经济交流合作取得新的进展。俞正声就此提出四点意见。

一是携手合作,应对世界经济发展变局。大陆推出的一系列改革开放措施,将为两岸经济合作和台商在大陆发展提供更多的机遇。希望两岸企业家抓住机遇,加强合作,共同应对世界经济发展变局。我们愿意首先同支持两岸关系和平发展的广大台湾同胞和各界人士分享大陆的发展机遇。

二是创新模式,促进两岸产业融合发展。大陆正在坚定不移实施创新驱动发展战略,两岸产业要充分利用这一战略机遇,在创新发展和产业变革中抢占先机,共同提高两岸产业整体实力。我们鼓励两岸产业扩大合作领域,创新合作形式,实现共同发展。

三是创造条件,增进两岸基层民众和青年福祉。我们坚持"两岸一家亲"的理念,鼓励台湾中小企业、基层农渔民等参与两岸交流合作。我们正在实施就业优先战略,鼓励创业带动就业,完善创新体制机制,努力为两岸青年创业创新、共同发展营造良好环境。

四是善尽责任,维护两岸关系和平发展。两岸经济交流合作的开展,需要良好的两岸关系大环境,离不开"九二共识"的政治基础和两岸关系和平发展。两岸企业家应善尽社会责任,继续坚持"九二共识",反对"台独",维护两岸关系和平发展,为两岸经济交流合作创造更好的条件和氛围。

这次大会是两岸企业家峰会社团成立以来的第四次年会。大陆方面两岸企业家峰会理事长曾培炎、副理事长盛华仁等出席。两岸 900 多位企业界人士等参加了讨论。

会前,俞正声会见了萧万长等两岸参会主要代表。

(新华网 2016 年 11 月 7 日)

2016 年 11 月 18 日,由北京日报报业集团主办、台湾旺旺中时媒体集团协办的"第二届两岸媒体人北京峰会"在北京举行。中共中央政治局常委、全国政协主席俞正声会见了与会媒体代表。

俞正声表示,两岸新闻交流为传播两岸信息、增进两岸同胞相互了解、促进感情融合发挥了重要作用。当前,维护两岸关系和平发展的政治基础和正确方向,是两岸同胞的民意主流,也有助于维护两岸媒体交流合作的环境和成果。我们高度重视并将一如既往推进两岸媒体交流合作。在两岸关系新形势下,希望两岸媒体善尽社会责任,加强正面引导,进一步发挥好增进两岸同胞了解、促进情感融合的平台作用;发挥好凝聚民意基础,维护两岸关系和平发展的载体作用;发挥好弘扬中华文化传统,增进民族认同的纽带作用。

郭金龙等参加会见。

（新华网 2016 年 11 月 18 日）

2016 年 12 月 12 日,纪念西安事变 80 周年座谈会在北京召开。中共中央政治局常委、全国政协主席俞正声出席并发表重要讲话。讲话全文如下:

同志们,朋友们:

今天,我们在这里召开座谈会,隆重纪念西安事变 80 周年。首先,我代表中共中央,向张学良、杨虎城两位将军,向在西安事变中作出贡献的爱国志士们,向所有为国家独立和民族解放而奋斗的前辈和先烈们,表示崇高的敬意和深切的怀念!

西安事变在中国近代历史上具有重大意义和深远影响。1931 年,日本军国主义悍然发动九一八事变,侵占我国东北三省,随后又加紧进攻华北,妄图霸占整个中国。在中华民族面临亡国灭种威胁的危难关头,在中国共产党抗日民族统一战线政策的影响和全国人民抗日救亡运动的感召下,张学良、杨虎城两位将军痛感"国权凌夷,疆土日蹙",于 1936 年 12 月 12 日毅然发动西安事变,要求蒋介石停止内战,联共抗日。西安事变发生后,中国共产党提出了正确的方针政策,使西安事变得以和平解决,促成了抗日民族统一战线的建立。西安事变及其和平解决,结束了十年内战,促成了第二次国共合作,成为中国由长期内战走向全民抗战的转折点,成为扭转时局的枢纽。张学良、杨虎城两位将军也因他们崇高的爱国义举被誉为中华民族的"千古功臣"，永载史册，彪炳后世。

同志们、朋友们！

回顾历史是为了更好地展望未来。西安事变虽然已经过去80年，但张学良、杨虎城两位将军的爱国赤诚和中国共产党人、中国人民所表现出的强烈爱国主义和民族团结精神，已经成为激励我们不断克服困难、开拓进取的宝贵精神财富。今天，我们对西安事变最好的纪念，就是团结一切可以团结的力量，调动一切可以调动的因素，把张学良、杨虎城两位将军和其他爱国先烈为之奋斗的伟大事业继续推向前进，努力创造无愧于时代、无愧于人民、无愧于先辈的业绩。

第一，大力弘扬爱国主义精神。爱国主义是中华民族精神的核心。5000多年来，中华民族之所以能够经受住无数难以想象的风险和考验，始终保持旺盛生命力，生生不息，薪火相传，同中华民族有深厚持久的爱国主义传统密不可分。越是在困难的时候，越是中华民族的生存发展受到威胁的危难关头，中国人民的爱国主义精神就越显示出强大的力量。西安事变的历史充分说明，各阶层、各党派不管存在多大分歧，有多少历史积怨，只要以民族利益和民族大义为重，都可以在爱国主义旗帜下团结起来、共同奋斗。我国爱国主义始终围绕着实现民族独立、国家富强、人民幸福而发展，最终汇流于中国特色社会主义，这是当代中国爱国主义精神最重要的体现。我们要始终发扬中华民族伟大的爱国主义精神，增强中国特色社会主义道路自信、理论自信、制度自信、文化自信，坚定不移沿着中国特色社会主义道路守护好、建设好我们伟大的国家。

第二,坚决维护国家统一和民族团结。国家统一则兴,民族团结则强。在中华儿女心中,没有什么追求比国家统一、民族团结更神圣、更庄严,谁也不应低估我们捍卫国家统一、民族团结的意志和决心。张学良、杨虎城两位将军发动西安事变,是出于民族大义和爱国赤诚;中国共产党摒弃前嫌、和平解决西安事变,也是从维护国家和民族的根本利益出发。当前,台湾执政当局拒不承认"九二共识",不认同两岸同属一个中国,使两岸关系和平发展面临严峻挑战。海内外全体中华儿女要携起手来,坚决反对一切分裂国家、分裂民族的势力及言行,维护国家主权和领土完整。维护两岸关系和平发展的正确方向,是两岸同胞的民意主流。我们要坚持"九二共识"共同政治基础,毫不妥协反对一切形式的"台独"分裂势力及其活动,推动两岸经济社会融合发展,促进两岸同胞心灵契合,不断增强民族认同、文化认同,增强中华民族自信、中华文化自信。两岸一切有识之士,都应胸怀民族大义,把握时代潮流,超越历史恩怨和意识形态差异,求同存异,相向而行,携手缔造两岸中国人共同的愿景、共同的荣光。

第三,共同致力于实现中华民族伟大复兴的中国梦。中华民族伟大复兴的梦想,与每个中华儿女对美好生活的向往相辅相成、融为一体,激励着一代又一代中华儿女接续奋斗、百折不回。西安事变及其和平解决的目的,既是为了救亡图存,更是为了振兴中华、实现民族复兴。80年来,中国共产党领导和团结各族人民,取得了新民主主义革命、社会主义革命和建设、改革开放和社会主义现代化建设的伟大胜利,实现了民族独立、人民解放和国家富强、人民幸福,今天我们比历史上任何时期都更接近中华民族伟大复兴的目标。"行百里者半九十",距离实现民族复兴的目标越近,我们越不能懈怠。当今世界正在发生重大而深刻的变化,当代中国正在进行重大而深刻的变革,我们面临的内外部环境更加复杂,改革发展稳定的任务极其繁重。面对前进道路上的困难与挑战,我们要倍加珍惜来之不易的发展成果,用心维护安定团结的政治局面,进一步巩固和壮大最广泛的爱国统一战线,把各党派、各团体、各民族、各阶层以及一切热爱中华民族的人们的意志、智慧和力量都凝聚起来。这样,我们就会获得取之不尽的力量源泉,我们的事业就会无往而不胜。

同志们、朋友们!

我们坚信,有以习近平同志为核心的中共中央的坚强领导,有包括大陆同胞、港澳同胞、台湾同胞、海外侨胞在内的全体中华儿女的共同奋斗,"两个一百年"奋斗目标和中华民族伟大复兴的中国梦一定能够实现!

(新华网 2016 年 12 月 12 日)

# 张志军谈台湾问题

2016 年 1 月 6 日,国台办主任张志军在两岸及香港记者新年联谊活动上发表讲话,内容如下:

大家好! 很高兴今天晚上在这里请两岸媒体朋友们聚一下。向大家一年的辛劳表示感谢。

岁末年初,我们都会对两岸关系作一个盘点。盘点 2015 年两岸关系发展,大家都有这么一个感觉,去年在两岸双方的共同努力下,两岸关系稳中有进,取得了令人振奋的重要进展。许多媒体在年底"两岸关系十大新闻"的评选中,都一致认为去年最大的新闻就是 11 月 7 日在新加坡举行的两岸领导人会面。这是两岸领导人 66 年以来的第一次会面,是两岸关系发展史上具有里程碑意义的大事。双方就如何在"九二共识"共同政治基础上推进两岸关系交换意见,为两岸关系翻开了历史性的一页,开创了新的前景和空间,引领两岸关系未来的发展,意义重大。

在政治层面,两岸还有其他重要的事件,比如国台办和台湾陆委会双方负责人进行了两次正式会面,一次在金门,一次在广州。11 月 7 日之前,为筹备两岸领导人会面,双方又在新加坡见面,充分交换意见。国台办和陆委会通过这三次会面,为推动两岸关系各个领域的交流合作,特别是准备"习马会"发挥了重要作用。

去年,海协会和台湾海基会举行了第十一次商谈,签了2项协议,即《海峡两岸民航飞行安全与适航合作协议》和《海峡两岸避免双重课税及加强税务合作协议》,使两岸之间签署的协议达到了23个。两岸之间架起了23座交流合作的通道,直接造福两岸民众。

经济领域,我看了一下数字。尽管全年的数字还没有出来,但可以说两岸经贸关系是在稳步往前发展,1到11月,两岸贸易额超过1700亿美元,估计全年约1900亿美元。两岸产业、金融和中小企业交流合作迈出新步。台湾来大陆投资的企业项目,去年增长了22%以上。由此可见,大陆对台湾经贸合作之门打得更开,提供了更多的机遇。

在人文社会交流领域,2014年两岸人员交往是941万,去年1到11月份已达910万,同比增长7%,全年可望达到1000万左右。这说明两岸之间人员交往非常活络,呈持续增长的势头。

两岸的文化、教育、科技、体育、宗教等各个领域的交流非常活跃,去年两岸间互派的学生约4万5千人。可以说,去年这一年在双方的共同努力下,两岸在各个领域交流合作取得了新的进展,达到了新的高度,两岸民众都为两岸关系的这种发展感到高兴,很提气。

通过这一年的发展,我们对两岸关系都会有新的感受。首先更加坚信两岸关系和平发展道路是一条正确的道路,只要沿着这条道路走下去,两岸关系必将迎来更加光明的前景,台海将继续保持和平稳定,两岸的民众也能够从中得到更多福祉。

　　第二,更加坚信"九二共识"共同政治基础的重要性。正是由于有坚实的共同政治基础,两岸关系才得以从2008年以来发展得如此迅速,能够为两岸民众带来这么多的好处,它是两岸关系的"定海神针",必须坚定不移地坚持下去,两岸关系和平发展的"海峡号"巨轮才能平稳地向前开进。

　　第三,更加坚信两岸中国人有智慧、有能力解决两岸之间的问题。66年以来,两岸关系跌宕起伏,但我们毕竟一同携手走过来,把两岸关系推到了新的高点,向全世界表明我们两岸中国人的智慧、意愿和能力。特别是在当今世界,一些国家和地区还是冲突不断、乱象纷呈的情况下,我们两岸中国人应该有这样的智慧和决心,把我们的两岸关系搞好,造福两岸民众,共同打造命运共同体,实现民族复兴,为世界的和平稳定和发展作出我们的贡献。

　　我祝大家在新的一年里身体健康,家庭幸福,事业有成,谢谢!

　　最后让我们共同举杯,为我们共同迈进新的一年,干杯!

　　　　　　　　　　　　　　(国台办网站2016年1月6日)

　　2016年3月5日,中共中央台办、国务院台办主任张志军表示,现在两岸关系处在重要时间节点,面临道路和方向选择,是继续坚持走和平发展道路、坚持"九二共识",实现开辟两岸关系新的前景,还是改变两岸关系现状,背离"九二共识"、背离和平发展道路。这需要两岸各界高度关注。

　　他是在全国两会的"部长通道"上接受媒体访问时讲这番

话的。张志军说,中国在维护国家主权和安全的重大问题上立场鲜明坚定,这一点上任何人不要怀疑。去年习近平总书记就两岸关系发表重要讲话,为全年对台工作定下基调。去年对台工作总体来讲是比较有成果的,各个领域全面推进。特别是在11月7日,两岸领导人实现了66年来首次会面,将两岸关系提到新的高度,为两岸关系未来展现新的前景。

他强调说,中央台办多次表明大陆态度,希望两岸关系在"九二共识"基础上,沿着和平发展道路继续前行,造福两岸同胞。对于"台独"分裂行径,大陆方面将坚决反对和遏制。

(新华社2016年3月5日)

2016年5月20日,中共中央台办、国务院台办负责人就当前两岸关系发表谈话,全文如下:

当前,台海局势趋于复杂严峻。两岸同胞高度关注两岸关系发展前景。

2008年以来,两岸双方在坚持"九二共识"、反对"台独"的共同政治基础上,开辟了两岸关系和平发展道路。台海局势摆脱紧张动荡,呈现安定祥和。维护这一良好局面是两岸同胞、海外侨胞和国际社会的共同期盼。

维护两岸关系和平发展的关键在于坚持"九二共识"政治基础。"九二共识"明确界定了两岸关系的根本性质,表明大陆与台湾同属一个中国、两岸不是国与国关系。"九二共识"经过两岸双方明确授权认可,得到两岸领导人共同确认,是两岸关系和平发展的基石。

　　我们注意到，台湾当局新领导人在今天的讲话中，提到1992 年两岸两会会谈和达成了若干共同认知，表示要依据现行规定和有关条例处理两岸关系事务，在既有政治基础上持续推动两岸关系和平稳定发展。但是，在两岸同胞最关切的两岸关系性质这一根本问题上采取模糊态度，没有明确承认"九二共识"和认同其核心意涵，没有提出确保两岸关系和平稳定发展的具体办法。这是一份没有完成的答卷。

　　不同的道路选择决定不同的前景。是维护体现一个中国原则的共同政治基础，还是推行"两国论""一边一国"的"台独"分裂主张；是继续走两岸关系和平发展之路，还是重蹈挑起台海紧张动荡的覆辙；是增进两岸同胞感情与福祉，还是割裂同胞间的精神纽带、损害同胞根本利益，在这些重大问题上，台湾当局更须以实际行动做出明确回答，并接受历史和人民的检验。

　　我们的对台大政方针是明确的、一贯的。我们将继续坚持"九二共识"政治基础，坚决反对"台独"，坚定维护一个中国原则，同台湾同胞和台湾所有认同两岸同属一中的党派和团体一道，努力维护台海和平稳定，维护和推进两岸关系和平发展，争取祖国和平统一的前景。

　　"台独"是台海和平与两岸关系和平发展的最大祸害。搞"台独"，台海不可能有和平稳定。两岸人民的共同意志不可违。今天，我们捍卫国家主权和领土完整决心未变，能力更强，将坚决遏制任何形式的"台独"分裂行径和图谋。

　　国台办与台湾陆委会的联系沟通机制和海协会与台湾海基会的协商谈判机制，均建立在"九二共识"政治基础之上。只有确认体现一个中国原则的政治基础，两岸制度化交往才能得以延续。

　　台湾同胞是我们的骨肉天亲，没有任何力量能把我们分开。我们将进一步扩大两岸同胞交流往来，推进各领域交流合作，深化两岸经济社会融合发展，增进同胞福祉和亲情，共同构建两岸命运共同体，携手实现中华民族伟大复兴。

（新华社 2016 年 5 月 20 日）

　　2016 年 5 月 25 日下午，中共中央台办、国务院台办主任张志军在北京会见了以陈瑞隆为会长的台湾工商团体秘书长联谊会参访团一行，就两岸关系谈了三点看法。

　　第一，维护两岸关系和平发展和台海和平的关键在于坚持体现一个中国原则的政治基础。他说，20 年来两岸关系发展历程表明，坚持体现一个中国原则的共同政治基础，两岸关系就能稳定发展、台海形势就能和平安宁，两岸民众就能得到实惠；背离一个中国原则，两岸关系和台海局势就会紧张动荡。大陆强调"九二共识"的重要性，就在于它体现了一个中国原则，清晰界定了两岸关系的性质，表明两岸不是国与国的关系。没有这个政治基础，两岸关系和平发展就不可能取得这么多的成果。2008 年以来，正是由于两岸双方确认"两岸同属一中"核心意涵的"九二共识"，两岸两会才有 11 次商谈和 23 项协议的签署，国台办和台湾陆委会才能建立常态化的联系沟通机制。我们对台的大政方针不因台湾政局的变化而改变。但是，台湾当局新领导人在两岸关系性质这一重大原则问题上没有清晰态度，没有做出明确回答，这势必损害两岸关系的稳定发展。

　　第二，"台独"没有前途，不可能成为台湾未来的一个选项，这是一个历史定论。有人说要重视台湾普遍民意，台湾民众因特殊的历史遭遇和社会环境形成的心态和感受可以理解，但是，台湾社会也应了解和重视 13 亿 7 千万大陆民众的感受。他们对历史上民族弱乱时倍受外敌欺凌、国破山河碎有着极其深刻的记忆，对维护国家统一、绝不允许国家被分裂有着坚如磐石的意志和始终如一的态度。今年 3 月 5 日，习近平总书记强调指出，"我们将坚决遏制任何形式的'台独'分裂行径，维护国家主权和领土完整，绝不让国家分裂的历史悲剧重演，这是全体中华儿女的共同心愿和坚定意志，也是我们对历史对人民的庄严承诺和责任"。无论从哪个角度看，"台独"只能是绝路。如能把这一历史大势看清楚、想明白，彻底排除"台独"选项，回到两岸同属一中的框架，就能保持和促进两岸关系和平发展。

　　第三，两岸关系和平发展需要两岸同胞共同维护。两岸关系和平发展的良好局面来之不易，需要包括工商团体在内的两岸同胞共同维护。首先要坚定维护体现一个中国原则的共同政治基础，坚决反对"台独"。搞"台独"，不论以任何形式，必然会损害两岸关系，损害两岸经济交流合作和台湾企业利益。希望工商团体和企业在这一重大问题上，以坚决的态度反对和抵制"台独"分裂行径。其次希望台湾工商团体秘书长联谊会充分发挥自身优势和影响，积极推动两岸经贸领域的交流合作，实现互利共赢，造福民众，努力增加对两岸命运共同体的认知，为实现中华民族伟大复兴贡献力量。

（国台办网站 2016 年 5 月 25 日）

2016 年 6 月 17 日,张志军主任在第五届世界和平论坛上的午餐演讲,全文如下:

女士们,先生们:

大家中午好!很高兴出席第五届世界和平论坛并与大家分享我们对台湾问题和台海局势的看法。

# 一、台湾问题的由来

了解台湾问题,首先要了解两个基本事实:一是台湾是中国领土不可分割的一部分。二是,台湾问题是中国内战的遗留问题,是中国的内政。

中国人最早开发台湾,现在台湾居民的祖先,绝大多数是从中国大陆移民而来。历史上台湾虽然经历过短暂的外国殖民统治,但绝大多数时候处于中国政府的有效治理之下。台湾最后一次被殖民侵占是在 1895 年至 1945 年。1895 年 4 月,日本以武力胁迫清朝政府签订不平等的《马关条约》,强行霸占台湾,拉开了 20 世纪三四十年代日本全面侵华战争的序幕。在全民族的反侵略战争中,中国政府于 1941 年 12 月宣布:所有一切条约、协定、合同有涉及中日关系者,一律废止;中国将"收复台湾、澎湖、东北四省土地"。中国收复被日本霸占领土的严正要求,得到了世界反法西斯力量的尊重和支持。1943 年 12 月,中美英三国政府发表《开罗宣言》,明确宣布:日本应将所窃取于中国的领土,包括满洲、台湾、澎湖群岛等在内的土地,归还中国。这一立场在 1945 年 7 月发表的《波茨坦公告》中得到确认和重申。日本投降后,其对台湾 50 年的殖民统治得以终结,台湾回归中国。了解这段历史就容易理解,台湾是中国领土不可分割一部分的法律地位不容置疑,更不容挑战。

凡对中国共产党和中国国民党的历史恩怨有所了解的外国朋友,都不难理解今天的台湾问题是中国内战的遗留问题。抗战胜利后不久,国民党统治集团发动全面内战,失败后退踞台湾。1949 年,中华人民共和国成立,取代中华民国政府成为全中国的唯一合法政府和在国际上的唯一合法代表,并着手进行统一台湾的准备。1950 年 6 月,朝鲜战争爆发,美国即派遣第七舰队入侵台湾海峡,公然以武力阻扰中国统一进程,使中国内战遗留问题的解决被拖延。

1949 年以来,尽管大陆与台湾尚未统一,但两岸同属一个中国的事实没有改变,中国的主权和领土完整并未改变。世界上只有一个中国,台湾是中国领土不可分割的一部分,这一主张已为绝大多数国家和联合国等国际组织普遍接受。作为中国内部事务,台湾问题理应由两岸中国人自己来解决,任何外来势力都没有权利插手干涉。

## 二、两岸关系发展历程和启示

1949 年以来,两岸关系发展历经曲折、跌宕起伏。两岸曾经长期处于军事对峙、政治对立状态。1987 年,两岸同胞打破隔绝状态,开始相互往来。1992 年,两岸双方授权民间团体海协会和台湾海基会通过在香港商谈和互致函电,达成了各自以口头方式表述"海峡两岸均坚持一个中国原则"的共识,为日后两岸关系全面发展奠定了政治基础。这一共识后来被称为"九二共识"。

在两岸关系得到改善的同时,"台独"分裂势力也在不断制造麻烦。20世纪90年代,台湾地区领导人李登辉背弃一个中国原则,抛出"两国论",引发台海危机。2000—2008年,民进党的陈水扁在台执政期间,不断升级"台独"分裂活动,甚至谋求"台湾法理独立",使两岸关系高度紧张动荡,走到战争边缘,两岸同胞深受其害。

2008年5月,国民党在台湾重新上台执政,两岸双方共同确认坚持"九二共识"、反对"台独"的共同政治基础,开辟了两岸关系和平发展道路,两岸关系面貌发生了历史性变化。

一是扭转了台海紧张动荡局面,保持了台海和平稳定。

二是两岸双方建立起政治互信,实现了两岸领导人历史性会面。继2014年国台办和台湾方面陆委会建立常态化联系沟通机制之后,2015年11月7日,中共中央总书记、国家主席习近平同台湾方面领导人马英九在新加坡会面,就推进两岸关系和平发展,致力民族复兴交换看法,达成积极共识。向世界表明,两岸双方可以在一个中国原则基础上,通过和平方式,在推进两岸关系和平发展的进程中逐步解决政治分歧,维护台海和平稳定;两岸中国人完全有能力、有智慧解决好自己的问题。

三是两岸协商取得积极成果。在"九二共识"基础上,海协会与台湾海基会重启中断近10年的制度性协商机制,举行了11次商谈,签署了23项合作协议,解决了许多关乎两岸同胞切身利益的实际问题。

四是经济合作成果丰硕。两岸签署并实施经济合作框架协议(ECFA),两岸经济合作扩大深入,相互投资贸易快速增长。

近年来两岸贸易额增至 1900 亿美元的历史新高。大陆已是台湾最大贸易伙伴、出口市场和顺差来源地。

五是两岸人员往来和各领域交流更加密切。两岸人员往来激增,2015 年达到 986 万人次;大陆居民赴台旅游达 350 万人次。两岸文化、教育、宗教、青年、妇女等各领域交流蓬勃发展。

六是通过两岸务实沟通,妥善处理了台湾参与一些国际组织活动问题,大大减少两岸涉外内耗。

从 2008 年之前和之后两岸关系发展的不同境遇中,我们可以得到很多有益启示。其中最重要的是,一个中国原则是两岸关系的定海神针。坚持这一原则,两岸关系就能稳定发展、台海就可以保持和平安宁。背离这一原则,台海就会险象环生,就可能出大乱子。我们一再强调"九二共识"的重要性,就在于它体现了一个中国原则,清晰界定了两岸关系的性质,表明两岸不是国与国的关系。它解决了两岸关系中双方是在和谁打交道的问题,为两岸双方破解难题,推进各领域交流合作奠定了基础。它是过去 8 年两岸关系和平发展丰硕成果和台海和平稳定之关键。

# 三、当前两岸关系形势

今年以来,台湾政局发生重大变化,对两岸关系和台海局势产生重大影响,引发人们对两岸关系发展前景的担忧。

人们的担忧不无道理。因为他们看到:一个坚持"台独"立场的政党在台湾上台执政。人们对民进党上一次执政期间竭力推行"台独"导致台海局势动荡记忆犹新,对该党 2008 年以来在野期间在两岸关系中扮演的阻挠破坏角色感受深切。

虽然民进党当局领导人声称将继续推动两岸关系和平稳定发展,但在两岸同胞最关切的两岸关系性质这一根本问题上态度模糊,拒绝承认"九二共识"和认同其两岸同属一中的核心意涵,破坏了8年来两岸关系和平发展的政治基础。

人们从台湾新当局的政策宣示和行动中更注意到,其从政治上、经济上、文化上等各方面弱化和切断台湾同大陆历史联结的战略取向。

台湾新当局的所作所为导致了两岸制度化沟通和协商谈判机制的中断,导致了两岸关系气氛的逆转,影响到两岸诸多领域交流合作的持续推进,使两岸关系增添了不确定性和风险。

## 四、我们的对台方针政策

在两岸关系趋于复杂严峻之际,许多外国朋友十分关注我们对台态度和方针政策。今年以来,我们党和国家领导人多次发表重要讲话,强调我们的对台大政方针是明确的、一贯的,不会因为台湾局势的变化而改变,宣示了我们党和政府以及全国人民反对"台独"、维护国家主权和领土完整的坚定意志和决心,也表明了大陆方面愿意继续在"九二共识"基础上维护两岸关系和平发展和台海和平稳定的真诚愿望。在此,我强调三点。

第一,我们将继续坚持体现一中原则的政治基础,维护和推进两岸关系和平发展,争取国家和平统一的前景。事实证明,在"九二共识"基础上开辟的两岸关系和平发展是一条维护台海和平、造福两岸同胞、通向和平统一的光明大道。两岸应该坚定不移地沿着这条道路走下去。无论台湾哪个政党、团体，无论其过去主张过什么，只要承认"九二共识"的历史事实，认同其核心意涵，我们都愿意同其交往，共同推进两岸关系和平发展。

第二，我们将坚决维护国家主权和领土完整，遏制任何形式的"台独"分裂行径，粉碎任何将台湾从祖国分裂出去的图谋。中国人民对历史上民族弱乱时倍受外敌欺凌、国破山河碎有着极其深刻的记忆，对维护国家统一、绝不允许国家被分裂有着坚如磐石的意志和始终如一的态度。今年7月1日，习近平总书记在庆祝中国共产党成立95周年大会上再次宣示了反对"台独"的坚定立场，清晰划出了一条红线。会场响起长时间的热烈掌声，彰显了全体中华儿女的共同心愿和坚定意志。历史将继续证明："台独"是没有出路的！

第三，我们将继续推进两岸各领域交流合作，为两岸同胞谋福祉。两岸同胞是命运与共的骨肉兄弟，是血浓于水的一家人。我们愿意继续同台湾同胞分享大陆发展机遇，推动两岸经济社会融合。只要是有利于增进两岸同胞感情和福祉的事，只要是有利于推动两岸关系和平发展的事，只要是有利于维护中华民族整体利益的事，我们都会尽力去做。

各位朋友，

两岸关系走向攸关两岸民众的切身利益，攸关中华民族的未来，没有人比我们更希望维护台海和平稳定与两岸关系和平发展，我们将坚持不懈为此付出努力。希望国际社会和有关国家继续恪守一个中国政策，理解和支持中国政府和中国人民维护台海和平稳定、推进两岸关系和平发展、实现祖国统一的正义事业。

谢谢大家!

（国台办网站2016年7月17日）

2016年9月1日，张志军主任出席第二十二届鲁台经贸洽谈会并致辞，全文如下：

尊敬的中国国民党胡志强副主席，

尊敬的山东省郭树清省长，

各位嘉宾、各位朋友：

大家上午好。

我很高兴再次来到风筝之都潍坊，出席第22届鲁台经贸洽谈会。首先，我谨代表中共中央台湾工作办公室、国务院台湾事务办公室，对本届鲁台会的隆重召开表示热烈祝贺，并向来自海峡两岸的各界朋友们致以诚挚问候！

鲁台会已经连续举办了二十二届，既与时俱进，又不忘初心。一路走来，可以说鲁台会见证了两岸关系不平凡的发展历程，成为大陆坚定不移促进两岸经贸交流合作的一个缩影，彰显了我们为两岸同胞谋福祉的态度始终如一。

"两岸合作创新论坛"是本届鲁台会的主题活动，此时举办可谓正逢其时。创新是发展动力之源，是培育和催生经济社会发展新动力的必然选择。大陆"十三五"规划提出创新、协调、绿色、开放、共享五大发展理念，其中创新被提到前所未有高度，位于国家发展核心位置。当前大陆"大众创业、万众创新"氛围高涨，极大地激发了各类市场主体的创业创新热情，以"互联网＋"

"创客""众筹"为代表的新型业态发展方兴未艾,持续释放着全社会创业创新的巨大潜能,有力地促进了大陆经济平稳、改善、向好的发展态势。正在推进的"一带一路"和"中国制造 2025"等一系列战略举措,也将持续拓展大陆经济的发展空间。这一切都为台资企业在大陆发展和两岸产业界合作创造了很多机遇。

当前,两岸关系和平发展面临严峻挑战。民进党当局在两岸关系性质这一根本问题上态度模糊,拒不承认"九二共识"和认同其两岸同属一中的核心意涵,破坏了两岸关系和平发展的政治基础,导致国台办与台湾陆委会、海协会与台湾海基会联系沟通和商谈机制停摆,给 2008 年以来得之不易的两岸关系和平发展成果投下阴影。台湾同胞对此普遍感到担忧,并对什么是两岸关系的正确发展道路有了更深切的感受和理解。同时他们也十分关心和关注大陆的对台政策。

我们多次强调,大陆对台大政方针不会因台湾政局变化而改变,我们将坚持"九二共识"政治基础,坚决反对和遏制任何形式的"台独"分裂行径,努力维护和推进两岸关系和平发展。我们将本着"两岸一家亲"理念,着眼于两岸同胞长远利益,继续推动两岸经贸交流合作。我们将继续出台有利于两岸产业合作发展的政策措施,不断优化营商环境,为大陆台资企业转型升级、持续发展创造条件。我们将大力推行依法行政,切实保护台商权益。我们鼓励台湾青年、中小企业、基层农渔民等参与两岸交流合作,分享大陆经济发展成果。我们将持续为台湾民众来大陆学习、生活、实习、就业、创业提供更多便利。

在两岸关系面临严峻挑战之时,我们希望并相信台湾工商界将与我们一起共同维护两岸关系和平发展及其政治基础,为建设两岸命运共同体和实现中华民族伟大复兴贡献心力。

各位来宾、各位朋友,山东是大陆环渤海经济带的重要组成部分,素有"孔孟之乡、礼仪之邦"的美誉。刚才中国国民党副主席胡志强先生讲到他是山东人。我也是山东人。因为我出生在山东,20多年前曾在山东短暂工作过,亲身感受到改革开放30多年来齐鲁大地经济社会的迅速发展,看到山东成为大陆综合实力最强和最具发展活力的省份之一。山东具有独特优势,也为鲁台交流合作提供了有利条件,比如儒家文化底蕴深厚,是中华民族共同精神遗产,已深深根植于两岸同胞血脉之中。我希望参加鲁台会的台商朋友们多走走看看,衷心祝愿台商朋友借助鲁台会平台,发掘商机、扎根经营,推动鲁台合作再上新台阶。

最后,祝本届鲁台会圆满成功,祝各位嘉宾身体健康、万事如意!谢谢大家。

(国台办网站2016年9月1日)

2016年10月15日,中共中央台湾工作办公室、国务院台湾事务办公室主任张志军,在《求是》杂志发表题为"维护和推进两岸关系和平发展 共圆中华民族伟大复兴中国梦——深入学习习近平总书记对台工作重要思想"文章,内容如下:

核心要点:

■ 今天,我们比历史上任何时期都更接近实现中华民族伟大复兴的目标。习近平总书记郑重呼吁"两岸同胞要相互扶持,不分党派,不分阶层,不分宗教,不分地域,都参与到民族复兴的进程中来",共圆中华民族伟大复兴的中国梦。

■ 坚决反对"台独"分裂、捍卫国家主权和领土完整是我们党和政府一贯的、不可动摇的立场。习近平总书记指出,"台独"势力及其活动损害国家主权和领土完整,是两岸关系和平发展的最大障碍,是台海和平稳定的最大威胁,只会给两岸同胞带来深重祸害。

■ 坚持"两岸一家亲",就是同胞间要真诚相助,维护增进中华民族的整体利益。习近平总书记指出,只要是有利于增进两岸同胞的亲情和福祉的事,只要是有利于推动两岸关系和平发展的事,只要是有利于维护中华民族整体利益的事,两岸双方都应该尽最大努力去做。

■ 深化两岸经济社会融合发展,需要加强各领域交流和人员往来。习近平总书记强调,两岸同胞要加强文化交流,共同传承中华文化优秀传统。要继续创造条件,扩大同胞直接交往,促进两岸各界交流。两岸同胞要以心相交,不断增强民族认同、文化认同、国家认同。

解决台湾问题,实现祖国统一是全民族的愿望,是中国共产党和中国政府的历史责任和神圣使命。党的十八大以来,习近平总书记高瞻远瞩,统揽全局,站在国家发展全局和中华民族伟大复兴的战略高度,根据国内外形势和台海形势的发展变化,就对台工作提出一系列新理念新思想新战略,丰富和发展了对台工作的理论和实践,指导对台工作迈上新台阶,引领两岸关系不断取得新进展。

# 一、深刻阐释民族复兴与两岸前途的密切联系,树立起共圆中国梦这面团结两岸同胞共同奋斗的精神旗帜

党的十八大以来,习近平总书记提出并深刻阐述了实现中华民族伟大复兴的中国梦,引起海内外中华儿女的广泛共鸣,成为团结全民族共同奋斗的宏伟目标和精神旗帜。两岸同胞同属中华民族,实现中国梦离不开台湾同胞的共同奋斗。

习近平总书记指出,"中国梦是两岸同胞共同的梦","实现中华民族伟大复兴,与两岸同胞前途命运息息相关"。两岸同胞历来命运与共,历史上曾共享民族强盛时的辉煌和荣耀,也曾同蒙民族羸弱时的灾难和屈辱。近代以来,中华民族积贫积弱,致使台湾被外族侵占,给全民族留下刻心之痛;中华民族奋起抗争,赢得抗日战争的伟大胜利,台湾重回祖国怀抱,共享祖国荣光。近代历史的遭遇深刻启示我们,两岸是不可分割的命运共同体,民族强盛,是两岸同胞之福,民族弱乱,是两岸同胞之祸。今天,我们比历史上任何时期都更接近实现中华民族伟大复兴的目标。习近平总书记郑重呼吁"两岸同胞要相互扶持,不分党派,不分阶层,不分宗教,不分地域,都参与到民族复兴的进程中来",共圆中华民族伟大复兴的中国梦。

习近平总书记关于两岸同胞共圆中国梦的论述,扎根于两岸同胞的血脉联系,顺应中华民族复兴的历史潮流,深刻昭示了两岸同胞共同的命运和前景,为两岸同胞指明共同奋斗的目标,具有感召人心的精神力量。我们要高举共圆中国梦的旗帜,紧

密团结广大台湾同胞,共同书写中华民族伟大复兴的光辉篇章。

## 二、坚持"和平统一、一国两制"的大政方针,丰富发展了国家和平统一理论

解决台湾问题的核心是实现国家统一。习近平总书记在深刻总结历史规律和两岸关系发展经验的基础上,就实现国家统一的方式、途径、实现形式、内涵等提出一系列新论述,丰富和发展了国家和平统一理论。

一是阐明实现国家统一与中华民族伟大复兴之间的内在联系。习近平总书记指出,"推进祖国和平统一进程、完成祖国统一大业,是实现中华民族伟大复兴的必然要求",把完成祖国统一的历史使命同实现中华民族伟大复兴的宏伟目标紧密联系起来,赋予对台工作目标新的时代内涵。

二是提出"'和平统一、一国两制'是我们解决台湾问题的基本方针,我们认为,这也是实现国家统一的最佳方式",指明和平统一最符合包括台湾同胞在内的中华民族的整体利益,明确将"一国两制"作为统一后的基本制度安排。

三是明确指出两岸关系和平发展是实现和平统一的途径。习近平总书记指出,"两岸关系和平发展是通向和平统一的正确道路",既强调两岸关系和平发展的目标是实现和平统一,也指明推动两岸关系和平发展是实现和平统一的最佳之路。

四是对统一后的制度安排提出更具发展性、开放性、包容性的论述。习近平总书记指出,"'一国两制'在台湾的具体实现形式会充分考虑台湾现实情况,充分吸收两岸各界意见和建议,

是能充分照顾到台湾同胞利益的安排",表达了重视台湾现实情况,尊重两岸各界意见、照顾台湾同胞利益的真诚态度,有利于消除台湾同胞的疑虑,争取他们对"和平统一、一国两制"方针的认同和支持。

五是首次提出"我们所追求的国家统一不仅是形式上的统一,更重要的是两岸同胞的心灵契合"。这一论述突出强调了拉近两岸同胞心理距离,增进共同的国家、民族、文化认同的重要性,不仅对做好争取台湾民心工作、扎实推进和平统一进程,而且对两岸在实现统一后妥处制度和意识形态差异,增强向心力和凝聚力,从而实现长治久安,具有极其重要指导意义,丰富了国家和平统一理论的思想内涵。

## 三、从国家发展战略全局谋划对台工作,深化了 在发展的基础上解决台湾问题的战略思想

习近平总书记指出:"从根本上说,决定两岸关系走向的关键因素是祖国大陆发展进步。"这是在总结历史规律和两岸关系发展经验基础上做出的科学论断。从历史上看,民族和国家的兴衰始终决定着台湾的命运前途。国家弱乱则台湾分离,国家强大则台湾回归。1949年以来,两岸关系一路走来,跌宕起伏,曲折前行,最终走上和平发展道路,日益成为难以阻挡的历史潮流。两岸关系发展历程充分表明,祖国大陆的发展进步始终牵引着两岸关系发展,是决定两岸关系基本格局和发展方向的关键,为解决台湾问题、实现祖国和平统一提供了雄厚的实力基础和可靠保障。

习近平总书记的论述体现了博大深邃的历史眼光、统揽全局的战略思维和着眼长远的战略自信。对台工作贯彻这一思想,就是要毫不动摇地坚持对台大政方针,为实现国家发展战略目标营造有利的台海环境,而国家综合实力的不断增强必将为实现国家最终统一积累和创造越来越多的有利条件。

## 四、坚持两岸关系和平发展正确道路,丰富了两岸关系和平发展的政策内涵

针对两岸关系和平发展面临的新形势,习近平总书记就坚持和维护两岸关系和平发展进行了深刻论述,丰富了两岸关系和平发展的政策内涵。

习近平总书记指出,2008年后,两岸关系走上和平发展道路,处于1949年以来最好的时期。两岸关系已经不再处于以前那种激烈冲突、尖锐对抗的敌对状态。"两岸关系发展历程告诉我们,台海动荡紧张,两岸冲突对抗,民众深受其害;走和平发展之路,谋互利双赢之道,利在两岸当下,功在民族千秋。"事实证明,两岸关系和平发展"是一条维护两岸和平、促进共同发展、造福两岸同胞的正确道路,也是通向和平统一的光明大道"。

为推进两岸关系和平发展,习近平总书记指出,两岸双方要管控好矛盾和分歧,避免干扰两岸交流合作。"着眼长远,两岸长期存在的政治分歧问题终归要逐步解决,总不能将这些问题一代一代传下去",我们"愿意在一个中国框架内就两岸政治问题同台湾方面进行平等协商,做出合情合理安排"。我们了解

台湾同胞对参与国际活动问题的想法和感受,只要不造成"两个中国""一中一台",两岸双方可以通过务实协商作出合情合理的安排。这些主张体现了我们愿意通过协商对话解决两岸政治分歧的诚意和善意,引领两岸政治交往取得新突破。

针对今年岛内政局发生重大变化,习近平总书记强调指出:"我们对台大政方针是明确的、一贯的,不会因台湾政局变化而改变。"我们将坚持"九二共识"政治基础,坚决反对和遏制任何形式的"台独"分裂活动,继续推进两岸关系和平发展。

习近平总书记关于两岸关系和平发展的重要论述,紧密结合台湾形势新变化,意涵深刻,针对性强,对于两岸各界清晰理解我对台方针政策,消除各种担心疑虑,维护和继续推进两岸关系和平发展具有重要指导意义。

## 五、坚持一个中国原则,揭示"九二共识"核心意涵对两岸关系的重要意义

习近平总书记用形象的语言阐述了"九二共识"对两岸关系和平发展的关键作用。他指出,"两岸关系能够实现和平发展,关键在于双方确立了坚持'九二共识'、反对'台独'的共同政治基础",并将"九二共识"比喻成两岸关系之"锚"和"定海神针"。强调"基础不牢、地动山摇",警示如果两岸双方的共同政治基础遭到破坏,两岸互信将不复存在,两岸关系就会重新回到动荡不安的老路上去。

习近平总书记清晰阐明了"九二共识"的重要性在于其核心意涵。他指出,"九二共识"体现了一个中国原则,明确界定

了两岸关系的根本性质。它表明大陆与台湾同属一个中国,两岸关系不是国与国关系,也不是"一中一台"。

针对台湾政局变化,习近平总书记指出,"承认'九二共识'的历史事实,认同其核心意涵,两岸双方就有了共同政治基础,就可以保持良性互动"。台湾无论哪个党派、团体,无论其过去主张过什么,只要做到这一点,我们都愿意同其交往。这些论述让台湾各界清楚地认识到,大陆对"九二共识"的坚持既是原则也是善意,有助于凝聚更广泛的力量维护两岸关系和平发展的政治基础。

## 六、坚定捍卫国家主权和领土完整,坚决反对任何形式的"台独"分裂活动

坚决反对"台独"分裂、捍卫国家主权和领土完整是我们党和政府一贯的、不可动摇的立场。习近平总书记指出,"台独"势力及其活动损害国家主权和领土完整,是两岸关系和平发展的最大障碍,是台海和平稳定的最大威胁,只会给两岸同胞带来深重祸害。"我们坚决反对'台独'分裂势力。对任何人、任何时候、以任何形式进行的分裂国家活动,13亿多中国人民、整个中华民族都决不会答应!""绝不让国家分裂的历史悲剧重演。这是全体中华儿女的共同心愿和坚定意志,也是我们对历史对人民的庄严承诺和责任。"这些讲话表达了党和国家与全中国人民坚决反对"台独"的鲜明态度和坚定立场,划出了台湾问题上不容踩踏和逾越的底线,对"台独"分裂势力形成强大震慑。

# 七、倡导"两岸一家亲"的理念，丰富了做台湾人民工作的思想内涵

习近平总书记立足两岸同胞密不可分的血脉亲情和前途命运，提出并深入阐述"两岸一家亲"的理念及内涵。他指出，"两岸同胞一家亲，根植于同胞共同的血脉和精神，扎根于我们共同的历史和文化。"不论是几百年前跨越"黑水沟"到台湾"讨生活"，还是几十年前迁徙到台湾，广大台湾同胞都是我们的骨肉天亲。历史上两岸命运相连、休戚与共，在经济全球化深入发展、两岸联系日益密切的今天，两岸更是割舍不断的命运共同体。

坚持"两岸一家亲"，就是同胞间要"将心比心，推己及人"。习近平总书记指出，我们理解台湾同胞因特殊历史遭遇和不同社会环境而形成的心态，尊重台湾同胞自己选择的社会制度和生活方式。呼吁台湾同胞也需要更多了解和理解大陆13亿同胞的感受和心态，尊重大陆同胞的选择和追求。

坚持"两岸一家亲"，就是同胞间要真诚相助，维护增进中华民族的整体利益。习近平总书记指出，只要是有利于增进两岸同胞的亲情和福祉的事，只要是有利于推动两岸关系和平发展的事，只要是有利于维护中华民族整体利益的事，两岸双方都应该尽最大努力去做。我们坚持为两岸同胞谋福祉的理念不会变，为台湾同胞办实事、办好事的政策措施不会变，愿意首先与台湾同胞分享大陆发展的机遇。

习近平总书记"两岸一家亲"的论述，具有深厚的历史情

感,体现了理解关心爱护台湾同胞的真挚感情,指明了两岸同胞处理彼此关系的基本思路,展现了我们为台湾同胞谋福祉的诚意和善意,是做台湾人民工作的重要指针。

## 八、促进两岸经济社会融合发展,增强两岸命运共同体的认知

两岸各领域交流合作和人员往来是发展两岸关系的重要途径。在两岸关系和平发展取得的丰硕成果基础上,习近平总书记进一步提出了"深化两岸经济社会融合发展"的论述。他强调,"我们将持续推进两岸各领域交流合作,深化两岸经济社会融合发展,增进同胞亲情和福祉,拉近同胞心灵距离,增强对命运共同体的认知",表明了继续促进两岸各领域交流合作的态度,同时指出了两岸交流合作要以实现同胞心灵契合为导向。

深化两岸经济社会融合发展,需要继续不断提升两岸经济合作层次和水平。习近平总书记就此提出了加强宏观政策沟通,拓展产业合作,加快扩大双向投资,深化金融服务业合作,维护在大陆投资的台资企业合法权益,欢迎台湾同胞积极参与"一带一路"建设、台湾以适当方式加入亚投行的主张,并强调,两岸经济合作要充分考虑两岸双方社会的心理感受,努力扩大两岸民众的受益面和获得感,让两岸同胞参与越多受益越多。

深化两岸经济社会融合发展,需要加强各领域交流和人员往来。习近平总书记强调,两岸同胞要加强文化交流,共同传承中华文化优秀传统。要继续创造条件,扩大同胞直接交往,促进两岸各界交流。两岸同胞要以心相交,不断增强民族认同、文化

认同、国家认同。特别是要为两岸青年学习、就业、创业、交流提供更多机遇、创造更好条件,使青年一代成为推动两岸关系发展、实现民族振兴的重要力量。

习近平总书记关于两岸经济社会融合发展的论述,把握住同胞间以心相交、增进认同这个关键,为我们深化两岸交流合作明确了努力目标和方向,对推进国家和平统一大业意义重大。

党的十八大以来,在习近平总书记对台工作重要思想的指引下,对台工作不断取得新进展,推动两岸关系发展取得新突破。面对今年以来两岸关系发展新形势,我们要深刻学习、准确领会习近平总书记对台工作重要思想和中央对台方针政策,妥善应对各种风险和挑战,坚决贯彻中央对台工作决策和部署,努力维护和推进两岸关系和平发展,为实现"两个一百年"奋斗目标、实现中华民族伟大复兴中国梦做出新的贡献。

(《求是》2016 年 20 期)

2016 年 11 月 2 日,两岸和平发展论坛在北京开幕,中共中央台办、国务院台办主任张志军出席论坛开幕式并致辞,以下为致辞全文:

各位嘉宾,各位朋友,

很高兴出席两岸和平发展论坛开幕式。

首先,我代表中共中央台湾工作办公室、国务院台湾事务办公室对论坛的举办表示热烈祝贺!向与会的两岸嘉宾和各界朋友表示诚挚问候!

2008 年以来，两岸关系走上和平发展道路，取得了造福两岸同胞的丰硕成果。两岸同胞都希望两岸关系能够沿着这条道路继续走下去。今年 5 月，台湾局势发生重大变化。台湾新执政当局不承认"九二共识"，不认同两岸同属一中，破坏了两岸关系和平发展的政治基础，给两岸关系和平发展势头带来严重冲击。两岸同胞、社会各界对此深感担忧。

今天，由两岸各 10 家团体在 10 届两岸经贸文化论坛的丰硕成果基础上，共同举办两岸和平发展论坛，探讨新形势下如何维护和推进两岸关系和平发展，很有意义。与会嘉宾来自两岸政治、经济、文化、教育、科技等各领域，是各界精英、各业翘楚，既有广泛性，又具代表性，这有利于论坛充分反映两岸各界意见和心声。论坛议题既立足当下，又着眼长远，涵盖政治、经济、社会、文化以及青年等各个方面，有利于大家全面深入地探讨两岸同胞关心的重大议题。同时，论坛以积极、开放的姿态，努力推进两岸交流活动与合作项目，体现了回应两岸同胞向往、增进民众福祉和亲情的真诚愿望。

我相信，在两岸主办单位和与会各界人士的共同努力下，两岸和平发展论坛一定能达到反映两岸社情民意、汇聚两岸各界智慧、凝聚各方力量、致力于维护两岸关系和平发展和台海和平稳定的预期目标。

各位嘉宾，各位朋友，

昨天，习近平总书记在会见中国国民党大陆访问团一行时，明确阐明了我们的对台大政方针，强调我们将牢牢坚持体现一个中国原则的"九二共识"、坚决反对"台独"分裂势力及其活动、大力推进两岸经济社会融合发展、努力增进两岸同胞福址,呼吁两岸同胞共同弘扬中华文化、共同致力于实现中华民族伟大复兴。刚才俞正声主席在会见论坛嘉宾和主办单位代表时,就办好论坛提出了殷切希望。在此,我就论坛谈几点看法。

一是要维护"九二共识"政治基础凝心聚力。"九二共识"是两岸关系和平发展的政治基础,也是两岸双方建立互信、开展良性互动的基本前提。失去这个基础和前提,双方的互信就无从谈起,两岸关系和平发展方方面面必然受到冲击。在座的各位都是两岸关系发展历程的见证者、参与者,希望大家能够在论坛期间认真总结过去8年两岸双方增进政治互信、保持良性互动的好经验、好做法,为巩固"九二共识"政治基础、维护两岸关系和平发展成果凝聚强大民意和舆论支持,推动两岸关系克服干扰、继续前行。

二是要为深化两岸经济融合发展提供动力。当前,世界经济形势错综复杂,两岸都面临外部不利因素带来的挑战。以今年启动实施"十三五"规划为标志,大陆的经济社会发展正迈向新征程。两岸经济合作面临新形势新问题,更蕴含着新机遇新空间。要抓住机遇,迎接挑战,为两岸经济融合发展注入新内容新动能。希望论坛针对两岸经济合作机制化进程中断的情况下,如何提升两岸产业的结合度、如何增强两岸基层民众的获得感,出主意、想办法。

三是要为推动两岸同胞交流献计献策。两岸同胞是一家人,应该多来往、多走动。由于历史和现实的原因,两岸同胞之间存在一些心结,需要通过密切交流交往来增进理解、消除隔阂。在座各位都是两岸各界、各行业的精英,是一方意见领袖,希望大家将论坛作为倾心交流的平台,将两岸同胞的心声带到会场上来。无论是肯定和期待,还是疑惑和心结,可以敞开胸怀,坦诚沟通,尤其希望大家就扩大和深化两岸各领域交流、提高交流实效多提建设性意见,以促进两岸各界在更广泛、更密切的交往中消除误解,拉近心理距离。

四是要为加强两岸文教合作多做贡献。中华文化是两岸同胞的精神纽带和共同财富。传承和弘扬中华文化,增强共有的历史认同、文化认同和民族认同,必将进一步坚定两岸同胞的中华文化自信、中华民族自信。两岸各界有责任共同努力,让历史悠久的中华文化在当今时代焕发出新的光彩。希望论坛就加强两岸文化教育等领域的交流合作,促进中华文化传承、创新与发展积极建言,特别是在两岸共同整合中华文化资源、展现中华文明历史风貌,合作挖掘中华传统文化的现代价值、推动文化创意产业发展等方面,多提些好建议。

五是要为促进两岸青年共同成长发挥作用。青年是国家和民族的未来,也是两岸关系发展的希望。我们一向主张两岸青年应该深入交流互动、相互学习帮助,成为共同打拼、携手前行的好朋友、好伙伴。我们也在不断完善政策措施,将为台湾青年朋友来大陆交流、学习、工作、生活创造更好条件,提供更多便利。希望论坛更多关注增进两岸青年的交流和感情,努力寻求更多符合青年人志趣的交流内容和形式,使两岸青年交流更富活力与成效。

各位嘉宾,各位朋友,

长期以来,大家积极推进两岸各领域交流合作,为推动两岸关系和平发展和增进两岸同胞福祉付出了很多心血,对此我们一直感念于心。希望大家再接再厉,继续为两岸关系发展贡献智慧和力量。

最后,祝两岸和平发展论坛取得圆满成功。

谢谢大家。

(国台办网站2016年11月2日)

2016年11月3日,中共中央台办、国务院台办主任张志军发文"指引方向、坚定信心、克难前行——学习习近平总书记会见洪秀柱重要讲话的体会",内容如下:

11月1日,习近平总书记在京会见了洪秀柱率领的中国国民党访问团一行。这是国共两党领导人在两岸关系形势趋于复杂严峻情况下的一次重要会面,对于两党交往和两岸关系发展具有重要意义。

今年5月以来,由于台湾新执政当局拒不承认"九二共识",不认同两岸同属一中,破坏了两岸关系和平发展政治基础,严重冲击两岸关系和平发展的势头,两岸各界都很担心两岸关系发展前景,期待国共两党加强交流合作、维护两岸关系和平发展和台海和平稳定。

会见中,习近平总书记发表了重要讲话,高度肯定国共两党为两岸关系和平发展做出的历史贡献,提出当前及今后一个时期推动两岸关系发展的重要主张,回答了两岸同胞普遍关心的问题,对于新形势下推动两岸关系发展具有重要指引作用。

# 一、充分肯定国共两党对两岸关系和平发展的历史贡献，表明我们将继续加强国共交流，推动两岸关系发展

两岸关系发展包含着国共两党做出的历史性贡献。两岸经历过长期的军事对峙、政治对立。2005 年，在台海局势紧张动荡之时，国共两党为了中华民族的整体利益，放下历史恩怨，两党领导人实现历史性会晤，发布"两岸和平发展共同愿景"，为两岸关系指明正确发展方向。2008 年，在国共两党和两岸同胞的共同努力下，两岸关系走上和平发展的光明大道，给两岸同胞带来实实在在的利益。"公道自在人心。国共两党为两岸关系和平发展作出的贡献已经写在历史上"，是任何人都抹杀不了的。两党领导人会晤表明，两党将加强交流互动，共同致力于维护台海和平稳定，维护和推动两岸关系和平发展。

# 二、强调坚持两岸关系和平发展的正确方向，坚持体现一个中国原则的"九二共识"

习近平总书记呼吁国共两党要对民族、对历史负责，坚定信心、勇于担当，牢牢把握两岸关系和平发展的正确方向，巩固"九二共识"政治基础，坚决反对"台独"，持续推动各领域交流合作，不断增进两岸同胞福祉和亲情，为实现中华民族伟大复兴而努力奋斗。这表明，我们将继续在"九二共识"基础上，努力维护和推进两岸关系和平发展。

这一主张是在深刻总结两岸关系发展经验、准确把握两岸民意脉动基础上提出的。不同的道路选择会有不同的前景。21世纪以来的16年,以2008年为节点,两岸关系不同的境遇充分证明,走两岸关系和平发展之路,台海保持和平稳定,符合两岸同胞根本利益,经得起历史考验。也正因为如此,两岸同胞都希望能沿着这条道路继续走下去。

维护两岸关系和平发展的关键在于坚持"九二共识"政治基础。习近平总书记指出,"在这个大是大非问题上,我们的立场不可能有丝毫模糊和松动"。"九二共识"是由两岸受权机构达成,得到两岸领导人确认。它的核心是一个中国原则,认同两岸同属一中。台湾政局变化改变不了"九二共识"的历史事实与核心意涵。台湾新执政当局不承认"九二共识",不接受两岸同属一中,是当前两岸关系受到干扰损害的根本原因。

对于国共两党、两岸双方长期存在的政治分歧问题,习近平总书记指出这类问题终归要逐步解决,并提出了解决思路,即只要有决心和诚意,在一个中国原则的基础上,通过平等协商,一定能找出解决方案。他还进一步表示,国共两党可以在这一基础上就正式结束两岸敌对状态、达成和平协议进行探讨。

## 三、表明坚决挫败一切"台独"图谋的坚定意志、坚强决心和战略自信

习近平总书记强调,"确保国家主权和领土完整是国家核心利益,是一条不可逾越的红线"。近代以来,国破山河碎、同胞遭蹂躏的经历给全体中华儿女留下了无比惨痛的历史记忆,

全中国人民绝不容忍这样的历史悲剧重演。在这个问题上,我们党、政府、人民的意见高度一致,决心坚不可摧。

"台独"损害国家主权和领土完整,煽动两岸同胞敌意和对立,破坏两岸关系发展,是危害两岸同胞利益的最大祸害。陈水扁执政期间搞"台独"冒险,一度将两岸关系带到战争边缘。历史殷鉴不远,两岸同胞必须高度警惕。

习近平总书记强调,"我们有坚定的意志、充分的信心、足够的能力遏制'台独'",充分体现了我们粉碎一切"台独"图谋的战略自信。这一自信来源于对历史发展大势的准确把握和主动顺应,来源于祖国大陆的发展进步和综合实力,来源于全体中华儿女的共同意志和坚定支持。在历史的长河中,"台独"这股浊流定将被民族复兴的大潮湮没。

## 四、表明我们将继续促进两岸经济社会融合发展,指明深化两岸各领域交流合作的方向

2008 年以来,两岸广泛开展各领域交流合作,对两岸同胞加深了解、融合感情、增进福祉,促进两岸经济社会融合发展发挥了重要作用。当前,由于台湾当局破坏两岸关系政治基础,两岸协商机制停摆,两岸交流合作良好势头受损,两岸同胞对交流合作的前景感到担忧。

习近平总书记指出,顺应经济发展规律:创新方式,推动扩大两岸经贸往来,加强两岸产业合作,支持两岸企业合作创新、共创品牌、共拓市场,扩大两岸中小企业和农渔业合作,扩大基层民众参与面和获益面。要鼓励支持两岸青少年加强交流合

作,为台湾同胞来大陆学习、就业、创业、生活提供更多便利等,
展现了我们本着"两岸一家亲"的理念,继续促进各界交流合
作,同台湾同胞分享大陆发展机遇的真诚态度。

中华文化是两岸同胞的精神纽带。习近平总书记十分重视
两岸同胞继承弘扬中华文化优秀传统。他指出,要大力推进两
岸文化教育交流,厚植两岸同胞的精神纽带,促进心灵契合,增
强中华文化自信、中华民族自信。这一主张具有很强的现实针
对性。岛内一些人在文教领域搞形形色色的"去中国化"活动,
企图削弱两岸同胞精神纽带,这些都是不得人心的,也是不可能
得逞的。

## 五、表明我们坚持为同胞谋福祉的方针政策 不会改变,体现了为民谋利的执政理念

台湾同胞是我们的骨肉天亲,两岸同胞是一家人。作为执
政党,中国共产党始终把包括台湾同胞在内的全中国人民的福
祉挂在心上。习近平总书记强调,我们为推动两岸关系所做的
一切,就是为了实现两岸同胞对美好生活的向往。尽管两岸关
系局势发生重大变化,但是维护两岸关系和平发展成果、增进福
祉、过上更好的生活仍然是两岸同胞的共同愿望。习近平总书
记熟知台湾的社情民意,了解台湾同胞的所思所求。他指出,两
岸关系形势越是复杂严峻,越是要为民谋利。我们将一如既往
为广大台湾同胞办实事、做好事。

他同时强调,要准确把握两岸社情民意脉动,开好解决两岸
同胞尤其是基层民众需求的方子。这要求我们在推进两岸关系

发展进程中深入基层,密切联系群众,深刻体察民意,想办法让更多同胞参与到两岸交流中来,参与越多,获益越多,不断为两岸关系发展增添动力。

## 六、呼吁两岸同胞高举中华民族伟大复兴中国梦的旗帜,共同为民族复兴而奋斗

今年是孙中山先生诞辰 150 周年。孙中山先生最早响亮喊出"振兴中华"的口号,为实现民族复兴奋斗终生,赢得国共两党和两岸同胞的共同景仰。今天,中山先生振兴中华的理想已经融汇为中华民族伟大复兴的中国梦,展现出前所未有的光明前景。两岸同胞都是民族复兴的参与者、推动者、受益者。民族复兴是两岸同胞实现个人理想、交汇个人梦想的广阔舞台。习近平总书记呼吁国共两党和两岸同胞携起手来,共同为开创中华民族伟大复兴更光明的前景而奋斗。这一富有强烈时代感和使命感的呼吁,也激发每一个中华儿女深入思考,在民族复兴伟大进程中,我们都能为民族复兴做些什么。

习近平总书记讲话高瞻远瞩,内涵丰富,不但表明我们对台方针政策一脉相承,又针对新形势,回答了两岸同胞普遍关心的重要问题,对新形势下推进国共两党关系,引领两岸关系发展意义重大而深远。我们要深入学习、准确把握习近平总书记重要讲话精神,坚定信心,克难前行,紧密团结两岸同胞,为维护和推进两岸关系和平发展,实现中华民族伟大复兴而努力奋斗。

（新华社 2016 年 11 月 3 日）

2016 年 11 月 17 日，中共中央台办、国务院台办主任张志军出席第三届海峡两岸中山论坛开幕式并致辞。以下为致辞全文：

尊敬的齐续春副主席、朱小丹省长，

尊敬的中国国民党荣誉副主席蒋孝严先生、新党郁慕明主席，

各位嘉宾、各位朋友：

大家上午好！

今年是孙中山先生诞辰 150 周年，我们在中山先生的故乡举办第三届海峡两岸中山论坛，隆重纪念两岸同胞共同景仰的这位民族英雄。首先，我谨代表中共中央台办、国务院台办，对各位朋友的到来表示诚挚欢迎，对论坛的举办表示热烈祝贺！

广东是孙中山先生的故乡，也是他从事革命救国活动的大后方。孙中山先生在这里发起和领导了国民革命，推动实现了第一次国共合作。海峡两岸中山论坛于 2010 年和 2013 年在广东成功举办两届，规模不断扩大，活动越发精彩，已成为两岸交流的重要平台，对促进两岸关系和平发展产生了积极影响。本届论坛以"中山思想与中华民族伟大复兴"为主题，深入探讨中山思想与中华文化、中山思想与青年、中山思想与教育现代化、中山思想与黄埔精神，很有意义。

孙中山先生是伟大的民族英雄、伟大的爱国主义者、中国民主革命的伟大先驱，他为追求民族独立和民生幸福贡献了毕生精力，受到全体中华儿女的尊敬。他主张"适乎世界之潮流，合乎人群之需要"，敢于向皇权制度和一切阻碍社会进步的反动势力宣战。他最早提出"振兴中华"的口号，并为推动实现这个

美好理想而奋斗终生。他历经险阻，但百折不挠，忠实地实践了他所说的"吾志所向，一往无前，愈挫愈奋，再接再厉"的誓言。他把"唤起民众及联合世界上平等待我之民族共同奋斗"，作为自己四十年革命生涯的深刻总结，留给了后来的革命者。孙中山先生的革命思想和实践，对近现代中国产生了巨大的震撼和深远的影响。

11月11日，在孙中山先生诞辰150周年纪念大会上，习近平总书记高度评价孙中山先生领导民主革命、推翻封建君主专制、建立民主共和的丰功伟绩，赞扬他崇高的爱国主义思想和不屈不挠的革命精神，号召我们学习孙中山先生热爱祖国、献身祖国的崇高风范，天下为公、心系民众的博大情怀，追求真理、与时俱进的优秀品质，坚韧不拔、百折不挠的奋斗精神。中山精神和中山思想永远激励我们奋发向前，这是全体中华儿女共同的宝贵财富。

对于孙中山先生的崇敬与怀念，对中华民族伟大复兴的共同追求，是激励两岸同胞共同奋斗的强大精神力量。然而，在两岸同胞共同纪念孙中山先生诞辰150周年之际，却有一些台湾政治势力与中山精神和中山思想背道而驰，蓄意歪曲污蔑庄严的纪念活动，甚至扬言要"惩处"参加大陆纪念活动的台湾同胞。这种肆意打压两岸同胞交流、煽动两岸敌意和对抗的行径，必将遭到两岸同胞的共同反对。

今天，孙中山先生毕生追求的中华民族伟大复兴，已经展现出前所未有的光明前景，我们比以往任何时期都更接近这个目标，也比以往任何时期更有信心、更有能力实现这个目标。在新的历史条件下，两岸同胞要继承孙中山先生的精神，携手并肩，排除一切干扰和阻挠,为实现中华民族伟大复兴做出无愧于时代的贡献。

实现国家统一,是中华民族根本利益所在,是全体中华儿女的共同愿望,也是孙中山先生毕生不渝的崇高理想和不断奋斗的重要目标。孙中山先生曾经说过,"中国人民再也不能容忍别人瓜分自己的国家,他们希望统一,成为一个强大的和不可动摇的民族","中国是一个统一的国家,这一点已牢牢地印在我国历史意识中"。他专门就统一问题题词:"统一是中国全体国民的希望。能够统一,全国人民便享福;不能统一,便要受害。"孙中山先生还身体力行,三次北伐,为结束国家分裂局面殚精竭虑,死而后已,展现出追求国家统一的坚定信念,也激励着后人为实现他的遗愿而不懈奋斗。

各位嘉宾,各位朋友,

2008年以来,两岸关系取得一系列重大积极进展,开创出和平发展的新局面,总体面貌发生了历史性变化。两岸双方在反对"台独"、坚持"九二共识"的共同政治基础上不断增进互信,两岸民众往来更加密切,经贸关系持续深化,各项交流日益扩大,同胞感情更为融洽。

但是,今年5月20日以来,由于台湾新执政当局拒绝承认"九二共识"、拒不认同其两岸同属一中的核心意涵,破坏了两岸关系和平发展的政治基础,致使两岸双方政治互信骤降,良性互动不再,直接导致两岸制度化沟通和协商谈判机制中断,并冲击到两岸诸多领域交流合作的持续推进,给两岸关系前景增添了许多不确定性和风险。一些分裂势力在台湾推动各种形式的"台独"分裂活动,试图从政治、经济、文化等各方面弱化和切断台湾同大陆的联结,这不得不引起人们的严重关切和高度警惕。

我们的对台大政方针是明确的、一贯的。我们将继续坚持体现一中原则的"九二共识",维护和推进两岸关系和平发展;坚决维护国家主权和领土完整,遏制任何形式的"台独"分裂行径;继续推进两岸各领域交流合作,为两岸同胞谋福祉。"和平统一、一国两制"是我们解决台湾问题的基本方针,也是实现国家统一的最佳方式。我们愿意用真诚和善意慢慢化解台湾民众的历史心结,推动实现同胞心灵契合。但是我们维护国家主权和领土完整、绝不容忍国家分裂的历史悲剧重演的意志和决心是坚定不移的。

各位嘉宾,各位朋友,

孙中山先生是我们共同敬仰的伟人,祖国统一是我们共同追求的目标,民族复兴是我们共同奋斗的理想。让我们继承孙中山先生"和平,奋斗,救中国"遗训,携起手来,继续努力,为实现祖国统一而共同奋斗,为实现中华民族伟大复兴而共同奋斗。

祝愿第三届海峡两岸中山论坛取得圆满成功!

谢谢大家!

（国台办网站 2016 年 11 月 17 日）

2016 年 11 月 18 日,中共中央台办、国务院台办主任张志军出席第二届两岸媒体人北京峰会开幕式并致辞,全文如下:

尊敬的蔡奇代市长,

尊敬的蔡衍明董事长、胡志强副董事长,

各位嘉宾,各位朋友:

大家上午好！

很高兴参加由北京日报报业集团主办、台湾旺旺中时媒体集团协办的第二届两岸媒体人北京峰会。来自海峡两岸的媒体负责人、新闻传播领域的专家学者聚集一堂，围绕"携手·和声"的主题，共谋携手发展愿景，共商交流合作大计，这对提升两岸新闻交流与媒体合作水平、维护和推进两岸关系和平发展具有积极意义。刚才，俞正声主席会见了与会代表，充分肯定两岸媒体合作的重要意义，并对两岸媒体人提出殷切希望。在此，我谨代表中共中央台办、国务院台办，对峰会的成功举办表示热烈祝贺，并向与会的两岸媒体界人士特别是远道而来的台湾朋友致以诚挚问候！

两岸交流，媒体先行。在两岸民间往来开启之初，两岸媒体人顺应两岸同胞要求接触交往的强烈意愿，冲破隔绝藩篱，率先开始交流，展现出两岸媒体的社会责任和历史担当。长期以来，两岸媒体发挥独特优势，致力于及时广泛沟通两岸，在增进两岸同胞相互了解与感情融合、促进两岸各领域交流合作方面起到了重要作用。

2008年以来，两岸关系走上和平发展道路，收获了造福两岸同胞的累累硕果。但是，今年5月，台湾政局骤变，新当局拒不承认"九二共识"，破坏了两岸关系和平发展的政治基础，给两岸关系蒙上乌云。两岸同胞对此深感忧虑，并通过多种方式表达维护两岸关系和平发展的愿望。

我们对台大政方针是一贯的，将牢牢坚持体现一个中国原则的"九二共识"，坚决反对"台独"分裂势力及其活动，大力推进两岸经济社会融合发展，弘扬中华文化，努力增进两岸同胞亲情福祉,致力于实现中华民族伟大复兴。在当前的两岸关系形势下,需要两岸媒体秉承敢为人先的传统,发挥社会公器作用,大力传播维护两岸关系和平发展的正能量。在此,我就加强两岸媒体交流合作谈几点看法。

一是努力维护两岸关系和平发展的政治基础。两岸关系和平发展不是无源之水、无本之木,其"源"、其"本"就是坚持"九二共识",认同两岸同属一个中国。坚持"九二共识"政治基础,两岸关系就能不断开辟光明前景,反之两岸关系和平发展就难以为继。两岸媒体人应以对历史负责、对民族负责的担当精神,把握正确导向,勇于发出声音,广泛凝聚民意,为反对"台独"、巩固"九二共识"政治基础、维护两岸关系和平发展提供强大舆论支持,推动两岸关系克难前行。

二是积极传播"两岸一家亲"理念,讲述两岸命运共同体的故事。两岸同胞是血浓于水的一家人,是休戚与共的命运共同体。在两岸关系发展进程中,媒体要做两岸同胞共同利益的维护者和增进者,多报道两岸关系和平发展给台海地区带来安宁、给两岸百姓带来实惠的客观事实;多反映两岸各界要求加强交流合作、实现互利双赢的强烈呼声;多讲述两岸民众在互动往来中增进相互了解、拉近心灵距离的生动故事。着力阐明两岸经济社会融合发展优势互补、潜力巨大,合则两利、分则两害,使两岸同胞加深对两岸命运共同体的体悟。积极宣讲中国梦是两岸共同的梦,动员两岸同胞相互扶持、凝心聚力,共同参与到实现民族复兴的进程中来。针对部分同胞对对方缺乏了解或存在误解,对两岸关系发展心存疑虑的情况,多做解疑释惑、聚同化异的工作,为促进两岸同胞心灵契合助力。

三是大力弘扬中华文化,深化两岸传媒产业合作。5000多年绵延不断、博大精深的中华文化,积淀着中华民族最深沉的精神追求,也为两岸媒体开展交流合作提供了丰沛资源。新闻报道是文化传播的重要渠道,大众传媒是文化建设的重要载体,在文化传承发展中发挥着特殊作用。两岸媒体要共同弘扬中华文化优秀传统,积极举办各种文教活动,发挥两岸文教交流的桥梁纽带作用,增进两岸同胞对中华文化和中华民族的认同。在报纸、期刊、图书、广播、影视、网络新媒体等领域,要积极整合两岸传媒产业资源,加快推进产业合作,制作传播更多体现中华民族精神风貌和时代特征的文化创意产品,共同促进中华文化向外传播。

四是携手促进媒体合作发展,助推两岸青年交流。近年来,新的媒介形态与传播技术不断涌现,正在深刻改变着人们接受信息的方式和习惯,给传统媒体带来挑战。科技变革为两岸媒体合作开辟了新领域、创造了新空间,两岸媒体应相互学习、取长补短,协力推进传统媒体和新兴媒体合作发展。新兴媒体对青年受众影响巨大。希望两岸媒体搭乘"互联网快车",积极营造两岸年轻人共同的"朋友圈",更多关注青年群体的学习、工作、生活,对他们多加帮助、善加引导,为两岸青年交流互动创造条件,大力宣介更多符合青年人志趣的交流内容和形式,使交流更富活力与成效。

各位嘉宾,各位朋友!

大陆方面一贯支持两岸媒体加强交流合作。中共中央台办、国务院台办将一如既往地支持两岸媒体开展各种形式的交流活动。继续推动两岸媒体在稿件互换、供稿供版、联合采访、合作拍片、节目落地、人才培养等方面扩大务实合作。虽然现在台海上空有乌云,但正如 200 年前诗人雪莱所写的,"拨开云雾,你会看到满天的阳光"。希望两岸媒体人为拨开云雾,让两岸同胞看到满天阳光,携手同心建设美好的未来贡献力量。

最后,预祝峰会取得圆满成功。谢谢大家!

(国台办网站 2016 年 11 月 18 日)

2016 年 12 月 6 日,中共中央台办、国务院台办主任张志军出席两岸新经济论坛开幕式并致辞,以下为致辞全文:

尊敬的蔡名照社长、蔡衍明董事长,

各位嘉宾,各位朋友:

大家下午好!

很高兴出席由新华网和台湾《工商时报》共同举办的两岸新经济论坛。在大陆新经济逐步兴起、"十三五"规划纲要顺利实施以及两岸关系新形势下,两岸有影响力的新闻媒体搭台,邀请两岸工商界知名人士汇聚一堂,围绕"十三五规划与两岸经贸合作新机遇"展开研讨,集思广益,凝聚共识,对于深化两岸经济合作,维护和推进两岸关系和平发展具有积极意义。首先,我代表中共中央台办、国务院台办,对论坛的召开表示热烈祝贺,向与会两岸嘉宾表示诚挚问候!

今年 3 月全国人大通过的"十三五"规划纲要,描绘了未来五年大陆经济社会发展蓝图,以全面建成小康社会为目标,以创新、协调、绿色、开放、共享发展理念为指引,以供给侧结构性改革为主线,培育新的经济结构,强化新的发展动能,推动经济平稳健康发展,保持中高速增长,迈向中高端水平。纲要首次以专章的形式提出了新形势下推进两岸经济融合发展和加强两岸人文社会交流的政策措施,指明了两岸交流合作的方向和目标。这充分反映了我们对台湾同胞福祉的高度重视,表明了我们愿意同台湾同胞分享大陆经济发展的机遇,践行两岸一家亲理念的真诚态度。纲要的实施必将为两岸经济合作带来更大的空间和更多的机遇。

当前,全球经济复苏乏力,增长动力不足,经济全球化遭受波折,贸易和投资低迷,给两岸经济带来不利影响。今年5月以来,台湾新执政当局拒不承认"九二共识",不认同两岸同属一个中国,破坏了两岸关系和平发展的政治基础,致使持续8年的两岸关系和平发展势头受到严重冲击,两岸经济合作的环境和气氛受到严重影响,损害了两岸同胞的共同利益,给两岸经济合作带了新挑战。

针对台湾局势的变化,我们多次表明,大陆对台大政方针是明确的、一贯的。我们将继续坚持体现一个中国原则的"九二共识",维护和推进两岸关系和平发展;坚决维护国家主权和领土完整,反对和遏制任何形式的"台独"分裂行径;继续推进两岸各领域交流合作,深化两岸经济社会融合发展,增进两岸同胞福祉和亲情,为实现中华民族伟大复兴而努力奋斗。

在此,结合本次论坛的主题,我就推进两岸经济交流合作谈三点意见。

一是要努力维护两岸关系和平发展,为两岸经济合作创造良好环境。两岸经济合作顺利开展,离不开良好的两岸关系环境,关键是要坚持体现一个中国原则的"九二共识"。作为两岸经济合作的主力军,两岸工商界是两岸关系和平发展的推动者、受益者,也理应成为和平发展的坚定维护者。作为重要的社会公器,两岸媒体应大力传播维护两岸关系和平发展的正能量,多报道大陆经济社会发展成就,多介绍"十三五"规划对两岸经济合作所带来的前所未有的机遇,多宣传两岸经济合作给两岸同胞带来的实实在在的好处。

二是要抓住新经济兴起的契机,提升两岸经济合作的层次和成效。当前新经济正蓬勃发展,新技术、新产业和新业态不断涌现,已经并将继续对两岸经济社会发展产生更为深远的影响。随着"十三五"规划纲要的深入实施,大陆新经济将获得更大发展。两岸应抓住契机,充分发挥各自优势,在发展新技术、培育新产业、创新新业态等方面加强合作,抢占新经济发展的制高点,培育两岸经济合作的新动能,提升两岸经济合作的层次和成效。要充分利用信息网络等现代技术,推动传统的台资企业转型升级,实现生产、管理和营销模式的变革。要推动两岸在产业链、供应链、价值链更紧密融合,提高两岸产业在世界上的竞争力。

三是要更有效地推动两岸中小企业、基层和青年交流合作。"十三五"规划纲要明确提出,"加强两岸在农渔业、中小企业、电子商务等领域合作","完善台湾同胞待遇政策措施,为台湾居民在大陆工作、学习、生活提供更多便利"。相关政策措施,我们正在抓紧研究。新经济的兴起,尤其是互联网信息技术的发展,各种分享经济、共享平台的出现,必将为两岸中小企业、基层和青年交流合作提供更好的条件,开辟更广阔的空间。

最后,祝两岸新经济论坛圆满成功!祝各位嘉宾身体健康,心想事成!

(国台办网站 2016 年 2 月 6 日)

2016 年 12 月 23 日,国共两党在京举行对话交流活动,开启两党对话交流机制。中共中央台办主任张志军和中国国民党副主席陈镇湘共同主持。张志军发表讲话内容如下:

尊敬的陈镇湘副主席,

中国国民党代表团的各位朋友,

大家上午好!

很高兴能在北京同陈副主席以及中国国民党的朋友们见面。首先,我代表中共中央台办、国务院台办对大家表示欢迎。

岁末年初,正是总结过去、展望未来的时候。这次国共两党交流对话,既是 2005 年以来国共两党交流机制的延续,也是两岸关系新形势下落实两党领导人达成的共识、创新发展两党交流平台的重要举措。

2005 年,国共两党穿越一甲子风雨,开启新的交往。双方确认了坚持"九二共识"、反对"台独"的共同政治基础,共同发布"两岸和平发展共同愿景",建立起包括两党领导人会晤、两岸经贸文化论坛、台商权益保障和基层党务交流等多层次两党交流机制。2008 年以来,国共两党同两岸同胞一道,共同开辟了两岸关系和平发展道路,取得了一系列重要成果。台海保持和平稳定,两岸各领域交流合作蓬勃发展,两岸民众获得了实实在在的好处。国共两党携手为两岸关系和平发展做出了重要贡献,这点经得起历史和人民的检验。

　　遗憾的是，今年以来，台湾局势发生重大变化，两岸关系再次乌云笼罩。民进党当局拒不接受"九二共识"及其核心意涵，单方面破坏两岸关系和平发展的政治基础，致使两岸制度化联系沟通机制中断，两岸经贸交流和人员往来、两岸民众切身利益均受到了不同程度影响。两岸关系何去何从，两岸各界高度关注。

　　面对两岸关系趋于复杂严峻的新形势，今年11月1日，习近平总书记与中国国民党主席洪秀柱在北京会面。双方就推动两党和两岸关系发展深入交换意见。习总书记强调，国共两党要对民族、对历史负责，坚定信心、勇于担当，牢牢把握两岸关系和平发展的正确方向，巩固"九二共识"政治基础，坚决反对"台独"，持续推动各领域交流合作，不断增进两岸同胞福祉和亲情，为实现中华民族伟大复兴而努力奋斗。双方一致认为，要加强发挥两党交流沟通机制的作用。国共两党领导人此次会面对新形势下推进国共两党关系，引领两岸关系发展，具有重要意义。

　　为因应两岸关系新形势，推动落实国共两党领导人会面达成的重要共识，解决事关两岸民众切身利益的实际问题，两党有关方面商定，对国共两党交流平台进行了与时俱进的改进和创新：

　　一是在过去10届两岸经贸文化论坛的丰硕成果基础上，共同支持两岸民间团体于今年11月初举办两岸和平发展论坛，取得积极成效。论坛上，来自两岸的社会各界代表性人士、社会精英、社团负责人等围绕两岸关系发展中的重要问题开展专题研讨，积极建言献策，提出很多建设性意见和建议。

二是开启国共两党对话交流活动。作为新形势下两党交流平台的重要形式，国共两党可就党的建设和党务工作、两党交流合作及两岸关系发展等议题深入对话，汇集两岸同胞和各界意见建议，引领和推动两岸关系发展。

这一对话今天正式启动。接下来的一天时间里，我们双方将围绕基层党际交流、两岸青年和基层交流及两岸民众权益保障等三项议题进行充分交流。过去十多年来，国共两党交流对话在密切两党关系，推动两岸关系和平发展方面发挥了不可替代的重要作用。在当前两岸制度化协商沟通机制中断的情况下，我们更应充分发挥两党交流平台作用，为维护两岸关系和平发展、增进两岸同胞福祉做出贡献。我希望，两党能在以下方面着重努力：

一是要牢牢把握两岸关系发展的正确方向。维护台海和平稳定，维护两岸关系和平发展，这是两岸的民意主流，也是两岸关系发展历程所证明的正确道路。和平是宝贵的，和平需要维护。国共两党、两岸同胞一定要珍惜和维护既有和平发展成果，为此加强合作、共同努力。近百年来，国共两党经历过几十载风风雨雨，也曾两度合作，共同为抵御外敌侵略、实现民族独立努力奋斗。虽然国共两党在一些重大问题上也存在分歧，但两党都坚持"九二共识"，都反对国家分裂，坚持走两岸关系和平发展道路，愿意通过协商探讨解决存在的政治分歧之道，共同维护民族大义。这是对民族负责、对历史负责的体现，一定会得到两岸人民的支持。

二是要坚决维护坚持"九二共识"、反对"台独"的共同政治基础。过去8年来，两岸关系和平发展成果的取得，关键在于两岸双方确立了坚持"九二共识"、反对"台独"的共同政治基础。"九二共识"之所以重要,就是因为它回答了两岸是一个国家,而不是两个国家的根本问题。其核心就在于双方都认同大陆和台湾同属一个中国。这个共同政治基础是保证两岸关系和平发展的定海神针。实践证明,坚持这一政治基础,两岸关系就能持续健康发展;破坏这一政治基础,两岸关系和平发展成果必遭破坏,台海就会状况不断。当前"台独"势力沉渣泛起,煽动两岸同胞敌意和对立,严重恶化了两岸关系氛围,冲击两岸关系和平发展。国共两党要坚决反对。

三是要积极推动两岸各领域的交流合作。两岸各领域交流尤其是民间交流是推动两岸关系发展的力量源泉。通过两岸交流,增进同胞间感情和相互了解,拉近心灵距离,对两岸关系和平发展具有重要意义。经过这些年的发展,两岸交流已经越来越紧密和热络,每年有近千万人次往来海峡两岸,各种交流机制和平台也广泛建立。可以说,两岸交流民意基础坚实、潜力巨大。两岸关系形势越复杂,越需要两岸民众加强交流,展现维护两岸关系和平发展的坚定意志和强大力量。国共两党要大力支持、积极推动两岸民间交流合作,尤其要结合各地特色和民众需求,采取灵活多样、丰富多彩的形式,让两岸民众乐于参与、有所收获。要让两岸民间交流成为维护两岸关系和平发展的"锚头",成为两岸同胞共同驶向美好未来的"风帆"。

四是要不断增进两岸同胞福祉。为两岸同胞谋福祉是我们发展两岸关系的着眼点和落脚点。我们坚持为两岸同胞谋福祉的理念不会变,为台湾同胞办实事、办好事的政策措施不会变。国共两党要继续本着"两岸一家亲"理念,充分发挥好桥梁纽带作用,切实增进两岸同胞福祉。要广泛听取两岸各界特别是基层民众意见和建议,了解两岸同胞的想法和需求。要积极创造条件,引导更多台湾同胞参与到两岸交流合作进程中来,让更多台湾同胞享受到和平发展红利。还要多为两岸民众权益代言、发声,帮助解决事关两岸同胞切实利益的实际问题。

各位朋友,

尽管两岸关系发展遭遇波折,面临一些新的风险和困难,但希望仍在,未来可期。国共两党要顺应历史潮流和民意,牢牢把握两岸关系和平发展正确方向,排除干扰,勇敢前行,为民族复兴和人民幸福携手努力。

希望我们这次对话交流活动能取得预期成果,也祝陈副主席和国民党各位朋友们北京之行一切顺利!谢谢大家!

(新华网 2016 年 12 月 23 日)

# 统计资料

宁　溪　辑

# 2016 年台湾重要经济指标统计表

| | |
|---|---|
| 经济增长率(%) | 1.50 |
| "国民生产毛额"(GNP)(亿美元) | 5484 |
| 人均"国民生产毛额"(美元) | 22530 |
| 工业生产增长率(%) | 2.04 |
| 农业增长率(%) | −6.91 |
| 服务业增长率(%) | 1.33 |
| 民间消费增长率(%) | 2.14 |
| 民间投资增长率(%) | 3.12 |
| 侨外商投资金额(亿美元) | 110.26 |
| 台当局核准的对外投资金额(亿美元) | 121.23 |
| 年底新台币对美元汇价 | 32.28 |
| 年底外汇存底(亿美元) | 4342.0 |
| 货币供给额 M1B 日均值(新台币亿元) | 156098 |
| 上市公司数(家) | 892 |
| 上市股票总面值(新台币千万元) | 693698 |
| 上市股票总市值(新台币千万元) | 2724791 |
| 股市成交值(新台币千万元) | 1677114 |
| 失业率(%) | 3.92 |
| 消费者物价上涨率(%) | 1.40 |

| | | |
|---|---|---|
| 对外贸易总额（百万美元） | 511282 | |
| 其中出口 | 280394 | |
| 进口 | 230888 | |
| 贸易顺差 | 49505 | |
| 出口贸易结构（百万美元,%） | 280394 | 100.0 |
| 出口农产品 | 800 | 0.3 |
| 农产加工品 | 3033 | 1.1 |
| 工业品 | 276561 | 98.6 |
| 进口贸易结构（百万美元,%） | 230888 | 100.0 |
| 进口机器设备 | 42914 | 18.6 |
| 农工原料 | 153723 | 66.6 |
| 消费品 | 30963 | 13.4 |
| 美台贸易总值（百万美元） | 62128 | |
| 其中台湾对美出口 | 33525 | |
| 台湾从美进口 | 28603 | |
| 台湾出超 | 4922 | |
| 港台贸易总值（百万美元） | 39731 | |
| 其中台湾对香港出口 | 38400 | |
| 台湾从香港进口 | 1331 | |
| 台湾出超 | 37069 | |
| 日台贸易总值（百万美元） | 60202 | |
| 其中台湾对日出口 | 19554 | |
| 台湾从日进口 | 40648 | |
| 台湾入超 | -21094 | |
| 台湾对欧洲贸易总值（百万美元） | 55281 | |

| | |
|---|---|
| 其中台湾对欧洲出口 | 26236 |
| 台湾从欧洲进口 | 29045 |
| 台湾出超 | −2809 |
| 两岸贸易总值(百万美元) | 179595 |
| 其中台湾对大陆出口 | 139228 |
| 台湾从大陆进口 | 40367 |
| 大陆贸易逆差 | 98861 |
| 大陆批准台资项目(项) | 3517 |
| 实际利用台资(亿美元) | 19.6 |
| 台湾当局核准陆资投资金额(亿美元) | 2.48 |

## 1975—2016 年台湾经济增长率

单位:%

| 项目<br>年度 | 经济增长率 | 项目<br>年度 | 经济增长率 |
|---|---|---|---|
| 1975 | 5.43 | 1996 | 5.54 |
| 1976 | 13.49 | 1997 | 5.48 |
| 1977 | 10.88 | 1998 | 3.47 |
| 1978 | 13.45 | 1999 | 5.97 |
| 1979 | 8.01 | 2000 | 6.42 |
| 1980 | 7.32 | 2001 | -1.26 |
| 1981 | 6.46 | 2002 | 5.57 |
| 1982 | 3.97 | 2003 | 4.12 |
| 1983 | 8.32 | 2004 | 6.51 |
| 1984 | 9.32 | 2005 | 5.42 |
| 1985 | 4.07 | 2006 | 5.62 |
| 1986 | 11.00 | 2007 | 6.52 |
| 1987 | 10.68 | 2008 | 0.70 |
| 1988 | 5.57 | 2009 | -1.57 |
| 1989 | 10.28 | 2010 | 10.63 |
| 1990 | 6.87 | 2011 | 3.80 |
| 1991 | 7.88 | 2012 | 2.06 |
| 1992 | 7.56 | 2013 | 2.20 |
| 1993 | 6.73 | 2014 | 4.02 |
| 1994 | 7.59 | 2015 | 0.72 |
| 1995 | 6.38 | 2016 | 1.50 |

## 1975—2016 年台湾人口统计表

单位:万人、%

| 项目 / 年度 | 总数 | 增长率 | 项目 / 年度 | 总数 | 增长率 |
|---|---|---|---|---|---|
| 1975 | 1615 | 1.9 | 1996 | 2153 | 0.79 |
| 1976 | 1651 | 2.2 | 1997 | 2174 | 0.10 |
| 1977 | 1681 | 1.8 | 1998 | 2193 | 0.85 |
| 1978 | 1714 | 1.9 | 1999 | 2209 | 0.75 |
| 1979 | 1748 | 2.0 | 2000 | 2228 | 0.83 |
| 1980 | 1781 | 1.9 | 2001 | 2241 | 0.58 |
| 1981 | 1814 | 1.9 | 2002 | 2252 | 0.51 |
| 1982 | 1846 | 1.8 | 2003 | 2260 | 0.37 |
| 1983 | 1873 | 1.5 | 2004 | 2269 | 0.37 |
| 1984 | 1901 | 1.5 | 2005 | 2277 | 0.36 |
| 1985 | 1926 | 1.3 | 2006 | 2288 | 0.47 |
| 1986 | 1945 | 1.0 | 2007 | 2296 | 0.36 |
| 1987 | 1967 | 1.1 | 2008 | 2304 | 0.34 |
| 1988 | 1990 | 1.2 | 2009 | 2311 | 0.31 |
| 1989 | 2010 | 1.0 | 2010 | 2316 | 0.18 |
| 1990 | 2035 | 1.2 | 2011 | 2323 | 0.27 |
| 1991 | 2061 | 1.0 | 2012 | 2332 | 0.39 |
| 1992 | 2080 | 0.96 | 2013 | 2337 | 0.25 |
| 1993 | 2010 | 0.93 | 2014 | 2343 | 0.26 |
| 1994 | 2118 | 0.87 | 2015 | 2349 | 0.25 |
| 1995 | 2136 | 0.85 | 2016 | 2354 | 0.20 |

## 1975—2016 年台湾工业增长率

单位:%

| 项目<br>年度 | 工业增长率 | 项目<br>年度 | 工业增长率 |
|---|---|---|---|
| 1975 | 9.5 | 1996 | 4.0 |
| 1976 | 23.3 | 1997 | 5.4 |
| 1977 | 13.3 | 1998 | 2.6 |
| 1978 | 22.5 | 1999 | 5.4 |
| 1979 | 6.4 | 2000 | 7.07 |
| 1980 | 6.8 | 2001 | -7.05 |
| 1981 | 3.5 | 2002 | 10.54 |
| 1982 | -0.9 | 2003 | 9.06 |
| 1983 | 12.7 | 2004 | 10.01 |
| 1984 | 11.8 | 2005 | 7.63 |
| 1985 | 3.0 | 2006 | 6.96 |
| 1986 | 14.4 | 2007 | 11.07 |
| 1987 | 12.3 | 2008 | -0.37 |
| 1988 | 3.7 | 2009 | -2.86 |
| 1989 | 3.5 | 2010 | 20.83 |
| 1990 | 0.1 | 2011 | 5.98 |
| 1991 | 5.9 | 2012 | 3.29 |
| 1992 | 5.8 | 2013 | 1.67 |
| 1993 | 3.2 | 2014 | 7.23 |
| 1994 | 6.0 | 2015 | -1.05 |
| 1995 | 4.7 | 2016 | 2.04 |

# 1975—2016 年台湾农业增长率

单位:%

| 年度 项目 | 农业增长率 | 年度 项目 | 农业增长率 |
|---|---|---|---|
| 1975 | - 1.4 | 1996 | - 0.3 |
| 1976 | 12.7 | 1997 | - 1.9 |
| 1977 | 5.5 | 1998 | - 6.3 |
| 1978 | 0.3 | 1999 | 2.7 |
| 1979 | 7.9 | 2000 | 1.82 |
| 1980 | 1.1 | 2001 | - 4.79 |
| 1981 | - 1.4 | 2002 | 8.02 |
| 1982 | 1.8 | 2003 | - 1.13 |
| 1983 | 4.0 | 2004 | - 5.12 |
| 1984 | 3.1 | 2005 | - 3.91 |
| 1985 | 2.1 | 2006 | 12.37 |
| 1986 | 0.0 | 2007 | - 0.02 |
| 1987 | 6.3 | 2008 | 0.02 |
| 1988 | 0.6 | 2009 | - 2.60 |
| 1989 | - 1.0 | 2010 | 2.25 |
| 1990 | 1.9 | 2011 | 4.52 |
| 1991 | 1.5 | 2012 | - 3.20 |
| 1992 | - 2.5 | 2013 | 1.35 |
| 1993 | 4.7 | 2014 | 1.55 |
| 1994 | - 4.4 | 2015 | - 8.26 |
| 1995 | 2.7 | 2016 | - 6.91 |

# 1975—2016 年台湾服务业增长率

单位:%

| 年度 项目 | 服务业增长率 | 年度 项目 | 服务业增长率 |
|---|---|---|---|
| 1975 | 10.4 | 1996 | 7.6 |
| 1976 | 15.1 | 1997 | 7.5 |
| 1977 | 15.6 | 1998 | 5.8 |
| 1978 | 15.8 | 1999 | 6.0 |
| 1979 | 21.2 | 2000 | 6.47 |
| 1980 | 31.2 | 2001 | 0.58 |
| 1981 | 22.9 | 2002 | 3.09 |
| 1982 | 9.7 | 2003 | 2.93 |
| 1983 | 8.5 | 2004 | 5.18 |
| 1984 | 9.9 | 2005 | 4.05 |
| 1985 | 6.7 | 2006 | 4.54 |
| 1986 | 10.5 | 2007 | 4.62 |
| 1987 | 13.4 | 2008 | 0.41 |
| 1988 | 11.7 | 2009 | -1.02 |
| 1989 | 12.4 | 2010 | 6.28 |
| 1990 | 9.3 | 2011 | 3.07 |
| 1991 | 8.8 | 2012 | 1.27 |
| 1992 | 9.5 | 2013 | 2.29 |
| 1993 | 8.9 | 2014 | 3.25 |
| 1994 | 8.6 | 2015 | 1.14 |
| 1995 | 7.5 | 2016 | 1.33 |

## 1975—2016 年新台币兑美元汇率

| 年度 项目 | 1 美元折合新台币元 | 年度 项目 | 1 美元折合新台币元 |
|---|---|---|---|
| 1975 | 38.05 | 1996 | 27.49 |
| 1976 | 38.05 | 1997 | 32.64 |
| 1977 | 38.05 | 1998 | 32.22 |
| 1978 | 36.00 | 1999 | 31.40 |
| 1979 | 36.03 | 2000 | 32.99 |
| 1980 | 36.01 | 2001 | 33.80 |
| 1981 | 37.84 | 2002 | 34.58 |
| 1982 | 39.91 | 2003 | 34.42 |
| 1983 | 40.27 | 2004 | 33.42 |
| 1984 | 39.47 | 2005 | 32.17 |
| 1985 | 39.85 | 2006 | 32.53 |
| 1986 | 35.50 | 2007 | 32.84 |
| 1987 | 28.55 | 2008 | 31.52 |
| 1988 | 28.17 | 2009 | 32.05 |
| 1989 | 26.16 | 2010 | 31.64 |
| 1990 | 27.11 | 2011 | 29.46 |
| 1991 | 25.75 | 2012 | 29.61 |
| 1992 | 25.40 | 2013 | 29.77 |
| 1993 | 26.63 | 2014 | 30.37 |
| 1994 | 26.24 | 2015 | 31.90 |
| 1995 | 27.27 | 2016 | 32.32 |

## 1972—2016 年台湾三大产业比重表

单位:百万元新台币、%

| 年度 \ 项目 | GDP | 农业<br>所占比重 | 工业<br>所占比重 | 服务业<br>所占比重 |
|---|---|---|---|---|
| 1972 | 1282919 | 14. 2 | 40. 3 | 45. 5 |
| 1973 | 1434647 | 14. 1 | 43. 8 | 42. 1 |
| 1974 | 1461291 | 14. 5 | 41. 2 | 44. 3 |
| 1975 | 1540571 | 14. 9 | 39. 1 | 46. 0 |
| 1976 | 1747790 | 13. 4 | 42. 7 | 43. 9 |
| 1977 | 1938019 | 12. 5 | 43. 4 | 44. 1 |
| 1978 | 2199476 | 11. 3 | 44. 9 | 43. 8 |
| 1979 | 2375737 | 10. 4 | 45. 1 | 44. 5 |
| 1980 | 2549742 | 9. 2 | 44. 7 | 46. 1 |
| 1981 | 2714355 | 7. 10 | 42. 91 | 49. 99 |
| 1982 | 2822229 | 7. 54 | 41. 83 | 50. 63 |
| 1983 | 3057050 | 7. 12 | 42. 83 | 50. 05 |
| 1984 | 3341961 | 6. 17 | 43. 81 | 50. 02 |
| 1985 | 3477891 | 5. 63 | 43. 81 | 50. 57 |
| 1986 | 3860608 | 5. 41 | 44. 81 | 49. 78 |
| 1987 | 4272887 | 5. 18 | 44. 49 | 50. 34 |
| 1988 | 4510963 | 4. 90 | 42. 28 | 52. 83 |
| 1989 | 4974759 | 4. 75 | 39. 58 | 55. 67 |
| 1990 | 5316579 | 4. 04 | 38. 39 | 57. 58 |
| 1991 | 5735769 | 3. 65 | 38. 02 | 58. 33 |
| 1992 | 6169225 | 3. 45 | 36. 90 | 59. 65 |
| 1993 | 6584559 | 3. 49 | 35. 90 | 60. 61 |

（续表）

| 项目 年度 | GDP | 农 业 所占比重 | 工 业 所占比重 | 服务业 所占比重 |
|---|---|---|---|---|
| 1994 | 7084404 | 3.36 | 34.20 | 62.43 |
| 1995 | 7536283 | 3.33 | 32.78 | 63.89 |
| 1996 | 7953510 | 3.05 | 32.42 | 64.53 |
| 1997 | 8389017 | 2.42 | 31.88 | 65.70 |
| 1998 | 8679815 | 2.36 | 31.22 | 66.42 |
| 1999 | 9198098 | 2.43 | 29.90 | 67.66 |
| 2000 | 10351260 | 1.98 | 31.28 | 66.74 |
| 2001 | 10158219 | 1.86 | 29.37 | 68.78 |
| 2002 | 10680883 | 1.82 | 31.12 | 67.11 |
| 2003 | 10965866 | 1.77 | 32.11 | 66.22 |
| 2004 | 11649645 | 1.66 | 32.73 | 65.64 |
| 2005 | 12092254 | 1.63 | 32.28 | 66.11 |
| 2006 | 12640803 | 1.61 | 32.38 | 66.06 |
| 2007 | 13407062 | 1.45 | 32.96 | 65.59 |
| 2008 | 13150950 | 1.55 | 31.30 | 67.15 |
| 2009 | 12961656 | 1.68 | 31.50 | 66.82 |
| 2010 | 14119213 | 1.60 | 33.78 | 64.63 |
| 2011 | 14312200 | 1.72 | 33.02 | 65.27 |
| 2012 | 14686917 | 1.67 | 32.75 | 65.58 |
| 2013 | 15230739 | 1.69 | 33.46 | 64.85 |
| 2014 | 16111867 | 1.80 | 34.79 | 63.41 |
| 2015 | 16759016 | 1.70 | 35.13 | 63.17 |
| 2016 | 17111263 | 1.82 | 35.04 | 63.15 |

# 1971—2016 年台湾进出口贸易统计表

单位:百万美元

| 项目 年度 | 进出口总额 | 出口 | 进口 | 顺差(+) 或逆差(−) |
|---|---|---|---|---|
| 1971 | 3904 | 2060 | 1844 | +216 |
| 1972 | 5502 | 2988 | 2514 | +474 |
| 1973 | 8275 | 4483 | 3792 | +691 |
| 1974 | 12605 | 5639 | 6966 | −1327 |
| 1975 | 11261 | 5039 | 5952 | −643 |
| 1976 | 15765 | 8166 | 7599 | +567 |
| 1977 | 17872 | 9361 | 8511 | +850 |
| 1978 | 23714 | 12687 | 11027 | +1660 |
| 1979 | 30877 | 16103 | 14774 | +1329 |
| 1980 | 39544 | 19811 | 19733 | +78 |
| 1981 | 43811 | 22611 | 21200 | +1411 |
| 1982 | 41092 | 22204 | 18888 | +3316 |
| 1983 | 45410 | 25123 | 20287 | +4836 |
| 1984 | 52415 | 30456 | 21959 | +8497 |
| 1985 | 50828 | 30726 | 20102 | +10624 |
| 1986 | 64043 | 39862 | 24181 | +15680 |
| 1987 | 88662 | 53679 | 34983 | +18695 |
| 1988 | 110340 | 60667 | 49673 | +10995 |
| 1989 | 118569 | 66304 | 52265 | +14039 |
| 1990 | 121930 | 67214 | 54716 | +12498 |
| 1991 | 139705 | 76563 | 63142 | +13421 |
| 1992 | 154475 | 82122 | 72352 | +9770 |

（续表）

| 年度 \ 项目 | 进出口总额 | 出口 | 进口 | 顺差（＋）或逆差（－） |
|---|---|---|---|---|
| 1993 | 163349 | 85957 | 77393 | ＋8564 |
| 1994 | 179998 | 94300 | 85698 | ＋8602 |
| 1995 | 217354 | 113342 | 104012 | ＋9330 |
| 1996 | 218312 | 117581 | 102922 | ＋14659 |
| 1997 | 239126 | 124170 | 114955 | ＋9215 |
| 1998 | 217825 | 112595 | 105230 | ＋7366 |
| 1999 | 234929 | 123733 | 111196 | ＋12537 |
| 2000 | 292682 | 151950 | 140732 | ＋11218 |
| 2001 | 234285 | 126314 | 107971 | ＋18344 |
| 2002 | 248562 | 135317 | 113245 | ＋22072 |
| 2003 | 278611 | 150600 | 128010 | ＋22590 |
| 2004 | 351128 | 182370 | 168758 | ＋13613 |
| 2005 | 381046 | 198432 | 182614 | ＋15817 |
| 2006 | 426715 | 224017 | 202698 | ＋21319 |
| 2007 | 465929 | 246677 | 219252 | ＋27425 |
| 2008 | 496077 | 255629 | 240448 | ＋15181 |
| 2009 | 378046 | 203675 | 174371 | ＋29304 |
| 2010 | 525837 | 274601 | 251236 | ＋23365 |
| 2011 | 589695 | 308257 | 281438 | ＋26819 |
| 2012 | 571654 | 301181 | 270473 | ＋30708 |
| 2013 | 575338 | 305441 | 269897 | ＋35544 |
| 2014 | 601942 | 320092 | 281850 | ＋38242 |
| 2015 | 522563 | 285344 | 237219 | ＋48124 |
| 2016 | 511282 | 280394 | 230888 | ＋49505 |

## 1999—2016 年海峡两岸间贸易金额之各种统计表

单位:百万美元

| 年度 | 大陆海关统计 | | | 台湾统计 | | |
|------|------|------|------|------|------|------|
| | 出口 | 进口 | 总额 | 出口 | 进口 | 总额 |
| 1999 | 19530.0 | 3950.0 | 23480.0 | 21221.3 | 4528.9 | 25750.2 |
| 2000 | 20830.0 | 4170.0 | 25000.0 | 26144.0 | 6229.3 | 32373.3 |
| 2001 | 27340.4 | 5000.0 | 32340.4 | 25607.4 | 5903.0 | 31510.4 |
| 2002 | 44670.0 | 6590.0 | 51260 | 31528.8 | 7968.6 | 39497.4 |
| 2003 | 49362.3 | 9004.7 | 58367.0 | 38292.7 | 11017.9 | 49310.6 |
| 2004 | 64778.6 | 13545.2 | 78323.8 | 48930.4 | 16792.3 | 65722.7 |
| 2005 | 74690.0 | 16550.0 | 91230.0 | 56271.5 | 20093.7 | 76365.2 |
| 2006 | 87110.0 | 20740.0 | 107850.0 | 63332.4 | 24783.1 | 88115.5 |
| 2007 | 101020.0 | 23460.0 | 124480.0 | 74245.9 | 28015.0 | 102260.9 |
| 2008 | 103340.0 | 25880.0 | 129220.0 | 73977.8 | 31391.3 | 105369.1 |
| 2009 | 85722.9 | 20505.3 | 106228.2 | 54248.6 | 24423.5 | 78672.1 |
| 2010 | 115693.9 | 29676.6 | 145370.5 | 76935.1 | 35946.0 | 112881.1 |
| 2011 | 124919.9 | 35111.9 | 160031.8 | 83960.0 | 43596.5 | 127556.5 |
| 2012 | 132183.9 | 36779.1 | 168963.0 | 80714.3 | 40908.2 | 121622.5 |
| 2013 | 156636.9 | 34667.8 | 197280.5 | 81788.2 | 42589.3 | 124377.5 |
| 2014 | 152029.5 | 46284.8 | 189314.3 | 82119.8 | 48040.0 | 130159.8 |
| 2015 | 143655.2 | 44904.9 | 188560.1 | 73409.6 | 45266.0 | 118675.6 |
| 2016 | 139228.1 | 40367.3 | 179595.4 | 73899.8 | 43997.9 | 117897.7 |

注:表中"出口"系指台湾对祖国大陆出口金额,"进口"系指台湾自祖国大陆进口金额。

## 1971—2016 年台湾对美国贸易统计表

单位：千美元

| 年度＼项目 | 进口 | 出口 | 贸易差额 |
|---|---|---|---|
| 1971 | 408159 | 859200 | 451041 |
| 1972 | 543424 | 1251317 | 707893 |
| 1973 | 952533 | 1677106 | 724573 |
| 1974 | 1679905 | 2036638 | 356733 |
| 1975 | 1652129 | 1822737 | 170608 |
| 1976 | 1797540 | 3038699 | 1241159 |
| 1977 | 1963852 | 3636250 | 1672398 |
| 1978 | 2376063 | 5010378 | 2634315 |
| 1979 | 3380797 | 6562243 | 2271446 |
| 1980 | 4673486 | 6760300 | 2086814 |
| 1981 | 4765671 | 8163099 | 3397428 |
| 1982 | 4563255 | 8758912 | 4195657 |
| 1983 | 4646433 | 11333713 | 6687280 |
| 1984 | 5041650 | 14867717 | 9826067 |
| 1985 | 4746273 | 14773373 | 10027100 |
| 1986 | 5415800 | 19005995 | 13590195 |
| 1987 | 7629488 | 23660225 | 16030737 |
| 1988 | 13002029 | 23430965 | 10428936 |
| 1989 | 12002305 | 24036081 | 12033776 |
| 1990 | 12611479 | 21745734 | 9134255 |
| 1991 | 14113461 | 22320726 | 8207265 |
| 1992 | 15770446 | 23571245 | 7800799 |

（续表）

| 年度 ＼ 项目 | 进口 | 出口 | 贸易差额 |
|---|---|---|---|
| 1993 | 16722113 | 23587604 | 6865491 |
| 1994 | 18042050 | 24336456 | 6294406 |
| 1995 | 20770791 | 26407092 | 5636301 |
| 1996 | 19971400 | 26866054 | 6894654 |
| 1997 | 23233346 | 29551445 | 6318099 |
| 1998 | 19678052 | 29376087 | 9698035 |
| 1999 | 19692069 | 30901285 | 11209217 |
| 2000 | 25125345 | 34814299 | 9688954 |
| 2001 | 18406871 | 28135945 | 9729074 |
| 2002 | 18255347 | 27364876 | 9109529 |
| 2003 | 16995023 | 26553388 | 9558365 |
| 2004 | 21780114 | 28750632 | 6970518 |
| 2005 | 21170843 | 29113853 | 7943010 |
| 2006 | 22664494 | 32360688 | 9696194 |
| 2007 | 26508055 | 32077102 | 5569047 |
| 2008 | 26326558 | 30790956 | 4464398 |
| 2009 | 18153900 | 23552856 | 5398956 |
| 2010 | 25379359 | 31466029 | 6086670 |
| 2011 | 25758792 | 36364294 | 10605502 |
| 2012 | 23603823 | 32976155 | 9372332 |
| 2013 | 25201256 | 32564305 | 7363409 |
| 2014 | 27422549 | 34866523 | 7443974 |
| 2015 | 29196170 | 34542810 | 5346640 |
| 2016 | 28602604 | 33525037 | 4922433 |

## 1971—2016 年台湾对日本贸易统计表

单位:千美元

| 年度 \ 项目 | 进口 | 出口 | 贸易差额 |
|---|---|---|---|
| 1971 | 827023 | 245029 | − 581994 |
| 1972 | 1046002 | 376738 | − 669264 |
| 1973 | 1427697 | 823784 | − 603913 |
| 1974 | 2214948 | 844005 | − 1370943 |
| 1975 | 1812220 | 694235 | − 1117985 |
| 1976 | 2451499 | 1094754 | − 1356745 |
| 1977 | 2624984 | 1120070 | − 1504914 |
| 1978 | 3678051 | 1570253 | − 2107798 |
| 1979 | 4561431 | 2248576 | − 2312855 |
| 1980 | 5353230 | 2173440 | − 3179790 |
| 1981 | 5928616 | 2478736 | − 3449880 |
| 1982 | 4780204 | 2377837 | − 2492367 |
| 1983 | 5586683 | 2477068 | − 3109615 |
| 1984 | 6441861 | 3186462 | − 3255399 |
| 1985 | 5548847 | 3450945 | − 2087902 |
| 1986 | 8254741 | 4559135 | − 3695606 |
| 1987 | 11840527 | 6978195 | − 4862332 |
| 1988 | 14824174 | 8762068 | − 6062106 |
| 1989 | 16030749 | 9064794 | − 6965955 |
| 1990 | 15998194 | 8337672 | − 7660522 |
| 1991 | 18858017 | 9188848 | − 9669169 |
| 1992 | 21764535 | 8893510 | − 12871025 |

（续表）

| 年度 ＼ 项目 | 进口 | 出口 | 贸易差额 |
|---|---|---|---|
| 1993 | 23185567 | 8977037 | − 14208530 |
| 1994 | 24785267 | 10220940 | − 14564327 |
| 1995 | 30265386 | 13156516 | − 17108870 |
| 1996 | 27492379 | 13658547 | − 13733832 |
| 1997 | 29020988 | 11690800 | − 17330188 |
| 1998 | 27000146 | 9323801 | − 17676345 |
| 1999 | 30590096 | 11900082 | − 18690014 |
| 2000 | 38556955 | 16599056 | − 21957899 |
| 2001 | 25932814 | 13024580 | − 12908234 |
| 2002 | 27362758 | 12367773 | − 14994985 |
| 2003 | 32718847 | 12429627 | − 20289220 |
| 2004 | 43715711 | 13807650 | − 29908061 |
| 2005 | 46053319 | 15110778 | − 30942541 |
| 2006 | 46284409 | 16300328 | − 29984081 |
| 2007 | 45936862 | 15933592 | − 30003270 |
| 2008 | 46508013 | 17555991 | − 28952022 |
| 2009 | 36220017 | 14502259 | − 21717758 |
| 2010 | 51917431 | 18005979 | − 33911452 |
| 2011 | 52199740 | 18228117 | − 33971623 |
| 2012 | 47573642 | 18988778 | − 28584864 |
| 2013 | 43161752 | 19222455 | − 23939327 |
| 2014 | 41693439 | 19904097 | − 21789342 |
| 2015 | 38865170 | 19591846 | − 19273324 |
| 2016 | 40647539 | 19544105 | − 21103434 |

# 1971—2016 年台湾对香港贸易统计表

单位:千美元

| 年度 | 进口 | 出口 | 贸易差额 |
|---|---|---|---|
| 1971 | 39191 | 160071 | 120880 |
| 1972 | 59689 | 229105 | 169416 |
| 1973 | 99542 | 295976 | 196434 |
| 1974 | 117031 | 338334 | 221303 |
| 1975 | 74795 | 363020 | 288225 |
| 1976 | 101409 | 610369 | 508960 |
| 1977 | 203303 | 638439 | 438136 |
| 1978 | 152708 | 857705 | 705997 |
| 1979 | 205361 | 1140352 | 934991 |
| 1980 | 249921 | 1550610 | 1300689 |
| 1981 | 308911 | 1896957 | 1588046 |
| 1982 | 307393 | 1565344 | 1257951 |
| 1983 | 298892 | 1643628 | 1344736 |
| 1984 | 370361 | 2087134 | 1716773 |
| 1985 | 319677 | 2539718 | 2220041 |
| 1986 | 387655 | 2921125 | 2533470 |
| 1987 | 753784 | 4117621 | 3363837 |
| 1988 | 1921692 | 5579666 | 3657974 |
| 1989 | 2205180 | 7042255 | 4837075 |
| 1990 | 1445841 | 8556174 | 7110333 |
| 1991 | 1946712 | 12430578 | 10483766 |
| 1992 | 1781286 | 15414757 | 13633471 |

（续表）

| 年度　　项目 | 进口 | 出口 | 贸易差额 |
|---|---|---|---|
| 1993 | 1728642 | 18454148 | 16725506 |
| 1994 | 1532864 | 21258881 | 19726017 |
| 1995 | 1842757 | 26105550 | 24262793 |
| 1996 | 1704562 | 26787296 | 25082734 |
| 1997 | 1995844 | 28687724 | 26691880 |
| 1998 | 1951691 | 24819324 | 22867633 |
| 1999 | 2091880 | 26011642 | 23919762 |
| 2000 | 2185325 | 31335627 | 29150302 |
| 2001 | 2050054 | 28715536 | 26665482 |
| 2002 | 1914647 | 32958992 | 31044345 |
| 2003 | 1917039 | 30867642 | 28950603 |
| 2004 | 2309053 | 32895544 | 30586491 |
| 2005 | 2109729 | 34035551 | 31925822 |
| 2006 | 1880644 | 37381238 | 35500594 |
| 2007 | 1824902 | 37979705 | 36154803 |
| 2008 | 1492771 | 32689899 | 31197128 |
| 2009 | 1122556 | 29445233 | 28322677 |
| 2010 | 1627623 | 37807122 | 36179499 |
| 2011 | 1675452 | 40084464 | 38409012 |
| 2012 | 2658825 | 37932192 | 35273367 |
| 2013 | 1658862 | 39433377 | 37774515 |
| 2014 | 1684933 | 42532749 | 40847816 |
| 2015 | 1467783 | 39130418 | 37662635 |
| 2016 | 1331202 | 38400049 | 37068847 |